Georg Vetter

Die neue Macht der Aktionäre

Meiner Familie
mit grossem Dank für ihr
Verständnis und ihre Zeit

Denn wo euer Schatz ist,
da wird auch euer Herz sein.
Lukas 12, 34

Georg Vetter

Die neue Macht der Aktionäre

Der Weg zur Aktionärsdemokratie

Ibera verlag, wien

Die Deutsche Bibliothek – CIP-Einheitsaufnahme
Vetter, Georg:
Die neue Macht der Aktionäre:
Der Weg zur Aktionärsdemokratie / Georg Vetter.
– Wien: Ibera-Verl., 2005
ISBN 3-85052-198-2

Herstellung: Graphik & Buchdesign
Hergestellt in der EU
ISBN- 3-85052-198-2

Inhalt

Einleitung

Je freier eine Wirtschaft ist, desto sozialer ist sie auch.
Ludwig Erhard

Alles, was mit Aktiengesellschaften zu tun hat, ist nach wie vor von der Aura des Mystischen umgeben. Obwohl viele Menschen tagtäglich mit dieser Organisationsform irgendwie in Berührung kommen, herrscht das Gefühl vor, es handle sich um etwas, das weit, weit weg ist. Schon auf der Universität war das Aktienrecht ein Spezialgebiet der Rechtswissenschaften, das man sich für die Prüfung pflichtgemäß anschaute, dessen Praxisbezug aber außerhalb der Reichweite lag. Ähnlich ergeht es der Aktiengesellschaft bei den Wirtschaftswissenschaften: Hier beschäftigt man sich mehr mit der Technik der Jahresabschlüsse als mit der ökonomischen Bedeutung dieser Gesellschaftsform. Von einer weltanschaulichen Standortbestimmung der Aktiengesellschaft in der Demokratie sind wir weit entfernt.

Sucht man nach theoretischen Fundierungen, findet man abseits polemischer Kapitalismus-Kritik erstaunlich wenig. Selbst bei Vertretern der Marktwirtschaft hat man manchmal das Gefühl, dass Aktiengesellschaften als etwas Fremdartiges angesehen werden, womit sich innerhalb einer freien Wirtschaftsordnung nur schwer etwas anfangen lässt. Walter Eucken etwa zweifelt die Berechtigung des Haftungsausschlusses des Großaktionärs an, Wilhelm Röpke wiederum schüttelt es bei dem Gedanken an Holding-Gesellschaften, die er im gleichen Atemzug mit schädlichen Monopolisierungstendenzen nennt.

Auch wer auf dem Boden der österreichischen Schule der Nationalökonomie steht, wird auf Anhieb nicht viel finden. Dennoch geben die Bücher von Friedrich August von Hayek eine gute Orientierung. Auf der Basis von Privateigentum und Vertragsfreiheit scheint mir ein marktwirtschaftlicher Zugang zur Aktiengesellschaft möglich, den diese Gesellschaftsform braucht, um das notwendige Verständnis für eine langfristige

Akzeptanz in der Demokratie zu finden. Eine Neuformulierung erfolgreicher wirtschaftlicher Traditionen im Zusammenhang mit den modernen Herausforderungen des Gesellschaftsrechts könnte auch der österreichischen Denkschule der Nationalökonomie einen längst überfälligen neuen Antrieb geben.

Wer sich mit dem österreichischen Aktienrecht beschäftigt, wird bald erkennen, dass dieses von einem kollektivistischen Geist durchdrungen ist. Nicht die Rechte des Einzelnen zählen, sondern die Betreuung durch die Obrigkeit. Das hat damit zu tun, dass in Österreich 1938 mit der Eingliederung in das so genannte dritte Deutsche Reich auch das von den Nationalsozialisten konzipierte Aktienrecht übernommen worden ist. In der Folge konnte sich die Republik nie zu einer umfassenden Reform Richtung Aktionärsdemokratie entschließen. Im Gegenteil: Der Oberste Gerichtshof hat die Entmündigung des Aktionärs gefördert, indem er den rechtswidrigen Wortentzug in der Hauptversammlung ungeahndet ließ, der Spaltung als Enteignungsinstrument seinen Sanctus gab und den Aktionären die eigenständige Überprüfbarkeit der Entschädigungszahlungen verwehrte. Auf der einen Seite hat der Gesetzgeber die gerichtliche Überprüfung der Spaltung ausgeschlossen, auf der anderen Seite muss sich der Aktionär bei der Bewertung auf ein staatliches Sachverständigengremium verlassen, dessen Unterlagen er nicht einsehen darf. Trotz des gesetzlichen Gleichbehandlungsgebotes gibt es daher zwei Klassen von Aktionären: den vollberechtigten Hauptaktionär und die minderberechtigten übrigen Aktionäre. Die seit 1999 zum Schutz der Kleinaktionäre eingerichtete Übernahmekommission hat der jahrzehntelangen Entmündigung schließlich die Bevormundung folgen lassen. Die Übernahmekommission ist gleichsam ein Aktienamt, vor dem die Anhänger einer freien und sozialen Marktwirtschaft immer gewarnt haben. Dem Übernahmerecht ist ein eigenes Kapitel gewidmet, das ich mit Zitaten aus der Rede des Großinquisitors garniert habe. In dieser Rede, die an den wieder erschienenen Jesus Christus gerichtet ist, bringt Dostojewski die Auseinandersetzung zwischen Freiheit und Autorität unübertroffen auf den Punkt.

Viel Verantwortung ist nach oben delegiert worden. Dazu kommt, dass das freie Spiel der Kräfte nach wie vor durch periodische Eingriffe der Politik beeinträchtigt wird. Paradoxerweise nehmen diese Interventionen mit der fortschreitenden Privatisierung nicht ab, sondern zu. Sonderinteressen möchten immer noch mit der Macht des Staates durchgesetzt werden, wie die Abwehr des ersten Siemens-Übernahmeversuchs bei der VA Tech gezeigt hat. Dass Siemens schließlich doch zum Zug kam, ist als Sieg der Wirtschaft über die Politik zu werten. Jeder Etatismus drängt die Interessenvertreter dazu, nach dem Zauberlehrling zu rufen und die marktwirtschaftliche Ordnung für fragmentarische Ziele umzustürzen. Wie oft in der Geschichte wurde Stabilität gegen irgendein Irrlicht eingetauscht. Je mehr staatliche Eingriffe für das Ziel einer nebulosen Gerechtigkeitsvorstellung zugelassen werden, desto mehr werden die gesellschaftlichen Selbstheilungskräfte gelähmt. Das gilt auch und besonders dann, wenn der Staat im Namen der Erhaltung von Arbeitsplätzen den Wirtschaftskreislauf stört.

Kontrolle macht Revolutionäre, die Übertragung von Verantwortung hingegen weckt Verantwortungsbewusstsein. Gegen die Entrechtung der Aktionäre ist daher ein immer stärker werdendes Aufbegehren zu bemerken.

Spätestens seit den Privatisierungen der im Jahr 2000 neu gebildeten österreichischen Regierung hat die gesellschaftliche Realität eine neue Qualität gewonnen. Die Anzahl der Aktionäre hat sich vervielfacht. Die Hauptversammlungen der Publikumsgesellschaften sind keine reinen Pflichtübungen mehr, sondern entwickeln sich zu Orten echter Auseinandersetzungen. Sie versprechen neue Spannung. Vorstände sind nicht mehr an so genannten klaren Eigentumsstrukturen, sondern oft an einem Gleichgewicht der Kräfte, das keine Übernahme zulässt, interessiert. Die in dieser Form nicht vorhersehbare Vervielfachung der Aktionäre hat ihren Grund auch darin, dass die ÖIAG in Fällen wie der voestalpine oder Böhler-Uddeholm nicht an strategische Partner, sondern über die Börse privatisiert hat. Damit werden Aktionäre immer mehr zu einer gesellschaftlich relevanten Gruppe. Die Politik wird es sich immer weniger leisten können, Aktionäre und ihre Interessen zu ignorieren oder gar auf ihre Kosten politisch zu punkten. Abfällige Bemerkungen über die Coupon-Schneider und den Shareholder Value werden seltener. So wie die Hauseigentümer sich immer weniger als Feindbild kollektivistischer Politik eignen, weil viele Menschen als Wohnungseigentümer ein neues Verhältnis zum Privateigentum gefunden haben, werden auch die Aktionäre zunehmend ihre Feindbildqualität als besitzende Klasse mit spekulativem Einschlag verlieren. Wenn Abfertigungen teilweise in Fonds oder direkt in Aktien fließen, tut sich sowohl eine rechts- als auch eine linkspopulistische Politik mit einer Verdammung des Aktienwesens schwer – zu leicht kann da die eigene Klientel getroffen werden.

Sichtbar wurde die neue Bedeutung der Aktionäre etwa, als die Hauptversammlung der VA Tech im Januar 2005 die von Siemens gewünschte und von der ÖIAG unterstützte Abschaffung des Höchststimmrechtes ablehnte. Die Folge war eine deutliche Erhöhung des Übernahmeangebotes. Auch beim Insiderfall Struzl zeigte sich die neue Macht der Aktionäre: Was gestern noch ein Kavaliersdelikt war, ist heute schon ein Verbrechen an der Volkswirtschaft.

„Die Macht der Zwerge“ titelte der SPIEGEL den Erfolg der Kleinanleger bei KarstadtQuelle im November 2004. Sie hatten Transparenz durchgesetzt, als der Hauptversammlung vorgeschlagen wurde, einen Sanierungsplan ohne Kenntnis der Details zu beschließen.

Verschiedene Faktoren, die in einer interessanten historischen Kombination zu Beginn des 21. Jahrhunderts aufgetreten sind, haben die Idee für eine Neudefinition der Rolle des Aktionärs gefördert:

- Österreich wird seit dem Jahr 2000 von einer nicht-sozialistischen Koalition regiert, die sich die signifikante Senkung der Staatsquote zum Ziel gesetzt hat.
- Die Privatisierung der Verstaatlichten Industrie hat zu einem starken Anstieg von Privataktionären geführt, denen als Gruppe zunehmend eine gesellschaftliche Relevanz zukommt. Aktienbesitz etabliert sich zunehmend als ein Instrument der Vermögensbildung weiter Bevölkerungskreise.
- Die Osterweiterung hat zu einem spürbaren Wachstumsschub geführt, der insbesondere an der Wiener Börse wahrnehmbar ist.

- Ab 2005 beträgt die Körperschaftssteuer nur noch 25 Prozent. Gemeinsam mit der Gruppenbesteuerung hat diese Maßnahme die Attraktivität des Wirtschaftsstandortes Österreich im Allgemeinen und jene der Aktiengesellschaft im Besonderen signifikant gehoben.
- Der unmittelbare Nachbar und wichtigste Handelspartner, die Bundesrepublik Deutschland, wird von einer rotgrünen Koalition regiert, die auf Kriegsfuß mit der eigenen Wirtschaft steht; die Arbeitslosigkeit ist entsprechend hoch, das deutsche Kapital sucht einen neuen Wirt.
- In Österreich hat die traditionsreiche Meinl Bank begonnen, sich auf die umfassende Wahrnehmung von Aktionärsinteressen zu spezialisieren, und sich somit als Bank für professionellen Investitionsschutz positioniert.

In diesem Buch wird nicht nur die aktuelle Entwicklung beschrieben. Auch ein Blick in die Vergangenheit trägt dazu bei, die Gegenwart besser zu verstehen. Mit Beispielen aus der Praxis soll dieses Buch Lebendigkeit vermitteln. Schließlich möchte ich auch jene Bereiche ansprechen, in denen die Politik gesellschaftsrechtliche Rahmenbedingungen verbessern kann. Durch ein modernes Aktienrecht sollen nicht nur Altlasten entsorgt, sondern auch die internationale Konkurrenzfähigkeit des Finanzplatzes Österreich gestärkt werden. Österreich braucht weniger Behörden zum Schutz der Aktionäre, sondern mehr Rechte für die Aktionäre. Eine umfassende Reform in Richtung Marktwirtschaft könnte sowohl den Aktienbesitz als ein Instrument der Vermögensbildung weiter Bevölkerungskreise fördern als auch die Entscheidungsfindung gerade für jene Unternehmen begünstigen, die sich wegen der wirtschaftskritischen Entwicklung im nahen Ausland bereits auf dem Sprung nach Österreich befinden. Die interventionistische Rolle des Staates auch im Gesellschaftsrecht zurückzudrängen und der marktwirtschaftlich-demokratischen Eigenregulierung den Vorzug zu geben, ist eine Notwendigkeit der Zeit. Anders als Josef Schumpeter bin ich der Ansicht, dass den Menschen nie die unternehmerischen Ideen ausgehen werden und es daher nie angebracht sein wird, sich in die fürsorglichen Arme der Obrigkeit fallen zu lassen.

Der Aktionär als Träger der Demokratie

> Aber jeder selbständige Unternehmer, auch der kleine selbständige Handwerksmeister, tut mehr für unsere Freiheit als jeder beliebig austauschbare und verwendbare Funktionär in einem bürokratischen Apparat – auch der in einer wirtschaftlichen Großorganisation.
>
> *Franz Josef Strauß*

Der freie Markt ist die demokratischste Wirtschaftsform der Welt. Die Entscheidungen treffen nicht weltfremde Planwirtschaftler an den Schalthebeln der Macht, sondern die Konsumenten mit ihrer Tausenden und Abertausenden täglichen Kaufentscheidungen. Wo Angebot und Nachfrage regieren, sind die einzelnen Personen die tatsächlichen Entscheidungsträger. Sie sind die Träger der Marktdemokratie. Zu ihnen gehören auch die Aktionäre mit ihren unzähligen Investitionsentscheidungen. Sie bestimmen tagtäglich den Kurs der Aktie und damit den Wert des Unternehmens. Außerdem können sie an den jährlichen Hauptversammlungen teilnehmen und dort ihre Stimme erheben und abgeben, womit sie Einfluss auf die Organe der Gesellschaft ausüben. Daher sind Aktionäre doppelte Demokraten.

Dieses Recht auf Teilnahme an den Hauptversammlungen wird von den einzelnen Aktionären noch zu wenig genutzt. Das hat viele Gründe. Zum einen wissen nicht alle Aktionäre um ihre Rechte. Für manche ist die Aktie nur eine alternative Anlageform neben Anleihen, Festgeld und Sparbuch. Zum anderen hat die Passivität eines Teils des Publikums damit zu tun, dass mit einer Versammlungsteilnahme ein nicht unerheblicher zeitlicher, manchmal aber auch finanzieller Aufwand verbunden ist. Die Hauptversammlungen finden in der Regel am Sitz der Gesellschaft statt und dauern oft mehrere Stunden, wobei die Beiträge naturgemäß von unterschiedlicher Qualität sind.

Um die Präsenz auf den Hauptversammlungen zu erhöhen, geht der Trend in Richtung verstärkter Nutzung moderner

Technik. Durch das Internet sollen Aktionäre in Zukunft auch dann den Gang der Hauptversammlung verfolgen können, wenn sie nicht selbst physisch anwesend sind. Selbst die Stimmabgabe wird voraussichtlich auch in Österreich eines Tages auf diesem Wege zulässig sein.

Trotzdem bieten Hauptversammlungen heutzutage viel mehr Spannung als noch vor ein paar Jahren. Seit sich der Staat aus den großen österreichischen Unternehmungen zurückzieht, werden die Mehrheiten labiler. Nicht mehr jede Abstimmung ist im Vorhinein akkordiert, wie man an der verhinderten VA-Tech-Kapitalerhöhung im April 2004 gesehen hat. Auf der anderen Seite lassen sich Aktionäre Schönfärbereien immer seltener gefallen. Auf der Hauptversammlung der Bank Burgenland im August 2004 etwa meinte ein Aktionär nach dem positiven Bericht des Vorstandes, dass er sich auf der falschen Veranstaltung befände – und deckte jene verlustbringenden Swap-Geschäfte auf, die die Bank 2005 zu einem erneuten Sanierungsfall gemacht haben.

Hauptversammlungen sind immer ein Spiegelbild des Unternehmens selbst. So wie das Unternehmen sich auf der Hauptversammlung präsentiert, so erscheint es in der Öffentlichkeit. Wenn der Vorstandsvorsitzende bei der Präsentation der Ergebnisse Unsicherheit zeigt, wird dies von den Aktionären wahrgenommen. Zeigt er Führungspersönlichkeit, wird das Vertrauen in das Unternehmen steigen. Der Job des Vorstandsvorsitzenden verlangt nach vielen Fähigkeiten. Eine davon ist die Kunst des öffentlichkeitswirksamen Repräsentierens.

Der Aktionär wiederum kann auf den Hauptversammlungen sein Frage- und Rederecht zur kritischen Artikulation nutzen. Selbst ein Aktionär mit einer einzigen Stimme kann einen zugeknöpften Vorstand, der sich den Regeln der Transparenz verschließen möchte, in Verlegenheit bringen. Die Rechte und Möglichkeiten des Aktionärs werden wir in der Folge noch genauer betrachten.

Vordergründig scheint es nur um ein paar Investitionsentscheidungen zu gehen. Tatsächlich aber geht es um viel mehr: Es geht um Zivilcourage, um wirtschaftliche Freiheit und schließlich um das Wohl der gesamten Gesellschaft. Zu glauben, dass Aktionäre nur Spekulanten, Querulanten und Dilettanten seien, wäre grundfalsch. So wie sich die großen Aktiengesellschaften in einem Land darstellen, so ähnlich wird es auch um den Zustand der Demokratie insgesamt bestellt sein. In gewisser Weise sind die Aktiengesellschaften ein Spiegelbild der Gesamtgesellschaft.

Die Wirtschaft braucht Geld

Geld ist ein Ausdruck der Unabhängigkeit. Als es noch kein Geld gab, war es viel leichter, andere Menschen zu unterdrücken. Sie waren an die Scholle gebunden und davon abhängig, für ihre Arbeit Essen zu bekommen. An ein eigenständiges Leben an einem anderen Ort war unter diesen Bedingungen nicht einmal zu denken.

Die autonome, individuelle Verfügbarkeit über das eigene Geld wird als ein bedeutender Teil der persönlichen Freiheit empfunden. Hinsichtlich des eigenen Verdienstes, des Gehaltes, ist dieses Gefühl der Freiheit zu einem wesentlichen Teil eingeschränkt. Ohne einen Spezialisten aus der Personalverrechnung weiß man heutzutage nicht, welche Belastung ein Bruttogehalt von beispielsweise 2.000 Euro für den Arbeitgeber einerseits und welchen Nettolohn dies auf der anderen Seite für den Arbeitnehmer bedeutet. Sozialversicherungsbeiträge, Lohnsteuer, Kommunalabgaben bis hin zu den kalenderfremden, steuerbegünstigten 13. und 14. Monatsgehältern machen die Bestimmung des eigenen Verdienstes zu einer groben Schätzung. Anders ist es bei der Investition in Aktien: Am Kurszettel der Börse ist jeden Tag sehr genau feststellbar, welche Gewinne oder Verluste das eigene Geld gerade macht.

Jede Wirtschaft braucht Geld. Jeder Selbständige, der ein Geschäft eröffnet, braucht Geld. Irgendwo auf dem Weg zur Investition wird Geld daher Kapital, das einen selbständigen Ertrag erwirtschaften soll. Geld soll Früchte tragen. Ein Geschäftslokal wird angemietet, Möbel gekauft, EDV-Einrichtungen bezahlt, Fax- und Kopiergeräte angeschafft. Wer bereits zu Beginn seiner selbständigen Tätigkeit über genug Geld verfügt, ist glücklich zu schätzen. Er muss keinen Kredit aufnehmen und ist damit keiner Bank verantwortlich, die Zinsen und irgendwann einmal auch das eingesetzte Geld wiedersehen möchte. Das eingesetzte Geld wird zu Eigenkapital. Eigenkapital wiederum gibt Freiheit. Eigenkapital erlaubt ein weitaus höheres Wachstum des Unternehmens als die ausschließliche Finanzierung des Wachstums aus dem Cash Flow oder durch Fremdmittel – die ja letztlich auch aus dem Cash Flow zurückgezahlt werden müssen.

Bei Kapitalgesellschaften ist es nicht anders. Wenn sich mehrere Menschen in einer solchen Gesellschaftsform zusammenschließen, werden sie mit Eigenkapital mehr Unabhängigkeit haben. Sie sind keinem Kreditgeber verantwortlich, der sein Geld wiedersehen möchte. Sie sind nur ihren Eigenkapitalgebern, also ihren Eigentümern gegenüber verantwortlich. Diese Eigentümer aber wissen um ihr Risiko: Sie haben kein Recht auf Rückzahlung ihres eingesetzten Geldes. Aber sie haben die Chance auf eine überproportionale Rendite. Durch ihr erhöhtes Risiko haben sie auch höhere Gewinnerwartungen. Wenn das Unternehmen schließlich börsennotiert ist, haben sie auch die Möglichkeit des einfachen Ausstiegs. Sie können jederzeit verkaufen.

Aktionärsrechte sind Eigentumsrechte

Aktie – Entlehnt aus dem niederländischen *actie* „Anrecht“
KLUGE,
Etymologisches Wörterbuch der deutschen Sprache

Jahrelang war Aktionärsschutz kein Thema. Nach dem Bonmot eines bekannten Vorstandes ist der Aktionär ja dumm, weil er eine Aktie kauft, und frech, weil er auch noch eine Dividende will. Der Aktionär galt somit als eine suspekte Person. Für die einen war er Teil des kapitalistischen Systems, für die anderen der geborene Querulant.

Seit ein paar Jahren ist das anders. Die Politik scheint die gesellschaftliche Relevanz der Aktionäre zu entdecken und brüstet sich bei fast jeder gesellschaftsrechtlichen Reform mit der Verbesserung des Aktionärsschutzes. Das Bewusstsein scheint sich somit zu entwickeln. Dennoch sind die Bemühungen einerseits von Kosmetik bestimmt, andererseits gehen sie in die falsche Richtung. Nicht selten sind es Sonderinteressen der Wirtschaft selbst, die den wachsenden Einfluss des Publikums hintanhalten will. Wenn das Aktienforum als Vertretung diverser österreichischer Unternehmen behauptet, dass „massive Änderungen der geltenden Rechtslage“ wegen der in den letzten Jahren „massiv gestiegenen Nachfrage nach Aktien“ nicht notwendig seien, argumentiert es erstens nicht schlüssig und offenbart zweitens, dass österreichische Aktiengesellschaften vorrangig am Finanzierungsaspekt der Aktie, nicht aber an der Eigentümerfunktion der Aktionäre interessiert sind. Wenn die Wirtschaft die Mitsprache- und Kontrollrechte ihrer Eigenkapitalgeber vernachlässigt, bremst sie die Investitionslust und handelt sie zu ihrem eigenen Schaden.

Jeder, der investiert, möchte wissen, was mit seinem Geld passiert. Es ist daher das gute Recht des Aktionärs, Auskunft von jenen zu verlangen, die mit seinem Geld arbeiten. Österreich entwickelt sich zu einem Land der Eigentümer: So wie auf der einen Seite das Wohnungseigentum zunehmend die Miete ablöst, investieren auf der anderen Seite immer mehr Menschen in Aktien. Konservatives Sparen gerät in den Hintergrund.

Wenn die Menschen ihr Geld anlegen, wollen sie auch mitsprechen können. Sie überwinden die Passivität und sind mit Herz und Seele dabei. Die Triebfeder allen ökonomischen Handelns, der Eigennutz, ist geweckt. Wer die Transparenz bejaht, muss daher auch das Auskunftsrecht unterstützen.

Eine der großen Stärken der marktwirtschaftlichen Ordnung ist der Schutz des Eigentums. Was uns heute wie eine Selbstverständlichkeit vorkommt, ist eine existentielle Voraussetzung unseres Wohlstandes. Das beginnt beim Grundbesitz: Unser öffentlich einsehbares Grundbuch ist ein Garant für die Transparenz der Eigentumsverhältnisse. Jeder kann im Grundbuch nachschauen, wem eine Liegenschaft gehört und auf die Richtigkeit des Grundbuchstandes vertrauen. Wer eine Liegenschaft kauft, braucht nicht, wie in Ländern mit unterentwickelten Rechtssystemen, eine Versicherung abschließen, die ihn vor dem Risiko bewahrt, dass der Verkäufer gar nicht Eigentümer gewesen ist.

Eigentum, insbesondere Privateigentum, ist in unserer Rechtsordnung umfassend geschützt. Sogar ein Grundgesetz garantiert den freien Eigentumserwerb.

Wenn wir die Bedeutung des freien Eigentums als Grundlage unserer Wirtschaftsordnung akzeptieren, ist es auch konsequent, der Aktie als Eigentumspapier umfassenden Schutz zuzugestehen. Das ist allerdings noch nicht der Fall.

Wie wir in der Folge noch sehen werden, wird der Aktionär – teils aus historischen, teils aus hausgemachten Gründen – von der Rechtsordnung vernachlässigt. Auskünfte können ihm unter Hinweis auf Geschäftsgeheimnisse vorenthalten werden, Geschäftsordnungshürden in der Hauptversammlung lassen kritische Anträge oft nicht zu und selbst die Enteignung ist unter relativ einfachen Bedingungen durchsetzbar. Kurz: Der Eigentumsschutz ist unterentwickelt. Wer unzufrieden ist, soll ein anderes Investment wählen. Die Devise scheint zu sein: Love it or leave it.

Eine solche Philosophie fördert nicht jenes stabile Umfeld, das eine florierende Wirtschaft braucht. Zunächst ist daher das Verständnis notwendig, dass in einer auf Eigentum basierenden Gesellschaft auch die Aktie zu schützen ist. Nicht nur freies Unternehmertum und der Schutz des Eigentums gehören zusammen: auch die Freiheit des Einzelnen und der Schutz seines Eigentums bedingen einander. Wer das Recht auf Eigentum bejaht, muss auch die Rechte des Aktionärs respektieren.

Finanzmärkte als Teil der marktwirtschaftlichen Ordnung

Der schnellste Weg zwischen zwei Punkten ist, wie eine alte ballistische Wahrheit lautet, die Gerade. So ähnlich ist es auch am Kapitalmarkt. Der effizienteste Weg des Geldes ist der direkte: Wenn der Anleger sein Geld direkt in jene Gesellschaft investiert, die er für gewinnbringend hält, gibt es die wenigsten Reibungsverluste. Wer direkt investiert, braucht keine Banken, die seine Spareinlagen für Kredite an Unternehmen verwenden; braucht keine Dienstleister, die für gutes Geld wissen, wie andere ihr Erspartes investieren und riskieren sollen; und er braucht keine Anlagemodelle, die im Namen der Risikostreuung ein paar Prozentpunkte mitschneiden.

Die Genialität liegt, wie so oft, in der Einfachheit. Wer direkt investiert, hat die größten Chancen. Tut er dies mittels Aktien, darf er die Gesellschaft auch mitbeherrschen. Die Aktie ist nämlich nicht nur ein Investitionspapier, sondern auch ein Dokument, das Herrschaftsrechte verleiht. Die Macht im Unternehmen gehört den Aktionären.

Eine positive Wirtschaftsentwicklung bedarf nicht nur eines hochentwickelten Bankensystems. Bis vor wenigen Jahren, als die Marktbereinigung auf dem Bankensektor begann, sprach man sogar davon, dass Österreich „overbanked" wäre. In Wien konnte man an fast jeder Ecke eine Bankfiliale finden. Die Kehrseite dieses Zustandes war die Unterentwicklung des Kapitalmarktes.

Es gibt Finanzierungsaufgaben, die über einen Kapitalmarkt besser zu finanzieren sind als über den Kreditapparat. Dazu gehören etwa Expansion, Forschung und Entwicklung. Im Basel II Abkommen wird daher eine Entlastung des Bankensektors gefordert.

Die Aktie ist das klassische Instrument der Direktinvestition. Sie ist leicht und unbürokratisch zu erwerben. Wer Näheres zur Aktie erfahren will, kann sich beispielsweise unter www.boerse.at informieren. Dennoch: Die Aktie ist nach wie vor geheimnisumwittert.

Immer noch gibt es eine Menge Leute, die die Wirtschaft ausschließlich als jenen Ort betrachten, an dem die pathologische Sucht nach Macht und Geld ausgelebt wird. Ganz besonders gilt dies für die schwer verstehbaren Finanzmärkte, die als Tummelplätze für jene gesehen werden, die reich sind und noch reicher werden wollen. Manchmal können sie dabei auf die Nase fallen. Jene, die von Globalisierungsängsten befallen sind, schüttelt es bei dem Gedanken an Finanzmärkte oder Börsen.

Viele Entwicklungen auf den Finanzmärkten sind tatsächlich rational nur schwer zu erklären. Wenn heute ein bestimmtes

Getränk („Energy-Drink"), ein Medikament oder ein neues Automodell einen Aktienboom auslöst, dann sehen wir das freie Spiel der Kräfte am Werk. Das ist kein Casino-Ersatz, sondern ein Gradmesser für die Vorlieben der Menschen. Natürlich kann vieles auch eine Luftblase sein, wie die Vorgänge rund um die New Economy gezeigt haben. Einige Untenehmen wie Google wurden eine Erfolgsgeschichte, andere zerplatzten wie eine Seifenblase. Wo keine realen Werte vorhanden sind, ist das Risiko naturgemäß größer. Aber: Abgesehen von der Definitionsfrage, was reale Werte denn wirklich sind, hat offensichtlich auch die breite Masse für solche finanziellen Sprünge ein gewisses Verständnis – für welch unglaubliche Summen werden etwa Fußballspieler „verkauft", die sich schon am nächsten Tag ein Bein brechen können? Was ist schon der Wert eines Fußballclubs, der an die Börse geht?

So gesehen sind Finanzmärkte weniger nebulose Plätze, auf denen alles möglich ist, als Orte, an denen sich die Vorlieben der Menschen treffen und in Geld bewertet werden. Daran ist nichts verkehrt.

Verkehrt wäre es vielmehr, wenn es eine Behörde gäbe, die den Menschen die Vorlieben vorschriebe. Immer wieder gibt es Menschen, die glauben, anderen ihre Präferenzen aufzwingen zu müssen. Nur sie wüssten, was für die anderen gut sei. Mit Katzenjammer wissen sie um den niedrigen Intelligenzquotienten all jener, die bevormundet werden müssen, und fordern mehr Macht für sich selbst.

Die Märkte arbeiten unabhängig von einer zentralen Stelle, welche die Präferenzen festsetzt. Diese werden vom Preis, den Aktienkursen, angezeigt. Dabei wird es kaum einen Menschen auf dieser Welt geben, der sich mit den auf den freien Märkten ergebenden Präferenzen identifizieren wird. Niemand wird Aktien eines Fußballclubs, einer Bank und eines Automobilkonzern im gleichen Verhältnis reihen, wie es die Börsen tun. Die Reihung bleibt dem freien Markt vorbehalten, der gerade deshalb so wichtig ist, weil er nicht den Präferenzen einer Zentralstelle entspricht, sondern der Summe der Präferenzen aller Marktteilnehmer. Auch das nennt man Freiheit.

Wohlstand und Demokratie

Die Marktwirtschaft ist keine Notlösung, die nur deshalb akzeptiert wird, weil leider alle sozialistischen und sonstigen totalitären Systeme versagt haben. Die Marktwirtschaft ist die mit der Natur des Menschen am besten in Einklang zu bringende Wirtschaftsform. Sie geht vom Menschen aus, wie er ist – mit allen Vorzügen und Nachteilen. Die Marktwirtschaft ist daher nicht nur historisch, sondern auch ethisch gerechtfertigt. Perfektion darf sich allerdings niemand erwarten. Wer sich von der Vollkaskomentalität nicht lossagt, wird auf dieser Erde nicht glücklich werden. Der Weg zur Hölle ist mit zu hohen Erwartungen gepflastert. Es gibt keine perfekte Welt. Das ständige entsetzte Aufschreien: „Wie konnte denn so etwas passieren?" beinhaltet den Ruf nach der totalen Gesellschaft, dem wir uns immer wieder entgegenstellen müssen.

Immer wieder meinen die Skeptiker einer freien Wirtschaft, durch mehr Staat das Übel dieser Welt ausrotten zu können, und polemisieren gegen die Offenheit unserer Wirtschaftsordnung. Was die Sozial-, Christ- und Nationaldemokraten vor hundert Jahren verächtlich den Judenkapitalismus genannt haben, nennen sie heute den Neoliberalismus, vor dem sie beständig warnen. Dieser Begriff wird meist nicht näher definiert; gemeint ist offensichtlich die wirtschaftliche Freiheit. Diese ist allerdings eine Freiheit unter Rahmenbedingungen nach Goethes Motto: „So kann ich frei und doch nicht ungebunden sein". Freiheit und Anarchie sind eben zweierlei. Jeder kann in einer Demokratie frei sein. In Wahrheit will kaum ein Mensch unbegrenzte Freiheit, also Anarchie. Und jene, die die Freiheit übertreiben, sind in Wirklichkeit ihre größten Feinde. Das Schlechte geht an sich selbst zu Grunde, das Gute an Übertreibung. Wer ein Steak isst, wird im Allgemeinen ein großes Vergnügen daran haben; wer vier Steaks auf einmal isst, wird daran kein Vergnügen mehr haben. Deshalb Steaks prinzipiell abzulehnen, wäre Unsinn.

Politik ist auf der einen Seite, der Opposition, immer die Instrumentalisierung des Neides, auf der anderen Seite, der Regierung, immer Neidbeschwichtigung. An allen Ecken und

Enden des Lebens wird verglichen, dass der oder die mit ihren Leistungen mehr oder weniger verdient. Dabei gibt es natürlich die verschiedensten subjektiven Maßstäbe, mit denen gemessen wird. Vieles wird als ungerecht empfunden. Noch ungerechter aber wäre es, würde nicht der Markt, sondern eine übergeordnete Behörde die Verteilung dekretieren. Der Markt nimmt ungleichen Verteilungen ihre bittere Schärfe. Wenn beim Roulett sieben Mal die Kugel auf Schwarz fällt und nur drei Mal auf Rot, mag dies „ungerecht" sein, wird aber als innerhalb der Normalverteilung liegend akzeptiert werden. Wenn ein solches Ergebnis Gegenstand eines Gesetzes wäre, würden wir uns wundern.

Toleranz sollten wir daher auch gegenüber den Kursen an der Börse aufbringen, die teilweise hausgemacht, teilweise zufallsbedingt sind. Sie spiegeln auch das Marktrisiko wider, das mit dem tatsächlichen Zustand des Unternehmens nur sehr wenig zu tun hat.

Der Aktionär übt eine ganz besonders wichtige Eigentümerfunktion in unserer Wirtschaft aus. Jeder Mensch weiß, um wie viel fruchtbarer die Erde ist, wenn sie von freien Bauern bewirtschaftet wird. Die sozialistischen Staaten haben diese Binsenweisheit in tragischer Weise bewiesen, vor allem in den sich entwickelnden Ländern. Gäbe es kein Eigentum an Grund und Boden, wäre die heutige Weltbevölkerung gar nicht ernährbar. Tragisch hat uns die Geschichte wiederholt gezeigt: Wo das Land allen, also niemandem gehört, häufen sich die Hungersnöte. Wo das Land im Eigentum der Individuen steht, wird ausreichend produziert.

Genauso, wie die Allgemeinheit dann den größten Nutzen hat, wenn die Bauern ihr eigenes Land bestellen, ist es auch in der übrigen Wirtschaft: Wohlstand ist das Ergebnis klarer Eigentumsstrukturen. Daher ist es so wichtig, dass auch die Eigentümerfunktion des Aktionärs klar definiert ist. Es gilt auch für die Kapitalmärkte: Privates Eigentum muss klar definiert sein. Der Einzelne ist die Stütze der Marktwirtschaft. Anders ausgedrückt: Kapitalismus und Demokratie gehören zusammen.

Die Rede des Aktionärs

Die Aktionäre mögen und müssen aus ihrer Indifferenz heraustreten.

Allgemeine Begründung zum deutschen Aktiengesetz 1884

Ein zu wenig beachtetes Mittel zur Durchsetzung der Aktionärsinteressen ist die Rede in der Hauptversammlung. Das liegt wohl daran, dass die Redekunst insgesamt an Stellenwert verloren hat. Dabei ist die Rhetorik eine Kunst, die bereits die Griechen entwickelt haben. Eine Rede am Forum konnte, wie wir in Shakespeares Julius Cäsar sehen, die Welt bewegen.

Wenn heute der Niedergang der Redekunst vielfach beklagt wird, dann ist das darauf zurückzuführen, dass zu viele Menschen des öffentlichen Lebens die Bedeutung der Rede unterschätzen und damit ihrer Sache einen schlechten Dienst erweisen. Eine gute Rede fasziniert, eine schlechte schläfert ein. Reden scheint zur Pflichtübung des Schönredens verkommen zu sein. Dabei ist es eine Zumutung, Zuhörer, die sich für eine Veranstaltung Zeit und vielleicht einen weiten Weg auf sich nehmen, mit ein paar leeren Worten zu langweilen. Auch Aktionäre sollten nicht mit ein paar Schlagworten bedient werden, denn Phrasendrescherei, an die sich die Alten gewöhnt haben und die die Jungen abstößt, macht demokratiemüde.

Nicht nur der Inhalt, auch die Präsentation zählt. Denn das Gute und Richtige setzt sich selten von selbst durch. So wie auch der unschuldig Angeklagte verteidigt werden muss, braucht die gute Sache ebenfalls ihren Anwalt. Die Wahrheit braucht ihre Fürsprecher, sonst wird sie nicht gehört und begünstigt die Lüge.

Wenn eine Stellungnahme gefällt, soll sie auch entsprechend honoriert werden. Lob dient dabei nicht der Befriedigung der Eitelkeit, sondern der Orientierung. Ein Redner wird das Interesse an öffentlichen Auftritten verlieren, wenn sein Publikum keine Reaktion zeigt. Es ist sehr wichtig, dass gute Redner auch gelobt werden und Applaus bekommen.

Uniformität und demütiges Hinnehmen offizieller Schlagworte dürfen in einer modernen Aktionärsdemokratie nicht gefragt sein. In einer Demokratie brauchen wir Diskussion. Die intelligenten Beiträge sind eine Bereicherung, die dummen zwingen zum Widerspruch und schärfen unseren Geist. Der Schweigende muss erkennen, dass er nicht Philosoph bleibt, wenn er auf sein Rederecht verzichtet, und dass jede Weisheit umsonst ist, wenn sie verborgen bleibt. Der des Redens mächtige Bürger deklariert sich im Schweigen ebenso wie im Protest, beides ist öffentliche Machtausübung, sagt André Glucksmann.

Die Geschichte des Schweigens ist die Geschichte der Feigheit. Auch in der Aktionärsdemokratie ist der Staatsbürger aufgefordert, mutig seine Stimme zu erheben und Macht auszuüben.

Mut braucht der Aktionär, um seine Stimme vor Hunderten Mitaktionären zu erheben. Die verschiedensten Faktoren können ihn abhalten: die Lichtverhältnisse, die Platzierung des Mikrophons im Saal, die Angst, Wissenslücken zu verraten und sich dem Spott anderer Aktionäre auszusetzen, berechtigte oder unberechtigte Anordnungen des Vorsitzenden, Zwischenrufe, überlange und ermüdende Reden des Vorstands, und schließlich die Ungeduld des Publikums, ausgelöst möglicherweise durch das nach der Hauptversammlung lockende Buffet.

Da die Aktionäre meist eine inhomogene Masse bilden, die sich kaum kennt, hat der Vorstand einen riesigen Vorsprung. Auf der ganzen Welt ist es daher die Regel, dass die Aktionäre den Vorschlägen der Verwaltung folgen. Nur wenn Aktionäre wirklich gut informiert und vorbereitet sind, kann es für Vorstand oder Aufsichtsrat eng werden. Hier spielen auch die Medien eine wesentliche Rolle in der Kommunikation. Zur Vorbereitung einer Wortmeldung gehört daher auch das Studium der Zeitungen, insbesondere am Tag der Hauptversammlung. Genauso wichtig ist die Ausforschung der Stimmungslage knapp vor Beginn der Hauptversammlung. Wer sich zu Wort melden möchte, sollte daher rechtzeitig vor Beginn am Versammlungsort eintreffen.

Schließlich ist es manchmal auch ratsam, über ein paar juristische Grundregeln informiert zu sein. Wenn ein Vorsitzender im Namen der Sitzungspolizei das freie Wort beschneiden will, kann die Kenntnis des Rechts entscheidend sein. Mit der Möglichkeit der Redezeitbeschränkung, des Wortentzugs und des Zusammenhangs zwischen Wortmeldung und Tagesordnung werden wir uns in der Folge noch beschäftigen.

Mündigkeit statt Fügsamkeit

Ein einziger mutiger Mann ist allein schon eine Majorität.
US-Präsident Andrew Jackson

Mutlose Menschen verschanzen sich gerne hinter Meinungsumfragen, Gremien und Analysen. To go along is to get along. Die Verantwortung geht im Kollektiv unter, die Entscheidung des Einzelnen erscheint zu gefährlich. Clausewitz beschreibt dieses Phänomen treffend wie folgt: „Je höher wir in den Führerstellen hinaufsteigen, um so mehr wird Geist, Verstand und Einsicht in der Tätigkeit vorherrschend, um so mehr wird also die Kühnheit, welche eine Eigenschaft des Gemütes ist, zurückgedrängt, und darum finden wir sie in den höchsten Stellen so selten, aber um so bewundernswürdiger ist sie auch dann."

Umgekehrt ist Zivilcourage heute eine unglaublich beachtete Tugend. Wer den Mut aufbringt, gegen den Strom zu schwimmen, hat allein schon deshalb die Aufmerksamkeit des Publikums für sich. In einer Gesellschaft, die einen konsequenten öffentlichen Konformitätsdruck ausübt, hat derjenige, der Widerstand leistet, die Sympathien auf seiner Seite.

Lange Zeit haben viele Wirtschaftsbosse die Niveaulosigkeit der heimischen Hauptversammlungen bedauert. Während anderswo auf hohem Niveau diskutiert wurde, drehten sich die Fragen der österreichischen Aktionäre oft nur um unbedeutende Nebenangelegenheiten. Manchmal wurden auch nur persönliche Erlebnisse von jenen Aktionären referiert, die auch Kunden waren und sich auf diese Weise ein Beschwerdeforum schafften. Jede Gesellschaft hat die Aktionäre, die sie verdient, könnte man meinen. Heute hat sich dies schon teilweise geändert. Die geöffneten Strukturen unserer Aktiengesellschaften haben zu einer neuen Qualität der Hauptversammlungen geführt.

Die Kritik des Aktionärs, die zumindest teilöffentlich geäußert wird, kann auch trotz geringer Stimmgewalt sehr wirksam sein. Folgendes Beispiel:

Bei der Hauptversammlung einer inzwischen untergegangenen Aktiengesellschaft stand unter anderem die Erörterung des Jahresabschlusses auf der Tagesordnung. Der Jahresabschluss wiederum enthielt eine Position Vertriebskosten, von denen Eingeweihte rasch Provisionen im Rahmen einer Kapitalerhöhung vermuteten. Diese Vermutung bestätigte sich sehr rasch. Ein Mitglied des Aufsichtsrats hatte 3 Prozent Provision von der Gesellschaft erhalten. Mit diesem Sachverhalt konfrontiert, empörte sich das Aufsichtsratsmitglied: Solche Provisionen seien durchaus „üblich". Er habe schließlich potentielle Investoren angerufen und dazu aufgefordert, die Kapitalerhöhung zu zeichnen. Er habe dies im Übrigen nicht in seiner Eigenschaft als Aufsichtsratsmitglied getan. Ihm vorzuwerfen, dass er zu Unrecht Provision erhalten habe, sei unerhört.

Für sich behalten hat dieser unerfahrene Aufsichtsrat freilich, wie es ihm gelingt, seine Eigenschaft als Aufsichtsrat abzulegen, wenn er mit Investoren spricht. Verschwiegen hat er weiters, dass er Altaktionäre – also solche, die bereits am Unternehmen beteiligt waren – angerufen und zur Teilnahme an der Kapitalerhöhung aufgefordert hat. Was er schließlich nicht wissen dürfte, sind die prinzipiellen Entlohnungsregeln des Aufsichtsrats. Auch wenn es hier Grauzonen gibt, die wir noch behandeln werden, sollte jedes Mitglied eines Aufsichtsrats wissen, dass Zahlungen durch den Vorstand immer etwas Anrüchiges an sich haben. Der Aufsichtsrat ist das Kontrollgremium für den Vorstand – und wer vom Kontrollierten Geld nimmt, wird in seiner Aufsichtstätigkeit immer beeinträchtigt sein. Denn theoretisch muss er auch diesen Geldfluss kontrollieren.

In der Hauptversammlung zur Rede gestellt, verlor das besagte Aufsichtsratsmitglied schließlich die Nerven: Wenn man ihm öffentlich unehrenhaftes Verhalten vorwerfe, werde er eben zurücktreten. Es klang nicht nach der Einsicht einer Schuld, sondern nach dem beleidigten Verzicht auf eine im Wesentlichen ehrenamtliche Tätigkeit.

Die Kritikfähigkeit der Wirtschaftsbosse

Die Wirkung der Kritik, welche die Aktionäre in der Hauptversammlung öffentlich üben, sollte nicht unterschätzt werden. Neben den Aktionären nehmen auch Vertreter der Belegschaft, des Aufsichtsrats und der Medien an den Hauptversammlungen teil. Genauso können Geschäftspartner sehr genau beobachten. Dass Großaktionäre selten das Wort ergreifen, ist bekannt. Sie lassen sich außerhalb der Hauptversammlung informieren – Gleichbehandlungsgebot hin oder her – und äußern an anderer Stelle Kritik. Wenn Kleinaktionäre öffentlich Themen anschneiden, bringen sie oft Dinge an die Oberfläche, die von allgemeinem Interesse sind. Oft durchbrechen Aktionäre – welche Beteiligung sie auch immer halten – die Schweigespirale und sind allein deshalb wertvoll für das Unternehmen.

Auf der anderen Seite darf die Kritikfähigkeit der Wirtschaftsbosse nicht unterschätzt werden. Auch wenn sie sich manchmal aalglatt geben, ist die Empfindsamkeit gerade in den höchsten Ebenen oft sehr ausgeprägt. Eine schlechte Presse kann sich signifikant auf die Stimmung auswirken. Man würde auch kaum glauben, wie viel Gewicht Vorstands- und Aufsichtsratsmitglieder etwa auf ihre Entlastung legen. Die Entlastung ist bekanntlich nur eine Billigung der Geschäftsführung, aber kein Verzicht auf Schadenersatzansprüche. Juristisch ist die Entlastung praktisch ohne Bedeutung. Wenn nun ein Mitglied der Verwaltung ausscheidet, könnte man meinen, dass allein die finanziellen Ansprüche interessieren. Weit gefehlt: Nicht wenige legen ausdrücklichen Wert darauf, auch entlastet zu werden. Entlastung zählt also.

Die Entlastungsabstimmungen werden aber auch dann ganz genau beobachtet, wenn sich die Zahl 99 vor dem Komma des prozentualen Ergebnisses befindet. Da die Großaktionäre selten aus einer vorgegebenen Linie ausscheren, können nur die Kleinen als wirklich unabhängig gelten. Wenn nun einige Kleine die Entlastung verweigern, kann dies durchaus ein Thema unter den Organmitgliedern sein. Niemand schätzt die öffentliche Missbilligung seiner Geschäftsführung durch mehrere unabhängige Stimmen.

Auch der substantielle Einfluss der Aktionärskritik ist nicht zu unterschätzen. Wenn etwa Aktionäre in einem Konzern ungerechtfertigte Gewinnverschiebungen, zweifelhafte Konsulentenverträge oder allzu großzügige Sachaufwandentschädigungen an Aufsichtsratsmitglieder aufdecken, kann das für den Vorstand höchst unangenehm sein. Kaum ein Vorstand lässt sich gerne öffentlich des illegalen Tuns überführen – auch wenn den Aktionären die juristischen und finanziellen Mittel zur Geltendmachung fehlen. Dazu ist das gegebene Wort, die Handschlagqualität im Wirtschaftsleben zu wichtig. Sachlich fundierte Kritik kann sehr tief treffen. Sie hat natürlich auch eine andere Seite. Der Vorstand kann einem übermächtigen Hauptaktionär den vorauseilenden Gehorsam mit dem Argument verweigern, dass er sich sicher keine entlarvenden Fragen in der Hauptversammlung gefallen lassen werde. Alles schon vorgekommen.

Verfechten die Manager den Kapitalismus?

Manche gehen davon aus, dass jene, die die Schlüsselpositionen der Wirtschaft innehaben, auch die glühendsten Verfechter des Kapitalismus wären. Eine solche Logik ist nicht gerechtfertigt. Vorstandsmitglieder hängen an ihrer eigenen Unabhängigkeit, argumentieren aber nicht notwendig für politische und wirtschaftliche Freiheiten. Sie verfolgen in erster Linie ihre eigenen Interessen. Wenn der Freihandel ihren Interessen dient, werden sie sich für entsprechende Abkommen einsetzen. Wenn sie sich von der Protektion Vorteile erhoffen, werden sie sich für staatlichen Schutz stark machen. Die wirkliche Triebfeder für die Aufrechterhaltung und Förderung wirtschaftlicher Freiheit ist das Eigentum. In Anlehnung an das Eingangszitat von Franz Josef Strauß können wir formulieren, dass jeder Aktionär, der sein eigenes Geld investiert, eine stärkere Stütze der Marktwirtschaft ist als ein noch so gut bezahlter angestellter Manager eines großen Konzerns.

Immer, wenn Kaufleute zusammenkommen, hecken sie eine Behinderung des Wettbewerbs aus. So oder so ähnlich hat dies schon Adam Smith im „Wohlstand der Nationen“ 1776 formuliert. Heute ist das nicht anders. Wer das interessengeleitete Lobbying rund um das Übernahmegesetz verfolgt hat, weiß, dass Adam Smith nach wie vor Recht hat. Managern geht es um den eigenen Vorteil, nicht um die weltanschauliche Stützung des Systems der freien Marktwirtschaft. Ein modernes Buch zweier Professoren der Graduate School of Business der Universität von Chicago drückt das so aus: Man muss den Kapitalismus vor den Kapitalisten retten.

Der wahre Träger der Wirtschaftsdemokratie ist der Aktionär. Ihn interessiert der Wert seines Eigentums, repräsentiert durch die Aktie. Er ergreift das Wort, wenn er das Gefühl hat, dass etwas nicht stimmt. Er ist das notwendige Korrektiv im System der Aktiengesellschaft.

Namens- und Inhaberaktien, Eigenbesitz und Fremdbesitz

Die Aktiengesellschaft wird im Französischen als *société anonyme* bezeichnet. Dieser Name spiegelt jene Anonymität wider, die der Gesellschaft wegen der erlaubten Unbekanntheit ihrer Aktionäre anhaftet.

Unbekannt können die Aktionäre dann sein, wenn (nur) auf Inhaber lautende Aktien, also Inhaberaktien ausgegeben werden. Sie können sich bei der Gesellschaft als Aktionäre deklarieren, wenn sie etwa direkt informiert werden wollen. Sie müssen es nicht tun. Die meisten Inhaberaktionäre sind der Gesellschaft somit im Allgemeinen unbekannt. Nur bei der Kategorie der Namensaktionäre ist dies anders: Namensaktionäre halten auf Namen lautende Aktien, die im Aktienbuch der Gesellschaft vermerkt sind. Eine Übertragung bedarf zu ihrer Wirksamkeit der Eintragung im Aktienbuch. Hier ist die Anonymität also aufgehoben.

Wer Inhaberaktien erwirbt, muss dies nicht an die große Glocke hängen. Er kann seine Dividenden einstreifen, ohne dass die Aktiengesellschaft jemals von seiner Existenz etwas weiß. Als die körperliche Ausgabe von Aktien noch üblich war und eigene Abschnitte zur Barabholung der Dividende legitimierten, sprach man etwas verächtlich von den Couponschneidern. Selbst wenn der Inhaberaktionär die Hauptversammlung besucht, muss er seine Identität nicht preisgeben. Er kann zwar die Aktien im eigenen Namen anmelden, er muss es allerdings nicht tun. Er kann sein Aktienpaket auch im so genannten Fremdbesitz anmelden. Auf der Anmeldeliste steht dann statt des E für Eigenbesitz ein F wie Fremdbesitz. Keiner weiß dann, wem die Aktien tatsächlich gehören.

Ich meine, dass die Anonymität, also die Inhaberaktie, heute nicht mehr zeitgemäß ist. Der Markt verlangt nach einer Offenheit der Aktionärsstruktur, die bei der Bewertung des Unternehmens eine Rolle spielt. Aktiengesellschaften, deren Aktionärsstruktur im Dunklen liegt, wird am Markt weniger Vertrauen entgegengebracht werden. Wer seine Rechte auf der Hauptversammlung geltend machen möchte, soll dies auch im eigenen Namen tun. Für Treuhandlösungen bleibt allemal genug Raum. Im internationalen Vergleich ist die Namensaktie bereits im Vormarsch.

Auch die Versteckspielereien auf den Hauptversammlungen der VA Tech rund um die Kovats-Gruppe sollten zur Erkenntnis führen, dass Gesellschafter-Transparenz eine neue Kategorie sein muss. Die Zeit ist reif für die ausschließliche Zulassung von Eigenbesitzaktionären. Möglicherweise wird auch die Namensaktie eine neue Attraktivität erfahren. Im Hinblick auf die Transparenzgebote der Kapitalmarktgesetze – Stichwort: Meldepflichten bei Erreichen gewisser Schwellenwerte – würde eine solche Entwicklung eine Systemkonformität bedeuten und auch die Beziehungen zwischen Unternehmen und Kapitalgebern erleichtern.

Die Institutionellen

> Letztlich ist aber auch kritisch zu hinterfragen, ob das geringe Interesse institutioneller Investoren auch darin begründet liegt, dass es sich (provokant gesprochen) im Regelfall um uninteressante Veranstaltungen handelt. Das Aktiengesetz hält die Zuständigkeit der Hauptversammlung bewusst kurz. Bei der üblichen

Tagesordnung einer ordentlichen Hauptversammlung gibt es zwar deshalb oft viel vom Vorstand zu hören, oft viel zu essen, zumeist aber wenig zu entscheiden.

Universitätsprofessor Christian Nowotny

Eine Problematik der eigenen Art stellen institutionelle Anleger und Fonds dar. Diese beteiligen sich prinzipiell nicht an Hauptversammlungen. Oft löst diese Passivität Unverständnis aus, die mangelnden Hauptversammlungspräsenzen werden bedauert. Ein Grund liegt darin, dass internationale Anleger mit der für die Hauptversammlung notwendigen Hinterlegungsfrist eine Beschränkung der Handelbarkeit der Aktien assoziieren („Share Blocking"). Das scheint für die Großanleger oft unvertretbar zu sein.

Andererseits ist zu beachten, dass die Institutionellen nicht auf Mitsprache ausgerichtet sind. Sie wollen eine gute Rendite sehen, ohne sich ins Tagesgeschäft einzumischen. Ihnen sind die Verwaltungsrechte nicht wichtig, die Informationsbeschaffung oft zu teuer. Aktien sind für sie Edelsparbücher. Für diese Aktionäre, die bei den großen österreichischen Aktiengesellschaften oft um die 50 Prozent ausmachen, haben sich auch eigene Informationsveranstaltungen entwickelt. Auf so genannten Road Shows in den großen Finanzzentren der Erde erklärt der Vorstand in etwa einstündigen Meetings die Kennzahlen der Gesellschaft. Die Fonds-Manager stellen ein paar Fragen und wissen um die Effektivität ihres Investments. Aufsichtsratsmandate interessieren sie überhaupt nicht. Im Gegenteil: Sie kennen sich in diesen Dingen nicht aus und verlassen sich auf den Eigennutz der übrigen Aktionäre. Sie wissen dabei auch, dass sie sich sehr bald kalte Füße holen könnten, wenn sie anders agieren würden. Würden sie beginnen mitzustimmen, könnten sie sehr bald in eine Übernahmeproblematik hineinrutschen. Gerade weil sie einflussreich sein könnten, nehmen sie ihre Machtbefugnisse prinzipiell nicht wahr. Auch intensives Drängen, sich doch der eigenen Gesellschaft in der Hauptversammlung anzunehmen, wird im Allgemeinen daher nicht fruchten. Letztlich entstehen damit wiederum zwei Kategorien von Aktien, die überwunden geglaubt waren: die freiwillig stimmrechtslosen Aktien und die Stammaktien. Der Unterschied zu den Vorzugsaktien besteht darin, dass es keine Vorzugsdividende gibt.

Wer weiß, ob uns nach der Corporate-Governance-Diskussion nicht bald eine Fonds-Governance-Diskussion ins Haus steht, wenn die Kommunikation mit den Aktionären in weniger transparente Finanzzentren verlegt wird.

Die partizipative Demokratie

> Der durchschnittliche Wähler verhält sich ebenso wie der „normal" agierende Kleinaktionär als rationaler Ignorant.
>
> *Peter Blumer*

Nur wer mitmacht, wird auch gehört. Es muss zulässig sein, dass Aktionäre ihr Investment nur als Finanzanlage verstehen und keine partizipativen Interessen verfolgen. Auch das ist ein Teil der Freiheit.

Irgendwann stellt sich mit einer solchen Einstellung das Problem der Trittbrettfahrerei. Wenn beispielsweise ein Aktionär besonderes Engagement zeigt, von dem alle anderen Aktionäre profitieren – etwa durch großen personellen und finanziellen Einsatz bei einem Übernahmeverfahren –, warum soll ein solcher Aktionär, der zusätzliche Kosten auf sich genommen hat, nicht auch seinen entsprechenden zusätzlichen Gewinn lukrieren? Anders gesagt: Warum sollen die passiven Aktionäre, die alle Mühen und Kosten scheuen, den gleichen Preis wie die aktiven Aktionäre erhalten?

Das Problem der Trittbrettfahrerei haben wir in der gesamten Demokratie. Immer werden es nur einzelne sein, die sich – aus welchen Motiven immer – überdurchschnittlich einsetzen und dadurch für alle einen vermehrten Wohlstand schaffen. Es wird immer Menschen geben, die nie zu einer demokratischen Wahl gehen und dennoch sehr gut in Österreich leben. Die Mehrheit der Menschen wird sich nur ganz selten bei politischen Entscheidungen direkt engagieren – meist wird die Entscheidungsfindung in der repräsentativen Demokratie Politikern überlassen, zu denen man mehr oder weiniger Vertrauen hat.

All das ist keineswegs verwerflich. Die Apathie ist vielmehr rational. Sie verlässt sich auf die Verantwortung jener, die sie wahrnehmen. Nicht jedes zoon politicon muss sich umfassend engagieren.

Der Gleichbehandlungsgrundsatz

> Den Hauptaktionären ist bald das aktive und passive Wahlrecht für Vorstand und Aufsichtsrat vorbehalten, oder sie sind zur Entsendung von Revisionsdeputationen berechtigt. Bei einigen anderen Gesellschaften haben die Hauptpartizipanten mit den Direktoren gemeinsam Austeilung und Betrag der Dividende endgültig festzusetzen. Dann erschließen sich wieder die Einzelheiten der Jahresrechnung nur einem Ausschusse der Meistbeteiligten, für die übrigen Aktionäre bleiben diese Dinge ein Geheimnis – kurz, was unseren zeitgenössischen Moralisten eine Ausgeburt moderner Entartung ist, der Großaktionär und sein beherrschender Einfluss auf das Unternehmen, war dem 17. und 18. Jahrhundert in verschiedener Ausgestaltung etwas ganz Geläufiges.
>
> *Franz Klein, 1904*

Seit 1996 gibt es im Aktienrecht eine Bestimmung, wonach Aktionäre unter gleichen Voraussetzungen gleich zu behandeln sind. Der Gleichbehandlungsgrundsatz ist eine tragende Säule des Gesellschaftsrechts.

Problematisch wird dieser Grundsatz immer dann, wenn etwa außerhalb der Hauptversammlung Auskünfte an einzelne Aktionäre erteilt werden. Wird beispielsweise ein Mehrheitsgesellschafter vom Vorstand oder seinen Vertrauensleuten im Aufsichtsrat regelmäßig informiert, so sind diese Informationen auch den übrigen Aktionären zu erteilen. Nicht selten herrscht Ratlosigkeit bei den Organen einer Aktiengesellschaft, wenn bei ihnen in der Hauptversammlung unter Hinweis auf den Gleichbehandlungsgrundsatz nachgefragt wird, ob an einen anderen Aktionär Auskünfte gegeben wurden und wenn ja: welche?

Besonders problematisch ist der Gleichbehandlungsgrundsatz im Konzern, wenn sich eine Tochtergesellschaft im Streubesitz befindet. Da es in Österreich kein Konzernrecht gibt – die schlichte Definition in Paragraf 15 des Aktienrechts ersetzt ein solches nicht – und somit die Unabhängigkeit des Vorstandes und des Aufsichtsrats auch für eine solche Gesellschaft gilt, darf es weder besondere Informationskanäle noch irgendwelche Weisungsrichtlinien geben. Mag die Praxis üblicherweise anders aussehen – hinsichtlich der Bank Austria ließ die Zentrale in München schon einmal per Zeitung ausrichten, wo die Konzernspitze ihren Sitz hat –, so kommen wir nicht um die Feststellung, dass die Organmitglieder von Konzerntöchtern regelmäßig gegen das Gesetz verstoßen: Man kann nicht gleichzeitig unabhängig sein und beherrscht werden. Dass der Gesetzgeber höchste Verantwortungsträger der Wirtschaft seit Jahrzehnten in einer ausweglosen juristischen Zwickmühle belässt, spricht nicht für ihn. Vorstände und Aufsichtsräte geraten regelmäßig in hochnotpeinliche Situationen, wenn sie in Hauptversammlungen auf ihr Dilemma angesprochen werden.

Ganz andere Regeln als jene des Aktienrechts gelten freilich dann, wenn der Staat selbst an einer Aktiengesellschaft beteiligt ist. Dann nämlich soll, so das Bundeshaushaltsgesetz in Paragraf 59, sichergestellt sein, dass der Bund einen angemessenen Einfluss im Aufsichtsrat erhält und dass die auf Veranlassung des Bundes gewählten oder entsandten Mitglieder des Aufsichtsorgans in Ausübung ihrer Tätigkeit auch die besonderen Interessen des Bundes berücksichtigen. Das bedeutet also: Die Selbstverantwortung, die Verschwiegenheitspflicht und die Weisungsungebundenheit der Aufsichtsratsmitglieder, also jene Grundpfeiler der Verbandsverfassung, welche die unabhängige Entwicklung der Aktiengesellschaft sicherstellen sollen, werden dann außer Kraft gesetzt, wenn sich der Bund beteiligt. Auch das hat mit dem Gleichbehandlungsgebot der Aktionäre nichts zu tun.

Da ich es für die Rechtsmoral eines Landes verheerend erachte, wenn bei der Anwendung des Aktienrechts ein Doppelmaßstab angelegt wird und das anzuwendende Recht von der rechtlichen Qualität des Aktionärs abhängt, bleibt nur ein Schluss übrig: Der Staat darf sich an einer Aktiengesellschaft nicht beteiligen. Es darf nicht sein, dass es für diesen Aktionär, der auch Gesetzgeber ist, Sonderregeln gibt. Man kann nicht Mitspieler und Schiedsrichter zugleich sein. Das wäre Gift für die gesamte Wirtschaftsverfassung.

Die Schutzverbände

Besonders aktiv im Bereich des Aktionärsschutzes ist der Interessenverband für Anleger. Er vertritt auf den Hauptversammlungen und nimmt zu den wichtigen Unternehmensentscheidungen Stellung. Im Vordergrund steht die Ausübung des Auskunftsrechtes. Durch sein Abstimmungsverhalten übt der IVA eine Signalfunktion aus.

Aber auch außerhalb der Hauptversammlung ist der Interessenverband aktiv. Er prüft etwa Abfindungs- und Verschmelzungsvorgänge und bildet sich eine Meinung, ob ein fairer Preis geboten wird. Sollte dies nicht der Fall sein, wird mangels Einigung allenfalls der Gerichtsweg beschritten.

Eine weitere Aufgabe sieht der Interessenverband in der Einflussnahme auf die gesetzlichen Rahmenbedingungen. Er nimmt zu Gesetzesvorlagen Stellung, interveniert bei Entscheidungsträgern und hält Kontakt zu Opinionleadern.

Auf der Homepage des IVA – www.anlegerschutz.at – finden sich aktuelle Informationen – sei es ein Vergleich über die Einhaltung des Corporate Governance Kodex, gesammelte Antworten der Unternehmen zu aktuellen Fragen oder eine Übersicht über die Hauptversammlungstermine der nächsten Monate.

Schließlich werden auch Informationsveranstaltungen durchgeführt und Beiträge zur Hebung der Aktionärskultur veröffentlicht. Der Präsident des IVA, Wilhelm Rasinger, schreibt etwa wöchentlich im Börsenkurier eine Kolumne.

Wilhelm Rasinger ist bei fast jeder Hauptversammlung anzutreffen und erste Ansprechperson, wenn es um Auskünfte zu aktuellen Vorkommnissen geht. Er ist ein besonnener Mensch und fällt nicht durch Temperamentsausbrüche auf. Darin liegt auch seine Stärke. Seine Kritik ist sachlich und nüchtern – und daher treffend. Was er sagt, hat Hand und Fuß.

Einen anderen Schwerpunkt verfolgt der Schutzverband der Wertpapierbesitzer. Er nimmt die Interessen der institutionellen Anleger wahr und tritt weniger akzentuiert auf als der IVA. Bereits 1960 hat er beklagt, dass 73 Prozent aller Aktien von der öffentlichen Hand gehalten werden. Auf das Konto des Schutzverbandes gehen etwa die Vorschläge für Minderheitsvertreter im Aufsichtsrat der VA Tech (Rechtsanwalt Wolfgang Leitner) und der voestalpine (Notar Stefan Kralik).

Die Meinl Bank: ein aktiver Aktionär

Wahrhaft revolutioniert wurde die Wahrnehmung von Aktionärsinteressen durch das Engagement der Meinl Bank. Die Meinl Bank ist eine traditionsreiche Privatbank, deren Nähe zu den Themen der österreichischen Schule der Nationalökonomie unverkennbar ist: Individueller (Kapital)Bedarf, Unternehmertum, freie und konkurrierende Märkte, Privateigentum und das Preissystem sind Ideen, die eng mit den Namen Menger, Mises, Hayek etc. verbunden sind und von der Meinl Bank unterstützt werden. Eine eigene Broschüre, die mit der Empfehlung der Meinl Bank herausgegeben wurde, eröffnet den Direktzugang zu den „Stars der österreichischen Schule der Nationalökonomie".

Geprägt wird die Bank durch einen außergewöhnlich offenen Führungsstil. Julius Meinl V. lässt Mitarbeitern bemerkenswert viel ökonomischen Freiraum, der motivierend wirkt. Die Bereitschaft zum Risiko sieht er in Österreich als zu wenig ausgeprägt an und empfiehlt einen Schuss angelsächsische Einstellung: In einem FORMAT-Interview vom 17. Oktober 2003 sagte er: „Ein englischer Sozialdemokrat denkt immer noch unternehmerischer als ein österreichischer Konservativer."

Wer so denkt, verlässt sich lieber auf sich selbst als auf den Staat. Die Meinl Bank hat daher auch einen speziellen Zugang zu den Aktionärsaktivitäten: Sie nimmt Aktionärsinteressen selbst wahr und verfolgt unter dem Titel „Shareholder Activity“ vier Ziele:

- Erstens erfüllt die Meinl Bank hinsichtlich der bei ihr hinterlegten Aktien eine Verpflichtung gegenüber ihren Kunden: die qualifizierte Wahrnehmung der mit Aktien verbundenen Verwaltungsrechte stärkt den Wert der Papiere und damit die Rendite und Zufriedenheit der Bankkunden.
- Zweitens stärkt die Meinl Bank durch ihr aktives Aktionärsverhalten jene Aktien, die sie selbst hält (so genannter Nostro-Bestand).
- Drittens stärkt die Meinl Bank durch die aktive Wahrnehmung von Aktionärsrechten ihre Position als Investmentbank. Da Aktionärsschutz immer Investitionsschutz bedeutet, gehen Menschen mit Geld gerne zu einer Bank, die den Ruf genießt, Wertpapiere aktiv zu managen und somit den Ertrag zu optimieren.
- Viertens nimmt die Meinl Bank eine aktionärsschützerische Vorbildfunktion ein, die Unternehmen motiviert, das Beratungsservice der Bank in Anspruch zu nehmen.

Die Meinl Bank verfügt bei der Wahrnehmung der Aktionärsinteressen über unschätzbare Vorteile: Unabhängigkeit, Kapital, Know-how und ein funktionelles Netzwerk. Sie ist daher auch in der Lage, Positionen aufzubauen, quotenabhängige Minderheitsrechte geltend zu machen und gerichtliche Auseinandersetzungen mit langem Atem durchzustehen. Diese Faktoren sind auf dem Weg zur Aktionärsdemokratie von unschätzbarem Wert. In diesem Buch werde ich einige Beispiele dafür bringen, wie sich die Meinl Bank erfolgreich für die Interessen der Aktionäre eingesetzt hat.

Die Wirksamkeit von Wohlverhaltensregeln

> Es gibt zwei friedliche Gewalten: das Recht und die Schicklichkeit. *Johann Wolfgang Goethe*

Als Reaktion auf die diversen Skandale wie Enron, WorldCom oder Parmalat haben sich in vielen Ländern Wohlverhaltensregeln herausgebildet. Neben den gesetzlichen Vorschriften haben sich die Unternehmen freiwillig Regeln unterworfen, die den Anlegern entgegenkommen und Vertrauen aufbauen sollen. Wegen der Freiwilligkeit wird gerne von „soft law“ gesprochen.

Von Seiten der Unternehmen wird Corporate Governance stark propagiert – soweit man sich daran hält. Wo man sich nicht daran hält, wird schöngeredet. Letztlich wird all das akzeptiert, was leicht fällt. Das Angenehme wird ausgesucht und werbemäßig verwendet. Über den Rest soll der Mantel des Schweigens gebreitet werden.

So entmutigend es für manche klingen mag: Es wird immer wieder Skandale geben. Auch in Österreich hat es sie gegeben: Effekt Invest, Bank Burgenland oder Rieger Bank. Solche Vorkommnisse werden von denen, die an die Macht des Staates glauben, immer dazu verwendet werden, um nach mehr Gesetzen, verstärkter Kontrolle und härteren Strafen zu rufen. Es wird nie zu verhindern sein, dass sich auch Gauner am Wirtschaftsleben beteiligen. Für den einzelnen Aktionär wird es immer unumgänglich sein, sich sein Investment näher anzusehen und schließlich zu entscheiden: habe ich zu diesem oder jenem Unternehmen und dessen Führung Vertrauen? Auch in der Rechtsanwaltschaft gibt es immer wieder Probleme mit Betrügern. Das liegt aber nicht an einer schlechten Ausbildung oder zu wenig Überwachung, sondern schlicht und einfach an menschlichen Schwächen. Je breiter die Anwaltschaft wird, desto mehr nähert sie sich auch dem moralischen Durchschnitt der Menschheit. Jeder muss daher für sich selbst entscheiden, ob er zu seinem Anwalt Vertrauen hat. Er wird seinen Vertreter nach seinen eigenen Kriterien aussuchen. Genauso ist das auch bei Aktiengesellschaften. Niemand kann die gesamte Verantwortung des Auswählens auf eine Kammer, Börseaufsicht, Finanzmarktaufsicht oder ähnliche Behörden schieben. Die schärfste Strafe wird immer die gesellschaftliche Ächtung sein, weshalb es nirgends so viel moralisches Verhalten geben wird wie in einer freien Gesellschaft. Aber gerade in einer freien Gesellschaft wird es kurzfristig auch Gaunereien geben können. Es gehört eben auch zum Wesen der Freiheit, sich zwischen Richtig und Falsch, Gut und Böse entscheiden zu können. Andernfalls wäre die Freiheit ein leeres Wort.

Daher ist letztlich von der Corporate Governance keine direkte juristische Veränderung zu erwarten. Möglicherweise ist sie aber ein bewusstseinsbildender Zwischenschritt in die richtige Richtung: von den Corporate Scandals über die Corporate Governance zur Corporate Democracy. Die Demokratisierung des Aktienrechts ist nämlich jener Schritt in Richtung gesellschaftsrechtlicher Freiheit, der auch eine qualitative Verbesserung wirtschaftsmoralischer Standards bringen kann. Insofern ist die Corporate Governance ein Ausdruck des neuen Einflusses der Aktionäre.

Eine neue Mode mit einer ähnlichen Bezeichnung macht sich derzeit unter der Bezeichnung Corporate Responsibility – CR – breit: Konzerne engagieren sich lautstark im Bereich des Umweltschutzes, legen besonders großen Wert auf die Beteiligung ihrer Mitarbeiter und zeigen soziales Engagement. Ihr Engagement in den Entwicklungsländern handeln sie nach ethischen Maßstäben und sie schauen peinlichst darauf, nichts mit Kinderarbeit zu tun zu haben.

Natürlich nimmt die Politik solche Tendenzen gerne wahr und verwendet sie als Beispiel dafür, dass der Markt sowieso funktioniere und daher eine Reform des Aktienrechts – recte: eine Demokratisierung des Aktienrechts – gar nicht notwendig sei.

Der Druck zur CR kommt richtigerweise vor allem von Investoren. Ihnen fällt das Einfordern von ethischen Standards leicht und manche Fonds haben sich auch auf Investments in CR-Unternehmen spezialisiert. Damit ist auch gewisser Druck zu machen. Gerade im links-grünen Bereich werden damit Hoffnungen genährt, über eine moralische Schiene Einfluss auf die Finanzmärkte nehmen zu können. Diese Hoffnungen werden auch auf dieser Seite höchst unterschiedlich bewertet. Ich meine, dass gegen eine solche Fonds-Politik nichts einzuwenden ist. Auch das gehört zu einer auf wirtschaftlicher Freiheit beruhenden Marktwirtschaft. Doch sollte man sich keinen Illusionen hingeben: Erstens wird es immer Unternehmen geben, die CR als Werbe-Gag verkaufen, und zweitens wird die Finanzkraft der ethisch Investierenden in der Relation immer begrenzt sein. Auch am CR-Wesen wird die Welt nicht genesen.

Unter welchen Namen die neuen Moden immer aufscheinen mögen: Niemals sollte man sich von einem Regelungswerk, sei es erzwungen oder freiwillig eingehalten, eine Perfektionierung der Welt erwarten. Diese Erwartungshaltung ist nämlich die Vorstufe der Diktatur.

Die offene Aktiengesellschaft und ihre Feinde

> Welches ist der weltliche Kultus der Juden? Der Schacher. Welches ist sein weltlicher Gott? Das Geld. Nun wohl! Die Emanzipation vom Schacher und vom Geld, also vom praktischen, realen Judentum wäre die Selbstemanzipation unserer Zeit. *Karl Marx*

> Eine schwere wirtschaftliche Verfallserscheinung war das langsame Ausscheiden des persönlichen Besitzrechtes und allmähliche Übergehen der gesamten Wirtschaft in das Eigentum von Aktiengesellschaften. Damit erst war die Arbeit so recht zum Spekulationsobjekt gewissenloser Schacherer herabgesunken; die Entfremdung des Besitzes gegenüber dem Arbeitnehmer aber wurde in das unendliche gesteigert. Die Börse begann zu triumphieren und schickte sich an, langsam, aber sicher das Leben der Nation in ihre Obhut und Kontrolle zu nehmen. Die Internationalisierung der deutschen Wirtschaft war schon vor dem Kriege über dem Umwege der Aktie in die Wege geleitet worden. Freilich versuchte ein Teil der deutschen Industrie, sich noch mit Entschiedenheit vor diesem Schicksale zu bewahren. Sie fiel schließlich aber auch dem vereinigten Angriff des gierigen Finanzkapitals, das diesen Kampf besonders mit Hilfe seines treuesten Genossen, der marxistischen Bewegung, ausfocht, zum Opfer.
>
> *Adolf Hitler*

Dass die Vertreter totalitärer Ideologien alles verachten, was mit Toleranz, Offenheit und Freiheit zusammenhängt, versteht sich von selbst. Sie wissen immer besser, was den Menschen gut tut, und können es daher nicht ausstehen, wenn sich das „internationale Finanzkapital der sozialen Utopie der Aktionärsdemokratie bedient". Niemand hasst die (Aktionärs)Demokratie mehr als jene, die nichts von der Selbstverantwortung des Menschen halten. Deshalb behaupten sie, dass alles, was mit Corporate Governance zusammenhängt, nur eine Form der Täuschung durch den Klassenfeind ist.

Jahrzehntelang hat die Aktiengesellschaft in Österreich ein Schattendasein geführt. Die eine Proporzpartei war mit den etatistischen, 1938 übernommenen Regelungen zufrieden, weil sie der patriarchalischen Leitung der Verstaatlichten Industrie fast maßgeschneidert dienten. Die andere Proporzpartei war ebenfalls zufrieden, da sich auch die traditionellen Familienunternehmen im Rahmen des geltenden Aktienrechts leicht lenken ließen. Bei aller vordergründigen Offenheit konnte man gerade bei den Aktiengesellschaften Geheimnisse besonders gut bewahren. Die Funktion der Kapitalsammelstelle war zweitrangig. Das Werben um das Vertrauen der Anleger, sei es mittels hochprofessioneller Präsentationen auf den Hauptversammlungen, per Internet oder auf so genannten Roadshows, war noch unbekannt.

Heutzutage erscheint die Aktionärsdemokratie abseits der völlig veralteten kollektivistischen Ideologien rechts und links vor allem für die Sozialdemokratie ein Dilemma. Manche wollen immer noch einen Weg gehen, der den alten Klassenkampf fortsetzt. Sie verstehen sich als Speerspitze gegen den Kapitalismus und lehnen daher jede „Zusammenarbeit mit dem Kapital" ab. Unter einer solchen Zusammenarbeit mit dem Kapital wird auch die Beteiligung der Arbeitnehmer an der eigenen Gesellschaft verstanden. Mitarbeiterbeteiligung wird als Verrat angesehen. Die anderen wiederum wählen den pragmatischen Weg und halten nichts davon, sinnlos gegen den Strom zu schwimmen. Sie haben verinnerlicht, dass eine moderne Wirtschaft keinen Raum mehr für alte ideologische Grabenkämpfe bietet. Sie haben verstanden, dass die Arbeitnehmer ihren eigenen

Interessen keinen guten Dienst erweisen, wenn sie gegen die eigene Gesellschaft opponieren. Gute Zahlen sind für alle Beteiligten von Vorteil: für die Beschäftigten, die Unternehmensführung und die Aktionäre.

Die lockere Beziehung zwischen Geld und Aktien führt dazu, dass viele Menschen ihre Vorurteile gegen das Geld im Besonderen und die Marktwirtschaft im Allgemeinen auf die Aktionäre und Aktiengesellschaften konzentrieren. Für viele ist die Aktiengesellschaft der Prototyp der kapitalistischen Wirtschaft.

Wie eine Aktiengesellschaft funktioniert, schauen wir uns im nächsten Kapitel an.

Das Abenteuer Aktiengesellschaft

> ... und der Vortrag hätte seinen Zweck zum guten Teile schon erreicht, wenn er anregen würde, über die Richtigkeit der bisherigen Grundlagen der Aktiengesellschaftsverfassung nachzudenken und dieses Gesetzgebungsproblem im Zusammenhange mit allem anderen zu betrachten, was auf der Welt und in den Menschen vorgeht. *Franz Klein, 1904*

Die Aktiengesellschaft wird populär. Immer öfter lehnen sich Modewortschöpfungen an diese Gesellschaftsform an. Die einen sprechen von der Österreich AG, die anderen von einer „Schnee-Aktie", Dritte von einer Ich-AG. Was ist eine Aktiengesellschaft?

Die Aktiengesellschaft ist eine Kapitalsammelstelle. Immer, wenn es in der Geschichte riskante Projekte privat zu finanzieren gab, bot sich das Modell der Aktiengesellschaft an. Sie ist ein – privater – Innovationsmotor. Wer sonst als die großen Aktiengesellschaften sollte für kostenintensive Forschungs- und Entwicklungsprojekte aufkommen? Ihr Grundkapital ist aus der Sicht der Gesellschaft Eigenkapital, aus der Sicht der Gesellschafter Risikokapital. Immer haben jene höhere Gewinne – oder Verluste – gemacht, die Risiko auf sich genommen haben. Wer das Risiko im Wirtschaftsleben sucht, findet in der Aktiengesellschaft eine interessante Anlagemöglichkeit.

Die Einfachheit des Aktienkaufs

Wer sich mit Aktien an einem Unternehmen beteiligen möchte, kann dies sehr einfach tun. Er geht zu seiner Bank, eröffnet ein Wertpapierdepot und erteilt einen Kaufauftrag. Ein paar Tage später benachrichtigt ihn die Bank von der Durchführung und belastet das Girokonto mit dem Kaufpreis.

Unvergleichlich schwerer ist die Beteiligung an einer Gesellschaft mit beschränkter Haftung. Diese darf keine Wertpapiere ausgeben. Geschäftsanteile erwirbt man durch einen Abtretungsvertrag, der zwingend in der Form eines Notariatsaktes zu schließen ist. Der Grund für diese aufwendige Prozedur liegt darin, dass dem Gesellschafter seine Stellung, insbesondere seine mögliche Haftung, bewusst werden soll. Da es die gar nicht selten genutzte Möglichkeit gibt, dass das Stammkapital einer GmbH nur zur Hälfte einbezahlt wird, die Gesellschafter aber für diese ausstehenden Stammeinlagen haften, soll der Notariatsakt eine Warnfunktion erfüllen. Meiner Ansicht nach besteht schon längst keine wirtschaftliche Notwendigkeit mehr, dass das Stammkapital der Gesellschaft nicht zur Gänze sofort zur Verfügung stehen soll. Anders ausgedrückt: Das Stammkapital sollte bei jeder GmbH sofort zur Gänze einbezahlt werden. Dann würde sich auch die strenge Formgebundenheit erübrigen und die Freiheit des Kapitals erhöht werden. Allein die Möglichkeit, Gesellschaften im Ausland billig zu gründen und in Österreich eine Zweigniederlassung zu errichten, zeigt die Reformbedürftigkeit dieses Rechtsbereiches.

Diese Freiheit des Kapitals gibt es bei Aktiengesellschaften bereits. Das Geld ist leichter einsetzbar und kann auch schneller Früchte bringen. Freilich ist der Einfluss eines Gesellschafters oft nicht besonders groß. Weil dies von Beginn an bekannt ist und akzeptiert wird, ist daran auch nichts auszusetzen – wiewohl die Geldunterschiede besonders oft in der Literatur instrumentalisiert werden. Wir können heute keinen Thriller des amerikanischen Bestsellerautors John Grisham lesen, ohne dass wir das Böse der amerikanischen Großkonzerne und die Machtlosigkeit des einzelnen Rechtssuchenden aufsaugen müssen. Neid und Ohnmacht sind Gefühle, mit deren literarischer Verwertung sich viel Geld verdienen lässt.

Die Berechtigung der Großgesellschaft

Die Großgesellschaft berührt das Leben des Einzelnen viel öfter, als uns das zunächst bewusst ist. Wer beispielsweise ein Auto fährt, wird dieses meist bei einer Großgesellschaft erworben haben. Der Kraftstoff wird von einer anderen Großgesellschaft geliefert. Aber auch wer die U-Bahn oder den Zug benützt, kann dies nur tun, weil Großgesellschaften an deren Bau mitgewirkt haben. Ebenso verwenden die Menschen von der Kaffeemaschine in der Früh bis zum abendlichen Fernsehen Strom, der wiederum aus Kraftwerken stammt, die von Großgesellschaften errichtet wurden. Es ließen sich Hunderte Beispiele finden.

Viele bejahen die Marktwirtschaft, weil der Unternehmer das Unternehmerrisiko trägt. Um Verluste wird man ihn nicht beneiden, Gewinne seien ihm aber gegönnt. Doch wie ist das bei Großunternehmen? Warum sollen die einen – die Organmitglieder – die Gesellschaft leiten, die anderen aber – die Aktionäre – das wirtschaftliche Risiko tragen? Warum haften andererseits Großaktionäre, die de facto Einfluss auf die Gesellschaft nehmen, nicht unmittelbar mit?

Die Großgesellschaft ist auch deshalb verdächtig, weil sie ab einer gewissen Größe einen Machtfaktor in der demokratischen Gesellschaft darstellt. Großgesellschaften sind quasi-öffentliche Institutionen, wie es der amerikanische Philosoph Irving Kristol einmal ausgedrückt hat. Im Anschluss an Lenins Aussage, dass Quantität eine Qualität an sich sei, wird den Großunternehmungen eine eigene Legitimation abverlangt. Eine hervorragende Verteidigung lieferte Robert Hessen in seinem Buch „In Defense of the Corporation“.

Wir Österreicher haben einen gewissen Hang zu Miniaturen, der tief in die Zeiten der Monarchie zurückgeht. Was damals gewissermaßen eine tiefstaplerische, liebenswürdige Untertreibung gewesen sein mag, korrespondiert heute vielmehr mit der Kleinheit unseres Landes. Wer inmitten des Kontinents liegend dessen Geschichte über Jahrhunderte mitgestaltet hat, tut sich mit der zwangsweisen Reduktion seiner Rolle vorübergehend schwer. Immer noch schwanken viele zwischen einer isolationistischen Neutralität und der Übernahme von Verantwortung in einem größer werdenden Europa.

In diesem größer werdenden Europa wird die Erfolgsgeschichte vergleichbarer Staaten auch mit der Wirtschaftskraft von Großunternehmen geschrieben. Man denke etwa an die erfolgreiche Entwicklung in Finnland und Schweden. Aber auch die Schweiz, mit der wir uns oft verglichen haben, stützt ihre Selbständigkeit zu einem guten Teil auf den Erfolg ihrer Großunternehmen und Großbanken. Die Bayern zeigen mittlerweile bereits über mehrere Jahrzehnte, dass eine fortschrittliche Wirtschafts- und Industriepolitik durchaus mit moderner Lebensqualität vereinbar ist – ja, dass sie einander sogar bedingen. Wir müssen somit zur Kenntnis nehmen, dass Großunternehmen wirtschaftliche, aber auch politische Stabilitätsfaktoren sind.

Unternehmen jeder Größe haben in einer modernen Gesellschaft Platz. Können kleine flexibler reagieren, haben große Unternehmen die Möglichkeit, durch ihre Finanzkraft Großprojekte abzuwickeln. Vergessen wir nicht, dass zur internationalen Wettbewerbsfähigkeit auch die Fähigkeit gehört, mit Großinvestitionen an der Spitze bahnbrechender Innovationen zu marschieren. Beispiele, etwa aus dem Bereich der Telekommunikation, gibt es genug. Solche Großinvestitionen bedeuten andererseits wiederum Folgeaufträge für viele Klein- und Mittelbetriebe.

Wenn Großunternehmen zu wirtschaftlichen Machtfaktoren werden, mag dies manchem unheimlich werden. Dass etwa in Deutschland zahlreiche Politiker auf den Gehaltslisten von Großgesellschaften geführt wurden, ist unerfreulich. Deshalb den Ruf nach der Politik zu erheben, die Großunternehmen mögen unter staatliche Kuratel gestellt werden, wäre verfehlt. Staatliche Kontrolle würde nämlich wie überall auf der Welt Lobbying und Anschwärzung, nicht aber Objektivität fördern.

Die Kontrolle der Großgesellschaften muss von unten, nicht von oben kommen. Wenn die Gesellschafter, also die Aktionäre, die Möglichkeit haben, für Transparenz zu sorgen, wenn sie ihre Auskunftsansprüche durchsetzen können und letztlich auch die Organmitglieder nicht nur auf dem Papier für ihr Tun haften, wird Missbrauch von Marktmacht am effektivsten vorgebeugt werden können. Allheilmittel, wie sie von manchen ganzheitlichen, also totalitären Denkern erträumt werden, gibt es freilich nicht. Es wäre somit falsch, wegen der Größe eines Unternehmens die Grundsätze von Koalitionsfreiheit und Verbandssouveränität über Bord zu werfen.

Zusammenfassend ist daher festzuhalten, dass auch die Großgesellschaft in einer marktwirtschaftlichen Demokratie ihren legitimen Platz hat. Das Problem ist nicht *big business*, sondern *big government*.

Das Wesen der Aktiengesellschaft

> Die Aktiengesellschaft ist eine Gesellschaft mit eigener Rechtspersönlichkeit, deren Gesellschafter mit Einlagen auf das in Aktien zerlegte Grundkapital beteiligt sind, ohne persönlich für die Verbindlichkeiten der Gesellschaft zu haften.
>
> *Paragraf 1 des Aktiengesetzes*

Die Aktiengesellschaft hat eine eigene Rechtspersönlichkeit. Das bedeutet, dass sie selbständig Träger von Rechten und Pflichten ist Sie kann als solche klagen und geklagt werden. Das scheint uns heute selbstverständlich, und doch ist es eine Sensation. So genannte juristische Personen stehen natürlichen Personen in vielerlei Hinsicht gleich.

Das Grundkapital der Aktiengesellschaft ist in Aktien zerlegt. Das bedeutet zunächst, dass wir Kapital brauchen, um eine Aktiengesellschaft zu gründen. Ohne Kapital gibt es keine Gesellschaft. Durch die Zerlegung in mehrere Aktien kann es mehrere, ja zahlreiche Eigentümer, also Aktionäre geben. Ihnen gehört die Aktiengesellschaft. Die neuerdings zulässige Ein-Personen-Gründung entspricht daher nicht dem ökonomischen Sinn dieser Gesellschaftsform.

Je nachdem, woher die Gesellschaft ihr Kapital aufbringt, sprechen wir von einer privaten Aktiengesellschaft oder von einer börsennotierten Aktiengesellschaft. So manch ein Aktionär, der „nur" an einer privaten Aktiengesellschaft beteiligt ist, ist dem Irrtum verfallen, dass er seine Aktien jederzeit verkaufen kann. Denn ein Verkauf bedeutet ja immer, dass dieses Geschäft auch jemanden braucht, für den es einen Kauf darstellt. Kauf und Verkauf gehören zusammen. Wenn aber niemand an einem Kauf interessiert ist, gibt es auch keinen Verkauf. Dann bleibt der Aktionär auf seinen Aktien sitzen. Theoretisch kann dies auch bei der börsennotierten Gesellschaft der Fall sein, doch bildet sich dort fast immer ein Preis.

Die Aktionäre haften nicht persönlich. Auch die Großaktionäre tun dies nicht. Sollte allerdings ein Aktionär zwecks Erlangung eines gesellschaftsfremden Sondervorteils seinen Einfluss darauf verwenden, ein Mitglied des Vorstands oder des Aufsichtsrats zu bestimmen, zum Schaden der Gesellschaft oder ihrer Aktionäre zu handeln, so wird er schadenersatzpflichtig.

Die Aktiengesellschaft verfügt über drei Organe: Vorstand, Aufsichtsrat und Hauptversammlung. Manche rechnen auch den Abschlussprüfer hinzu. Unvereinbar sind nur die Funktionen Aufsichtsrats- und Vorstandsmitglied, beide dürfen allerdings Aktionäre sein. Für andere als die genannten Organe ist kein Platz. Insbesondere dürfen keine Beiräte mit organschaftlichen Funktionen vorgesehen werden. Ein allfälliger Beirat hat bloß beratende Funktion, jedoch kein Auskunfts- und kein Anhörungsrecht.

Hier sehen wir uns Vorstand und Aufsichtsrat etwas genauer an.

> Dass der Vorstand – um nunmehr auf die einzelnen Vorschläge einzugehen – die Geschicke der Gesellschaft weit mehr als alle übrigen Gesellschaftsorgane bestimmt, ist eine solche Notwendigkeit. Bewegung ist ohne Überwiegen einer von mehreren Kräften undenkbar: halten sich Vorstand, Aufsichtsrat und Generalversammlung gegenseitig das Gleichgewicht, so ist Stillstand die Folge. Geschäftskreis, Vertretungsbefugnis, Aktionsfreiheit des Vorstands werden nicht viel eingeschränkt werden dürfen, weil der Vorstand nicht – wie das so oft gesagt wird – das vollziehende Organ der Gesellschaft, sondern in Wahrheit schlechthin die Gesellschaft selbst, das „Gesellschaft“ genannte geschäftstätige, handelnde Wirtschaftssubjekt ist und daher, was dem Vorstand gilt, die Unternehmertätigkeit der Gesellschaft selbst trifft.
>
> *Franz Klein*, Die neueren Entwicklungen in Verfassung und Recht der Aktiengesellschaft (1904)

Wem ist der Vorstand verpflichtet?

> Es erscheint wünschenswerth, das Princip, daß Vorstand und Aufsichtsrat das Interesse der Gesellschaft und nur dieses wahrzunehmen haben ... klar auszusprechen ...
> *Zitiert aus dem Gutachten des Reichsoberhandelsgerichtes 1877*

Das Aktiengesetz bestimmt in Paragraf 70: „Der Vorstand hat unter eigener Verantwortung die Gesellschaft so zu leiten, wie das Wohl des Unternehmens unter Berücksichtigung der Interessen der Aktionäre und der Arbeitnehmer sowie des öffentlichen Interesses es erfordert." Das Aktiengesetz 1937 verwendete andere Begriffe: statt Unternehmen Betrieb, statt Arbeitnehmer Gefolgschaft und statt öffentliches Interesse gemeiner Nutzen von Volk und Reich. Die Interessen der Aktionäre waren nicht zu berücksichtigen.

Die sprachliche Anpassung ist ein Ergebnis der so genannten Austrifizierung im Jahr 1965. Inhaltlich hat sich in Österreich nichts geändert, wohl aber in Deutschland: Dort hat man 1965 klargestellt, dass sich der Vorstand (nur) vom Gesellschaftsinteresse leiten lasse dürfe. Offizielle Begründung: Alles andere verstehe sich von selbst und sei daher überflüssig. Tatsächlich hat diese Gesetzesänderung natürlich auch eine normative Bedeutung, wie Wolfgang Zöllner, einer der bedeutendsten Kapazitäten des deutschen Aktienrechts, in einer Veranstaltung im Wiener Justizministerium im April 2004 deutlich gesagt hat.

Die Bestimmung des Paragrafs 70 stammt nicht nur aus einer totalitären Zeit, sie hat auch selbst totalitären Charakter. Sie ist die Klausel der totalen Harmonie. Nach dem Motto „Habt euch alle lieb" wird der Vorstand verpflichtet, im Interesse aller tätig zu sein – was natürlich völlig unmöglich ist. Die Klausel hat daher immer zur Verwirrung und noch nie dazu beigetragen, einem Vorstand eine Hilfestellung bei seinen Handlungen zu geben. Jede Interpretation, die versucht, dem Gesetzestext etwas Konsistentes abzugewinnen, muss daher „gewunden" (wiederum Wolfgang Zöllner) sein.

Jeder Vorstand hat ausschließlich das Interesse der Gesellschaft zu wahren. Dies hat seine einzige Leitlinie zu sein. Alles andere mögen erwünschte Sekundärerwägungen sein, die aber normativ nicht bestimmbar sind. Wer im Interesse des Unternehmens einen satten Gewinn erwirtschaftet, zahlt deshalb viel Steuern und arbeitet daher im öffentlichen Interesse. Er arbeitet aber nicht, um viel Steuern zu zahlen. Das ist ein Nebeneffekt. Um Gewinne zu machen, braucht er auch entsprechend qualifizierte Mitarbeiter, die gut bezahlt sein müssen, damit sie für die Gesellschaft tätig sind. Im Interesse der Gesellschaft versucht der Vorstand also auch, zufriedene Arbeitnehmer zu haben. Auch das ist ein Nebeneffekt. Gleiches gilt natürlich auch für die Aktionäre oder Gläubiger. Ein gutes Verhältnis zu diesen Gruppen liegt ebenfalls im Gesellschaftsinteresse, da nur Menschen, die dem Unternehmen vertrauen, ihr Geld zur Verfügung stellen. Das primäre Ziel ist aber immer das Gesellschaftsinteresse. Alles andere ist sozialromantische Träumerei, die im Gesetzestext nichts verloren hat. Paragraf 70 hat also nach wie vor einen irrealen, totalitären Charakter und ist einer Demokratie unwürdig. Alle anderen Zielvorgaben als die Wahrnehmung des Gesellschaftsinteresses gehören daher bei der nächsten Überarbeitung des Aktienrechts gestrichen. Dass diese umfassende Harmonieklausel vor wenigen Jahren ihren Weg in das Übernahmerecht gefunden hat, spricht nicht für den österreichischen Gesetzgeber.

Die neue Unabhängigkeit des Vorstandes

Der Vorstand unterliegt dem Neutralitätsgebot. Der Grundsatz der Gleichbehandlung der Aktionäre, auf den der Vorstand verpflichtet ist, enthält das Gebot, Maßnahmen zu unterlassen, die, ohne durch sachliche unternehmerische Gesichtspunkte geboten zu sein, Auseinandersetzungen zwischen Aktionären in parteiischer Weise beeinflussen. Der Vorstand ist Treuhänder der juristischen Person, nicht der Aktionäre. Daher hat er auch im Verhältnis zu einem Alleinaktionär an seiner eigenständigen Leitungsaufgabe und Verantwortung festzuhalten. Eine Verpflichtung zu politischer Neutralität besteht für den Vorstand nicht.

Die Rolle des Vorstandes wird in einer Publikumsgesellschaft neu definiert. Waren die Vorstandsmitglieder gerade noch so etwas wie freiwillige Weisungsempfänger, schicken die nunmehr unabhängigen Vorstände bereits Wunschkataloge an die Politik. Hätte sich ein Vorstand der Verstaatlichen Industrie noch in den 90er Jahren getraut, öffentlich den ÖBB-Streik zu kritisieren?

Dass Organmitglieder bei öffentlichen Äußerungen allerdings vorsichtig sein müssen, hat eine folgenschwere Entscheidung in Deutschland gezeigt: Rolf Breuer hatte sich als Vorstandsvorsitzender der Deutschen Bank in einem Interview zur Kreditwürdigkeit der Leo Kirch-Gruppe geäußert – worauf die Deutsche Bank Ende 2003 vom Oberlandesgericht München zu Schadenersatz verurteilt wurde.

Obwohl das Parlament 2004 zu dem Entschluss gelangte, ein Gesetz zur Stärkung des Vertrauens in die Wirtschaft zu erlassen, und dies mit diversen außerösterreichischen Skandalen begründete, darf nicht übersehen werden, dass es nie so viel Kontrolle geben kann, um alle Fehlentwicklungen zu vermeiden. Die Ereignisse um die Rieger Bank sind vielleicht wegen, und nicht trotz der vielen Kontrollen (Nationalbank, Bankenaufsicht samt Regierungskommissär, Wirtschaftsprüfer, Aufsichtsräte) möglich gewesen und haben unter anderem zur Gründung der Finanzmarktaufsicht geführt: Wo viele kontrollieren, kontrolliert niemand. Absolute Sicherheit gibt es genauso wenig wie den garantiert unfallfreien Individualverkehr. Wir müssen uns von der Vollkaskomentalität trennen. Eigenverantwortung ist durch nichts ersetzbar. Franz Klein formulierte bereits vor mehr als 100 Jahren:

> Die gerichtliche Obsorge über das Mündelvermögen zeigt, wie diese Beschränkung, wenn der Schutzgesichtspunkt einseitig übertrieben wird, alles selbständige Handeln ersticken kann. Das Bewußtsein der Verantwortlichkeit, in dem der Aktionärsschutz moralisch und praktisch gipfelt, muß mit geschäftlicher Initiative, Arbeitsfreudigkeit und Wagemut in derselben Seele wohnen können: Das ist die einzige psychologisch mögliche Formel für eine

Verwaltung, die ein Gesellschaftsunternehmen gewinnbringend betreiben soll. Je geringerer Initiative u.s.w. es bedarf, desto enger kann die Bewegungsfreiheit der verantwortlichen Leitung begrenzt werden; wo Unternehmungsgeist vorwalten muß, bedarf es freieren Raumes.

Franz Klein, Die neueren Entwicklungen in Verfassung und Recht der Aktiengesellschaft (1904)

Die Vergütung des Vorstands

Der Aufsichtsrat hat bei der Festsetzung der Gesamtbezüge des einzelnen Vorstandsmitglieds dafür zu sorgen, dass diese in einem angemessenen Verhältnis zu den Aufgaben des Vorstandsmitglieds und zur Lage der Gesellschaft stehen. Dies gilt sinngemäß auch für Ruhegehalt, Hinterbliebenenbezüge und Leistungen verwandter Art. Damit wird nicht normiert, dass die Bezüge des Vorstandsmitglieds angemessen zu sein haben. Es wird lediglich eine Obergrenze gezogen. Bei Überschreiten der Obergrenze ist der Anstellungsvertrag allerdings nicht nichtig und der Aufsichtsrat könnte sogar schadenersatzpflichtig werden. Im Falle wirtschaftlicher Schwierigkeiten ist der Aufsichtsrat nicht berechtigt, die Bezüge des Vorstands auf ein angemessenes Niveau zu senken. Um die Bezüge des Vorstandes dennoch mit der Lage der Gesellschaft zu koppeln, ist es empfehlenswert, bei den Bezügen einen fixen und einen variablen Teil vorzusehen. Der variable teil kann etwa vom Gewinn oder vom Cash Flow abhängen.

Die Bestimmung des Aktiengesetzes 1937, wonach dem Aufsichtsrat das Recht eingeräumt war, die Vorstandsbezüge dann angemessen herabzusetzen, wenn nach Festsetzung der Gesamtbezüge der Vorstandsmitglieder eine so wesentliche Verschlechterung in den Verhältnissen der Gesellschaft eintritt, dass die Weitergewährung der Bezüge eine schwere Unbilligkeit für die Gesellschaft sein würde, wurde 1965 ersatzlos gestrichen. Eine solche Regelung ist mit dem Grundsatz der Vertragstreue unvereinbar. Eine einseitige Kürzung der Vorstandsbezüge mit der Begründung der eklatanten Verschlechterung der wirtschaftlichen Leistungsfähigkeit des Unternehmens ist somit nicht mehr zulässig.

Ebenso gestrichen wurde 1965 die „Sozialklausel“, auf welche die nationalsozialistischen Gesetzgeber besonders stolz waren: „Gewinnbeteiligungen sollen in einem angemessenen Verhältnis stehen zu den Aufwendungen zugunsten der Gefolgschaft oder zu Einrichtungen, die dem gemeinen Wohle dienen.“ Für die Einhaltung dieser Klausel sollte nicht nur der Aufsichtsrat, sondern auch der Staatsanwalt sorgen.

Im Anhang zur Bilanz und zur Gewinn- und Verlustrechnung sind die Gesamtbezüge des Vorstands und der früheren Mitglieder des Vorstands sowie deren Hinterbliebene anzuführen. Die Bezüge müssen nicht für jedes Vorstandsmitglied einzeln angeführt werden, der Corporate Governance Kodex empfiehlt dies allerdings.

Im Rahmen der variablen Bezügeteile werden Stock-Option-Pläne immer populärer – aber auch umstrittener. Verpflichtend ist die Anzahl und Aufteilung der eingeräumten Optionen, deren Ausübungspreis sowie den jeweiligen Schätzwert zum Zeitpunkt der Einräumung und Ausübung im Geschäftsbericht darzustellen. Populär sind solche Mitarbeiterbeteiligungsmodelle, weil sie die Motivation heben, das wirtschaftliche Verständnis fördern und die Produktivität steigern. In Verruf kommen Aktienoptionspläne, wenn Aktienkurse offensichtlich zur Erfüllung einer Optionsbedingung „gemacht“ werden. Ein bekannt verdächtiges Beispiel in Österreich bot die Telekom Austria Aktie. Ein großer Kauf in den letzten beiden Handelsminuten am 26. Februar 2004 hob den Durchschnittskurs gerade über jene Grenze von 11,70 Euro, deren Erreichen eine Bedingung für die Geltendmachung von Optionen im Wert von neun Millionen Euro war. Untersuchungen der Finanzmarktaufsicht gegen die Manager der Telekom Austria brachten allerdings kein vorwerfbares Verhalten zu Tage.

Der Aufsichtsrat

War es vor ein paar Jahren noch so, dass die Funktion eines Aufsichtsrats mit der Tätigkeit im Vorstand eines Golfclubs verglichen wurde, hat es sich mittlerweile herumgesprochen, dass mit dieser Funktion auch sehr viel Verantwortung verbunden ist. Aufsichtsratsmandate sollen keine tantiemeträchtigen Sinekuren sein, hieß es bereits vor der zweiten Aktienrechtsnovelle 1884. Daher ist auch die Höchstzahl jener Mandate umstritten, die ein Einzelner innehaben darf. Dabei wird üblicherweise unterschieden, ob jemand einen zeitintensiven Hauptberuf, wie etwa eine Vorstandsfunktion, bekleidet, ob jemand gewöhnliches Mitglied des Aufsichtsrats oder als Vorsitzender tätig ist (solche Mandate sollen doppelt zählen) und ob es sich um konzerninterne oder konzernexterne Mandate handelt. Meiner Ansicht nach wird niemand, der seine Aufgaben ernst nimmt, wirklich die Höchstzahl jener Mandate ausschöpfen können, die im Gesetz oder im Corporate Governance Kodex vorgesehen sind.

Der Aufsichtsrat ist das geheimnisumwittertste Organ der Aktiengesellschaft. Trotz Veröffentlichung der Namen im Firmenbuch versinken die einzelnen Personen meist im Halbdunkel der Quasi-Anonymität. Selbst bei ihrer Wahl, bei der sie gar nicht anwesend sein müssen, erfährt man oft kaum mehr als ihre Namen. Das soll sich 2005 ändern. In Zukunft ist vorgesehen, dass die Kandidaten für den Aufsichtsrat der Hauptversammlung ihre fachliche Qualifikation, ihre beruflichen und sonstigen Funktionen sowie alle Umstände darzulegen haben, welche die Besorgnis einer Befangenheit begründen können.

Von den Arbeitnehmervertretern weiß die Öffentlichkeit meistens überhaupt nichts. Da die Mitglieder des Aufsichtsrats überdies zur Verschwiegenheit verpflichtet sind, kann man sich mit ihnen auch nicht über ihre Tätigkeit unterhalten. Der Bericht, den der Aufsichtrat alljährlich der Hauptversammlung abliefert, beinhaltet praktisch nie mehr als ein paar Standardsätze: „Der Aufsichtsrat wurde vom Vorstand über den Gang der Geschäfte und die Lage der Gesellschaft regelmäßig informiert und hat in seinen Sitzungen die ihm nach Gesetz und Satzung obliegenden Aufgaben wahrgenommen. Der Jahresabschluss wurde vom Abschlussprüfer geprüft. Die Prüfung hat keinen Anlass zu Beanstandungen gegeben, sodass die uneingeschränkten Bestätigungsvermerke erteilt wurden. Der Aufsichtsrat hat sich dem Ergebnis dieser Prüfung angeschlossen und sich mit dem vom Vorstand erstatteten Bericht einverstanden erklärt und den Jahresabschluss gebilligt, sodass dieser festgestellt ist."

Ich glaube nicht, dass eine solche Knappheit dem Willen des Gesetzgebers entspricht. Wie so oft ist Wienerberger, wenn es um Public Relations geht, eine rühmliche Ausnahme und veröffentlicht Aufsichtsratsberichte, denen Originalität anhaftet.

Lüften wir ein wenig das Geheimnis des Aufsichtsrats. Wie kommt man in dieses erlauchte Gremium? Welche Aufgaben erfüllen Aufsichtsratsmitglieder? Wie sieht die Aufsichtsratswirklichkeit aus?

Es wird nun von verschiedenen Seiten in dieser Degenerirung des Aufsichtsraths ein Hauptmangel der Organisation gefunden. Man führt aus, der Aufsichtsrath sei als eine völlig selbständige, in die Geschäftsführung nicht implicierte, völlig unparteiische Zwischenstelle zwischen den Geschäftsführern und der Generalversammlung vom Gesetze gedacht. Nur das Vorhandensein einer so qualifizierten Zwischenstelle, welche die Bilanzen und Vorschläge zur Gewinnvertheilung prüfe und darüber der Generalversammlung Bericht erstatte, könne es rechtfertigen, daß ohne weiteres der Generalversammlung mit Ablauf des Geschäftsjahres Genehmigung wie Decharge zugemuthet werde. Es sei Aufgabe des Gesetzgebers, diesem Organ, welches, in die Geschäftsführung selbst verwickelt, nur sich selbst in dem Bericht rechtfertige, aber keine unparteiischen Prüfungen Anderer vornehmen könne, die intendirte Reinheit widerzugeben, indem man jede Theilnahme des Aufsichtsraths an der Geschäftsführung irgend welcher Art verböte.

Gutachten des ROHG 1877, abgedruckt in *Schubert/-Hommelhoff*, Hundert Jahre modernes Aktienrecht, 200

Weltweit kennt man im Wesentlichen zwei verschiedene Verwaltungssysteme: das einstufige Board-System mit weitgehender Organisationsautonomie und das zweistufige Verwaltungssystem, das aus Aufsichtsrat und Vorstand besteht. Unser Aktienrecht hat sich für das zweistufige Modell entschieden. Der in den Paragrafen 86 bis 99 AktG geregelte Aufsichtsrat ist das Kontroll- und Überwachungsorgan der Gesellschaft, wobei sich diese Funktion auf die Geschäftsführung des von ihm bestellten Vorstands bezieht. Eine Mitgliedschaft im Aufsichtsrat ist daher auch mit einer Mitgliedschaft im Vorstand unvereinbar.

Die Aufgaben des Aufsichtsrats

Die Aufgaben des Aufsichtsrats können eingeteilt werden in die Vertretung der Gesellschaft, die Kontrolle des Vorstands und die interne Mitwirkung an Geschäftsführungsmaßnahmen. Damit ist schon viel über seine innere Unbefangenheit gesagt.

Eine noch deutlichere Hervorhebung der – möglichen – Machtposition des Aufsichtsrats ergibt folgende Einteilung:

- Personalentscheidungen
- Vorstandsorganisation
- Überwachung der Geschäftsführung
- Mitentscheidung über Jahresabschluss und Ergebnisverwendung
- Aufgaben in Bezug auf die Hauptversammlung
- Änderung der Satzungsfassung
- Mitentscheidung bei Kapitalmaßnahmen

Der Zustimmung bedarf der Vorstand zu folgenden Geschäften:

1. für den Erwerb und die Veräußerung von Beteiligungen sowie den Erwerb, die Veräußerung und die Stilllegung von Unternehmen und Betrieben;
2. für den Erwerb, die Veräußerung und Belastung von Liegenschaften;

3. für die Errichtung und die Schließung von Zweigniederlassungen;
4. für Investitionen, die bestimmte Anschaffungskosten im einzelnen und insgesamt in einem Geschäftsjahr übersteigen;
5. für die Aufnahme von Anleihen, Darlehen und Krediten, die einen bestimmten Betrag im einzelnen und insgesamt in einem Geschäftsjahr übersteigen;
6. für die Gewährung von Darlehen und Krediten, soweit sie nicht zum gewöhnlichen Geschäftsbetrieb gehört;
7. für die Aufnahme und Aufgabe von Geschäftszweigen und Produktionsarten;
8. für die Festlegung allgemeiner Grundsätze der Geschäftspolitik;
9. für die Festlegung von Grundsätzen über die Gewährung von Gewinn- oder Umsatzbeteiligungen und Pensionszusagen an leitende Angestellte im Sinne des § 80 Absatz1 Aktiengesetz;
10. für die Einräumung von Optionen auf Aktien der Gesellschaft an Arbeitnehmer und leitende Angestellte der Gesellschaft oder eines mit ihr verbundenen Unternehmens sowie an Mitglieder des Vorstands und des Aufsichtsrats von verbundenen Unternehmen;
11. für die Erteilung der Prokura.

Weiters kann die Satzung oder der Aufsichtsrat anordnen, dass bestimmte Arten von Geschäften nur mit der Zustimmung des Aufsichtsrats vorgenommen werden.

> Die Frage ist einfach die, ob die Souveränität des Vorstands gemindert und die Wirkung der Kontrolle erhöht werden soll, indem man dem Aufsichtsrate Vorstandsbefugnisse verleiht, in ihm Kontrolle und Exekutive zum Teile mengt … Gesetzlich eingeführt enthielte diese Einrichtung eine folgenschwere Rückbildung der Gesellschaftsorganisation, und jeder denkbare Gewinn daraus könnte wohl nicht annähernd den Schlag gut machen, den die Kontrolle des Aufsichtsrats und mit ihr der hauptsächlichste Schutz der Aktionäre durch Wegfall der Unbefan-

genheit und durch das Entstehen eines eigenen Interesses des Aufsichtsrats an einem befriedigenden Ergebnisse der Kontrolle erleiden müsste. Man täusche sich nicht: ist der Aufsichtsrat auch nur einmal durch Unvorsichtigkeit, Übereilung, Nachgiebigkeit an einem der Gesellschaft nachteiligen Geschäfte mitschuldig geworden, so ist seine Unabhängigkeit vom Vorstande, in der seine verfassungsmäßige Wirksamkeit wurzelt, leicht für immer dahin.

Franz Klein, Die neueren Entwicklungen in Verfassung und Recht der Aktiengesellschaft (1904)

Ein bekanntes Beispiel dafür, dass sich Vorstände nicht immer an die Zustimmungspflicht halten, bot der Sonderprüfungsbericht hinsichtlich der EStAG im Januar 2004. Die Konsequenz: Alle Vorstandsmitglieder wurden sofort suspendiert.

Neben den im Gesetz erwähnten Aufgaben hat der Aufsichtsrat auch eine ganz allgemeine Beratungsfunktion. Dies kann auch kostenrechtliche Konsequenzen haben, wenn etwa der Rechtsanwalt der Gesellschaft zum Mitglied des Aufsichtsrats gewählt wird. Diese gar nicht seltene Praxis halte ich für eine Unsitte: In Wirklichkeit überwacht der Anwalt einen Vorstand nämlich auch in jener oft nicht geringwertigen Geschäftstätigkeit, die ihn selbst betrifft. Bei den Aufsichtsratssitzungen Kontrolleur zu spielen und den Rest des Jahres Mandatsempfänger zu sein, ist eine gar kunstvolle Spaltung der eigenen Person.

Schon beim Scheitern des Aktiengesetzes 1870 wurde eine entscheidende Ursache darin erkannt, dass viele Aufsichtsräte ihre Aufgabe weniger in der Funktion gesehen hatten, den Vorstand in seiner Tätigkeit zu überwachen, als vielmehr darin, zusammen mit dem Vorstand die wesentlichen unternehmerischen Entscheidungen zu fällen. Vorstand und Aufsichtsrat agierten nicht selten als zusammengesetztes, aber einheitliches Entscheidungsorgan. Es erscheint daher fraglich, ob die verstärkte Einbindung des Aufsichtsrats in Geschäftsführungsmaßnahmen unter dem wohlklingenden Stichwort der begleitenden Kontrolle zu einer sorgfältigeren Aufgabenwahrnehmung führt.

Durch die weitgehenden gesetzlichen Befugnisse wird nicht nur das dualistische Prinzip der Verwaltung – Trennung der Geschäftsführungsfunktion des Vorstands von der Kontrollfunktion des Aufsichtsrats – de facto durchbrochen, sondern auch die Grenze zum – im Gesetz nicht vorgesehenen – Initiativ- und Weisungsrecht fließend. Wenn der Aufsichtsrat bei allen größeren Geschäften zustimmen muss, kontrolliert er im Aufsichtsratsbericht, der jährlich der ordentlichen Hauptversammlung vorzulegen ist, in Wahrheit sich selbst.

Die Überwachungsfunktion der Geschäftsführung ist die Zentralfunktion des Aufsichtsrats, die er als Organ wahrzunehmen hat. Dem einzelnen Aufsichtsratsmitglied als solchem kommt keine Überwachungsfunktion zu. Der Aufsichtsrat ist allerdings nicht weisungsbefugt – er ist nicht Vorgesetzter des Vorstands. Die Unabhängigkeit des Vorstands soll unter anderem dadurch abgesichert werden, dass das Gesetz den Widerruf der Bestellung nur aus wichtigem Grund vorsieht.

Ausgenommen von der Überwachung sind jene Maßnahmen, die der Vorstand aufgrund seiner außerhalb der Geschäftsführung liegenden Kompetenzen gegenüber anderen Organen der Gesellschaft trifft wie beispielsweise die Einberufung einer Hauptversammlung oder die Anfechtung von HV-Beschlüssen.

Für eine Kontrolle des Personals unterhalb der Vorstandsebene ist im Allgemeinen kein Platz. Diese Kontrolle obliegt dem Vorstand. Der Aufsichtsrat ist daher im Allgemeinen nicht befugt, Auskünfte von Angestellten unterhalb der Vorstandsebene zu verlangen. Von diesem Prinzip ist dann abzugehen, wenn der begründete Verdacht besteht, dass der Vorstand unrichtig oder unvollständig informiert. Maßstab der Überwachungstätigkeit ist nicht bloß eine Rechtmäßigkeitskontrolle, sondern auch die Kontrolle der Zweckmäßigkeit und der Wirtschaftlichkeit.

Der Aufsichtsrat ist – im Gegensatz zum Vorstand – zwingend ein Kollegialorgan und muss aus mindestens drei Mitgliedern bestehen. Daneben sieht das Aktiengesetz auch grundkapitalsabhängige Höchstzahlen vor. Die Zahl der Arbeitnehmervertreter richtet sich nach der Zahl der Kapitalvertreter. Für je zwei Kapitalvertreter wird ein Arbeitnehmervertreter vom Belegschaftsorgan entsendet (so genannte Drittelparität).

Die Bestellung der Aufsichtsratsmitglieder

Das Gesetz sieht fünf Bestellungsarten vor: Die in der Praxis wichtigsten sind die Wahl durch die Hauptversammlung sowie die Entsendung durch das zuständige Belegschaftsorgan.

Die Aufsichtsratsmitglieder sind in ihrer Unabhängigkeit geschützt, damit sie ihrer Tätigkeit ohne Zurufe von außen nachgehen können. Sie sind weisungsungebunden. Die Einflussnahme der Wähler und Entsendungsberechtigten (und ebenso des Betriebsrats) erschöpft sich in der Auswahl der Person des Aufsichtsratsmitglieds, das bei seiner Tätigkeit ausschließlich das Unternehmensinteresse zu wahren hat, ohne zur Vertretung von Partikularinteressen berechtigt zu sein. Jedes einzelne Aufsichtsratsmitglied hat sich bloß am Wohl des Unternehmens zu orientieren. Im Falle eines echten Interessenkonflikts entfällt das Teilnahme- und Stimmrecht – auch von Arbeitnehmervertretern. Das entscheidende Argument gegen die Weisungsgebundenheit ist die Sorgfaltspflicht und Eigenverantwortlichkeit der Aufsichtsratsmitglieder für die gesamte Amtstätigkeit.

Um der Minderheit zumindest die Möglichkeit zur Wahl eines Aufsichtsratsmitglieds zu geben, bestimmt das Aktiengesetz, dass von einem Drittel des in der Hauptversammlung vertretenen Grundkapitals verlangt werden kann, dass die Wahl für jedes zu bestellende Mitglied des Aufsichtsrats abgesondert erfolge. Ergibt sich vor der Wahl des letzten zu bestellenden Mitglieds, dass wenigstens der dritte Teil aller abgegebenen Stimmen bei allen vorangegangenen Wahlen zugunsten derselben Person, aber ohne Erfolg abgegeben worden ist, so muss diese Person ohne weitere Abstimmung als für die letzte Stelle gewählt erklärt werden. Solange ein Drittelvertreter gewählt ist, findet diese Vorschrift keine weitere Anwendung.

Diese Bestimmung stammt aus dem Aktienregulativ 1899, verschwand 1938 und fand 1965 wieder Eingang in das österreichische Aktienrecht. Sie ist insofern problematisch, als gesonderte Abstimmungen keiner Auswahl zwischen zwei oder mehreren Kandidaten Raum geben, sondern nur Pro- und Kontrastimmen (sowie Enthaltungen) zulassen. Es ist daher von der Minderheit nicht nur die gesonderte Abstimmung zu verlangen, sondern auch die Präferenz für den Minderheitskandidaten bekannt zu geben. Eine geblockte Drittelablehnung des Mehrheitskandidaten ist vom Vorsitzenden dann als Votum für den Minderheitskandidaten festzustellen. Die Vorschrift ist kaum von Bedeutung, weil sie sich leicht umgehen lässt: Wenn die im Corporate Governance Kodex festgeschriebene Höchstzahl von zehn Aufsichtsratsmitgliedern eingehalten wird, kann eine geschäftsordnungsmäßige Rotation ergeben, dass jedes Jahr nur zwei Mitglieder auf jeweils fünf Jahre zu wählen sind. Dann fehlt die Voraussetzung, dass mindestens drei Mitglieder von derselben Hauptversammlung zu wählen sind, und die Minderheit kommt nie zum Zuge.

Im Zusammenhang mit der genannten Bestimmung gibt es eine einzige Entscheidung des Obersten Gerichtshofes, aus der sich folgende Leitsätze ergeben:

1. Es gibt keine Manuduktionspflicht des Leiters der Hauptversammlung. Allfällige unrichtige Anträge sind nicht zuzulassen. Es besteht keine Verpflichtung für den Verhandlungsleiter, den Antragsteller anzuleiten, einen rechtmäßigen Antrag zu stellen.
2. Will eine Minderheit von dem Minderheitenrecht nach Paragraf 87 Absatz des Aktiengesetzes Gebrauch machen, muss sie ein Verlangen auf Einzelabstimmung stellen. Verfügt der verlangende Aktionär nicht selbst über ein Drittel der in der Hauptversammlung anwesenden Stimmen, muss er eine Erkundungsabstimmung verlangen. Diese ist vom Versammlungsleiter durchzuführen.
3. Die Minderheit kann keine bestimmte Reihenfolge für die Einzelabstimmung verlangen (beispielsweise alphabetisch). Sie hätte es sonst in der Hand, den letztgereihten Mehrheitskandidaten auszubooten.
4. Das Verlangen auf Einzelabstimmung wird nicht durch Gegenstimmen bei (Wahl)Abstimmungen ersetzt. Stimmen beispielsweise 40 Prozent gegen die Kandidaten einer en-bloc-Abstimmung, ist damit kein Minderheitskandidat gewählt.

Die Bestellung der Aufsichtsratsmitglieder bedarf der an keine Form gebundenen Annahme durch den Bestellten.

Die Dauer der Aufsichtsratsfunktion ist gesetzlich befristet und endet spätestens am Tage der Beendigung jener Hauptversammlung, die über die Entlastung für das vierte, dem Geschäftsjahr der Wahl folgende Geschäftsjahr beschließt. Im Normalfall endet daher ein Aufsichtsratsmandat nach etwa fünf Jahren. Die Wiederwahl ist zulässig. Eine kürzere Funktionsperiode kann sowohl in der Satzung als auch im Bestellungsbeschluss festgesetzt werden.

Die Abberufung gewählter Aufsichtsratsmitglieder ist mit Dreiviertelmehrheit zulässig und bedarf keiner Begründung. Die Satzung kann auch keine Begründungspflicht auferlegen, wohl aber andere Mehrheitserfordernisse festlegen.

Die Mitbestimmung: eine Systemwidrigkeit

Gemäß dem Arbeitsverfassungsgesetz herrscht im Aufsichtsrat so genannte Drittelparität: Auf zwei gewählte Kapitalvertreter entfällt ein Arbeitnehmervertreter. Bei ungerader Kapitalvertreterzahl wird aufgerundet. Der Ausdruck Drittelparität ist natürlich sinnwidrig, da ein Drittel nichts mit Parität zu tun hat.

Die Vertreter der Arbeitnehmerseite haben im Aufsichtsrat im Wesentlichen die gleichen Rechte und Pflichten wie die Kapitalvertreter. Werden die Wirtschaftsbosse in Österreich gefragt, wird kaum einer Einwände gegen diese Arbeitnehmervertretung im Aufsichtsrat erheben. Sie haben kein Problem damit.

Diese Wirtschaftsbosse sind allesamt Heuchler, schreibt der ehemalige BDI-Präsident Hans-Olaf Henkel in seinem Buch „Die Macht der Freiheit“. Insgeheim wissen sie alle, dass die Arbeitnehmervertretung im Aufsichtsrat einen internationalen Wettbewerbsnachteil bedeutet. Es gibt Leichteres, als einem Amerikaner zu erklären, dass in jenem Gremium, in dem die Eigentümervertreter sitzen, die Arbeitnehmer ebenfalls Entscheidungsgewalt haben. Es erscheint ja auch unsinnig, dass aus den Reihen jener, die vom Vorstand geführt werden, Vertreter zur Überwachung dieses Vorstandes entsandt werden. Was den Kapitalvertretern verboten ist, ist bei den Arbeitnehmervertretern ein Muss. Kein Wunder, dass jede Seite vor den Aufsichtsratssitzungen in Fraktionen tagt. Die Entscheidungen sind daher vorbesprochen und in logischer Konsequenz gibt es kaum substantiierte Diskussionen im Aufsichtsrat.

Ich meine, dass man den Arbeitnehmern gar nichts Gutes tut, wenn man sie neben der Vertretung durch den Betriebsrat in den Aufsichtsrat schickt und sie dort die Funktion des Aufsehers über ihre eigenen Chefs ausüben lässt. Eine solche Hierarchie verstößt in ähnlicher Weise gegen das Organisationsgefälle wie die Befugnis der Studentenvertreter, im Rahmen der studentischen Mitbestimmung über die Berufung von Universitätsprofessoren mitentscheiden zu können. Vielleicht haben sich jene Gewerkschafter im Mannesmann-Prozess, die sich für die Gewährung astronomischer Abfertigungszahlungen verantworten mussten, auch schon gefragt, ob sie im Namen der Interessenvertretung nicht völlig systemwidrige Aufgaben übernommen haben.

Im Übrigen ist zu betonen, dass auch die Arbeitnehmervertreter im Aufsichtsrat der Verschwiegenheitsverpflichtung unterliegen und ihre Vertretungstätigkeit gegenüber der Belegschaft gar nicht erklären dürfen. Noch immer haben viel zu wenige Aufsichtsräte – und hier meine ich auch die so genannten Kapitalvertreter – zur Kenntnis genommen, dass sie nicht Vertreter bestimmter Aktionärsgruppen zu sein haben, sondern das Wohl der Gesellschaft als Ganzes im Auge haben müssen.

Das eben Gesagte gilt ebenfalls für den so genannten Kleinaktionärsvertreter: Auch er hat sein Handeln am Wohl des Unternehmens zu orientieren – und nicht am Wohl der Kleinaktionäre.

Gerade die Kleinaktionärsvertreter tun sich dabei oft leichter als andere, die sich als Garanten der Interessen ihrer Aktionäre sehen. Sie sind meist unabhängiger und bringen auch mehr Mut auf, kritische Fragen zu stellen. Sie passen nicht wirklich in den Club der Jasager, wie Jürgen Gaulke den Aufsichtsrat nennt.

Ein einzelner Aufsichtsrat ist in seinem Einflussbereich im Allgemeinen sehr beschränkt. Ein beliebtes Mittel, ihn von den wichtigen Entscheidungen fernzuhalten, ist die Etablierung von Ausschüssen – ohne ihn versteht sich. Dennoch wäre es verfehlt, ihn nur in die Kategorie der öffentlichen Beruhigung einzureihen. Seine tatsächliche Aufsichtsfunktion hängt vor allem von der Stärke seiner Persönlichkeit ab, ob es ihm gelingt, Koalitionen zu bilden, und ob er sich an der Bildung eines kritischen Bewusstseins zu beteiligen versteht. Moderne Aktiengesellschaften sind oft sehr daran interessiert, unabhängige Fachleute in ihrem Kontrollgremium zu sehen, weil dies jenseits der Wahrnehmung von Einzelinteressen die Unabhängigkeit des Unternehmens und damit des Vorstands stärkt. Zunehmend werden kritische Aufsichtsräte heute nicht als Übel, sondern als Chance für die Gesellschaft gesehen.

Die innere Ordnung des Aufsichtsrats

Der Aufsichtsrat kann sich mit einfacher Mehrheit eine Geschäftsordnung geben. Zwingende Gesetzes- und Satzungsbestimmungen haben allerdings Vorrang. Die Geschäftsordnung ist jederzeit abänderbar. Sie gilt auch für neu hinzukommende Aufsichtsratsmitglieder und über die Amtsperiode des Aufsichtsrats hinaus. In der konstituierenden Sitzung bedarf es also keiner Bestätigung der Geschäftsordnung. Die Geschäftsordnung des Aufsichtsrats ist insofern auch vom Vorstand zu beachten, als darin die zustimmungspflichtigen Geschäfte näher geregelt sind.

Der Aufsichtsrat wählt aus seiner Mitte einen Vorsitzenden und mindestens einen Stellvertreter, der diesen im Verhinderungsfall vertritt. Der Vorsitzende und sein(e) Stellvertreter bilden das so genannte Aufsichtsratspräsidium („Präsidiale"), dem meist die Vorbereitung der Sitzungen und als Ausschuss meist die Personalangelegenheiten obliegen („Personalausschuss"). In der Regel erfolgt die Wahl in der konstituierenden Aufsichtsratssitzung, die meist im Anschluss an die Hauptversammlung stattfindet, in der die turnusmäßig zu bestellenden Aufsichtsratsmitglieder gewählt worden sind.

Die Amtszeit des Vorsitzenden bestimmt sich nach der Satzung, der Geschäftsordnung oder dem Wahlbeschluss. Eine

Abwahl ist – ebenso wie eine Niederlegung dieser Funktion – jederzeit möglich.

Ein besonderes Stimmengewicht ist mit der Funktion des Vorsitzenden nicht verbunden. Die Satzung kann allerdings ein Dirimierungsrecht des Vorsitzenden festlegen.

Der Vorsitzende leitet nicht nur die Aufsichtsratssitzungen, sondern führt auch den Vorsitz in der Hauptversammlung.

Der Aufsichtsrat entscheidet durch Beschlüsse, die im Allgemeinen in Sitzungen gefasst werden. Die Einberufung obliegt dem Vorsitzenden unter Übermittlung der Tagesordnung. Form und Frist sind nicht näher geregelt. Üblich ist die Einladung mit eingeschriebenem Brief unter Einhaltung einer Frist von vierzehn Tagen. Die gesetzliche Regelung, von der abgewichen werden kann, sieht die Beschlussfähigkeit bei Anwesenheit von mindestens drei Mitgliedern vor. Der Einsatz von modernen Telekommunikationsmitteln, wie zum Beispiel einer Videokonferenz, ist neuerdings zulässig.

Ein besonders interessantes Beispiel für die Entscheidungsfindung lieferte der Mannesmann-Prozess, der offen legte, dass der mit etwas mehr als 10 Prozent beteiligte „Hauptaktionär" Hutchison Whampoa die „Anerkennungsprämie" für Manager abgesegnet, wenn nicht sogar vorgeschlagen haben sollte. Ein Anruf von Canning Fok, dem Vertreter dieses Aktionärs, soll damals gereicht haben. Dieser Zuruf verpflichtete auch jene 90 Prozent, die sicher nicht telefoniert haben.

Jedes Aufsichtsratsmitglied sowie der Vorstand – nicht jedes einzelne Vorstandsmitglied – können unter Angabe des Zwecks und der Gründe vom Aufsichtsratsvorsitzenden die Einberufung einer Aufsichtsratssitzung verlangen. Die Einberufung hat binnen vierzehn Tagen zu erfolgen. Wird dem Verlangen nicht entsprochen, so können der Vorstand oder zwei Aufsichtsratsmitglieder den Aufsichtsrat selbst einberufen.

Teilnahmebefugt sind die Aufsichtsrats- und die Vorstandsmitglieder, letztere allerdings nur über Einladung. Sachverständige und Auskunftspersonen können beigezogen werden.

Ein Instrument zur Steigerung der Effizienz, aber auch zur Verteilung der Macht, ist die Bildung von Ausschüssen. Trotz der zahlreichen Aufgaben ist vom Gesetz vorgesehen, dass der

Aufsichtsrat nur in periodischen Abständen, mindestens aber vier Mal im Jahr, zusammentritt. Ausschüsse sollen daher auch dazu dienen, die Arbeitsfähigkeit zu erhalten. Gängig sind Bilanz-, Strategie- und Personalausschüsse. Sie stehen immer unter der Verantwortung des Gesamtaufsichtsrats.

Problematisch wird die Einsetzung von Ausschüssen dann, wenn mit der Delegation von Aufgaben die Umgehung von Minderheitsvertretern im Aufsichtsrat bezweckt wird. Das Arbeitsverfassungsgesetz sieht daher die „Drittelparität" auch für Ausschüsse vor – sofern diese Ausschüsse nicht die Beziehung zwischen der Gesellschaft und den Mitgliedern des Vorstands behandeln. Für andere Minderheitsvertreter im Aufsichtsrat bestehen solche Schutzvorschriften allerdings nicht, womit der Weg für ihre Umgehung vorgezeichnet ist.

So wie es beim Vorstand einen nicht delegierbaren Kernbereich an Aufgaben gibt, gibt es auch Mindestbefugnisse des Gesamtaufsichtsrats. Dazu gehören die Überwachung der Geschäftsführung, die Einberufung der Hauptversammlung, die Prüfung des Jahresabschlusses, des Geschäftsberichts und des Vorschlags für die Gewinnverteilung sowie der Bericht über den Jahresabschluss an die Hauptversammlung, die Wahl seines Vorsitzenden (Stellvertreters), die Festsetzung seiner Geschäftsordnung und die Bildung von Ausschüssen.

Ausschüsse von zwei bzw. drei Mitgliedern sind nur dann beschlussfähig, wenn sämtliche Mitglieder anwesend sind. In Ausschüssen mit mehr Mitgliedern genügen, sofern die Satzung oder die Geschäftsordnung nicht besondere Erfordernisse aufstellt, drei anwesende Mitglieder.

Die Vergütung der Aufsichtsratsmitglieder

Die Aufsichtratsmitglieder haben keinen automatischen Vergütungsanspruch. Es kann ihnen aber für ihre Tätigkeit eine mit ihren Aufgaben und mit der Lage der Gesellschaft in Einklang stehende Vergütung gewährt werden. Unter Vergütung ist nur die Honorierung der Tätigkeit, nicht aber der Ersatz von Aufwendungen zu verstehen. Letzterer dürfte kein besonderes Problem darstellen. Zuständig für den Ersatz von Aufwendungen ist der Vorstand.

Zuständig für die Vergütung ist, auch ohne ausdrückliche Regelung, (nur) die Hauptversammlung, nicht also der Vorstand oder der Aufsichtsrat selbst.

Sollte die Gesellschaft, vertreten durch den Vorstand, mit den Aufsichtsratsmitgliedern einen gesonderten schuldrechtlichen Vertrag schließen, so ist eine Vergütung darin mangels Kompetenz des Vorstands nicht festzulegen.

Die Hauptversammlung hat die Vergütung nicht jährlich festzusetzen, sondern kann auch Grundsatzbeschlüsse, die so lange gültig sind, als sie nicht geändert werden, fassen. Empfehlenswert ist eine solche Vorgangsweise nicht.

Die Vergütung kann auch in der Satzung festgelegt sein. Für eine Satzungsänderung zwecks Herabsetzung der Vergütung bedarf es in der Hauptversammlung zwingend nur der einfachen Stimmenmehrheit. Der Vorstand hat, wenn die Vergütung nicht mehr mit der Tätigkeit der Aufsichtsratsmitglieder oder der Lage der Gesellschaft übereinstimmt, eine Hauptversammlung einzuberufen, damit diese über eine Herabsetzung abstimmt.

Die Vergütung kann einen fixen und einen variablen Teil, also eine Gewinnbeteiligung, umfassen. Beide Teile sowie die Aufwandsentschädigungen sind im Anhang zum Jahresabschluss anzuführen. Auch Aktienoptionen können den Mitgliederns des Aufsichtsrats eingeräumt werden.

Eine unterschiedliche Vergütung der Aufsichtsratsmitglieder bedarf sachlicher Gründe. Üblicherweise wird zwischen einfachen Aufsichtratsmitgliedern, dem stellvertretenden Vorsitzenden und dem Aufsichtsratsvorsitzenden differenziert. Auch die Mitgliedschaft in einem Ausschuss kann einen Anhaltspunkt für eine differenzierte Vergütung bilden. Es ist durchaus üblich und auch zulässig, dass die Hauptversammlung nur einen Gesamtbetrag der jährlichen Vergütung für alle Mitglieder bestimmt und die Verteilung dem Aufsichtsrat überlässt.

Konsulentenverträge zwischen der Gesellschaft und Aufsichtsratsmitgliedern sind zulässig, wenn die Beratungstätigkeit über jene eines gewöhnlichen Aufsichtsratsmitgliedes hinausgeht. Ich halte solche Verträge für ein Unding, weil sie erstens in die Vergütungskompetenz der Hauptversammlung eingreifen und weil zweitens die Überwachenden von den Kontrollierten bezahlt werden. Wer soll da noch unbefangen kontrollieren können?

Die gesetzliche Vorschrift über die Vergütung gilt nicht für Arbeitnehmervertreter. Sie üben ihre Funktionen ehrenamtlich aus. Eine dennoch erfolgende Vergütungszahlung wäre rechtswidrig. Die allgemein üblichen Sitzungsgelder dürfen allerdings auch an Arbeitnehmervertreter ausbezahlt werden, wenn sie der Höhe nach nicht Entgelt, sondern nur pauschalierten Aufwandersatz darstellen.

Die Verantwortlichkeit der Organmitglieder

Die Verantwortlichkeit und Haftung der Aufsichtsratsmitglieder ist jener der Vorstandsmitglieder nachgebildet. Der Unterschied liegt ausschließlich im Tatsächlichen. Maßgeblich für die Sorgfaltspflicht des Aufsichtsrats ist die Sorgfalt eines ordentlichen und gewissenhaften Beraters, für jene des Vorstandes die Sorgfalt eines ordentlichen und gewissenhaften Kaufmanns.

Zur Verantwortung der Organmitglieder gehört auch die Verschwiegenheitspflicht, die für die Mitglieder des Überwachungsorgans ungleich bedeutender ist als für den Vorstand, da Aufsichtsratsmitglieder naturgemäß wesentlich mehr „gefährdet" sind, als Sonderauskunftsquelle herangezogen zu werden. Die Geheimhaltungspflicht gilt für Kapitalvertreter wie für Arbeitnehmervertreter gleichermaßen.

Wenn Ausschüsse eingerichtet sind, haften die Ausschussmitglieder für das besondere Vertrauenspotential. Die anderen Aufsichtsratsmitglieder können sich aber nicht mit fehlender Einwirkungsmöglichkeit entschuldigen. Ein Ausschuss handelt stets im Namen und unter der Verantwortung des Gesamtaufsichtsrats, der die Ausschusstätigkeit zur Kenntnis zu nehmen und zu überwachen hat. Die in manchen Gesellschaften herrschende Praxis, dass die vom Personalausschuss mit den Vorstandmitgliedern abgeschlossenen Anstellungsverträge den Mitgliedern des Gesamtaufsichtsrats vorenthalten werden, ist daher rechtswidrig.

Die Haftungsmaßstäbe gelten für Kapitalvertreter und Arbeitnehmervertreter im gleichen Maße. Bei Pflichtverletzungen herrscht der Grundsatz der unterschiedslosen Haftung aller Aufsichtsratsmitglieder. „Weisungen“ haben sie als eigenverantwortliche Aufsichtsratsmitglieder ebenso wenig zu befolgen wie etwa jene Kapitalvertreter, die aufgrund gesonderter Satzungsbestimmungen von einzelnen Aktionären entsandt werden.

Die Organmitglieder schulden jene Sorgfalt, die von einem Menschen erwartet wird, der in geschäftlichen und finanziellen Dingen ein größeres Maß an Erfahrung und Wissen besitzt als ein durchschnittlicher Kaufmann und der die Fähigkeit hat, schwierige rechtliche und wirtschaftliche Zusammenhänge zu erkennen und ihre Auswirkungen auf die Gesellschaft zu beurteilen. Ohne diese Kenntnisse müsste bereits die Bestellung abgelehnt werden. Eine Berufung auf die mangelnde subjektive Eignung ist im Schadensfall für das betroffene Organmitglied irrelevant, kann allerdings einen Schuldvorwurf gegenüber dem Bestellenden begründen.

Das Eingehen wirtschaftlicher Risiken muss nicht sorgfaltswidrig sein. Es entspricht vielmehr der allgemeinen Natur der Geschäfte des Wirtschaftslebens, dass sie Risiken mit sich bringen. Die unternehmerische Initiative der Vorstandsmitglieder und damit die Mitgeschäftsführung im Sinne der zustimmungspflichtigen Geschäfte müssen nur stets mit sorgsamer Risikoeinschätzung und dem Streben nach sorgfältiger Risikominimierung verbunden sein. Risiken, die unverhältnismäßig oder für das Unternehmen unangemessen sind, oder die den Bestand der Gesellschaft gefährden können, dürfen vom Vorstand und vom Aufsichtsrat nicht eingegangen werden. Selbst wenn mit großer Wahrscheinlichkeit ein günstiger Ausgang angenommen werden kann, widersprechen Geschäfte mit außergewöhnlichem Risiko dem geforderten Sorgfaltsmaßstab. Der Umfang risikobehafteter Geschäfte ist daher mit der Größe des jeweiligen Unternehmens in Relation zu setzen. Das Eingehen des gleichen Geschäftsrisikos kann daher für den Vorstand einer großen Gesellschaft haftungsfrei, für den Vorstand eines kleinen Unternehmens aber haftungsbegründend sein. Aus diesem Grund habe ich in diesem Kapitel auch für die Berechtigung der Großgesellschaft argumentiert.

Nach dem Grundsatz des Totalersatzes haftet jedes Aufsichtsratsmitglied schon bei leichter Fahrlässigkeit für den gesamten Schaden. Die Aufsichtsratsmitglieder haften als Gesamtschuldner und es ist daher unerheblich, ob das Verschulden des einen Mitglieds größer ist als das eines anderen Mitglieds.

Die Haftungsbestimmungen des Aktiengesetzes sind zwingender Natur. Sie sind daher weder abdingbar noch verschärfbar. Eine Erfolgshaftung ist also vertraglich nicht vereinbar.

Die Erteilung der Entlastung durch die Hauptversammlung hat keine haftungsbefreiende Wirkung, sondern bedeutet nur die Billigung der Amtsführung. Ebenso wenig wird die Ersatzpflicht dadurch ausgeschlossen, dass die Handlung von anderer Seite vorbereitet wurde.

Der Gesellschaft – und nur die Schadenersatzpflicht ihr gegenüber regelt das Aktiengesetz – gegenüber tritt die Ersatzpflicht allerdings nicht ein, wenn die Handlung auf einem gesetzmäßigen Beschluss der Hauptversammlung beruht. Ein solcher Fall ist allerdings schwer vorstellbar, da ein schadenskausaler Hauptversammlungsbeschluss ja von einem pflichtgemäß handelnden Aufsichtsrat angefochten werden müsste.

Ein Vergleich oder Verzicht ist erst nach fünf Jahren seit Entstehung des Anspruchs zulässig. Hiezu bedarf es der Zustimmung der Hauptversammlung. Sollte eine 20 prozentige Minderheit widersprechen, wird der Vergleich nicht wirksam.

Einen haftungsrechtlichen Sonderfall normiert Paragraf 100 des Aktiengesetzes. Danach haften die Aufsichtsrats- und Vorstandsmitglieder als Gesamtschuldner neben jenen Personen, die zwecks Erlangung gesellschaftsfremder Sondervorteile für sich oder andere vorsätzlich unter Ausnutzung ihres Einflusses auf die Gesellschaft ein Organmitglied dazu bestimmt haben, zum Schaden der Gesellschaft oder ihrer Aktionäre zu handeln. Zur Geltendmachung von Schadenersatzforderungen sind nicht nur die Gesellschaft, sondern unter bestimmten Bedingungen auch die Gläubiger befugt. Die Ersatzpflicht setzt das Verschulden der Aufsichtsratsmitglieder voraus, das nach der Judikatur vermutet wird. Die Gesellschaft kann dabei entweder durch den Vorstand oder durch einen besonderen Vertreter klagen.

Die Geschichte des Aktienrechtes

Wer wissen will, wo er steht und wohin er geht, muss wissen, woher er kommt. Geschichte soll daher gelernt werden. Sie kann allerdings nie ein Rezeptbuch sein, das Lösungsanleitungen für alle gegenwärtigen Situationen anbietet. „Geschichte soll nicht das Gedächtnis beschweren, sondern den Verstand erleuchten“ hat Gotthold Lessing einmal gemeint. Es wäre verwegen, durch die Anhäufung von Wissen auf eine immerwährende Wiedervereinigung von Vernunft und Geschichte zu hoffen. Es ist daher ein Irrglaube, dass ein Mehr an historischem Wissen ein Mehr an Entscheidungsrichtigkeit bedingt. Geschichte kann nur Zuversicht geben und einen inneren Kompass anbieten, der zwischen richtig und falsch zu unterscheiden hilft. Jenseits dieser Hilfestellung ist aber das gewissenhafte Bewerten und Beurteilen in jeder einzelnen Situation unerlässlich. Werfen wir in diesem Sinne einen Blick auf die Entwicklung unseres Aktienrechts.

Die Geschichte des Aktienrechts reicht weit zurück. Manche lassen sie um das Jahr 1400 mit der St. Georgs Bank in Genua beginnen, andere mit den west- und ostindischen Kompanien der Holländer um 1600. In Österreich gab es bereits im Jahr 1719 eine orientalische Gesellschaft, die als eine Art Aktiengesellschaft organisiert war.

Rechtlich erfasst wurde die Aktiengesellschaft zunächst in diversen Hofdekreten und der A.-H. Entschließung vom 5. November 1843 des Ferdinand I. Explizite Regelungen über „Actienvereine“ finden sich bereits im Vereinspatent von 1852.

Nähere Bestimmungen über das Aktienwesen wurden schließlich durch das Handelsgesetzbuch vom 17. Dezember 1862 geschaffen. Es trat am 1. Juli 1863 in Kraft und behandelte in den Artikeln 173-249 die Aktiengesellschaften. Das österreichische Handelsgesetzbuch war in diesen Artikeln ident mit dem gleichzeitig beratenen und beschlossenen Allgemeinen

Deutschen Handelsgesetzbuch (ADHGB) des Jahres 1861. Es galt das Konzessionssystem, Aktionärsschutz war noch kein Thema.

Von da an sollten sich das österreichische und das deutsche Aktienrecht auseinanderentwickeln, ehe 1938 wieder Rechtsgleichheit hergestellt wurde.

Zwischen 1863 und 1938 war der österreichische Gesetzgeber wegen der damaligen parlamentarischen Verhältnisse zu keiner Reform, nicht einmal zur Abschaffung des Konzessionssystems fähig. Trotz zahlreicher Reformbestrebungen wurde lediglich eine Änderung, und zwar im Jahr 1921, beschlossen.

Wegen der Unzulänglichkeit der bestehenden Vorschriften und der Aussichtslosigkeit einer gesetzlichen Änderung wurde 1899 das so genannte Aktienregulativ im Verordnungswege erlassen. Es brachte zwar eine Annäherung an das Normativsystem, bestimmte aber nach wie vor, dass die Aktiengesellschaften der Aufsicht der Staatsverwaltung unterliegen, „welche von amtswegen zur Wahrung der öffentlichen Interessen ausgeübt wird."

Dass der Aktionärsschutz nicht als öffentliches Interesse anzusehen war, regelte der Verordnungsgeber zwei Absätze weiter:

> „Ein Einschreiten der Actionäre oder sonstigen Interessenten auf ein Einschreiten der Staatsverwaltung besteht nicht zu Recht und muß denselben gegebenenfalls die Geltendmachung ihrer privaten Ansprüche gegenüber der Gesellschaft im Civilrechtswege überlassen werden."

Auf den Punkt gebracht: Mit dem Aktienregulativ war die Einzelklage anerkannt, die auch schon von der Lehre entwickelt worden war.

Daneben enthielt das Aktienregulativ bereits die ersten echten Minderheitsrechte:

- Recht auf abgesonderte Wahl der Aufsichtsratsmitglieder durch ein Drittel der Aktionäre sowie Wahl eines Aufsichtsrats durch ein Drittel
- Recht auf Einberufung und Erweiterung der Tagesordnung einer Hauptversammlung durch eine 10 prozentige Minderheit

- Recht auf Zusendung der vorbereiteten Anträge und Einsicht in die Belege der Gesellschaft
- Recht auf Vertagung der Beschlussfassung über die Genehmigung der Bilanz

Bisher hatte das Handelsgesetzbuch nur davon gesprochen, dass die Aktionärsrechte „von der Gesamtheit der Aktionäre in der Generalversammlung ausgeübt" werden. Dennoch hatte die Lehre die Anfechtbarkeit gesetz- oder statutenwidriger Beschlüsse der (damals so genannten) Generalversammlung schon anerkannt: sie ergebe sich „nicht direkt aus dem Gesetz, aber aus allgemeinen Rechtsgrundsätzen". Danach wurde in „Erinnerung an die Terminologie der Aktiennovelle 1884" der Ausdruck Anfechtungsklage beibehalten. Jeder Aktionär könne die Gesellschaft wegen jeder Gesetzes- oder Statutenverletzung klagen, worunter insbesondere materielle oder formelle Normen zu verstehen seien. Die Frage, ob der Beschluss auf der gerügten Verletzung beruhen müsse, sei zu verneinen; der Gegenbeweis sei jedoch zulässig, dass die Verletzung auf das Ergebnis einflusslos gewesen sei; solche Verletzungen, deren möglicher Einfluss auf das Ergebnis sich nicht übersehen lasse, begründeten die Anfechtung, so z.B. der ungerechtfertigte Ausschluss eines Aktionärs von der Generalversammlung oder von der Diskussion. Die an keine Frist gebundene Anfechtung sei ein „großer Übelstand". Als Wert des Streitgegenstandes sei lediglich das Interesse des Klägers anzusehen.

Auch über das Verhältnis zwischen Aktionären machte man sich bereits Gedanken. So übte Franz Klein, der Vater der österreichischen Zivilprozessordnung, in einem vielbeachteten Vortrag vor dem niederösterreichischen Gewerbeverein Kritik an „einer Zeit, der das Mehrheitsprinzip etwas Heiliges war und die deshalb im Hervorkehren besonderer Minderheitsinteressen vorerst immer Schikane, Erpressung oder ähnliches witterte". Weiters meinte er, dass „Kritik und Kontrolle, von welcher Seite sie auch ausgeht, der Gesundheit des Gesellschaftskörpers unter allen Umständen förderlich ist, insofern also niemals Sonderzwecken der Minderheit allein dient". Damit „diese neuen Veranstaltungen" ihren Zweck erfüllen können, hätte jeder Aktionär „in der Generalversammlung zu erscheinen, um dort Cato und Großinquisitor in einem zu sein und sich gleich darauf in einen Michael Kohlhaas zu verwandeln, der Ersatzansprüche, Sonder- und Minderheitsrechte bis zum letzten verfolgt".

Soweit sich übersehen lässt, entwickelte sich in der Monarchie keine anfechtungsrechtliche Judikatur. Dennoch dürfte dieses Rechtsgebiet Interesse hervorgerufen haben, da im Anhang der „Rechtsprechung des k. k. Obersten Gerichtshofes" mehrere Anfechtungsurteile des Berliner Reichsgerichtes abgedruckt sind.

Die deutsche Entwicklung nach 1870

Im zweiten Deutschen Reich sowie in der Weimarer Republik war die aktienrechtliche Entwicklung lebhafter als in Österreich. Für uns Österreicher sind diese Reformdiskussionen deshalb wichtig, weil sie schließlich im Aktiengesetz 1937 mündeten, das im Wesentlichen noch heute in Österreich gilt.

Bereits 1870 wurde die erste Aktienrechtsnovelle (Gesetz des Norddeutschen Bundes vom 11. Juni 1870 = Reichsgesetz vom 16./22.4.1871) beschlossen, mit der das Normativsystem und die Gründerzeit begannen. Publizitätsvorschriften sollten die Staatsaufsicht ersetzen, die „Selbstverwaltung der Aktiengesellschaften" war angesagt. Nach dem Sieg gegen Frankreich 1870/71 setzte die deutsche Wirtschaft zu einem Höhenflug an. Die Erwartungen des breiten Publikums wurden hochgeschraubt. Anleger wollten vom „Wunderding Aktiengesellschaft" profitieren. Die Goldgräberstimmung rief aber, wie kann es anders sein, auch die Skrupellosen auf den Plan. Die einen gewannen Geld, die anderen verloren es. Bald zeigte sich das Versagen der ersten Aktienrechtsnovelle und auch die Einzelklagsbefugnis stand zur Diskussion.

Der Rechtsphilosoph *Rudolf von Ihering* bemerkte angesichts der Rechtswirklichkeit spitz, dass die Aktiengesellschaft eine der unvollkommensten und verhängnisvollsten Einrichtungen des ganzen Rechts sei. Und weiter:

„Unter den Augen unserer Gesetzgeber haben sich die Aktiengesellschaften in organisierte Raub- und Betrugsgesellschaften verwandelt, deren geheime Geschichte mehr Niederträchtigkeit, Ehrlosigkeit, Schurkerei in sich birgt als manches Zuchthaus, nur dass die Diebe, Räuber und Betrüger hier statt in Eisen in Gold liegen.“

Nach bitteren Erfahrungen mit dem Missbrauch des Anlegervertrauens erfuhr der Minderheitenschutz daher sehr früh juristische Bedeutung. Schon 1877 anerkannte das Reichsoberlandesgericht *„das Recht des Actionärs, um der Gesellschaft und seiner Mitgliedschaft willen zu verlangen, dass der Gesellschaftswille sich entsprechend den Gesetzen und den statutarischen Bestimmungen bethätigte. Dieses Recht des Einzelactionärs, gemeinhin gegenüber geschehenen gesetz- oder statutenwidrigen Beschlüssen Anfechtungsrecht genannt, kann im Princip als bestehend anerkannt werden.“*

In der Folge wurde ein hochinteressantes, hundertseitiges „Gutachten über die geeignetsten Mittel zur Abhülfe der nach den Erfahrungen des Reichshandelsobergerichtes bei der Gründung, der Verwaltung und dem geschäftlichen Betriebe von Aktienunternehmen hervorgetretenen Uebelstände“ erstattet. Darin wurde unter anderem der Bedarf nach einem „Recht des Einzelaktionärs auf Anfechtung und Inhibirung für ungültig erachteter Generalversammlungsbeschlüsse“ geortet. Die den Gesellschaftsorganen verliehenen Machtbefugnisse müssten „legal gehandhabt werden und die in den Generalversammlungen sich bethätigenden Mehrheiten legal und im Interesse der Gesellschaft verfahren“. Sonst wäre eine Beseitigung der Gesellschaftsform zweckmäßiger. Nicht vergessen werden dürfte aber, dass „die gewährten Mittel auch zur Schikane und absichtlichen Schädigung der Gesellschaftsinteressen benutzt werden können“. 1985 hat die Zeitschrift für Unternehmens- und Gesellschaftsrecht unter dem Titel „Hundert Jahre modernes Aktienrecht“ eine Sammlung von Texten und Quellen zur Aktienrechtsreform 1884 mit zwei Einführungen herausgegeben. Darin sind viele der Strukturfragen des Aktienrechts, die uns heute immer noch beschäftigen, in beeindruckender Klarheit behandelt.

Die zweite Aktienrechtsnovelle vom 18. Juli 1884 schrieb die Anfechtungsklage dann nicht nur gesetzlich fest, sondern schränkte sie gemäß dem erklärten Willen des Gesetzgebers auch ein. Die in der Rechtsprechung entwickelten Grundsätze wurden „auf einen festen Boden“ gestellt, gleichzeitig wurde das Erfordernis der Widerspruchseinlegung und die zeitliche Beschränkung des Anfechtungsrechts normiert. Die allgemeine Begründung lautete: „Die fortdauernde Ungewissheit über die Gültigkeit eines Beschlusses der Generalversammlung muss gar zu einem Stillstande derselben und einer völligen Zersetzung der Organisation führen.“

Zur Jahrhundertwende wurden die Bestimmungen des ADHGB sinngemäß als Paragrafen 271 bis 273 in das HGB übernommen. Die weiteren lebhaften Reformbestrebungen mussten ab 1933 Tribut an den nationalsozialistischen Zeitgeist zollen. Bis dahin unbekannte Gedanken flossen überraschend schnell ins Aktienrecht. Das „Führerprinzip“ breitete sich aus, vor allem störte der private Aktionär. Als Kapitalgeber aber war er unverzichtbar, sodass die „Kapitaldemokratie“ nicht kurzerhand abgeschafft wurde. In keiner Abhandlung fehlten aber ein Vergleich zu den demokratischen Parlamenten und der Angriff auf die anonymen, verantwortungslosen Mehrheiten; gefordert wurde daher die Minimierung des Einflusses der „Masse der Aktionäre“ und die Umgestaltung der Aktiengesellschaft in eine Kerngesellschaft der Großaktionäre.

Das Aktiengesetz 1937

Das am 30. Januar 1937, also am vierten Jahrestag der nationalsozialistischen Machtergreifung beschlossene Aktiengesetz wurde als Verwirklichung grundlegender Ziele der „Wirtschaftsauffassung der Bewegung“ gefeiert. Dennoch war es besser, als man erwarten würde. Eine maßvolle Stärkung des Vorstandes war schon lange überfällig gewesen. Auch der Aktionärsschutz – etwa der Auskunftsanspruch nach § 112 – war teilweise besser ausgestattet. Neu geregelt wurde die von der Rechtsprechung bereits anerkannte Nichtigkeitsklage. In mehreren Verfahrensfragen – beispielsweise die vom Prozessrecht abweichende Streitwertregelung – wurde der Aktionär aber ebenso schlechter gestellt wie bei der verschärften Ersatzpflicht bei unbegründeter Anfechtung. Der Aktionär sollte auch bei einer grob fahrlässigen Anfechtungsklage schadenersatzpflichtig werden – eine prohibitive Regelung, die übrigens heute noch in Österreich gilt. Quassowski kommentierte das, der kollektivistischen Mentalität seiner Zeit entsprechend, so: „Auch dafür ist Sorge getragen worden, dass sich die Willensbildung in der Hauptversammlung frei und gesichert von eigensüchtigem Streben einzelner vollzieht."

> Was seit vielen Jahren Hoffen, Planen und Wünschen war, ist durch nationalsozialistischen Willen zur Tat geworden: Deutschland hat ein neues Aktienrecht erhalten. Grundlegende Ziele der Wirtschaftsauffassung der Bewegung sind damit verwirklicht worden.
> Auf dem Wege der Abkehr von anonymen Kapitalformen zur Eigenverantwortung des Unternehmers ist durch die Heraufsetzung des Grundkapitals ein entscheidender Schritt getan worden – Die Form der Aktiengesellschaft ist der Großwirtschaft vorbehalten, für die allein sie unentbehrlich ist.
> Die Aktiengesellschaft des nationalsozialistischen Staates steht im Dienste des Volksganzen. Die Machtstellung der persönlich nicht verantwortlichen Aktionäre ist durch die Verantwortlichkeit des Vorstandes ersetzt worden. Der Vorstand hat nicht mehr einseitig die Belange der Geldgeber zu berücksichtigen; vielmehr die Aktiengesellschaft so zu leiten, wie das Wohl des Betriebs und seiner Gefolgschaft und der gemeine Nutzen von Volk und Reich es fordern.
> Unangemessen hohe Bezüge der die Aktiengesellschaft leitenden Verwaltungsträger lässt das Aktiengesetz nicht mehr zu. Die Betriebsverbundenheit zwischen der Leitung der Aktiengesellschaft und der Gefolgschaft kommt dadurch zum Ausdruck, daß die Gewinnbeteiligung der Verwaltungsträger in einem angemessenen Verhältnis zu

den freiwilligen sozialen Aufwendungen zugunsten der Gefolgschaft oder von Einrichtungen, die dem gemeinen Wohle dienen, zu stehen haben. Die Aktiengesellschaft hat somit auch ihre soziale Ausrichtung gefunden.
Durch neue Formen der Kapitalbeschaffung wird den Aktiengesellschaften die Erfüllung der großen wirtschaftlichen Aufgaben, die ihnen im Rahmen des Vierjahresplanes zufallen, ermöglicht.
Aufgabe der Wirtschaft wird es sein, die im Aktiengesetz liegenden Möglichkeiten zu nutzen und dadurch dem Wohle des deutschen Volkes zu dienen.

Geleitwort zum Aktiengesetz 1937 von Staatssekretär *Dr. Dr. Schlegelberger* im Reichsjustizministerium

Hinter den NS-Kulissen

Wer mehr über die nationalsozialistischen Intentionen erfahren möchte, lese Friedrich Klausings Kommentar zum Aktienrecht des Jahres 1937. Gleich zu Beginn der Vorbemerkungen etwa setzt sich Klausing mit dem Zusammenhang zwischen „Aktienwesen und Kapitalismus" auseinander und verweist offenherzig darauf, dass man eine gründliche Abkehr von der Rechtsform der Aktiengesellschaft erwartet habe, „weil die AG im tiefsten Grunde mit der nationalsozialistischen Wirtschaftsauffassung unvereinbar erscheine. Die politische Führung hat anders entschieden. Die AG soll als ausgesprochene Kapitalgesellschaft erhalten bleiben." Gleich folgt die ideologische Rechtfertigung: „Die Staatsführung hat mit dem Erlass des Aktiengesetzes nicht etwa vor den Widerständen und Beharrungstendenzen der kapitalistischen Großwirtschaft kapituliert oder resigniert, sondern den am Aktienwesen Beteiligten erneut eine Chance gegeben, unter der Herrschaft einer vollkommen neuen, spezifisch deutschen, und zwar nationalsozialistischen Ordnung unseres Wirtschafts- und Soziallebens durch eine privat- und volkswirtschaftlich gleichermaßen zweckentsprechende und verantwortungsbewusste Geschäftsgebarung die Daseinsberechtigung der Aktiengesellschaft überzeugend zu erweisen."

Irgendwie fühlt man sich an jene Sozialisten erinnert, die sich als Ärzte am Krankenbett des Kapitalismus definieren.

Warum sollte denn das Aktienwesen eine neue Chance bekommen? Was war denn passiert? Auch das erfahren wir bei Klausing. Strukturveränderung und Entartung des Aktienwesens waren „unter wesentlichem Anteil volksfremder, insbesondere jüdischer Elemente", vorausgegangen. Die Erinnerung an diese Entartung sei so lebendig gewesen, dass „nicht weite Kreise außerhalb der Partei sich ebenfalls die Frage vorlegen mussten, ob sich nicht jetzt eine vielleicht niemals wiederkehrende Gelegenheit biete, um dem Kapitalismus mitsamt seinen typischen Organisationsformen und damit in erster Linie auch der Aktiengesellschaft endgültig den Garaus zu machen. ... Die Aktiengesellschaft als eines der jedenfalls äußerlich mächtigsten Bollwerke der kapitalistischen Wirtschaft musste entweder fallen oder aber in ihrer organisatorischen Gestaltung, ihrer Leitung und Geschäftsgebarung und nicht zuletzt auch in den Aufgaben, die man ihr in einer wahrhaft ‚geordneten' Volkswirtschaft vielleicht noch zuweisen konnte, eine so grundlegende Änderung erfahren, dass allenfalls der Name – auch dieser war vielen schon ein Gräuel – an das Gebilde einer vergangenen Epoche erinnerte?!"

Aus all diesen Gründen waren die Hauptpunkte und Mindestanforderungen des Aktiengesetzes 1937 unter anderem die Beseitigung oder doch weitestgehende Ausschaltung der Anonymität, die Übertragung des Führerprinzips auch auf die als Aktiengesellschaft betriebene Unternehmen sowie die Ausrichtung auf gesamtwirtschaftliche und soziale Belange. Wenn somit die Aktiengesellschaft auch dem Interesse der Gefolgschaft sowie dem Nutzen von Reich und Volk diene, erfülle der Sparer auch eine volkswirtschaftliche Pflicht, wenn er sein Kapital auch dem Aktienmarkt zur Verfügung stellt.

Das geltende österreichische Aktienrecht geht in seinem Kern auf das deutsche Aktiengesetz 1937 zurück, das in Österreich bereits im Frühjahr 1938 in Kraft gesetzt und 1945 durch das Rechtsüberleitungsgesetz in die Rechtsordnung der 2. Republik übernommen wurde. Nach einer intensiven Reformdiskussion in den 50er Jahren wurde mit überwiegender Mehrheit die Weitergeltung des Aktiengesetzes 1937 befürwortet, das 1965 nach sprachlichen Bereinigungen, einigen Anpassungen an die österreichische wirtschaftliche Situation sowie nach dem Einbau einiger österreichischer Regelungsspezifika als Aktiengesetz 1965 in Kraft gesetzt wurde. Mit der grundsätzlichen Weitergeltung des deutschen Aktiengesetzes 1937 begann die stete Auseinanderentwicklung zum geltenden deutschen Aktienrecht, das bereits in den 60er Jahren begann, da das reformierte deutsche Aktiengesetz 1965 insbesondere eine materielle Konzernregelung enthält und den Minderheiten- und Aktionärsschutz viel stärker akzentuierte als das österreichische Gesetz.

Susanne Kalss in Kommentar zum Aktiengesetz, Seite 31 (2003)

(National)Sozialismus gegen das Aktienrecht

Man forderte die Umgestaltung der Aktiengesellschaft in eine Kerngesellschaft verantwortlicher Großaktionäre.

Klaus Brondics
über die Aktiengesellschaft im Nationalsozialismus

Kaum jemals hat sich im Zusammenhang mit einem Gesetz so deutlich gezeigt, dass der Nationalsozialismus im direkten Gegensatz zum Kapitalismus stand und, wie sich Klausing ausdrückt, dem Kapitalismus endgültig den Garaus machen wollte. Ideengeschichtlich hatte Hayek im Kapitel „Die sozialistische Wurzel des Nationalsozialismus" seines Buches „Der Weg zur Knechtschaft" (1944) diesen Nachweis bereits erbracht: „Es wird allgemein der Fehler begangen, den Nationalsozialismus als eine bloße Auflehnung gegen die Vernunft anzusehen, als eine irrationale Bewegung ohne geistige Grundlage. Wäre dies der Fall, so wäre die Bewegung viel weniger gefährlich, als sie tatsächlich ist." Er wies nach, dass der Nationalsozialismus als deutscher Kampf des Kollektivismus gegen den Individualismus geführt wurde. „Nicht die Bourgeoisie, sondern gerade das Fehlen einer starken Bourgeoisie" verhalf Hitler zur Macht. Als die wichtigsten Vorläufer des Nationalsozialismus, die gleichzeitig anerkannte Ahnen des Sozialismus waren, nennt er Fichte, Rodbertus und Lassalle. In die gleiche Kerbe schlug auch der französische Philosoph André Glucksmann in seinem Buch „Die Meisterdenker".

Im Nürnberger Kreuzverhör berichtete schließlich Göring von einem Gespräch mit Hitler im Jahr 1922: „Er gab mir damals zum ersten Male eine wundervolle und tiefe Erklärung des Begriffes Nationalsozialismus, der Vereinigung der beiden Begriffe Nationalismus auf der einen, Sozialismus auf der anderen Seite, und dass wir unbedingt die Träger sowohl des Nationalismus, die sich als solche bisher herausstellten, wenn ich so sagen soll, der bürgerlichen Welt, und des Sozialismus und der marxistischen Welt, dass wir denen die Begriffe wieder klarstellen müssten, und durch die Zusammenfassung beider Ideen in eine einzige auch eine neue Trägerschaft für diesen Gedanken schaffen müssten."

Die von den Nationalsozialisten entwickelte, kollektivistisch konzipierte Aktiengesellschaft kann somit nicht ideengeschichtlich isoliert betrachtet werden. Aus dem Geist der Zeit heraus wird der Aktionärsschutz verachtet.

Das Aktiengesetz 1965

1965 war für den deutschsprachigen Raum ein interessantes aktienrechtliches Jahr. Sowohl in Deutschland als auch in Österreich wurde das Aktienrecht novelliert.

Ziel der deutschen Aktienrechtsreform 1965 war vor allem, den Schutz und den Einfluss der Aktionäre zu verstärken, um eine weite Streuung des Aktienbesitzes zu fördern. Dabei ging es im Wesentlichen um drei Komplexe: um eine erhöhte Einflussnahme der Aktionäre und der Hauptversammlung in einem wirtschaftlich vertretbaren Umfang, um eine Verbesserung der

Publizität und des Auskunftsrechtes des Aktionärs und schließlich um einen Schutz des Minderheitsaktionärs in einem Konzern. Richtschnur des deutschen Aktiengesetzes 1965 war die Stellung des Aktionärs als wirtschaftlicher Eigentümer, treibender Impuls die Volkstümlichmachung der Aktie. Der Vater der Marktwirtschaft, Ludwig Erhard, war damals deutscher Bundeskanzler.

So wurden etwa der schadenersatzrechtliche Tatbestand und die Bestimmungen über die Sicherheitsleistung ersatzlos gestrichen, die Streitwertregeln gemildert und das Auskunftserzwingungsverfahren bei gleichzeitiger Anpassung des Auskunftsverlangens an das Kriterium der sachlichen Erforderlichkeit gesondert geregelt.

Weniger weit ging die österreichische Aktienrechtsreform 1965, wofür zu einem guten Teil Walther Kastner verantwortlich zeichnet. Neben der Beseitigung inzwischen unanwendbar gewordener Bestimmungen war es auch notwendig, das Gesetz von „Überbleibseln unösterreichischen Gedankengutes" zu befreien, strafrechtliche Vorschriften anzupassen, Verfassungskonformität herzustellen und überholte Ausdrücke (beispielsweise „Reich") abzuschaffen. Eine Stärkung der Aktionärsstellung war nicht ins Auge gefasst worden. Im Gegenteil: eine ministerielle Umfrage ergab, dass die Neuregelung des Aktienrechts „unbedingt auf den wirtschaftspolitisch bewährten Regelungen des geltenden Rechtes (also des Aktiengesetzes 1937), die im Interesse der Gesamtwirtschaft notwendige straffe und einheitliche Geschäftsführung der Aktiengesellschaften gewährleisten, aufzubauen hätte. Die neue Regelung hätte sich daher grundsätzlich auf eine Umarbeitung des geltenden reichsrechtlichen in ein österreichisches Aktienrecht zu beschränken." Einschneidende Änderungen gab es 1965 daher nicht.

Eine interessante Neuerung war die Einführung eines eigenen Anfechtungstatbestandes, wenn der Jahresabschluss nicht binnen 14 Tagen vor der Hauptversammlung zur Einsicht der Aktionäre aufliegt oder dem Aktionärsverlangen auf Zusendung einer Kopie nicht entsprochen wird. Dem Unwillen mancher Gesellschaften, diese Verpflichtungen einzuhalten, sollte auf diese Weise entgegengewirkt werden. Die Judikatur des Obersten Gerichtshofs hat diesen Anfechtungstatbestand mittlerweile unterlaufen.

Eine weitere Neuerung war die Einschaltung des Aufsichtsrats als (endgültige) Schiedsinstanz bei Auskunftsbegehren. Diese Regelung wurde von Gessler heftig kritisiert. So sah er den Schutz des einzelnen Aktionärs nur in verstärkter Information und meinte, dass eine Schutzklausel in Wahrheit nicht vonnöten ist. Franz Klein zitierend fuhr er fort, dass dies der erste Ziegel auf dem Dache wäre. „Jede solche Ausnahme erschüttert das Offenheitsprinzip selbst und bringt es um alle seine erzieherischen und um den größten Teil seiner praktischen Wirkungen." Und weiter: „Die Wahrheitspflicht sei in diesem Bereiche zu hart und schwer, als dass man den, der ihr gehorchen soll, vielen Versuchungen aussetzen dürfe."

Dem österreichischen Gesetzgeber war die „Verhinderung von Ausspähungen" wichtiger. Ein Abrücken vom Leitbild des „unverantwortlichen Aktionärs" (Begründung 1937) ist der austrifizierten Fassung nicht zu entnehmen. Und sollte es auch nicht. Denn nach der Einführung zum Aktiengesetz in einer österreichischen Gesetzessammlung konnte sich das Aktiengesetz 1965 darauf beschränken, die nationalsozialistischen Sprachwendungen und Gegensätze zur österreichischen Rechtsordnung zu beseitigen. Hauptziel war keine umfassende Aktienrechtsreform wie in der Bundesrepublik Deutschland. Ihre Erprobung sollte erst abgewartet werden, um auf breiter Grundlage in einem geeignet erscheinenden späteren Zeitpunkt an eine Novellierung des österreichischen Aktienrechts zu schreiten.

Es wird nach wie vor abgewartet.

1965 bis heute

Die letzten 40 Jahre des Aktienrechts sind charakterisiert durch eine Politik der kleinen Schritte, also im Wesentlichen kosmetischer Veränderungen: Hier ein paar Publizitätsvorschriften mehr, da eine Beschränkung der Höchstzahl der Aufsichtsratsfunktionen, dort eine Erhöhung der Mindestzahl der pro Jahr abzuhaltenden Aufsichtsratssitzungen und schließlich eine Anpassung des Gesetzes an moderne Kommunikationstechnologien. Selbst ansatzweise Versuche des Gesetzgebers, den Minderheitenschutz zu verbessern, wurden durch die Judikatur ins Gegenteil verkehrt, als der Oberste Gerichtshof das minderheitenfeindliche Spaltungsrecht als Instrument der anfechtungsresistenten Enteignung der Aktionäre zuließ. Der Minderheitenschutz, der übrigens immer ein abgeschwächter Individualschutz ist, erfüllt praktisch nur eine Alibifunktion. Ersatzansprüche werden von der Hauptversammlung praktisch nie gestellt, die meisten Aktionäre scheitern bereits an der Durchsetzung bestimmter Tagesordnungspunkte. Individualrechte existieren kaum, und wenn, sind sie wie das Auskunftsrecht de facto – vielleicht sogar de jure – gar nicht durchsetzbar. Das nationalsozialistische Ideal der Aktiengesellschaft als Kerngesellschaft der Großaktionäre scheint sich in der Zweiten Republik durchgesetzt zu haben.

Der Corporate Governance Kodex

Eine interessante Entwicklung hat sich jenseits des Aktienrechts vollzogen. Nach diversen Skandalen wurden mit dem Corporate Governance Kodex Regeln auf einer zweiten Ebene eingeführt.

Unter Corporate Governance versteht man die Gesamtheit der auf die Aktionärsinteressen ausgerichteten Grundsätze und Regeln über Organisation, Verhalten und Transparenz, die ein ausgewogenes Verhältnis zwischen Unternehmensleitung und Kontrolle anstreben. Einer internationalen Mode der letzten Jahre folgend hat auch Österreich 2002 einen Corporate Governance Kodex eingeführt (www.corporate-governance.at). Die deutsche Regierungskommission zu diesem Thema nannte folgende Kritikpunkte an der derzeitigen Unternehmensverfassung, welche die Notwendigkeit eines Kodex bedingen:

- mangelhafte Ausrichtung auf Aktionärsinteressen
- die duale Unternehmensverfassung mit Vorstand und Aufsichtsrat
- mangelnde Transparenz der Unternehmensführung
- mangelnde Unabhängigkeit der Aufsichtsräte
- eingeschränkte Unabhängigkeit der Abschlussprüfer

Der Kodex ist kein Gesetz, sondern wird als soft law bezeichnet. Er gilt nur für jene Unternehmungen, die sich den Bestimmungen des Kodex unterwerfen. Er ist also eine freiwillige Selbstregulierungsmaßnahme, die das Vertrauen der Aktionäre fördern soll. Die börsennotierten Gesellschaften sind aufgerufen, sich durch öffentliche Erklärung zur Beachtung des Kodex zu verpflichten, die Einhaltung der einzelnen Regelungen regelmäßig und freiwillig durch eine externe Institution evaluieren zu lassen und darüber öffentlich zu berichten. Diese Evaluierung erfolgt zumeist durch eine Wirtschaftsprüfungsgesellschaft.

Der Kodex enthält L-Regeln, C-Regeln und R-Regeln. L-Regeln (Legal requirement) beruhen auf zwingenden Rechtsvorschriften. C-Regeln (Comply or Explain) sollen eingehalten werden; eine Abweichung muss erklärt und begründet werden, um ein kodexkonformes Verhalten zu erreichen. R-Regeln (Recommendation) haben Empfehlungscharakter; ihre Nichteinhaltung ist weder offen zu legen noch zu begründen.

Ganz wenige Gesellschaften halten sich an alle Regeln (OMV, Wienerberger). Die meisten börsennotierten Gesellschaften bekennen sich grundsätzlich zum Kodex, finden aber bei einzelnen Regeln Argumente gegen deren Einhaltung.

Gemäß der C-Regel 51 hat bei Gesellschaften mit einem Streubesitz von mehr als 25 Prozent zumindest ein Mitglied, das den Streubesitz repräsentiert, dem Aufsichtsrat anzugehören. Nicht selten sucht sich die Mehrheit einen Streubesitz-Vertreter aus, der ihr genehm erscheint. Der Gedanke der Unabhängigkeit des Aufsichtsrats wird dadurch unterlaufen. Fair wäre es, wenn der Streubesitz seinen eigenen Vertreter wählte und sich die Großaktionäre bei der Wahl des Streubesitz-Vertreters der Stimme enthielten.

Eine andere Regel, die ungern eingehalten wird, ist jene nach der Veröffentlichung von Aktientransaktionen (Regel 69). Hier begnügen sich die Gesellschaften gerne mit der Meldepflicht an die Finanzmarktaufsicht und erklären damit ihre Pflicht als erfüllt. Den Kodex lassen sie links liegen.

Besonders unangenehm scheint für die Gesellschaften Regel 31 zu sein. Diese verpflichtet zur Veröffentlichung der Vergütungen jedes einzelnen Vorstandsmitgliedes.

Der Kodex ist kein Gesetz. Er übt moralischen Druck aus, kann aber eine Erfahrungstatsache nicht ausschalten: Der Fisch beginnt beim Kopf zu stinken. Solange das Aktienrecht der Vergangenheit verhaftet ist, nützt der modernste Kodex nur wenig.

Das Ende des Nachkriegsmerkantilismus

I want Great Britain to be a democracy of shareholders.
Margaret Thatcher

Montesquieu erzählt in seinem Buch „Vom Geist der Gesetze" folgende Begebenheit: „Als Theophilos ein Schiff sah, das Waren für seine Frau Theodora führte, ließ er es verbrennen. ‚Ich bin Kaiser', sagte er zu ihr, ‚und Sie machen einen Galeerenbesitzer aus mir. Womit sollen die armen Leute noch ihr Brot verdienen, wenn wir auch noch ihr Gewerbe betreiben?' Er hätte hinzufügen können: wer könnte uns verwehren, Monopole zu schaffen? Wer könnte uns zwingen, unsere Verpflichtungen einzuhalten?" Treffend analysierte Montesquieu daher, „dass der Herrscher keinen Handel treiben soll". Österreich hört durch den Abverkauf der Staatsbeteiligungen am Anfang des 3. Jahrtausends auf, ein skurriler Außenposten der westlichen Marktwirtschaften zu sein. Das bedeutet aber noch nicht, dass sich ein kapitalistisches Paradies aufgetan hat. Weit noch ist der Weg zu einer modernen Kultur der Aktionärsdemokratie.

Der Staat soll keinen Handel treiben

Je größer das kurrente Kapital, je größer ist der Handel; je größer aber der Handel und Wandel ist, je mehr hat ein Fürst Einkommen und es bleibt dabei, dass sowohl das Interesse publicum, als auch eines Fürsten Privatinteresse erfordert, das kurrente Kapital des Landes zu vermehren, da beide, nämlich sowohl der Fürst als auch die Untertanen dadurch gebessert werden.

Wilhelm von Schröder,
österreichischer Ökonom (1640-1688)

Gemäß einem Wörterbuch der Sozialwissenschaften der UNESCO basiert der Merkantilismus „auf der Überzeugung, dass das wirtschaftliche Wohlergehen des Landes allein durch staatliche Regulierung auf nationalistischer Grundlage sichergestellt werden kann“. Hohe Politisierung und Bürokratisierung sowie eine Vorherrschaft von Umverteilungskoalitionen herrschten zur Zeit des Merkantilismus im 17. und 18. Jahrhundert.

Nach dem Zweiten Weltkrieg hat sich die österreichische Politik wichtige Teile der Wirtschaft mit dem Zweck unterstellt, sie dem sowjetischen Zugriff zu entziehen. Die Verstaatlichte Industrie, Großbanken sowie die Energiewirtschaft gediehen auf jenen merkantilistischen Feldern, die parteipolitisch vor allem von der linken Reichshälfte bearbeitet wurden. Im Einklang mit der sozialdemokratischen Ideologie wurde hier von den Großparteien Wirtschaftspolitik ohne besondere Opposition betrieben. Die Parteibasis selbst hatte mit Großunternehmen nur dann etwas zu tun, wenn sie selbst darin beschäftigt war. Die Ideologen fanden bei Karl Marx theoretische Rechtfertigungen, ohne den Klassenkampf auf die Spitze treiben zu müssen. Die Pragmatiker erachteten die Verstaatlichte als ein interessantes Betätigungsfeld, das ihnen pekuniär nicht zum Nachteil gereichte.

Der Vorwurf des politischen Einflusses auf die Verstaatlichte Industrie sowie der Vorwurf des politischen Proporzes führten nach dem Ende der unmittelbaren Nachkriegszeit immer wieder zu Krisen. Als Reaktion wurden erste Reformen gesetzt. Die Anteilsverwaltung der verstaatlichten Betriebe wurde 1967 in die neu gegründete Österreichische Industrieverwaltung (ÖIG) zusammengefasst, die 1970 in die Rechtsform einer Aktiengesellschaft (ÖIAG) umgewandelt wurde. Um die VÖEST entstand als Folge diverser Krisen ein Mischkonzern, der Ende der 70er Jahre als Instrument der Beschäftigungspolitik eingesetzt wurde. Das wiederum führte ab Anfang der 80er Jahre zu steigenden Verlusten. 1986 erfolgte die nächste Umstrukturierung in Branchenholdings. Insgesamt musste der Staat zwischen 1980 und 1992 60 Milliarden Schilling (4,4 Milliarden Euro) Verlustabgeltung zuschießen, gleichzeitig wurden

55.000 Arbeitsplätze abgebaut. Mit Erlösen aus Teilverkäufen sollte die Sanierung angegangen werden.

Machtpolitisch rechtfertigte man – ganz in der Tradition des nationalistischen Merkantilismus – den trotz beginnender Privatisierungen zu erhaltenden Einfluss des Staates mit der Notwendigkeit des Schutzes der österreichischen Interessen. Mit diesem Appell an restnationalistische Gefühle sollte quasi demokratisch der immerwährende Machterhalt einer sozialdemokratisch-pragmatischen Industrieelite gewährt werden.

Mit Beginn der schwarz-blauen Koalition war es mit dem roten Eldorado zu Ende. Es begann zunächst mit der so genannten Umfärbung, also der Umbesetzung der Schlüsselpositionen, wobei das Zepter von der FPÖ, genauer Thomas Prinzhorn und seinen Mannen, übernommen wurde. Die ÖVP stand, wie bereits in den Jahren der Großen Koalitionen, eher auf der Seite.

Mit den seit Februar 2000 vorangetriebenen Privatisierungen scheint dieser Nachkriegsmerkantilismus nun zu Ende zu gehen und es sind neue Machtstrukturen im Entstehen. Diese Machtstrukturen verändern die wirtschaftliche Realverfassung in Österreich grundlegend, ohne dass dies bisher so richtig aufgefallen ist. Ein Effekt ist, dass sich die Anzahl der Aktionäre vervielfacht hat. Sehen wir uns zunächst die Privatisierung näher an.

Die Privatisierung

> Government is not the solution to our problems, government is the problem. *Ronald Reagan*

Zuständig für die Privatisierung ist die österreichische Industrieholding AG, kurz ÖIAG. Sie ist die Beteiligungs- und Privatisierungsagentur der Republik Österreich. Im Einklang mit dem Regierungsauftrag setzt sie auf eine Doppelstrategie: Einerseits soll der Wert der Beteiligungen gesteigert werden, andererseits sollen jene Unternehmen, für die ein Privatisierungsauftrag besteht, verkauft werden. Die Privatisierungen sollen einen möglichst hohen Erlös für den Eigentümer, also die Republik Österreich, erbringen. Die ÖIAG selbst sieht sich als „industrienah und politikfern". Neben der Erlösmaximierung sind die österreichischen Interessen wie folgt zu wahren:

- Schaffung bzw. Erhaltung sicherer Arbeitsplätze in Österreich
- Nach Möglichkeit Aufrechterhaltung der Entscheidungszentralen der zu privatisierenden Unternehmen in Österreich
- Erhaltung und Ausbau der bestehenden Forschungs- und Entwicklungskapazitäten, Schaffung österreichischer Kernaktionärsstrukturen durch Syndikate mit industriellen Partnern, Banken, Versicherungen, Pensionskassen, Vorsorgekassen, Fonds, etc.
- Berücksichtigung des österreichischen Kapitalmarktes

Prinzipiell ist es problematisch, dem Nachfolger im Eigentum Vorschriften hinsichtlich der zukünftigen Verwendung zu machen. Das mag keiner, der gerade viel Geld ausgegeben hat. Steht doch schon im guten alten ABGB, dass Eigentum die Befugnis ist, mit der Substanz und den Nutzungen einer Sache nach Willkür zu schalten und jeden anderen davon auszuschließen. Besonders problematisch ist die Vorschreibung einer österreichischen Kernaktionärsstruktur, die die illusorische Welt der Politik verrät. Erstens lassen sich Wirtschaftstreibende höchst ungern vom Staat Syndikate vorschreiben oder auch nur vorschlagen. Zweitens gibt es in Österreich zu wenig Kapital, um davon auszugehen, dass sich plötzlich genug Kernaktionäre für die österreichische Industrie finden. Die schillernde Person des Mirko Kovats hat diesbezüglich eine Lektion erteilt. Die Wunderwuzzis sind nicht breit gestreut. Wie eng der Kreis der Kernaktionärs-Aspiranten ist, hat der politische Schwenk in Sachen VA Tech gezeigt. War Siemens im September 2004 noch politisch verpönt, hatte diese Tochter eines deutschen Konzerns zwei Monate später bereits Kernaktionärsqualität.

Die politischen Vorgaben entspringen somit einem überholt geglaubten patriarchalischen Denken. Wenn die Industrie in die Freiheit geführt werden soll, dann zur Gänze.

Die handelnden ÖIAG-Personen

Die ÖIAG ist eine Aktiengesellschaft sui generis. Für sie gelten neben dem Aktiengesetz die Spezialbestimmungen des ÖIAG-Gesetzes, womit der Staat im eigenen Interesse eine Sonderkonstruktion geschaffen hat. Der Aufsichtsrat besteht aus zehn Mitgliedern, die für ihre Leistungen allgemein anerkannte Unternehmer aus der Wirtschaft, Geschäftsführungsmitglieder von Gesellschaften des Handelsrechts oder Persönlichkeiten mit langjähriger Erfahrung im Wirtschaftsleben sein sollen. Die Bestellung und Abberufung erfolgt im Wege der Beschlussfassung durch den Kreis dieser Aufsichtsratsmitglieder, also durch die so genannte Selbsterneuerung. Die Bestellung jedes Aufsichtsratsmitgliedes erfolgt durch Wahl für einen Zeitraum von sieben Jahren und nicht bloß für fünf Jahre. Das Ausscheiden erfolgt überlappend: im zweiten und vierten Jahr scheiden jeweils zwei Mitglieder aus, im sechsten und achten Jahr jeweils drei Mitglieder. Im Februar 2005 waren folgende Kapitalvertreter im Aufsichtsrat der ÖIAG tätig: Dipl. Bw. Alfred H. Heinzel, Vorsitzender, Geschäftsführer der Heinzel, Bunzl Beteiligungs- und Liegenschaftsverwaltungs Holding; Prof.Dipl.Ing. Jürgen Hubbert, Erster stellvertretender Vorsitzender, Mitglied des Vorstandes der DaimlerChrysler AG, Dr. Veit Sorger, Zweiter stellvertretender Vorsitzender des Aufsichtsrats, Vorsitzender des Vorstandes der Frantschach AG, Dr. Karl Büche, Vorstandsvorsitzender der BBAG – Österreichische Brau Beteiligungs AG, Univ. Prof. Dr. Michael Enzinger, Rechtsanwaltskanzlei Lattenmayer Luks & Enzinger, Dr. Astrid Gilhofer, Geschäftsführerin der CI Consult GmbH, Dr. Alexander Riklin, Geschäftführer und Mit-Gesellschafter der ALCAR Holding GmbH, Dr. Erich Wiesner, Geschäftsführer der Wiesner-Hager Baugruppe, Ing. Siegfried Wolf, President & CEO Magna Steyr AG & Co KG, Dr. Klaus Sturany, Mitglied des Vorstandes der RWE Aktiengesellschaft. Als Personalvertreter im Aufsichtsrat dienten Ing. Leopold Abraham, Vorsitzender des Zentralbetriebsrats der OMV AG; Anton Beneder, Vorsitzender der Konzernvertretung der VA Tech; Gerhard Fritz, Vorsitzender des Zentralausschusses der

Österreichischen Post AG; Michael Kolek, Vorsitzender des Zentralausschusses der Telekom Austria AG; Helmut Oberchristl, Vorsitzender des Zentralbetriebsrats der voestalpine.

Der Vorstand der ÖIAG besteht aus den Herren Dr. Peter Michaelis und Dipl.Ing. Rainer Wieltsch.

Peter Michaelis wurde 1946 in Schwanenstadt geboren, studierte Rechts- und Staatswissenschaften an der Universität Salzburg und Volks- und Betriebswirtschaftslehre an der Universität Kiel. In Salzburg war er Assistent bei Professor Friedrich August von Hayek, der seine liberale Einstellung in wesentlichen Teilen mitgeprägt haben dürfte. 1975 trat er in den Mannesmann-Konzern ein, wo er von 1996 bis 2001 Generalbevollmächtigter war. Seine ÖIAG-Vorstandsfunktion bekleidet er seit dem 1. Juli 2001.

Rainer Wieltsch wurde 1944 in Schärding geboren. Er studierte Maschinenbau an der Technischen Universität in Wien. 1969 trat er bei IBM ein und war 1985-1986 Mitglied der Geschäftsführung. Von 1987 bis 1992 war er in der Geschäftsführung von J&A Frischeis tätig, anschließend CFO bei der Egger Unternehmensgruppe. Im ÖIAG-Vorstand ist er seit 1. Mai 2002.

Michaelis und Wieltsch stehen als Vorstandsmitglieder der ÖIAG im Rampenlicht der Öffentlichkeit. Was immer sie tun, wird genau beobachtet und von allen Seiten kritisiert. Das trifft natürlich zunächst einmal für die Opposition zu, deren Gewicht allerdings durch ihr eigenes ungeklärtes Verhältnis zur marktwirtschaftlichen Ordnung relativiert ist. Sie will auf der Basis nebuloser Konzepte die Macht des Staates in der Wirtschaft und über die Arbeitsplätze erhalten und argumentiert daher strukturkonservierend. Wenn der Verkaufspreis stimmt, kennt sie höhere Interessen, die wahrzunehmen seien. Stimmt der Preis nicht, denkt die Opposition plötzlich rein ökonomisch und spricht von einer Verschleuderung des Staatsvermögens.

Gewichtiger sind die Medienzensuren, die die ÖIAG beispielsweise von den Zeitungen PRESSE und STANDARD erhält. Eine Reihe kompetenter Journalisten begleitet den Privatisierungsprozess seit Jahren. Immer wieder decken sie Ineffizienzen auf. Das ist nur natürlich. Jeder arbeitende Mensch trifft gelegentlich Fehlentscheidungen. So ist es auch bei der ÖIAG nicht verwunderlich, wenn der Privatisierungsprozess immer wieder aus dem Gleis gerät. Wo es kein Patentrezept gibt – und praktisch nichts ist im Rahmen der Privatisierung Routine –, wird ständig improvisiert. Auf der einen Seite von Fachleuten beraten, auf der anderen Seiten mit politischen Vorgaben versehen und schließlich von einer kritischen Öffentlichkeit beobachtet, haben Michaelis und Wieltsch gar nicht so übel agiert. Sie haben die Geschicke der ÖIAG stilvoll geleitet und waren immer gut auf ihre Aufgaben vorbereitet. Angesichts der punktuellen Interventionsversuche, die es sicherlich gegeben hat, werden sie nicht jede Entscheidung mit Freude getroffen haben. Insgesamt aber war und ist die Richtung ihrer Tätigkeit richtig. Sie haben das strategische Dilemma der ÖIAG gelöst, das darin besteht, die staatliche Beteiligungsagentur aufzulösen und dabei zu kommunizieren, dass dieser Prozess im Interesse des Staates liegt. Sich selbst mit Fröhlichkeit zu beerdigen, ist kein einfaches Kunststück.

Michaelis und Wieltsch haben etwas vollzogen, was man in der Politik einen großen Wurf nennt. Die Privatisierung von Staatsvermögen hat die Freiheitsgrade in dieser unserer Republik erheblich erhöht, wofür sich die handelnden Personen wahrhaft verdient gemacht haben.

Die ÖIAG-Beteiligungen

An dieser Stelle möchte ich einen Überblick über jene Beteiligungen der ÖIAG geben, die mit Stand Januar 2005 zur Privatisierung anstanden:

Austrian Airlines AG

In dieser Gruppe sind die drei Fluggesellschaften Austrian Airlines, Lauda Air und Tyrolean Airways vereint. Sämtliche Leistungssegmente der Luftfahrtindustrie – vom Linien- und Charterverkehr bis hin zum Frachtverkehr – werden abgedeckt. Als Mitglied der Star Alliance, der weltweit größten und erfolgreichsten globalen Fluglinien Allianz bietet sie Verbindungen zu 755 Destinationen in 132 Ländern. Besondere Probleme bereitet die Harmonisierung des Dienstrechts. Der Widerstand dagegen hat in der Vergangenheit vereinzelt zu öffentlichkeitswirksamen Streiks geführt. Die ÖIAG hält einen Anteil von 39,7 Prozent. Ein österreichisches Syndikat hält 10,3 Prozent, der Streubesitz 43,50 Prozent, die Air France 1,50 Prozent. Im Eigenbesitz befinden sich 5 Prozent. Im Jahr 2004 legte die Aktie um 48,2 Prozent zu.

OMV Aktiengesellschaft

Die OMV ist das größte börsennotierte Industrieunternehmen Österreichs und – gemessen an der Marktkapitalisierung – der führende Erdöl- und Erdgaskonzern in Mitteleuropa. Der OMV Konzern ist weltweit in Exploration und Produktion aktiv und nimmt in Österreich eine führende Rolle als Erdgasdrehscheibe für Europa ein. Gleichzeitig verfügt die OMV mit ihrem umfassenden Tankstellennetz in Mittel- und Osteuropa über eine solide Marketing-Plattform für die eigenen Raffinerien und hält einige wichtige Beteiligungen. Im Jahr 2004 wurden 51 Prozent am rumänischen Öl- und Gaskonzern Petrom erworben. Als strategisches Ziel wurde die Verdoppelung des Geschäftsvolumens im Zeitraum 2001 bis 2008 definiert. Die ÖIAG hält einen Anteil von 35 Prozent. 19,6 Prozent hält die International Petroleum Investment Company, Abu Dhabi. Der Rest von 45,4 Prozent befindet sich im Streubesitz, wobei 18 Prozent auf Österreich entfallen, 12 Prozent auf Großbritannien, 10 Prozent auf die USA und 5 Prozent auf sonstige Länder. Im Jahr 2004 legte die Aktie 87,7 Prozent zu.

Telekom Austria AG

Die Telekom Austria ist mit einem Umsatz von rund 4 Milliarden Euro und fast 15.000 Mitarbeitern das größte Telekommunikationsunternehmen Österreichs. Seit November 2000 notiert die Telekom Austria an der Wiener Börse und an der New York Stock Exchange. Die ÖIAG hält einen Anteil von

30,17 Prozent, dessen Kurswert zum 30. Dezember 2004 2.105,30 Millionen Euro betragen hat. Die Capital Group International sowie die Capital Research and Management Company halten jeweils über 5 Prozent (Stand Februar 2005). Die Aktie hat im Jahr 2004 um 42,3 Prozent zugelegt.

voestalpine AG

Die voestalpine-Gruppe ist ein international tätiger Stahl-, Verarbeitungs- und Dienstleistungskonzern. Schwerpunkt der Aktivitäten sind die Produktion von höchstwertigen Stahlerzeugnissen und die Weiterverarbeitung von Stahl und anderen Werkstoffen zu Komponenten und Komplettsystemen. Der Konzern beschäftigt rund 24.000 Mitarbeiter, von denen rund 40 Prozent an Produktions- und Entwicklungsstandorten außerhalb Österreichs beschäftigt sind. Deutlich mehr als 80 Prozent des Konzernumsatzes werden im Export erzielt, wobei die Europäische Union den mit Abstand wichtigsten Markt darstellt. Derzeit läuft das Programm „Linz 2010", das ein Investitionsvolumen von einer Milliarde Euro für neue Verarbeitungsanlagen sowie die Erweiterung der Stahlkapazitäten umfasst. Eine weitere Milliarde Euro soll folgen. Die ÖIAG hält einen Anteil von 15 Prozent, der über eine Umtauschanleihe bis Oktober 2006 an ausländische Investoren verkauft werden soll. 10 Prozent der Anteile werden von Anlegern aus Großbritannien und 12 Prozent von Investoren aus den USA gehalten. 6 Prozent des Streubesitzes entfallen auf deutsche Anleger, der Rest verteilt sich auf europäische Länder. Die Invest GmbH & Co OEG hält mehr als 1Prozent der Aktien, die Mitarbeiterstiftung 10,3 Prozent, die Oberbank AG über 5 Prozent. Im Jahr 2004 legte die Aktie 76,9 Prozent zu.

GKB-Bergbau GmbH

Die GKB-Bergbau verfolgt als Rechtsnachfolgerin der ÖIAG-Bergholding AG (ÖBAG) als Branchenholding die Durchführung der gesetzlich verankerten Schließungs- und Sicherungsmaßnahmen samt Rekultivierung und damit den geordneten Rückzug der ÖIAG aus dem Bergbaubereich. Die ehemaligen Bergbaue in Wies-Eibiswald, Wolfsberg und Bleiberg mit deren Schließungs- und Sicherungsmaßnahmen vervollständigen das Aufgabengebiet. Die ÖIAG ist Alleineigentümer dieser Gesellschaft.

Österreichische Post AG

Die Österreichische Post AG ist Österreichs monopolartiger Dienstleister in der Postbeförderung. Sie wurde am 3. März 1999 rechtlich verselbständigt. Zu den Hauptgeschäftsbereichen der Österreichischen Post AG zählen die Leistungen des Post- und Paketdienstes sowie die Abwicklung von Finanzgeschäften in Kooperation mit dem langjährigen Partner Postsparkasse. Die Post steht zunehmend in Konkurrenz mit anderen Anbietern und elektronischen Kommunikationsmitteln. Sie wird gegen alle Beharrungstendenzen auf diese steigende Konkurrenz mit Kostensenkung und Flexibilisierung reagieren müssen. Politisch ist vor allem die Schließung von Postämtern interventionsgefährdet. Die ÖIAG hält einen Anteil von 100 Prozent. Für das Jahr 2006 ist der Gang an die Börse geplant.

Die Privatisierung der VA Tech, die zur Schuldenfreistellung der ÖIAG geführt hat, erwähne ich an dieser Stelle nicht, da diesem Teil der Privatisierung ein eigenes Kapitel gewidmet ist. Diese Aktie legte im Jahr 2004 um 128,4 Prozent zu.

Die erfolgreiche Privatisierung der Böhler-Uddeholm AG

> Unser Unternehmen entwickelte sich in den vergangenen Jahren gut und deshalb war die Wahrscheinlichkeit einer politischen Einflussnahme auch sehr gering. In schwierigen Zeiten gibt es jedoch sehr wohl die latente Gefahr, dass die Politik bei Standortfragen oder größeren Investitionsentscheidungen ihren Einfluss im Unternehmen geltend zu machen versucht.
>
> *Claus Raidl*

Die erste große Gesellschaft, von der sich die ÖIAG zur Gänze zurückzog, war die Böhler-Uddeholm AG. Diese war 1991 durch Verschmelzung der österreichischen Böhler Gruppe mit der schwedischen Uddeholm Gruppe entstanden. 1995 reduzierte die ÖIAG ihren Anteil von 100 Prozent im Zuge eines Initial Public Offerings (IPO) auf 72,7 Prozent, sodass 27,3 Prozent zunächst in den Streubesitz übergeführt wurden. 1996 zog sich die ÖIAG im Rahmen eines Secondary Public Offerings (SPO) auf 25 Prozent zurück. Eine Beteiligungsgesellschaft um den Badener Rechtsanwalt Rudolf Fries etablierte sich als Kernaktionär und die ÖIAG fühlte sich im Herbst 2003 fit, die restlichen 25 Prozent an Böhler-Uddeholm über die Börse zu verkaufen. Nachdem die Werbetrommel noch einmal fest gerührt worden war, erfolgte eine Preisfestlegung bei 48,50 Euro. Die Tranche war 3,5-fach überzeichnet. Schließlich gingen 34 Prozent der Aktien an institutionelle und Retail-Investoren in Österreich, 11,8 Prozent an US-Investoren und 17,5 Prozent an Investoren in Großbritannien. Der Rest wurde deutschen, Schweizer und sonstigen Investoren zugeteilt. Der Erlös betrug stolze 133,4 Millionen Euro. Rudolf Streicher bezeichnete diesen Rückzug des Staates als „professionell, ruhig und unter Erfüllung der gewünschten Zielsetzungen".

Allgemein bezeichnete die Wirtschaftspresse diese Transaktion als Musterbeispiel einer erfolgreichen Privatisierung. Erfreut können die Aktionäre über die Dividendenpolitik sein, die sich an einer überdurchschnittlich hohen Ausschüttungsquote orientiert.

Ein eigener Typus ist der Vorstandsvorsitzende Claus Raidl, der mit zunehmender Verantwortung eine erstaunliche Entwicklung vom Linkskatholiken zum Paradeliberalen durchgemacht hat. Obwohl bereits privatisiert, lässt er keine Gelegenheit aus, den schädlichen Staatseinfluss zu kritisieren und der ÖIAG ihren Dilettantismus vorzuwerfen.

Ins Gespräch sollte diese Privatisierung wieder kommen, als sich die Übernahmekommission mit dem „passiven Kontrollwechsel" zu beschäftigen begann – mit einem 12 Monate nach dem Verkauf des ÖIAG-Anteils eingeleiteten Verfahren. Darüber mehr im Kapitel über die Übernahmekommission.

Die neue Freiheit am Beispiel der voestalpine

Wegen einer Reihe von Zufällen ist es Wolfgang Eder, der seit Ende 2003 öffentlichkeitswirksam an der Spitze der voestalpine AG steht und deren aktuelle Entwicklungen präsentiert. Eder hat sich wohl in seiner beruflichen Lebensplanung kaum träumen lassen, welche Bedeutung seine öffentlichen Auftritte einmal haben würden. Heute hängt das Vertrauen der Märkte in den voestalpine-Konzern von ihm ab.

Die voestalpine ist heute bereits ganz anders, als sie im oberösterreichischen Wahlkampf 2003 wahrgenommen wurde. Damals schien es noch um den Erhalt der letzten Reste eines geschützten Bereiches zu gehen. Eine von der Vergangenheit, nicht aber vom Sinn für die moderne Wirklichkeit geprägte Landespolitik hatte derart heftig für die „Sicherheit" von Arbeitsplätzen – gemeint also: den Ausschluss des Wettbewerbs – argumentiert, dass man selbst über eine Landesgesellschaft Teile der voestalpine erwerben wollte, um Einfluss nehmen zu können. Da die Menschen lieber den Schmid als den Schmidl wählen, haben sie der SPÖ auch zahlreich ihre Stimme gegeben. Landeshauptmann Pühringer mit seinem halbsozialistischen Kurs konnte froh sein, von den Wählern nicht davongejagt worden zu sein. Ob seine schwarz-grüne Koalition nun im Sinne der voestalpine agieren wird, wie er doch vorgegeben hat, wird sehr genau zu beobachten sein.

Eder geht selten auf die politischen Umstände der Privatisierung ein. Viel mehr Gewicht legt er auf den Expansionskurs der voestalpine, die neue Aktionärsstruktur und die politischen Rahmenbedingungen. Oberste Priorität genieße die Unabhängigkeit der voestalpine. Beim seinerzeitigen ÖBB-Streik 2003 fand er sehr klare Worte. Dass die Betriebe zur Aufrechterhaltung der Produktion nicht einmal auf privater Basis das Schienennetz betreiben könnten, sei in Europa einmalig. Selbst im streikfreudigen Italien könnte der Gütertransport fortgesetzt werden, um den gesamtwirtschaftlichen Schaden nicht eskalieren zu lassen.

Beim Expansionskurs skizziert Eder gerne ein Unternehmen, das sich mit Freude dem Wettbewerb stellt. Gesellschaften würden zugekauft, Sparten erweitert, der Umsatz stark gesteigert. Die neue Aktionärsstruktur verspreche in ihrer Ausgewogenheit einen Schutz vor kurzfristiger Übernahme.

Um der voestalpine allerdings auch international wettbewerbsverzerrende Hemmschuhe abzunehmen, müsse die Politik doch gewisse liebgewonnene Rahmenbedingungen überdenken. Von den hochgesteckten Kyoto-Zielen bis hin zu den prohibitiven Steuersätzen müsse es Änderungen geben, wolle man die voestalpline im globalen Wettbewerb nicht benachteiligen. Ein Dorn im Auge ist ihm der abschreckende Spitzensteuersatz von 50 Prozent bei der Einkommensteuer.

Alles in allem: hier ist ein Mann am Werk, der ohne politischen Eifer, dem Interesse seines Unternehmens verbunden, politische Postulate aufgestellt hat. Will man eine moderne Industriepolitik betreiben, müssten eben auch die Politiker zur Realität zurückfinden. Viel wichtiger aber: Eder hat gezeigt, worin der wahre Sinn der Privatisierung liegt. Es geht nicht nur um ein paar hundert Millionen Euro für die momentane Staatskasse. Es geht um die mittel- und langfristige Entfesselung der unternehmerischen Kräfte, die uns ein Vielfaches dessen bringt, was der Verkauf der Staatsanteile erzielt.

Eder ist vielleicht nicht der geborene Redner, aber er hat bewiesen, dass dem Vorstand in der neuen Konstellation die Arbeit unglaubliche Freude macht und die voestalpine in ihrer neuen Unabhängigkeit einer erwartungsvollen Zukunft entgegengeht. Für das Geschäftsjahr 2004/2005 ist ein operatives Ergebnis von 500 Millionen Euro zu erwarten. Dass die unternehmerische Freude in Selbstverantwortung die Triebfeder der Marktwirtschaft ist, hat Wolfgang Eder vor Augen geführt. Diese Triebfeder, die sich sowohl für das Unternehmen als auch für die gesamte Volkswirtschaft positiv auswirkt, ist in Geld gar nicht bewertbar.

Staatseinfluss: international unerwünscht

> Es war in der Vergangenheit nicht immer einfach, einem englischen oder amerikanischen Pensionsfonds zu erklären, warum der österreichische Staat an einem Unternehmen wie Böhler-Uddeholm noch beteiligt ist.
>
> *Claus Raidl*

Nach wie vor wird in Österreich unterschätzt, wie wenig Verständnis die internationalen Märkte für eine Beteiligung des Staates an einem börsennotierten Unternehmen haben. Gerade die politische Klasse sieht eine staatliche Beteiligung oft als Garantie für Stabilität an. Arbeitnehmervertretungen gieren geradezu nach einem Kernaktionär namens ÖIAG, weil ihnen die Mitbestimmung zu wenig ist. Sie wollen politischen Einfluss ausüben können, und liefern damit das schlagende Argument gegen einen staatlichen Kernaktionär.

Gerade dieser politische Einfluss ist es, der dem Markt verdächtig ist. Die Politik wird sich immer an politischen, nicht aber an betriebswirtschaftlichen Zielen orientieren. Der Politik werden Arbeitsplätze wichtig sein, den Unternehmungen Gewinne. Bezeichnend etwa ist, dass die VA Tech über die letzten drei Jahre Verluste in dreistelliger Millionenhöhe zu verzeichnen hatte und die Politik, trotz eines ausgezeichneten Kaufpreises, eine Arbeitsplatzgarantie forderte. Gerade das kann es bei ständigen Verlusten nicht geben!

Sozialdemokraten bringen in die Diskussion um die Bewertung des Eigentümers oft das honigsüße Argument der Neutralität: Es sei in Wirklichkeit gleichgültig, ob der Staat oder ein Privater Eigentümer sei, Hauptsache, er sei ein guter Eigentümer. Damit wird übersehen, dass der Staat immer ein ungleichgewichtiger Unternehmer ist. Der Staat verfügt als Regierung und Gesetzgeber über das Zwangsmonopol. Er erlässt die Spielregeln und fungiert auch als Schiedsrichter. Ein solcher Mitspieler muss immer suspekt sein. Wer eine solche Machtfülle besitzt, wird von den anderen Mitspielern nie als gleichwertig angesehen. Wohl aber werden jene, die die lobbyistische Durchsetzung ihrer Interessen gewohnt sind, die Nähe zu dieser Machtfülle suchen.

Generaldirektoren von Claus Raidl bis Wolfgang Eder haben daher auf ihren Road Shows in England und den Vereinigten Staaten oft die Erfahrung machen müssen, dass eine staatliche Beteiligung an ihren Unternehmen beim Verkauf von Aktien hinderlich war. Dass die Kurse der börsennotierten Unternehmen nach gänzlichem Ausscheiden der ÖIAG oft stark angezogen haben, erscheint unter Berücksichtigung dieser Überlegungen nur konsequent. Wer dieses Ansteigen der Aktienkurse als Argument dafür verwendet, dass die ÖIAG schlecht verkauft habe und länger im Unternehmen hätte investiert bleiben sollen, verkennt die Realität.

Die neue Akzeptanz des Aktionärs

> Den untersten Rang in der Hierarchie der menschlichen Betätigungen nimmt das Wirtschaftsleben ein, worunter alles zu begreifen ist, was der Befriedigung der materiellen Bedürfnisse dient. Es ist gewissermaßen der Rohstoff der Kultur, nicht mehr; als solcher freilich sehr wichtig. *Egon Friedell*

Mit dem Sinken des Staatseinflusses wird auch die Rolle des Aktionärs neu definiert.

Bisher haben sich die Österreicher vor allem als Kulturnation verstanden. Schon deshalb gehörte es zum guten Ton, ein gespanntes Verhältnis zum Geld zu haben. Denn Geld hat offensichtlich etwas Profanes an sich. Wenn auch einige Menschen die Erfindung der Geldwirtschaft als Ersatz für die Tauschwirtschaft lange Zeit misstrauisch beäugten, so dürften sich die Emotionen heute gelegt haben. Emotionen gehen heutzutage eher gegen die Kapitalmärkte.

Machen wir uns ein paar Gedanken über die Geldwirtschaft. Geld hat einen Wert. Das weiß jeder, der irgendwann einmal eine Inflation erlebt hat oder nur ab und zu etwas vom Euro-Kurs gegenüber dem Dollar hört. Wie vielen Menschen war die Härte des Schillings oder der D-Mark wichtig, als der Euro eingeführt wurde! Geld hat aber auch einen Preis – und das ist schon weniger bekannt, obwohl jeder Mensch, der Geld auf ein Sparbuch legt, weiß, dass er dafür Zinsen bekommt. Genau so weiß jeder Mensch, dass die Bank für Kredite Zinsen verlangt. Aber nicht nur der Zins ist der Preis des Geldes. Auch die Dividende, also der jährliche Anteil des Aktionärs an der Gewinnausschüttung, ist ein Preis des Geldes – jenes Geldes, das der Aktionär in die Aktiengesellschaft investiert hat. Wer also irgendwo weit in der Vergangenheit verhaftet ist und dem kanonischen Zinsverbot eine moralische Kategorie abgewinnen kann, wird auch die Dividende sowie die Aktie verabscheuen. Wer allerdings mit der modernen Welt nicht auf Kriegsfuß steht, wird sowohl dem Geld als Mittel zum Zweck als auch der Aktiengesellschaft als Prototyp einer Kapitalsammenstelle einen legitimen Platz einräumen. Er wird den Aktionär nicht als Spekulanten verachten, dem etwas Krankhaftes anhaftet, er wird ihn vielmehr als unersetzbaren Risikofinanzierer begrüßen, ohne den der Fortschritt unserer Gesellschaft gar nicht möglich wäre. Letztlich würden ohne einen geordneten Kapitalmarkt entweder Stagnation oder die Mafia herrschen – oder beides.

Man würde meinen, dass gerade die Ärmsten der Armen solche Spekulationen am meisten verachten. Dem ist nicht so. Damit meine ich nicht nur, dass Tausende Menschen Woche für Woche ihre Ersparnisse in irgendwelche Glückspiele investieren. Ich meine damit, dass Massen von Sportfans überhaupt nichts Anstößiges daran finden, dass die weltbesten Fußballclubs scheinbar Phantasiebeträge für einzelne Fußballstars bezahlen. Nicht nur, dass der Neid hier kaum eine Rolle spielt, kaufen Fans sogar Aktien von Fußballclubs, deren Wert im Wesentlichen nur aus der Form und Unversehrtheit einiger Fußballspieler besteht. Fußballclubs haben keine Ware, keine Lager oder Büros und nur selten Grundstücke. Wenn ein Flugzeug mit der Mannschaft abstürzt, ist der Club im Konkurs. Ähnlich wertlos waren die Software-Unternehmen, die Ende der 90er Jahre als reine Dienstleister astronomische Börsenkapitalisierungen erzielten. Spekulation scheint immer dann verwerflich, wenn man selbst dabei verliert oder wenn andere dabei gewinnen. Nur wer durch die Inkaufnahme von Risiko gewinnt, wird angesehen. Denn der Erfolg spricht immer für sich selbst.

Wer in Aktien investiert, trägt ein höheres Risiko. Er kann daher mehr verlieren, aber auch mehr gewinnen. Langfristig, so zeigen die Statistiken, sind die Erträge von Aktien immer höher als jene von festverzinslichen Anlagen.

Da auch die Aktionäre Menschen sind, finden wir unter ihnen menschliche Schwächen. Natürlich gibt es solche, die nichts von der Begrenzung ihres Risikos halten und nicht den ungeschriebenen Regeln der Risikostreuung folgen. Unter den Aktionären gibt es logischerweise auch Spielernaturen. Wer jemals Dostojewskis „Der Spieler" oder Stefan Zweigs „24 Stunden im Leben einer Frau" gelesen hat, kennt die damit verbundene Hoffnungslosigkeit. Gier und Spielsucht sind allerdings keine Erfindung der Kapitalmärkte. Sie sind menschliche Schwächen, mit denen der Einzelne letztlich selbst zurechtkommen muss. Die Börse als großes Spielcasino zu verstehen, hieße deren Funktion falsch einzuschätzen. Nicht jede bahnbrechende Erfindung war von Anfang an ein sicheres Investment. Auch das Scheitern muss möglich sein, wenn mit Forschung und Entwicklung tatsächlich Neues geschaffen werden soll. Und dazu bedarf es eben des Risikokapitals und des Aktionärs.

Der Aktionär erfüllt somit eine zentrale Rolle für den Fortschritt unserer Volkswirtschaft und verdient entsprechende gesellschaftliche Akzeptanz.

Vor kurzem war es noch so, dass sich Politiker, denen öffentlich ein Aktienbesitz nachgewiesen wurde, so verhalten haben, als wäre ihnen etwas Unanständiges nachgewiesen worden. Dies wird in Zukunft hoffentlich anders sein. Vielleicht wird es eines Tages ein Grund für öffentliche Scham sein, sein eigenes Geld nicht in die Zukunftschancen der Wirtschaft investiert zu haben.

Die öffentliche Verachtung des Aktionärs nimmt ab. Als Gewerkschafter im Zuge der Pensionsreformdebatte Angriffe gegen private Versicherungen lancierten, welche die Prämien in Aktien anlegen, ist dies fast untergegangen. Der Slogan „Menschen sind wichtiger als Aktien", der ungefähr genauso sinnig ist wie die Behauptung, Menschen seien wichtiger als Bäume, wird kaum noch gehört. Wer so redet, bedient sich antikapitalistischer Ressentiments und übersieht, dass große Projekte eben viel Kapital erfordern. Er übersieht auch, dass die Aktiengesellschaft ein Vehikel ist, um das Risiko eines solchen großen Projektes, das auch viele Arbeitsplätze schafft, zu streuen.

Dass die Unternehmen bereits begonnen haben, die Aktionäre ernst zu nehmen, merkt man etwa an den Investor Relations. Die börsennotierten Unternehmen behandeln ihre Gesellschafter nicht mehr patriarchalisch und von oben herab. Ihnen ist die intensive Kommunikation sowohl mit den privaten als auch mit den institutionellen Investoren ein großes Anliegen. Von den so genannten Road Shows bis hin zu sonstigen Treffen mit den Investoren wird der Kontakt mit den Geldgebern gepflegt. Der zunehmenden Internationalisierung in der Aktionärsstruktur österreichischer Unternehmen tragen auch die Websites Rechnung, die meist sowohl in deutscher als auch in englischer Sprache verfügbar sind. Selbst die Mitgliedschaft in nationalen wie internationalen Fachgremien der Investor Relations Gemeinschaft gehört bereits zum guten Ton.

Hauptversammlungen sind keine Pflichtübungen mehr, sondern PR-Veranstaltungen mit großem Werbewert. Großer Wert wird auf eine reibungslose äußere Organisation gelegt, für die beispielsweise die ERSTE Bank ein professionelles Team zur Verfügung stellt. Angesichts der Atomisierung der Anlegergemeinschaft bemühen sich die Gesellschaften auch um die „Einwerbung" der eigenen Aktionäre. Um internationale Investoren zur Teilnahme zu bewegen, wird ein spezielles Service geboten: Nach der Identifizierung der Investoren und der Kontaktaufnahme mit renommierten Dienstleistern wie ISS (International Shareholder Services) wird die „Proxy solicitation" zur Verfügung gestellt. „Courtesy Letters" werden mit Erläuterungen über die Wichtigkeit der Stimmrechtsausübung versandt, wobei gleichzeitig auf die Möglichkeit der Stimmrechtsvertretung aufmerksam gemacht wird. Ein erfolgreiches Einwerben hängt wesentlich von der Kürze der Zeit ab, in der die relevanten Informationen an die Entscheidungsträger übermittelt werden.

Mit anderen Worten: Die Kapitalgesellschaften haben an Offenheit gewonnen, die Hauptversammlungen an Spannung.

Die Wiener Börse

Armut ist kein Verbrechen, aber sie führt zum Verbrechen.
Russisches Sprichwort

Viele Aktionäre bedeuten auch einen Auftrieb für die Wiener Börse. Diese Börse, die im Jahr 1771 von Kaiserin Maria Theresia gegründet wurde, erfuhr in den 1990er Jahren eine grundlegende Neugestaltung. Sie ist keine staatliche Behörde mehr, sondern eine Aktiengesellschaft, die je zur Hälfte österreichischen Banken und börsennotierten Industrieunternehmen gehört. Die Attraktivität der Börse und die Marktkapitalisierung nehmen ständig zu. 2004 hat der Leitindex der Wiener Börse, der ATX („Austrian Traded Index") mehr als 50 Prozent zugelegt. Innerhalb der letzten beiden Jahre ist der ATX, sozusagen das Fieberthermometer des Finanzplatzes Wien, um mehr als 100 Prozent in die Höhe geklettert. Die Kapitalisierung der Wiener Börse, also der Marktwert der börsennotierten Unternehmen in Wien, ist von 28 Milliarden Euro im Jahr 2001 auf mehr als 60 Milliarden Euro im Jahr 2004 gestiegen.

Betriebswirtschaftlich bedeutet diese Entwicklung, dass die Fremdfinanzierung der österreichischen Unternehmen in den Hintergrund tritt und die Eigenkapitalfinanzierung zunimmt. Das ist für die volkswirtschaftliche Gesundheit der österreichischen Unternehmungen sehr förderlich. Der Einfluss der Banken, die über die Kreditfinanzierung der österreichischen Unternehmen immer tiefer in die Verantwortung der Industrieunternehmungen gezogen wurden, indem sie etwa Kontrollaufsichtsräte stellten, wurde zunehmend systemfremd. Durch die nunmehr erhöhte Eigenkapitalfinanzierung bleiben die Schuster wieder mehr bei ihren Leisten.

Impulse erhielt die Börse zu Beginn des dritten Jahrtausends durch die regen Privatisierungsbestrebungen der ÖIAG, den Sonderfaktor EU-Erweiterung sowie durch die Zukunftsvorsorge, die zu einem Zufluss an langfristig gebundenem Kapital führt. Die Zukunftsvorsorge ist die so genannte dritte Säule der Pensionsfinanzierung. Neben der immer problematischeren Finanzierbarkeit der ersten Säule, nämlich des umlagenfinanzierten staatlichen Pensionssystems, bietet sich daher die private oder betriebliche Vorsorgeleistung über ein Kapitaldeckungssystem an, dessen langfristig solide Basis Aktieninvestments bilden sollen. Über mehrere Jahre hinweg ergibt sich daraus ein kumulativer Effekt, der eine spürbare Bedeutung für den Markt haben wird, schreibt Stefan Zapotocky, der Chef der Wiener Börse. Als zentrale Anliegen nennt er

- die Bewusstseinsbildung und Motivation der Unternehmen und Privatanleger, aktiv am Kapitalmarkt teilzunehmen
- den Hinweis auf den volkswirtschaftlichen Vorteil von Investitionen im eigenen Land
- die Förderung von Anlagestrategien mit Österreich-Schwerpunkt bei Banken und Investoren sowie
- die generelle Vermittlung von Wissen und Information

Ein großer Teil der an der Wiener Börse notierten Gesellschaften, nämlich über 70 Prozent, ist übrigens geschäftlich in Mittel- und Osteuropa tätig. Immer größere Teile der Unternehmensgewinne kommen aus dieser Region. Die Bedeutung der Wiener Börse geht daher über die österreichischen Grenzen hinaus.

Die Verpönung des Insiderhandels

Es gab Zeiten, in denen bedeutete VIP so viel wie Vienna Insider Party. Insiderhandel war nichts, für das man sich schämte.

Heute ist das anders. Insiderhandel ist mit strenger Strafe bedroht. Ständig werden die entsprechenden Bestimmungen verfeinert. Dabei versteht man unter allgemeiner Insiderinformation eine solche, die noch nicht veröffentlicht wurde und nur einem eingeschränkten Kreis von Personen zugänglich ist, hinreichend genau ist und ex ante geeignet ist, den Kurs eines bestimmten Finanzinstrumentes erheblich zu beeinflussen; entscheidend ist die bloße Möglichkeit der Kursbeeinflussung. Diese Information muss für einen verständigen Anleger ein wesentliches Element für die Beurteilung einer Anlageentscheidung sein. Insider sind Personen, die aufgrund ihres Berufes, ihrer Beschäftigung, ihrer Aufgaben oder Beteiligungen am Kapital des Emittenten Zugang zu Insiderinformationen haben.

Darüber hinaus sind auch jene Personen Insider, die sich Insiderinformationen durch die Begehung strafbarer Handlungen verschafft haben. Insider sind auch Organwalter juristischer Personen, die gemeinsam beschlossen haben, ein bestimmtes Rechtsgeschäft auf Rechnung einer juristischen Person zu tätigen, sofern bei diesem Geschäft Insiderinformationen zwecks Erzielung eines Vermögensvorteils ausgenützt werden sollen.

Verurteilungen wegen Insiderhandels gibt es praktisch kaum. Die größte Bekanntheit erreichten in Österreich die Transaktionen des ehemaligen voestalpine-Vorstandsvorsitzenden Franz Struzl. Strafrechtlich endete dieser Fall des Insiderhandels mit einer so genannten Diversion, gesellschaftsrechtlich mit dem Ende seiner Vorstandsfunktion. Eine Diversion wird in Zukunft nicht mehr zulässig sein. Das öffentliche Bewusstsein hat sich geändert. Wurde die Verwendung von Insiderinformationen früher als Kavaliersdelikt angesehen, setzt sich zunehmend die Erkenntnis durch, dass Insiderhandel einen schweren volkswirtschaftlichen Schaden bedeutet. Erstens bedeutet der Vorteil, den sich ein Insider durch seine Geschäfte verschafft, für andere, wenn auch unbekannte Anleger einen Nachteil. Zweitens werden Investoren vom österreichischen Markt abgeschreckt, wenn Insiderhandel nicht konsequent verfolgt wird.

Der Corporate Governance Kodex sieht vor, dass Mitglieder des Vorstands, des Aufsichtsrats sowie leitende Angestellte Geschäfte mit Aktien der Gesellschaft ab 10.000 Euro Kurswert an die Gesellschaft und die Finanzmarktaufsicht zu melden haben. Die meisten Unternehmen haben diese Bestimmung aber ausgeklammert. Sie berufen sich darauf, es für „ausreichend" zu halten, Deals an die Finanzmarktaufsicht zu melden. Wenn diese Meldungen unter das Amtsgeheimnis fallen, ist für den Markt aus dieser Information nichts gewonnen.

Mit dem Ende des Nachkriegsmerkantilismus müssen sich Österreichs Manager auch Gedanken über ihr Verhältnis zur Transparenz machen. Dass möglichst wenig an die Öffentlichkeit dringen dürfe, weil Informationen zur Polemik benutzt werden könnten, kann nicht die Philosophie eines modernen Kapitalmarktes sein.

Die Hauptversammlung und die Rechte des Aktionärs

Durch die Masse der Aktionäre verwandeln sich die Hauptversammlungen der österreichischen Aktiengesellschaften immer mehr zu Foren gesellschaftspolitischer Manifestationen und Auseinandersetzungen. Aktionäre nehmen ihre Rechte wahr und klopfen den Vorständen öffentlich auf die Finger. Nehmen wir daher die Hauptversammlung unter die Lupe und betrachten wir die Rechte des Aktionärs.

Die Hauptversammlung ist die Versammlung der Aktionäre, die nach bestimmten Vorschriften einzuberufen ist und in der die Aktionäre die ihnen zugewiesenen Angelegenheiten der Gesellschaft erörtern und entscheiden. Die Hauptversammlung ist somit kein ständiges Organ wie der Vorstand, sondern es bedarf erst des Zusammentretens, damit sie handeln kann.

Die Einladung zur Hauptversammlung ist in den Bekanntmachungsblättern zu veröffentlichen. Dazu zählen auch elektronische Informationsmedien. Jene Aktionäre, die die Aktien bei der Gesellschaft hinterlegen, können eine persönliche Einladung zur Hauptversammlung sowie die Zusendung der gefassten Beschlüsse verlangen.

Nach dem Willen des Gesetzgebers muss mindestens einmal jährlich eine (ordentliche) Hauptversammlung abgehalten werden, um in den ersten acht Monaten des Geschäftsjahres die Verteilung des Reingewinnes zu beschließen. An den vom Vorstand mit Billigung des Aufsichtsrats festgestellten Jahresabschluss ist die Hauptversammlung gebunden. Ebenso beschließt die Hauptversammlung alljährlich über die Entlastung der Mitglieder des Vorstands und der Mitglieder des Aufsichtsrats. Die Verhandlung über die Entlastung ist mit der Verhandlung über die Gewinnverteilung zu verbinden.

Bis zum (deutschen) Aktiengesetz 1937, auf welches das österreichische Aktiengesetz 1965 ja zurückgeht, bezeichnete man die Hauptversammlung als oberstes Organ der Aktiengesellschaft. Bis dahin entschied die damals so genannte Generalversammlung nicht nur über die Gewinnverteilung, sondern auch über die Feststellung der Bilanz. Da die Aktionäre im Allgemeinen an einer hohen Dividende und nicht an der Bildung von Rücklagen interessiert waren, litt oft die Substanz der Gesellschaft. Die Eigeninteressen ihrer Aktionäre gingen vor. Mit dem Aktiengesetz 1937 wurde daher die Hauptversammlung zu einem „entthronten König".

Da die Hauptversammlung die Mitglieder des Aufsichtsrats wählt und dieser wiederum den Vorstand bestellt, könnte man versucht sein, alle Macht von der Hauptversammlung abzuleiten. In Wirklichkeit sind die Machtverhältnisse jedoch wesentlich komplizierter und letztlich eine Frage der Persönlichkeiten.

Im Schrifttum wird zwischen ordentlicher und außerordentlicher Hauptversammlung unterschieden. Während das deutsche Aktiengesetz 1965 nur den Ausdruck „ordentliche Hauptversammlung", nicht aber den Ausdruck „außerordentliche Hauptversammlung" kennt, ist es beim österreichischen Aktiengesetz 1965 genau umgekehrt:

Die ordentliche Hauptversammlung ist als solche nirgends erwähnt, wohl aber die außerordentliche Hauptversammlung. Als ordentliche Hauptversammlung bezeichnet man jene Hauptversammlung, in der nach Vorlage oder Feststellung des Jahresabschlusses über die Gewinnverteilung und die Entlastung zu entscheiden ist. Alle anderen Hauptversammlungen sind außerordentliche. Eine rechtliche Bedeutung kommt dieser Unterscheidung jedoch nicht zu.

Der Einberufung einer Hauptversammlung haftet insbesondere bei Publikumsgesellschaften eine gewisse Schwerfälligkeit an. Sie findet daher in der Regel nur einmal pro Jahr statt. Sie ist bei großen Aktiengesellschaften das gesellschaftliche Großereignis und bietet nicht nur gegenüber den Aktionären, sondern auch gegenüber der Öffentlichkeit eine Gelegenheit, die Gesellschaft zu präsentieren. Sie wird heute weniger als Pflichtübung denn als PR-Veranstaltung gesehen.

Die Hauptversammlung der Gesellschaft ist nicht nur eine Darstellung des Unternehmens, sondern – wie sich im Verlauf der Geschichte gezeigt hat – auch ein Spiegelbild der gesellschaftlichen Verhältnisse im Staat.

Die Leitung der Hauptversammlung

Der Vorsitz der Hauptversammlung bestimmt sich entweder aufgrund des Gesetzes, durch Wahl der Hauptversammlung oder durch Bestellung durch das Gericht.

Im Normalfall führt in der Hauptversammlung der Vorsitzende des Aufsichtsrats oder sein Stellvertreter den Vorsitz. Steht weder der Aufsichtsratsvorsitzende noch ein Stellvertreter zur Verfügung, hat der Notar die Versammlung zur Wahl eines Vorsitzenden zu leiten. Wenn Minderheitsaktionäre eine außerordentliche Hauptversammlung oder die Ergänzung der Tagesordnung verlangen, hat das Gericht einen Vorsitzenden der Versammlung zu bestimmen.

Die Kompetenzen des Vorsitzenden sind im Gesetz praktisch nicht geregelt. Es erwähnt lediglich, dass das Teilnehmerverzeichnis vom Vorsitzenden zu unterzeichnen ist. Das Schweigen des Gesetzes hat zu einer umfangreichen literarischen Erörterung über die Kompetenzen des Vorsitzenden beziehungsweise der Hauptversammlung geführt. Die Auffassung, dass im Zweifel die allgemeinen parlamentarischen Regeln heranzuziehen sind, kann nicht uneingeschränkt geteilt werden. In den mitteleuropäischen Ländern, wo das Listenwahlrecht das Persönlichkeitswahlrecht überwiegt, stehen viele Rechte, wie zum Beispiel das Antragsrecht, einer gewissen Minderheit, nicht aber dem Einzelnen zu. Maßstab der aktienrechtlichen Schutzbestimmungen muss allerdings der Einzelaktionär sein, der der Gesellschaft sein Kapital zur Verfügung stellt. Aus diesem Grund erscheint meiner Ansicht nach auch im Zweifel nicht die anonyme Mehrheit in Geschäftsordnungsfragen zuständig zu sein, sondern der Leiter der Hauptversammlung, der – im Normalfall – als Aufsichtsratsvorsitzender haftet. Willkürliche Entscheidungen des Vorsitzenden können daher Schadenersatzansprüche auslösen, willkürliche Entscheidungen der Mehrheit wohl kaum. Auch aus haftungsrechtlichen Gründen erscheint daher der Vorsitzende, und nicht die Aktionärsmehrheit, in Geschäftsordnungsfragen zuständig zu sein.

Zulassung zur Hauptversammlung

Im Allgemeinen wird die Teilnahmeberechtigung oder das Stimmrecht eines Aktionärs keine Probleme bereiten. Sonderfälle sind allerdings denkbar. So könnten etwa Zweifelsfragen über die Vertretungsberechtigung oder die Umgehung eines eventuell in der Satzung verankerten Höchststimmrechtes auftreten.

Einige Stimmen in der Literatur gehen davon aus, dass die Entscheidung über die Teilnahmeberechtigung nicht eine Frage der Versammlungsleitung, sondern eine Angelegenheit der Aktionäre und Aktionärsvertreter sei. Dieser Meinung ist meiner Ansicht nach nicht zu folgen. Die Aktionäre haben in keinerlei Hinsicht die Kompetenz, über die Teilnahmeberechtigung zu befinden. Auch besteht die Gefahr, dass sich ein solcher Hauptversammlungsbeschluss weniger nach sachlichen Kriterien ausrichtet, als lediglich die Interessen der Mehrheit widerspiegelt. Die Hauptversammlung ist daher auch allenfalls keine „Berufungsinstanz" hinsichtlich der Entscheidung des Vorsitzenden. Allein der Vorsitzende hat über die Zulassung und Nichtzulassung von Aktionären – vorläufig – zu entscheiden. Auch seine Entscheidung unterliegt der nachprüfenden gerichtlichen Kontrolle – durch eine Anfechtungsklage. Ein Indiz für die Kompetenz des Vorsitzenden ist auch seine Pflicht zur Unterschrift unter das Teilnehmerverzeichnis. Eine klärende Satzungsbestimmung wäre empfehlenswert.

Anderes gilt hinsichtlich der Zulassung von Gästen. Auch hinsichtlich ihrer Zulassung befindet der Vorsitzende, jedoch nur zunächst. Bei einem etwaigen Widerspruch aus der Versammlung muss der Hauptversammlung selbst die Entscheidung überlassen werden. Wer als Gast den Verhandlungen beiwohnen darf, ist Sache der Aktionäre selbst. Die Hauptversammlung ist keine öffentliche Veranstaltung.

Reihenfolge der Tagesordnungspunkte

Die Kompetenz des Versammlungsleiters zur Änderung der Reihenfolge der Tagesordnungspunkte wird in der juristischen Literatur oft behandelt. Es besteht dabei Einigkeit, dass der Verhandlungsleiter befugt ist, von der in der Einladung zur Hauptversammlung angegebenen Reihenfolge abzuweichen, dass er dabei jedoch nicht willkürlich vorgehen darf:

Ein Beispiel wäre, dass eine ordentliche Hauptversammlung auf Verlangen einer Minderheit um einen Tagesordnungspunkt „Sonderprüfung des Geschäftsfalles XY" ergänzt wurde. Laut Einladung ist dies der fünfte und letzte Punkt der Tagesordnung. Der Versammlungsleiter darf diesen Punkt nun nicht deshalb als ersten Tagesordnungspunkt behandeln, um die Minderheit, die am Beginn der Hauptversammlung noch nicht anwesend ist, zu überrumpeln.

Eine Kompetenz der Hauptversammlung erscheint auch wegen der Möglichkeit willkürlicher Entscheidungen hinsichtlich der Frage der Reihenfolge der Tagesordnungspunkte zweifelhaft zu sein. Man wird darauf abstellen müssen, dass allein der Versammlungsleiter für die sachgerechte Abwicklung der Tagesordnung verantwortlich ist. Nach herrschender Meinung liegt die Kompetenz allerdings bei der Hauptversammlung, wobei eine klärende Bestimmung in die Satzung aufgenommen werden könnte.

Auch die Unterbrechung der Hauptversammlung fällt in die alleinige Kompetenz des Versammlungsleiters. Eine Unterbrechung kann beispielsweise bei Störungen der Ordnung oder zur Aufnahme von Beratungen notwendig sein. In jedem Fall erfordert ein Aktionärsverlangen auf Durchsetzung eines Auskunftsanspruches gegen den Willen des Vorstandes eine Unterbrechung der Hauptversammlung, damit der Aufsichtsrat entscheiden kann. Ein Blick des Aufsichtsratsvorsitzenden in die Runde, ob sowieso alle anderen Aufsichtsmitglieder der Meinung des Vorstandes sind, genügt weder dem Erfordernis einer ordnungsgemäßen Aufsichtsratssitzung, der Möglichkeit der offenen Beratung und auch nicht der Geheimhaltungsverpflichtung. Dass so etwas schon vorgekommen ist, steht auf einem anderen Blatt.

Das Recht auf Rede

Dem Aktionär stehen zahlreiche Rechte zu, die ihm diverse Ansprüche verleihen. Zunächst unterscheiden wir zwischen Vermögens- und Verwaltungsrechten. Erstere geben das Recht auf Geld, letztere auf Mitsprache. Ein ganz wichtiges, erst seit wenigen Jahren im Gesetz festgeschriebenes Aktionärsrecht ist das Recht auf Gleichbehandlung. Man könnte meinen, dass es selbstverständlich sein müsste, dass Aktionäre unter gleichen Voraussetzungen gleich zu behandeln sind. Dem ist nicht so. In Wirklichkeit sind die „normalen" Aktionäre mit den meisten ihrer Rechte auf die Hauptversammlung verwiesen, während die großen Aktionäre jederzeit zu wichtigen Entscheidungen gefragt werden und manchmal auch entsprechenden Einfluss nehmen. Die Verpflichtung zur regelmäßigen Berichterstattung an die Konzernspitze, nicht aber an die übrigen Aktionäre, erscheint keineswegs mit dem Gleichbehandlungsgebot vereinbar. Das Recht auf Gleichbehandlung der Aktionäre ist eines der meistgebogenen Rechte überhaupt.

Für die Hauptversammlung sind vor allem folgende Aktionärsrechte relevant:

- das Teilnahmerecht
- das Rederecht
- das Auskunftsrecht
- das Antragsrecht

Das Teilnahme- sowie das Antragsrecht setzt das Gesetz voraus. Das Auskunftsrecht, das in der Folge noch ausführlich behandelt wird, ist ausdrücklich geregelt. Zu den gesetzlich nicht definierten Aktionärsrechten gehört das Rederecht. Es ist scharf vom Auskunftsrecht zu trennen. Dient das Auskunftsrecht der Entscheidungsvorbereitung – etwa hinsichtlich des Stimmverhaltens oder weiterer Investitionen –, kann mit einer Rede Einfluss auf das Verhalten der Gesellschaft oder der Aktionäre genommen werden. Man darf nicht vergessen, dass es üblicherweise nur eine Hauptversammlung pro Jahr gibt. Die Aktionäre haben also nur ganz selten Gelegenheit zur Artikulation ihres Willens. Entsprechend wichtig ist das Rederecht.

Nun versucht die Führung einer Hauptversammlung regelmäßig, die Reden der Aktionäre in geordnete Bahnen zu lenken. Wenn beispielsweise ausschweifende oder beleidigende Reden gehalten werden, ist dies in Ordnung. Nicht gerechtfertigt sind allerdings Eingriffe in das Rederecht als solches, wenn dem Vorsitzenden der Inhalt der Rede zuwider läuft. Der Versammlungsleiter, also üblicherweise der Aufsichtsratsvorsitzende, hat die Hauptversammlung neutral zu leiten und muss auch der Minderheit die Gelegenheit geben, zu Wort zu kommen.

Bis vor ein paar Jahren konnte man noch erleben, dass ein Versammlungsleiter die Rede eines Aktionärs mit der Aufforderung unterbrach, er möge doch endlich eine Frage stellen. Das Halten von Reden sei im Aktiengesetz nicht vorgesehen. Solche irreführenden Belehrungen dürften heute nicht mehr vorkommen. Sehr wohl wird aber immer noch versucht, Wortmeldungen durch das Erfordernis der vorhergehenden Schriftlichkeit oder durch Missinterpretationen der Tagesordnung zu gängeln.

Reihenfolge der Redner

Die Festlegung der Reihenfolge der Diskussionsbeiträge ist eine typische Aufgabe des Versammlungsleiters. Der Vorsitzende hat die Wortmeldungen entgegenzunehmen und zu sortieren. In größeren Hauptversammlungen ist es üblich geworden, schon beim Eingang zum Verhandlungssaal Wortmeldungsformulare aufzulegen. In diesen Wortmeldungsformularen sind meist der Name des Aktionärs, die Nummer der Teilnahmeberechtigung sowie der Tagesordnungspunkt anzugeben. Manche Gesellschaften verlangen auch die Angabe des Themas der Wortmeldung: hiefür besteht allerdings keine gesetzliche Deckung. Einem Aktionär darf daher die Wortmeldung nicht deshalb verweigert werden, weil er keine diesbezüglichen Angaben macht.

Der Vorsitzende ist bei der Berücksichtigung der Wortmeldungen nicht an die zeitliche Reihenfolge des Einlangens gebunden. Er kann vielmehr davon abweichen. Leitlinie für die Festlegung der Reihenfolge der Redner muss stets sein, bei verhandlungsökonomischer Führung eine umfassende Sachdiskussion zu ermöglichen. Keinesfalls wäre es mit dieser Leitlinie vereinbar, kritische Fragesteller bewusst spät zu Wort kommen zu lassen, weil dann erfahrungsgemäß eine Reihe von Aktionären die Hauptversammlung verlassen hat. Wenn daher die Reihenfolge des Eingangs der Meldungen nicht eingehalten wird, soll nach einem durchschaubaren Prinzip vorgegangen werden.

Es empfiehlt sich, die Fragen der Aktionäre gleich zu beantworten, da sich auch Zusatzfragen ergeben können. Eine sofortige Beantwortung der Fragen ist allerdings nicht unbedingt notwendig. Die Antworten können auch nach mehreren Fragen oder auch am Schluss der Diskussion zu einem Tagesordnungspunkt zusammengefasst gegeben werden. Ein solches Verfahren dient der Straffung der Hauptversammlung, vor allem dann, wenn mehrere Aktionäre die gleichen oder ähnliche Fragen stellen. Ein solches Verfahren darf aber nicht dazu führen, dass damit weitere Fragen, die sich aus den Antworten der Verwaltung ergeben, nicht mehr zugelassen werden.

En-bloc- und Einzelentlastung

Im Allgemeinen werden der Vorstand und der Aufsichtsrat im Rahmen einer ordentlichen Hauptversammlung en bloc, also jeweils mit einer einzigen Abstimmung entlastet.

Im Gegensatz zum deutschen Aktiengesetz sieht das österreichische Gesetz keine Regelung hinsichtlich der Einzelabstimmung vor. 1965 wurde lediglich bestimmt, dass nicht der Vorstand und der Aufsichtsrat, sondern die Mitglieder des Vorstandes und des Aufsichtsrats zu entlasten sind. Für die einen ist nur aus triftigen Gründen und aufgrund eines Mehrheitsbeschlusses eine Einzelabstimmung zulässig; nach anderen genügt das Verlangen eines Einzelaktionärs. Wird dennoch en bloc abgestimmt, riskiert die Gesellschaft die Anfechtung der Entlastungsbeschlüsse.

Zu folgen ist der Ansicht, dass das Begehren eines Einzelaktionärs genügt. Anders ist eine Differenzierung über die Billigung der Tätigkeit der Vorstands- und Aufsichtsratsmitglieder durch die Aktionäre nicht zu erreichen. Es entspricht auch durchaus der Praxis der österreichischen Publikumsgesellschaften, dass auf Verlangen eines Einzelaktionärs Einzelabstimmungen durchgeführt werden. Mir ist nur eine große Gesellschaft bekannt, welche die Einzelabstimmung vom Willen der Mehrheit abhängig macht.

Die Bedeutung der Entlastung darf nicht überschätzt werden. Sie bringt lediglich eine Billigung der Geschäftsführung zum Ausdruck. Ein Verzicht auf mögliche Schadenersatzansprüche ist mit dem Entlastungsbeschluss nicht verbunden. Eine Ausnahme bildet die Einstimmigkeit in der Universalversammlung.

Die Entlastung ist oft die einzige Gelegenheit kompetenzarmer Aktionäre, ihren Unmut über die Gestion der Gesellschaftsorgane kundzutun. Wegen der Verschwiegenheitspflicht der Aufsichtsratsmitglieder wird es oft schwer sein, ihre Tätigkeit differenziert zu beurteilen. Über das Verhalten bei einzelnen Abstimmungen im Aufsichtsrat ist keine Auskunft zu erteilen. Eine der wenigen zulässigen Fragen hinsichtlich der Tätigkeit von Aufsichtsratsmitgliedern ist das Verlangen nach Auskunft über ihre Anwesenheit bei den Aufsichtsratssitzungen.

Die Einzelabstimmung kann sich auch im Hinblick auf den Stimmrechtsausschluss für Aktionäre, die entlastet werden sollen, empfehlen.

Generelle und individuelle Redezeitbeschränkung

Bei einer Vielzahl von Wortmeldungen kann es erforderlich sein, die Redezeit zu beschränken. Nach der nunmehr herrschenden Meinung liegt diese Kompetenz beim Vorsitzenden und nicht (mehr) bei der Hauptversammlung. Der Vorsitzende hat sich am Maßstab der Erforderlichkeit zu orientieren. Im Allgemeinen wird davon ausgegangen, dass eine Mindestredezeit von zehn Minuten nicht unterschritten werden darf, da sonst der Aktionär nicht die Möglichkeit hat, seinen Standpunkt klarzulegen. Die Fragezeit ist nicht in die Redezeit einzurechnen. Der Vorsitzende hat sich am Grundsatz der Gleichbehandlung der Aktionäre zu orientieren und darf die Länge der Wortmeldung nicht mit der Höhe des Aktienbesitzes verbinden.

Bei der ersten Hauptversammlung der ERSTE Bank nach dem Börsegang wurde versucht, die Redezeit auf drei Minuten zu beschränken. Darauf wurden die Aktionäre bereits in der Versammlungsmappe, die zu Beginn der Veranstaltung am Anmeldeschalter ausgeteilt wurde, aufmerksam gemacht. Hatte die Bank kurz zuvor um das Geld der Aktionäre geworben und sich als anlegerfreundlich positioniert, hatte man schon in der ersten Versammlung das Gefühl, unerwünscht zu sein. Eine Beschränkung des Rederechts auf drei Minuten war ein Affront, der auf berechtigte Kritik stieß. Die Kritik wurde ernst genommen und seit damals gibt es a priori keine Redezeitbeschränkungen mehr.

Macht ein Redner nicht zum Thema gehörige Ausführungen oder ergeht er sich in Wiederholungen, kann der Vorsitzende zur Sicherung eines ordnungsgemäßen Ablaufes der Hauptversammlung die Redezeit für den individuellen Redner beschränken. Mit dieser Maßnahme soll der Redner zu einem strafferen, sachbezogenen Vortrag verhalten werden.

Wortentzug und Saalverweis

Überschreitet ein Redner die generelle oder individuelle Redezeitbeschränkung, kann ihm der Vorsitzende das Wort entziehen. Ein Wortentzug dient der ordnungsgemäßen Durchführung der Hauptversammlung und kann – und muss auch – ausgesprochen werden, wenn ein Redner ungehörige und beleidigende Äußerungen tätigt. Da es sich um einen sehr schwer wiegenden Eingriff in das Teilnahmerecht des Aktionärs handelt, ist der Redner in der Regel vom Vorsitzenden zu verwarnen.

Das schärfste Ordnungsmittel ist der Saalverweis. Dieses Mittel darf nur angewendet werden, wenn alle anderen Ordnungsmittel zuvor versagt haben und nur so die Ordnung der Hauptversammlung aufrechterhalten werden kann. Der Saalverweis ist jedenfalls vorher anzudrohen. Es bedarf keines Beschlusses der Hauptversammlung.

Tagesordnung

Der Zweck der Ankündigung der Tagesordnung liegt darin, den Aktionären die Möglichkeit einer eingehenden Vorbereitung zu geben. So soll sich der Aktionär anhand der Tagesordnung entscheiden können, ob er an der Hauptversammlung teilnimmt, einen Vertreter entsendet oder fernbleibt. Die Ankündigung der Tagesordnung dient also nicht nur der Vorbereitung der Aktionäre, sondern auch dem Schutz der abwesenden Aktionäre vor Überrumpelung. Der Aktionär muss ersehen können, worüber verhandelt und beschlossen werden soll. Die Bekanntmachung des Tagesordnungspunktes „Allfälliges" genügt daher nicht, um irgendeinen Sachbeschluss fassen zu können. Die Aufnahme eines solchen Punktes in die Tagesordnung ist nicht empfehlenswert.

Über Aufnahme und Formulierung der Gegenstände der Tagesordnung entscheidet der Einberufende, in der Regel also der Vorstand. Wollen Aktionäre weitere Gegenstände in die Tagesordnung aufnehmen, müssen sie zusammen mindestens 5 Prozent des Grundkapitals repräsentieren. Eine Ergänzung der Tagesordnung ist nur unter Einhaltung von gesetzlich vorgesehenen Zwischenfristen zulässig; eine Ankündigung muss daher mindestens 7 Tage, vor Ablauf der Hinterlegungsfrist erfolgen. Bei Beschlussfassungen, die eine qualifizierte Mehrheit erfordern, verlängert sich die Frist auf 14 Tage. Da die Frist zur Einberufung einer Hauptversammlung ebenfalls 14 Tage beträgt, kann eine Minderheit eine Ergänzung nicht fristgerecht begehren, wenn die Einberufung kurzfristig erfolgt und sie feststellt, dass eine Ergänzung notwendig ist. Diese Einberufungsvorschriften sind nicht aufeinander abgestimmt und gehören geändert, sprich: Die Einberufungsfrist sollte verlängert werden.

Die Gegenstände der Tagesordnung sind so zu bezeichnen, dass dem Schutzzweck entsprochen wird. Bei den Wahlen in den Aufsichtsrat oder bei der Wahl des Abschlussprüfers müssen die Namen der Kandidaten nicht angegeben werden. Sollten die Namen angekündigt sein, ist auch die Wahl anderer Kandidaten möglich. Auch muss unter dem Tagesordnungspunkt „Verwendung des Reingewinnes" nicht der Vorschlag der

Verwaltung beschlossen werden; der Gewinn kann auch anders – etwa durch Bildung verstärkter Rücklagen – verwendet werden. Zahlreiche Spezialvorschriften präzisieren das Erfordernis der ausdrücklichen Ankündigung. So ist eine beabsichtigte Satzungsänderung nach ihrem wesentlichen Inhalt anzukündigen.

Keines eigenen Tagesordnungspunktes bedarf der Beschluss auf Einberufung einer außerordentlichen Hauptversammlung. Missverständlich ist die Formulierung des Gesetzes, wonach „Verhandlungen ohne Beschlussfassung" keiner Ankündigung bedürfen. Diese Bestimmung ist so zu verstehen, dass dem Versammlungsleiter eine Handhabe gegeben werden soll, Verhandlungen auch zuzulassen, wenn sie nicht vorher angekündigt worden sind.

Eine Absetzung von Verhandlungsgegenständen in der Hauptversammlung ist nach herrschender Meinung nur mit einfacher Mehrheit der Hauptversammlung möglich. Dies kann allerdings dann nicht in Frage kommen, wenn eine Minderheit die Aufnahme des Gegenstandes in die Tagesordnung verlangt hat. Zweifelhaft erscheint die Befugnis der Hauptversammlung auf Absetzung eines Verhandlungsgegenstandes, wenn eine qualifizierte Minderheit von 5 Prozent behauptet, dass sie deshalb nicht die Aufnahme eines Gegenstandes in die Tagesordnung verlangt hat, weil der Vorstand diesem Verlangen zuvorgekommen ist.

Ebenso erscheint eine Vertagung von Verhandlungsgegenständen nur dann mit einfacher Mehrheit möglich, wenn keine qualifizierte Minderheit die Aufnahme in die Tagesordnung verlangt hat.

Die Reihenfolge der Tagesordnungspunkte kann durch Verfügung des Vorsitzenden geändert werden. Nach herrschender Meinung liegt diese Kompetenz allerdings bei der Hauptversammlung.

Beschlussfassungen ohne die erforderliche Bekanntmachung der Tagesordnung sind nicht nichtig, sondern nur anfechtbar.

Teilnahmeberechtigung

Obwohl es das Gesetz nicht ausdrücklich bestimmt, sind alle Aktionäre berechtigt, an jeder Hauptversammlung teilzunehmen. Das Teilnahmerecht ist für den Aktionär, der seine Rechte in den Angelegenheiten der Gesellschaft im Regelfall in der Hauptversammlung ausübt, ein Hilfsrecht.

Das Teilnahmerecht steht nicht nur den stimmberechtigten Aktionären zu. Teilnahmeberechtigt sind auch die Inhaber von Vorzugsaktien ohne Stimmrecht sowie Aktionäre, die im Einzelfall das Stimmrecht nicht ausüben dürfen. Aber auch der von der Stimmabgabe ausgeschlossene Gesellschafter muss Gelegenheit haben, seine Auffassung über den zur Beschlussfassung anstehenden Punkt vorzutragen.

Die Satzung kann bestimmen, dass Aktionäre – auch Namensaktionäre – zur Ausübung ihres Stimmrechtes die Aktien bis zu einem bestimmten Zeitpunkt vor der Versammlung hinterlegen müssen, wobei für die Hinterlegung mindestens 14 Tage frei bleiben müssen. Die Lehre erstreckt das Hinterlegungserfordernis nicht nur auf die Ausübung des Stimmrechtes, sondern auch auf das Teilnahmerecht. Findet sich in der Satzung keine gesonderte Bestimmung, muss die Hinterlegung der Aktien bis zum dritten Tag vor der Versammlung zulässig sein. Sie dient der Vorbereitung der Versammlung wie beispielsweise der rechtzeitigen Erstellung eines Teilnehmerverzeichnisses oder der Anmietung eines entsprechenden Saales.

Die Pflicht zur Hinterlegung der Aktien bedeutet, dass diese gesperrt gehalten werden. Eine Verfügungsmöglichkeit besteht in dieser Zeit nicht. Dies ist auch ein Grund dafür, dass in unserer schnelllebigen Zeit institutionelle Anleger nicht an Hauptversammlungen teilnehmen. Für sie ist es wirtschaftlich unvertretbar, über die Aktien tagelang nicht verfügen zu können. In der Bundesrepublik soll das Hinterlegungserfordernis daher stark reduziert werden.

Das Teilnahmerecht des Aktionärs kann durch die Satzung weder beschränkt noch entzogen werden. Eine Vergütung für die Teilnahme an der Hauptversammlung darf den Aktionären nicht gewährt werden, darin läge eine unzulässige Rückgewähr der Einlage. Auch die Fahrtkosten der Aktionäre zur Hauptversammlung dürfen nicht erstattet werden. Dies wäre eine verdeckte Gewinnausschüttung. Eine Bewirtung im angemessenen Umfang ist hingegen zulässig und verstößt auch nicht gegen den Grundsatz der Gleichbehandlung der Aktionäre, insofern die Gesellschaft jeden Aktionär gleich behandelt.

Aktionäre, die nicht selbst an der Hauptversammlung teilnehmen oder anonym bleiben wollen, können einen Vertreter entsenden. Der Aktionär hat die Möglichkeit, einen Vertreter mit schriftlicher Vollmacht zu entsenden (Vertretung des Eigenbesitzes) oder seine Inhaberaktien einem Dritten zur Ausübung des Stimmrechtes im eigenen Namen zu übergeben, der aber anzugeben hat, dass ihm eben diese Aktien nicht gehören (Vertretung im Fremdbesitz).

Der Aktionär kann nicht verlangen, dass sein Beistand, also etwa sein Rechtsanwalt oder Wirtschaftsprüfer, zur Hauptversammlung zugelassen wird. Will er dies erreichen, so hat er einen Teil der Aktien dem Beistand zu überlassen. Es steht dem Vorsitzenden der Hauptversammlung allerdings frei, die Teilnahme eines Beistandes in der Hauptversammlung zu gestatten; er hat aber auch hier den Grundsatz der Gleichbehandlung zu beachten. Ein Beschluss der Hauptversammlung ist nicht notwendig.

Nach dem Gesetzeswortlaut sind die Mitglieder des Vorstandes und des Aufsichtsrats lediglich berechtigt, an der Hauptversammlung teilzunehmen. Der Vorstand und der Aufsichtsrat sind allerdings als Organ verpflichtet, an der Hauptversammlung teilzunehmen. Der Vorstand muss teilnehmen, um Auskünfte über Angelegenheiten der Gesellschaft geben zu können. Da der Aktionär im Falle einer Auskunftsverweigerung eine Entscheidung des Aufsichtsrats verlangen kann, trifft auch diesen eine Anwesenheitspflicht. Die Mitglieder des Aufsichtsrats müssen daher in beschlussfähiger Anzahl an der Hauptversammlung teilnehmen. Es empfiehlt sich, eine entsprechende Klausel in die Verträge mit den Aufsichtsratsmitgliedern aufzunehmen. Das Fehlen von Vorstands- und Aufsichtsratsmitgliedern kann zur Anfechtung von Beschlüssen mangels Auskunftserteilung und zur Schadenersatzpflicht der Organmitglieder führen.

Das Gesetz bestimmt nicht ausdrücklich, dass die Sonderprüfer bei der Vorlage eines Prüfungsberichtes in der Hauptversammlung zur Anwesenheit verpflichtet oder auch nur berechtigt sind. Aus ihrer Stellung in der Gesellschaft lässt sich zwar keine Teilnahmepflicht, wohl aber ein Teilnahmerecht ableiten. Für Abschlussprüfer ist nunmehr geregelt, dass sie an der Hauptversammlung der Gesellschaft teilnehmen dürfen und auch teilnehmen sollen. Kein Teilnahmerecht haben allerdings die Verfasser von Privatgutachten wie beispielsweise die Gutachter Frotz und Griehsler bei der Bank Austria im Jahr 1992.

An der Hauptversammlung von Gesellschaften, die einer besonderen staatlichen Aufsicht unterliegen, kann in der Regel ein Vertreter der Aufsichtsbehörde teilnehmen.

Jeder Beschluss der Hauptversammlung bedarf zu seiner Gültigkeit der Beurkundung durch einen Notar. Seine Teilnahme ist daher notwendig, kann aber mangels eigenen Teilnahmerechts von ihm nicht erzwungen werden.

Weder Betriebsratsmitglieder noch Vertreter der Medien haben ein Recht zur Teilnahme; es kann ihnen allerdings, soweit die Satzung nichts anderes vorsieht oder die Hauptversammlung nicht widerspricht, vom Leiter der Hauptversammlung gewährt werden. Sie haben jedoch nicht das Recht, das Wort zu ergreifen oder Anträge zu den Gegenständen der Tagesordnung zu stellen.

Tonband- und Videoaufnahmen, Internetübertragung

Die Zulässigkeit der Verwendung von Tonbandgeräten zwecks Aufzeichnung von Hauptversammlungen war lange Zeit sehr umstritten.

Die heimliche Verwendung eines Tonbandgerätes ist jedenfalls rechtswidrig und kann sogar strafbar sein. Die Verwendung eines Tonbandes macht die Hauptversammlung jedoch nicht nichtig, sondern höchstens anfechtbar. Wenn man aber davon ausgeht, dass auch die Nichtverwendung eines Tonbandes in abstracto kein anderes Ergebnis in der Beschlussfassung erbracht hätte, wird die Anfechtungsklage kaum durchdringen.

Die offene Verwendung eines Tonbandgerätes auf Veranlassung des Versammlungsleiters ist schon bisher nach herrschender Lehre für zulässig erachtet worden. Eines Beschlusses der Hauptversammlung bedarf es nicht. Auch der Widerspruch eines einzelnen Aktionärs kann die Tonbandaufnahme nicht verhindern. Während der Dauer seines eigenen Diskussionsbeitrages soll der Einzelaktionär allerdings einen Aufnahmestopp verlangen können, um nicht in seinem Persönlichkeitsrecht eingeschränkt zu sein. Manche Hauptversammlungsleiter machen auf dieses Recht des Aktionärs zu Beginn der Hauptversammlung aufmerksam. Dieser Widerspruch des Einzelaktionärs hindert aber eine wörtliche Protokollierung seiner Aussagen nicht. Bei börsennotierten Gesellschaften, welche die Hauptversammlung gemäß den in der Folge beschriebenen Bestimmungen per Internet übertragen, dürfte ein solches Recht des Aktionärs in den Hintergrund treten.

Meiner Ansicht nach hat auch der Einzelaktionär das Recht, während seiner Wortmeldung seine eigene Stimme aufzunehmen. Der gegenteiligen Ansicht, dass nicht ausgeschlossen werden könne, dass auf diese Art Zwischenrufe von anderen auf dem Tonband aufgezeichnet werden könnten und daher die Aufnahme der eigenen Stimme unzulässig sei, ist nicht zu folgen. Sonst könnte der einzelne Aktionär mit der Behauptung, dass seine Zwischenrufe auch auf dem Tonband der Gesellschaft aufgezeichnet werden könnten, eine Tonbandaufnahme überhaupt verhindern.

Ob der Aktionär ein Recht auf eine Abschrift des Tonbandprotokolls hat, ist umstritten. Im Anfechtungsprozess könnte sich etwa die Frage stellen, ob dem Aktionär das Recht zusteht, das Tonband abzuhören, damit Waffengleichheit zwischen Aktionär und Gesellschaft besteht.

Vor besondere Herausforderungen stellen die neuen Kommunikationstechnologien, die den Hauptversammlungen zunehmend den Charakter öffentlicher Versammlungen geben. Da bei den großen Hauptversammlungen in der Bundesrepublik viele Tausend Aktionäre angemeldet sind, ist eine Übertragung per Internet schon üblich geworden. Die gesetzlichen Bestimmungen in Deutschland passen sich den neuen Technologien bereits an.

Um Streitfragen auszuräumen hat das österreichische Aktiengesetz 2004 geregelt, dass die Satzung in Zukunft vorsehen kann, dass die Gesellschaft die Hauptversammlung in Bild und Ton aufzeichnen darf. Dadurch soll klargestellt werden, dass nur die Gesellschaft – und nicht etwa einzelne Aktionäre – zur Aufzeichnung berechtigt werden können. Börsennotierte Gesellschaften dürfen die Aufzeichnungen zudem öffentlich übertragen, was die ERSTE Bank schon bisher getan hat. Einige andere Gesellschaften beendeten die Internet-Übertragung der Hauptversammlungen nach dem Bericht des Vorstandes mit dem Hinweis auf rechtliche Gründe. Solche Hinweise, dass die Übertragung der Wortmeldungen der einzelnen Aktionäre nicht zulässig sei, wird es in Zukunft also nur noch sehr selten geben.

Die Anwesenheit zwecks Stimmabgabe ist in Österreich nach wie vor notwendig, wobei ein Vertreter geschickt werden kann, dem per Handy Weisungen erteilt werden können. Eine Abstimmung per e-mail ist bei uns nicht möglich.

Abstimmungen

Das Aktiengesetz sieht außer in den Spezialfällen der Stufen- und Nachgründung keine Vorschriften für spezielle Anwesenheitsquoren vor. Auch ein einzelner anwesender Aktionär kann daher gültige Beschlüsse fassen. Satzungen sehen normalerweise keine Mindestquoren vor. Nur in kleinen Gesellschaften wird manchmal eine bestimmte Anwesenheitspräsenz gefordert.

Nach ausreichender Erörterung eines Tagesordnungspunktes ist über die Anträge, die zu den Gegenständen der Tagesordnung gestellt wurden oder die die Geschäftsordnung betreffen, abzustimmen. Anträge, die vor der Hauptversammlung angekündigt worden sind, in der Hauptversammlung aber nicht gestellt werden, sind nicht zur Abstimmung vorzulegen. Anträge müssen nicht begründet werden, eine allfällige Begründung darf der Versammlungsleiter aber nicht verwehren.

Der Versammlungsleiter darf nur solche Anträge nicht zur Abstimmung bringen, die rechtlich unzulässig sind oder sich nicht im Rahmen der Tagesordnung halten. Dies kann etwa im Zusammenhang mit Satzungsänderungen zweifelhaft sein. Andererseits sollte er nicht aus vordergründig demokratischen Gründen über Anträge abstimmen lassen, die unzulässig sind. Eine solche Großzügigkeit würde den Grundsätzen der Sitzungsökonomie widersprechen. Sowohl die Zeit der Organmitglieder als auch der Aktionäre ist für unzulässige Abstimmungen zu wertvoll. Es strapaziert die Geduld der Anwesenden unnotwendig, wenn in einer großen Publikumsgesellschaft über den Antrag auf Ergänzung des Aufsichtsratsberichtes abgestimmt wird und das Ergebnis dieser Unzulässigkeit im Internet veröffentlicht wird.

Wird über einen ordnungsgemäß gestellten Antrag nicht abgestimmt, kann der zu dem betreffenden Gegenstand der Tagesordnung gefasste Beschluss anfechtbar sein.

Antragsberechtigt sind die Aktionäre, die anwesenden Vertreter von Aktionären sowie der Vorstand und der Aufsichtsrat als Organ. Antragsberechtigt sind nicht nur die Stammaktionäre, sondern auch die stimmrechtslosen Vorzugsaktionäre.

Über die Reihenfolge der Abstimmung bestimmt der Vorsitzende, der dabei nicht willkürlich vorgehen darf, sondern die gebotene Sachlichkeit und Zweckmäßigkeit zu beachten hat. Er darf beispielsweise nicht in der Sache selbst abstimmen lassen, solange nicht über einen allfälligen Vertagungsantrag abgestimmt ist. Bei Anträgen, die in einem Alternativverhältnis stehen – also einander ausschließen –, sollte zuerst über den abgestimmt werden, der wahrscheinlich die erforderliche Mehrheit findet.

Die Form der Abstimmung regelt zunächst die Satzung und – soweit vorhanden – die Geschäftsordnung der Hauptversammlung. Da beide im Allgemeinen keine Regelung der Abstimmung vorsehen, ist es dem Versammlungsleiter vorbehalten, die Form der Abstimmung – geheim oder offen, mündlich oder schriftlich, durch Handheben oder mittels Stimmkarten – zu bestimmen. Sollte ein entsprechender Antrag der Hauptversammlung zur Geschäftsordnung gestellt werden, ist über diesen abzustimmen. In Publikumsgesellschaften ist die offene Abstimmung mittels Stimmkarten üblich.

Ermittlung des Abstimmungsergebnisses

In kleineren Gesellschaften bietet sich das Additionsverfahren an. Danach sind die Pro- und Contra-Stimmen sowie die Enthaltungen aufzusummieren.

In großen Hauptversammlungen wird das Abstimmungsergebnis vielfach nach der so genannten Subtraktionsmethode ermittelt. Danach werden nur zwei der drei Gruppen, beispielsweise die Nein-Stimmen sowie die Stimmenthaltungen, gezählt. Die dritte Gruppe, die Ja-Stimmen ergeben sich aus der Subtraktion der ermittelten Gruppen vom Präsenzquorum.

Wenn eine Gruppe, im Beispiel also die Ja-Stimmen, durch Stillschweigen gezählt wird, ist eine genaue Führung der Präsenzliste notwendig. Auch muss der Versammlungsleiter die Aktionäre darauf aufmerksam machen, dass Stillschweigen auch eine Form der Stimmabgabe ist.

Häufig wird bei der Anwendung des Subtraktionsprinzips übersehen, dass ein Aktionär, der durch die Beschlussfassung entlastet oder von einer Verpflichtung befreit werden soll, weder für sich noch für einen anderen das Stimmrecht ausüben kann. Das bedeutet, dass ein Mitglied des Vorstandes oder des Aufsichtsrats, das gleichzeitig Aktionär ist, nicht abstimmen darf. Nicht mitstimmen ist allerdings nicht mit Stimmenthaltung gleichzusetzen, sodass die Präsensliste um jene Aktien zu vermindern ist, die der Nichtstimmberechtigte hält. Diese Bestimmung ist eine scharfe Waffe: Wer Ansprüche gegen die Organe der Gesellschaft geltend machen möchte, sollte seinen Antrag auch gleich an den Hauptaktionär richten – um dessen Stimmrecht auszuschalten.

Wenn ein knappes Abstimmungsergebnis erwartet wird, ist die Subtraktionsmethode wegen der Fehleranfälligkeit nicht zu empfehlen. Bei Kampfabstimmungen sollte daher die Additionsmethode verwendet werden, da sie eine Kontrolle ermöglicht. Die Frage, welches Verfahren angewendet wird, fällt in die Kompetenz des Versammlungsleiters.

Voraussetzung für die Anwendung des Subtraktionsverfahrens ist jedenfalls die exakte Erfassung der anwesenden Personen. Wer den Versammlungsort verlässt, muss abgemeldet werden. Dies erfolgt in der Regel elektronisch durch Eingabe des Strichcodes der Teilnehmerkarte. Wie genau das Teilnahmeverzeichnis selbst ist, kann der Aktionär kaum überprüfen. Es dürften auch immer wieder Ungenauigkeiten vorkommen. Ein besonders krasses Beispiel lieferte einmal eine deutsche Gesellschaft, zu der 102 Prozent der Aktionäre angemeldet waren. Die Gesellschaft ließ ebenso aufwendig wie pflichtbewusst bei allen Hinterlegungsstellen nachfragen, ob denn nicht ein Irrtum unterlaufen wäre. Alle verneinten. Die Gesellschaft, die völlig schuldlos war, löste dieses für die Software übrigens unlösbare Problem dadurch, dass dem Hauptaktionär 2 Prozent abgezogen wurden.

Der Vorsitzende hat nicht nur die Stimmen zu zählen beziehungsweise zählen zu lassen, sondern auch das Beschlussergebnis festzustellen und zu verkünden. Wenn der Notar nicht die Art und das Ergebnis der Abstimmung und die Feststellung des Vorsitzenden über die Beschlussfassung protokolliert, ist der entsprechende Beschluss nichtig. Der Sinn dieser Vorgangsweise liegt darin, dass wegen der unterschiedlichen erforderlichen Mehrheitsverhältnisse nicht automatisch die einfache Mehrheit für die Annahme eines Beschlusses ausreicht. Stimmen bei einer beantragten Satzungsänderung 70 Prozent dafür und 30 Prozent dagegen, ist der Antrag wegen des Erfordernisses einer Dreiviertelmehrheit abgelehnt.

Zu beachten ist weiters, dass Nichtigkeit vorliegt, wenn die Feststellung des Beschlussergebnisses nicht gesetzgemäß protokolliert wird. Verkündet aber der Vorsitzende eine unrichtige Beschlussfassung, weil er irrtümlich von einem zu geringen Mehrheitserfordernis ausgeht, liegt bloß Anfechtbarkeit vor.

Der Drittelvertreter

Die Bestimmungen über den so genannten Drittelvertreter im Aufsichtsrat haben wir bereits im zweiten Kapitel besprochen. Hier sei eine Anleitung gegeben, wie der Versammlungsleiter praktischerweise vorgehen wird, wenn mindestens drei Kandidaten zu wählen sind (genau genommen: gewählt werden können):

1. Er muss nicht von sich aus fragen, ob ein Verlangen nach Paragraf 87 des Aktiengesetzes gestellt wird. Ohne ein solches Verlangen wird er so abstimmen lassen, wie es – meist von einem Vertreter des Mehrheitsaktionärs – beantragt wird. In der Regel wird daher en-bloc abgestimmt werden.
2. Wird eine Einzelabstimmung verlangt und entspricht der Versammlungsleiter diesem Verlangen nicht von sich aus, hat er eine Erkundungsabstimmung durchzuführen. Stimmt mindestens ein Drittel des vertretenen Kapitals für die Einzelabstimmung, ist diese durchzuführen. Der Name des gewünschten Minderheitsvertreters ist zum Zeitpunkt dieses Verlangens nicht notwendigerweise zu nennen; aus der Sicht der Minderheit empfiehlt sich aber die Nennung des gewünschten Minderheitsvertreters, damit das Verlangen nach Einzelabstimmung auch von anderen Aktionären unterstützt wird.
3. Kommt es zu Einzelabstimmungen und wird die Wahl eines Drittelvertreters beantragt, wird es heikel: Bei jeder einzelnen Abstimmung sind nun nicht nur die Ja-Stimmen, die Enthaltungen und die Nein-Stimmen zu zählen, sondern es ist nach dem Willen des Gesetzgebers auch innerhalb der Nein-Stimmen zwischen „bloßen" Nein-Stimmen und solchen Nein-Stimmen zu unterscheiden, die sich gleichzeitig für einen bestimmten Minderheitsvertreter aussprechen („Minderheitskandidats-Nein-Stimmen"). Zu ermitteln sind daher die Ja-Stimmen, die Enthaltungen, die bloßen Nein-Stimmen sowie die Minderheitskandidats-Nein-Stimmen. Es dürfte sich empfehlen, bei diesen Abstimmungen vom allenfalls angewandten Subtraktionsverfahren abzugehen, Anfechtungen wegen knapper Entscheidungen könnten so vermieden werden.
4. Gibt es drei zu wählende Kandidaten und entfallen bei den ersten beiden Wahlgängen jeweils mindestens ein Drittel der Stimmen auf einen bestimmten Gegenkandidaten, ist dieser als an der dritten Stelle gewählt zu „erklären". Gibt es mehr als drei zu wählende Kandidaten (X Kandidaten), ist der beantragte Drittelvertreter nur als gewählt zu erklären, wenn er bei allen X minus 1 Wahlen mindestens ein Drittel

der Stimmen (qualifizierte Nein-Stimmen) auf sich vereinigen konnte. Es genügt nicht, dass der beantragte Drittelvertreter bei den ersten zwei Wahlgängen ein Drittel der Stimmen bekommt. Je mehr Kandidaten daher gewählt werden sollen, desto schwieriger erweist sich kurioserweise die Wahl des Minderheitsvertreters.

5. Die Reihenfolge der Abstimmungen über die einzelnen Kandidaten wird jener Antragsteller festlegen dürfen, der die Kandidaten vorschlägt. Nur so kann er darauf Einfluss nehmen, über welchen Kandidaten zuletzt abgestimmt wird, der möglicherweise gegen den Minderheitskandidaten ausscheidet. Verzichtet er auf eine Reihenfolge, wird der Versammlungsleiter nach „Wichtigkeit, Notwendigkeit oder Einfluss" zu reihen haben.

Auskunftsrecht

Das Auskunftsrecht ist eines jener Rechte, das der Aktionär nur in der Hauptversammlung ausüben kann. Es soll ihm nicht nur die Möglichkeit geben, seine Entscheidung zu treffen und dementsprechend das Stimmrecht auszuüben, sondern ganz allgemein die Lage der Gesellschaft einschätzen zu lernen. Aufgrund dieser Informationen wird er etwa von der Möglichkeit Gebrauch machen, weitere Aktien der Gesellschaft zu erwerben oder seine Aktien zu verkaufen. Außerdem soll es dem Aktionär die Entscheidung erleichtern, ob er gegen einen Beschluss Anfechtungsklage erhebt oder ob er sonstige Minderheitsrechte, etwa die Einberufung einer Hauptversammlung oder die Beantragung einer Sonderprüfung, geltend machen soll.

Auskunftsberechtigt ist der in der Hauptversammlung erschienene oder vertretene Einzelaktionär, wobei es auf die Höhe seines Aktienbesitzes nicht ankommt. Zwar dient das Auskunftsrecht meist zur Willensbildung und zur Ausübung des Stimmrechtes, doch ist dies nicht notwendig der Fall. Das Auskunftsrecht ist kein Annex des Stimmrechts. Es steht daher auch stimmrechtlosen Vorzugsaktionären zu. Das Auskunftsrecht kann auch zu Gegenständen ausgeübt werden, zu denen kein Beschluss gefasst wird, beispielsweise zur Vorlage des Jahresabschlusses oder eines Sonderprüfungsberichtes.

Das Auskunftsrecht ist ein Individualrecht und steht nicht zur Disposition der Hauptversammlung. Der Bevollmächtigte übt das Auskunftsrecht für den von ihm vertretenen Aktionär aus, ohne dass die Nennung des Vertretenen erforderlich ist.

Auskunftsverpflichtet ist ausschließlich der Vorstand, also weder der Aufsichtsrat, noch ein einzelnes Aufsichtsratsmitglied, noch ein Vorstandsmitglied, noch ein Arbeitnehmer des Unternehmens. Erteilt außerhalb des Vorstandes jemand auf der Hauptversammlung Auskunft, erfolgt dies unter ausdrücklicher oder stillschweigender Zustimmung des Vorstandes. Dieser haftet auch in diesem Fall nach Paragraf 112 des Aktiengesetzes, wonach die Auskunft den Grundsätzen einer gewissenhaften und getreuen Rechenschaft zu entsprechen hat.

In Fällen, in denen nur der Aufsichtsrat über die entsprechenden Informationen verfügt, müsste der Vorstand die Informationen allerdings meist selbst einholen und anschließend weitergeben. Praktischerweise wird der Aufsichtsrat die Auskunft geben.

Wegen seiner Verpflichtung zur Auskunftserteilung hat der Vorstand nicht nur das Recht, sondern auch die Pflicht zur Teilnahme an der Hauptversammlung.

Die Auskunft ist ausschließlich auf Verlangen und in der Hauptversammlung zu geben. Außerhalb der Hauptversammlung an Aktionäre gegebene Informationen sind in der Hauptversammlung auch allen übrigen Aktionären zu erteilen, und zwar unabhängig davon, ob ein Zusammenhang mit der Tagesordnung besteht. Dies entspricht dem Grundsatz der Gleichbehandlung der Aktionäre.

Das Auskunftsverlangen muss zunächst im mittelbaren Zusammenhang mit dem Gegenstand der Tagesordnung stehen. Das Gesetz spricht von „Angelegenheiten der Gesellschaft". Damit ist die Grenze sehr weit gesteckt, da zum Beispiel auch politische und wirtschaftliche, unter Umständen sogar klimatische Verhältnisse in einem fremden Land, in dem investiert werden soll, Leistungsfähigkeit und Produktionsvorteile eines Konkurrenten etc. für die Gesellschaft von Bedeutung sein können. Eine auskunftspflichtige Angelegenheit kann auch die Frage der sonstigen Aufsichtsratsmandate eines Kandidaten zur Wahl in den Aufsichtsrat oder die Nebentätigkeiten eines Vorstandsmitgliedes im Rahmen der Entlastung sein. Auch über einschlägige rechtliche Regelungen, wie beispielsweise das Außenwirtschaftsrecht oder das Kartellrecht, muss Auskunft gegeben werden, auch wenn sich der Aktionär derartige Informationen anderweitig beschaffen könnte.

Die in der Bundesrepublik Deutschland im Aktiengesetz 1965 eingeführte Beschränkung der Sachgemäßheit gibt es im österreichischen Aktiengesetz nicht. Es reicht daher der Zusammenhang zwischen der gewünschten Auskunft und dem Tagesordnungspunkt. Die Auskunft muss nicht erforderlich sein, um den Gegenstand der Tagesordnung beurteilen zu können.

Der Aktionär braucht die von ihm zu stellenden Fragen grundsätzlich nicht vor der Hauptversammlung anzukündigen. Es ist vielmehr Aufgabe des Vorstandes, sich auf alle voraussehbaren Auskünfte vorzubereiten. Er muss Vorkehrungen treffen, um sich bei unvorgesehenen Fragen die nötigen Fakten und Unterlagen beschaffen zu können, insbesondere etwa Personal zur Verfügung zu halten, und zwar auch außerhalb der gewöhnlichen Arbeitszeit und an arbeitsfreien Tagen. Die Auskunftspflicht entfällt nur dann, wenn ein unvorgesehenes Auskunftsverlangen zumutbarerweise in der Hauptversammlung nicht erfüllt werden kann, weil die Unterlagen nicht herbeigeschafft werden können oder weil die Beantwortung längere Vorbereitung erfordert. In diesen Fällen entfällt die Auskunftspflicht jedoch nicht, wenn der Aktionär diese Fragen so rechtzeitig vor der Hauptversammlung angekündigt hat, dass der Vorstand ausreichend Zeit zur Vorbereitung hat. Angesichts der modernen Technik werden praktisch alle Antworten sofort gegeben, womit der Vorstand auch seine Kompetenz und Professionalität unter Beweis stellt. Früher übliche Vertröstungen, dass die begehrten Informationen dem fragenden Aktionär schriftlich zur Verfügung gestellt würden, kommen heute nicht mehr vor und sind ebenfalls mit dem Grundsatz der Gleichbehandlung der Aktionäre schwer vereinbar.

Auch querulatorische Fragen sind zu beantworten. Die Auskunftspflicht besteht nur dann nicht, wenn das Fragerecht rechtsmissbräuchlich ausgeübt wird, also beispielsweise sachfremde Ziele verfolgt werden. Beispiele für zulässige beziehungsweise unzulässige Fragen gibt die nachstehende Übersicht:

1. Bezüge des Gesamtvorstandes Bezüge einzelner Vorstandsmitglieder	Ja Nein
2. Aufgliederung der Vorstandsbezüge bei mehrköpfigem Vorstand in Gehalt, Tantieme und Ruhestandsbezüge	Ja
3. Verlesung von Verträgen und sonstigen Urkunden soweit für das Verständnis notwendig, es sei denn, wegen der Länge der dafür benötigten Zeit unzumutbar	Ja
4. Mitteilung des wesentlichen Inhalts von Verträgen und sonstigen Urkunden	Ja
5. Nennung von externen Mandanten von Mitgliedern des Vorstandes und des Aufsichtsrats	Ja
6. Bekanntgabe von geheimzuhaltenden Verträgen	Nein
7. Nähere Erläuterung bedeutender Bilanzansätze	Ja
8. Nennung von Vorgängen, die besondere Geschäftsvorfälle des laufenden Jahres direkt oder indirekt betreffen	Ja
9. Bekanntgabe aller wichtigen Vorgänge der Geschäftsführung des Berichtsjahres sowie besonderer Geschäftsvorfälle des laufenden Jahres für den Entlastungsbeschluss	Ja
10. Beantwortung aller Fragen im Rahmen der Gewinnverwendung, die die Ertragslage sowie die Reservepolitik betreffen, und zwar auch dann, wenn die Hauptversammlung an den festgestellten Jahresabschluss gebunden ist ja	Ja

Das Auskunftsrecht erstreckt sich auch auf die Beziehungen zu Konzernunternehmungen. Das bedeutet allerdings nicht, dass dem Aktionär der Muttergesellschaft auf der Hauptversammlung ein Auskunftsrecht in gleichem Umfang wie einem Aktionär auf der Hauptversammlung der Tochtergesellschaft zusteht. Neben den unmittelbaren Beziehungen zu Konzernunternehmen sind auch alle Vorgänge auskunftspflichtig, die sich auf den Wert der Beteiligung auswirken können.

Die Auskunft darf insoweit verweigert werden, als die Angaben nach vernünftiger kaufmännischer Beurteilung geeignet sind, dem Unternehmen oder einem verbundenen Unternehmen einen erheblichen Nachteil zuzufügen, oder wenn es die nationale Sicherheit des Bundes oder das wirtschaftliche Wohl des Bundes, der Länder, der Gemeinden oder Gemeindeverbände erfordert.

Ob diese Voraussetzungen vorliegen, entscheidet der Vorstand nach pflichtgemäßer Prüfung. Die Ablehnung der Fragebeantwortung bedarf immer einer Begründung, die bei weiter aufrechterhaltenem Auskunftsbegehren der Nachprüfung durch den Aufsichtsrat unterliegt.

Verweigert der Vorstand die Auskunft, so kann das Verlangen nur dann weiterverfolgt werden, wenn es vom Aufsichtsrat unterstützt wird. Der Aktionär muss also eine Entscheidung des Aufsichtsrats begehren. Der Aufsichtsratsvorsitzende hat die Hauptversammlung zu unterbrechen und eine Sitzung des Aufsichtsrats zu veranlassen. Daher haben die Aufsichtsratsmitglieder nicht nur das Recht, sondern auch die Pflicht zur Anwesenheit in der Hauptversammlung.

Die Mitglieder des Aufsichtsrats unterliegen bei ihrer Entscheidung dem Sorgfaltsmaßstab des ordentlichen und gewissenhaften Geschäftsleiters.

Dass der Aufsichtsrat zum Richter in Auskunftssachen bestellt wird, ist ein österreichisches Unikum des Aktiengesetzes 1965. Nach dem Willen des Gesetzgebers (erläuternde Bemerkungen, 031 der Beilagen zu den stenographischen Protokollen des Nationalrates X. GP, 71) wird das Gericht, wenn der Aufsichtsrat der ablehnenden Entscheidung des Vorstandes beitritt, auf die vom Gesetz als Weigerungsgründe bestimmten Tatsachen „nicht einzugehen haben“. Eine gerichtliche Nachprüfung erscheint daher überhaupt nicht möglich. Zweck der gesetzlichen Regelung war nun einmal eine wirksame Verhinderung von Betriebsspionage.

Wenn also die Verfahrensvorschriften eingehalten werden, ist eine Klage wegen einer zu Unrecht verweigerten Auskunft kaum zu erwarten. Wenn allerdings eine Auskunft unvollständig, falsch oder trotz Unterstützung des Verlangens durch den Aufsichtsrat nicht erteilt worden ist, steht dem Aktionär die Leistungs- und/oder Anfechtungsklage offen. Vorstandsmitglieder, die in ihren Auskünften in der Hauptversammlung die Verhältnisse der Gesellschaft unwahr darstellen oder verschleiern, machen sich gemäß Paragraf 255 des Aktiengesetzes strafbar, der eine Freiheitsstrafe bis zu einem beziehungsweise zwei Jahren vorsieht. Gemäß Paragraf 258 des Aktiengesetzes können Zwangsstrafen über die Vorstandsmitglieder verhängt werden, wenn diese Auskünfte verweigern, obwohl der Aufsichtsrat das Auskunftsverlangen als berechtigt angesehen hat. Da ein solcher Fall in der Praxis nie vorkommen wird, ist natürlich auch die Strafbestimmung totes Recht.

Protokollierungserfordernisse

Die Niederschrift der Hauptversammlung ist notariell zu beurkunden und wird damit zu einer öffentlichen Urkunde, was den prozessualen Beweiswert und den strafrechtlichen Schutz erhöht.

Jeder Beschluss der Hauptversammlung bedarf zu seiner Gültigkeit der Beurkundung durch eine über die Verhandlung von einem Notar aufgenommene Niederschrift. Gemäß der gesetzlichen Nichtigkeitssanktion muss der Beschluss, um wirksam zu sein, nicht nur notariell beurkundet werden, sondern auch den inhaltlichen Voraussetzungen des Aktiengesetzes entsprechen. Folgende Ereignisse, Erklärungen und Fakten innerhalb der Hauptversammlung bilden den wesentlichen Inhalt der Niederschrift:

1. Die gefassten Beschlüsse im Wortlaut einschließlich Art (also das Abstimmungsverfahren) und Ergebnis der Abstimmung sowie Feststellung des Versammlungsleiters über die Be-

schlussfassung (Verkündung); zu den Beschlüssen im Sinne des Aktiengesetzes gehören auch die abgelehnten Anträge.
2. Die Verlangen der Minderheiten auf Geltendmachung von Schadenersatzansprüchen und Vertagungen.
3. Ort und Tag der Versammlung.
4. Name des Notars.

Darüber hinaus sind nach dem pflichtgemäßen Ermessen des Notars ergänzende Angaben möglich und zweckmäßig, die für die Beurteilung der Ordnungsgemäßheit der Hauptversammlung und des inhaltlichen Ablaufes von Bedeutung sind oder sein können wie beispielsweise:

- Angabe der Namen der anwesenden Vorstands- und Aufsichtsratsmitglieder;
- die Auflage der HV-Unterlagen (z.B. Jahresabschluss) zur Einsicht;
- die Auflage des Teilnehmerverzeichnisses und die Unterzeichnung des Vorsitzenden;
- bei Auskunftsverweigerungen die wörtliche Protokollierung der Frage sowie das eventuelle Verlangen nach Unterstützung durch den Aufsichtsrat;
- Ordnungsmaßnahmen durch den Versammlungsleiter, die die Wirksamkeit oder Anfechtbarkeit eines Beschlusses betreffen (z.B. Beschränkung der Redezeit, Wortentzug, Saalverweis, Schluss der Debatte);
- Widerspruch zu Protokoll.

Das Verzeichnis der Teilnehmer sowie die Belege über die ordnungsgemäße Einberufung müssen der Niederschrift beigefügt werden. Belege über die Einberufung der Hauptversammlung brauchen nicht beigefügt zu werden, wenn sie unter Angabe ihres Inhaltes in der Niederschrift angeführt werden.

Eine dem modernen Erscheinungsbild verbundene Gesellschaft wird darauf bedacht sein, dass der Notar ein Protokoll abfasst, aus dem ein getreues Stimmungsbild der Hauptversammlung herauszulesen ist. Ein Protokoll einer Versammlung mehrerer hundert Teilnehmer darf ruhig etwas ausführlicher gestaltet sein. Das kategorische „Die Fragen der Aktionäre mit den Nummern 105, 203 und 456 werden beantwortet" ist ein Unding. Der Leser möchte wissen, welche Fragen gestellt und welche Antworten erteilt wurden. Weiters möchte er natürlich auch nicht erst im Teilnahmeverzeichnis nachsehen müssen, um den Namen der fragenden Aktionäre zu eruieren.

Der Notar ist nicht der Rechtsberater des Versammlungsleiters. Dennoch treffen ihn eingeschränkte Prüfungs- und Belehrungspflichten. So hat er etwa darauf hinzuweisen, wenn ein Beschluss eine schwere und rechtswidrige Schädigung der Minderheitsaktionäre oder Dritter ersichtlich zum Ziel hat oder mit ihm sittenwidrige Zwecke verfolgt werden. Nach Eckardt hat er die Beurkundung solcher Beschlüsse sogar zu verweigern. Im Zweifel sind allerdings auch solche Beschlüsse zu beurkunden, da sowohl dem Vorstand als auch den Aktionären die Anfechtungs- und Nichtigkeitsklage offen steht.

Mitwirkungspflichten treffen den Notar auch bei der Auszählung der Stimmen. Zählt er die Stimmen nicht selbst aus, so hat er die Feststellungen des Vorsitzenden zumindest stichprobenartig zu überprüfen. Bei den großen Publikumsgesellschaften übernimmt diese Aufgabe ein professionelles Zählservice mit Computerunterstützung.

Der Notar hat dafür zu sorgen, dass dem Aktionär nicht durch allzu zügige Abwicklung und Schließung der Hauptversammlung die Zeit für die Widerspruchserklärung genommen wird. Das Protokoll wird vom Notar unterschrieben, wobei es keiner Zuziehung von Zeugen bedarf. Es muss in der Versammlung nicht verlesen werden. Die Verwendung eines Tonträgers bei der Abfassung der Niederschrift ist zulässig. Üblicherweise unterschreibt auch der Versammlungsleiter, obwohl dies nicht notwendig ist.

Unverzüglich nach der Hauptversammlung hat der Vorstand eine öffentlich beglaubigte Niederschrift samt Anlagen zum Firmenbuch einzureichen. Weiters ist nach einer ordentlichen Hauptversammlung der Jahresabschluss mit dem Bestätigungsvermerk, dem Lagebericht, dem Bericht des Aufsichtsrats und dem Vorschlag für die Verwendung des Ergebnisses sowie dem Beschluss über seine Verwendung beim Firmenbuch einzureichen.

Unverzüglich ist im Gesetz nicht näher definiert. Meiner Ansicht nach darf sich der Vorstand nicht mehr als 14 Tage Zeit lassen. Die Verzögerung der Einreichung des Protokolls kann nämlich einen Anfechtungskläger in eine prozessual sehr schwierige Situation bringen: Da die Anfechtungsklage innerhalb der materiell-rechtlichen Ausschlussfrist von einem Monat einzubringen und innerhalb dieser Frist auch – zumindest nach herrschender Meinung – alle Anfechtungsgründe anzugeben sind, kann der Aktionär gezwungen sein, sich ohne Kenntnis des Protokolls in den Prozess einzulassen. So kann es sein, dass er bei Klagseinbringung nicht einmal weiß, ob sein Widerspruch protokolliert worden ist. Er muss ein Beweismittel anführen, das es möglicherweise noch gar nicht gibt. Sachgerecht wäre eine Lösung, die das ungarische Aktienrecht schon Ende des neunzehnten Jahrhunderts vorsah: Die Monatsfrist für die Anfechtungsklage sollte erst mit Veröffentlichung des Protokolls zu laufen beginnen.

Abstimmungen zum Jahresabschluss

In grauen Vorzeiten des Aktienrechts hat die Hauptversammlung über den Jahresabschluss abgestimmt. Das hatte zur Folge, dass die Aktionäre regelmäßig hohe ausschüttungsfähige Gewinne beschlossen haben. Dem Vorsichtsprinzip mit den entsprechenden Rückstellungsvorgaben waren sie nicht verpflichtet. Heute ist das anders. Mit dem Aktiengesetz 1937 wurde die Hauptversammlung „entthront". Alle Bestimmungen, die es heute zur Feststellung des Jahresabschlusses noch gibt, sind daher theoretischer, rechtshistorischer Natur. Über die Feststellung des Jahresabschlusses entscheiden Vorstand und Aufsichtsrat.

Trotz der Feststellung des Jahresabschlusses durch die Verwaltungsorgane haben manche Gesellschaften bis vor wenigen Jahren über die Zurkenntnisnahme des Jahresabschlusses abstimmen lassen. Eine solche Abstimmung hat selbstverständlich überhaupt keine normative Bedeutung und wurde offensichtlich aus irgendeinem vagen Demokratieverständnis heraus durchgeführt. Inzwischen dürfte sich aber herumgesprochen haben, dass überflüssige Abstimmungen bei informierten

Aktionären eher den Eindruck des Dilettantismus erwecken und Zeit kosten – Zeit, die die Aktionäre lieber zur Ausübung ihrer Rechte verwenden würden.

Den Aktionären ist also die Gewinnverteilung vorbehalten. Die Entscheidung hierüber trifft die Hauptversammlung jährlich in den ersten acht Monaten des Geschäftsjahres. Der Vorstand hat einen entsprechenden Vorschlag zu unterbreiten, an den die Hauptversammlung zwar nicht gebunden ist, den sie im Allgemeinen aber akzeptieren wird.

Nicht jede Gesellschaft schreibt Gewinne. Manchmal gibt es auch Verluste. Wenn über die Gewinnverteilung abgestimmt werde, so meinen nun manche juristische Berater, müsse auch über die Verwendung des Verlustes abgestimmt werden. Das ist natürlich Unsinn, wird aber wirklich praktiziert. Was soll denn anders getan werden, als den Verlust vorzutragen? Eine Verteilung an die Aktionäre kommt ja nicht in Frage! Juristen, die mit dem Brustton der Überzeugung behaupten, dass eine Abstimmung über den Vortrag des Verlustes notwendig wäre, dürften sich nie die Konsequenz einer negativen Abstimmung überlegt haben! Auch solche Abstimmungen werden Gott sei Dank immer seltener.

Die Sonderprüfung

Wenden wir uns nun jenen Rechten zu, die den Aktionären zustehen, wenn in der Gesellschaft etwas nicht mit rechten Dingen zugeht.

Eine interessante und immer häufiger verwendete Waffe ist die Sonderprüfung. Zur Prüfung von Vorgängen bei der Gründung oder der Geschäftsführung kann die Hauptversammlung Prüfer bestellen. Lehnt die Hauptversammlung einen Antrag auf Bestellung von Prüfern ab, so hat das Gericht auf Antrag einer 10-prozentigen Minderheit Prüfer zu bestellen. Hat die Hauptversammlung Prüfer bestellt, so kann eine Minderheit von ebenfalls 10 Prozent beim Gericht beantragen, dass andere Personen zu Prüfern bestellt werden. Das Gericht darf als Prüfer nur Wirtschaftsprüfer und Steuerberater beziehungsweise entsprechende Gesellschaften bestellen. Der Vorstand hat den Prüfern zu gestatten, die Bücher und Schriften der Gesellschaft sowie die Vermögensgegenstände, namentlich die Gesellschaftskasse und die Bestände an Wertpapieren und Waren, zu prüfen. Die Prüfer können vom Vorstand alle Aufklärungen und Nachweise verlangen, die die sorgfältige Erfüllung ihrer Prüfungspflicht fordert. Über das Ergebnis der Prüfung haben sie schriftlich zu berichten. Allerdings dürfen Mitteilungen, die der Vorstand als geheim tituliert hat, nicht in den Prüfbericht aufgenommen werden. Weiters hat die Aufnahme von Tatsachen in den Bericht zu unterbleiben, deren Angabe nach vernünftiger kaufmännischer Beurteilung geeignet ist, dem Unternehmen oder einem verbundenen Unternehmen einen erheblichen Nachteil zuzufügen, oder das öffentliche Interesse entgegensteht. Der Vorstand hat den Bericht bei der Einberufung der nächsten Hauptversammlung als Gegenstand der Beschlussfassung anzukündigen. Schließlich beschließt die Hauptversammlung im Falle eines Prüfungsberichtes auf Grund eines Minderheitsbegehrens, ob die Kosten von der Gesellschaft zu tragen sind. Unbegründete Prüfungen können zur Schadenersatzpflicht der Aktionäre führen.

Diese Bestimmungen klingen zunächst wohl, doch sitzt der Teufel im Detail:

1. Die Minderheitsschwelle von 10 Prozent des Grundkapitals eignet sich nur für kleine Gesellschaften. Bei großen Publikumsgesellschaften ist eine Koordination eines solchen Pakets meist unmöglich. Der bundesdeutsche Gesetzgeber hat daher schon 1965 als Alternative eine Wertgrenze eingeführt. Heute, in Zeiten der Stückaktie, wäre beispielsweise eine Minderheitsschwelle von 1000 Aktien denkbar.
2. Die Geheimhaltungsvorschriften sind unerträglich. Ein Prüfungsbericht darf nicht eingeschränkt erstellt werden. In diesem Fall ist er nicht nachvollziehbar und daher für den Aktionär wertlos.
3. Eine Geheimhaltungsverpflichtung im öffentlichen Interesse hat in einer Marktwirtschaft nichts verloren.
4. Die Kosten der Prüfung sollte jedenfalls die Gesellschaft übernehmen.

5. Eine spezielle Schadenersatzpflicht für Aktionäre ist überflüssig und offenbart die Aktionärsfeindlichkeit des historischen Gesetzgebers.

Sprechen wir noch ein paar taktische Fragen an. Die Durchsetzung einer Sonderprüfung bedarf guter Vorbereitung. Zunächst ist die Tagesordnung zu beachten. Sonderprüfungsanträge können nur dann gestellt werden, wenn sie sich im Rahmen der Tagesordnung halten. Das ist dann der Fall, wenn es einen eigenen Tagesordnungspunkt gibt oder wenn Vorgänge geprüft werden sollen, die im Rahmen der Tagesordnung einer ordentlichen Hauptversammlung das abgelaufene Geschäftsjahr betreffen. Dann ist der geforderte Zusammenhang gegeben.

Aus prozessualer Vorsicht ist es meist geboten, zunächst eine Sonderprüfung zu veranlassen und erst dann Schadenersatzansprüche geltend zu machen.

Schadenersatzansprüche

Schadenersatzansprüche sind geltend zu machen, wenn die Hauptversammlung dies mit einfacher Mehrheit beschließt. Das gleiche gilt, wenn es eine Minderheit von 10 Prozent des Grundkapitals verlangt und wenn die behaupteten Ansprüche nicht offenkundig unbegründet sind. Für den Fall, dass ein Sonderprüfungsbericht Schadenersatzansprüche aufdeckt, genügt eine Minderheit von 5 Prozent des Grundkapitals. Zur Führung des Rechtsstreites kann die Hauptversammlung besondere Vertreter bestellen. Im Fall des Minderheitsverlangens hat das Gericht den besonderen Vertreter zu bestellen. Die Minderheit ist der Gesellschaft gegenüber verpflichtet, die Kosten des Rechtsstreits zu tragen, die der Gesellschaft zur Last fallen. Unbegründete Klagen lösen wiederum eine Schadersatzpflicht der Aktionäre aus.

Dass bei solch restriktiven Regelungen Schadenersatzklagen praktisch nicht vorkommen, dürfte nicht überraschen. Wie bei Sonderprüfungen gilt auch, dass alternative absolute Grenzen sinnvoll wären und die Kosten- und Schadersatzregelungen für die Aktionäre entbehrlich sind.

voestalpine AG: Das Negativbeispiel 2004

Auf der Hauptversammlung am 1. Juli 2004 präsentierte die voestalpine ein gutes Ergebnis. Zum ersten Mal nach dem Abgang seines Vorgängers Franz Struzl stellte sich der Vorstand mit Wolfgang Eder an der Spitze den Aktionären. Gleichzeitig sollte ein völlig neu zu wählender Aufsichtsrat für einen Neustart nach den politischen Turbulenzen im Zusammenhang mit dem Privatisierungsschritt 2003 sorgen. Doch es kam anders.

Schon bei der ersten Wortmeldung von Wilhelm Rasinger, dem professionellen und sehr besonnenen Anlegerschützer, zeigte der Vorstandsvorsitzende Wolfgang Eder Nerven. Rasinger hatte bemerkt, dass Struzl zwar einen Großteil der umstrittenen VAE-Aktien gekauft hatte, aber nicht alle. Die weiteren Untersuchungen der Behörden hätten kein Ergebnis gebracht. Eder reagierte gereizt: Er verbat sich die Unterstellung, er oder seine Vorstandskollegen hätten hier einen illegalen Handel betrieben. Man erinnert sich an ein französisches Sprichwort: *Qui s'excuse, s'accuse*.

Mag diese emotionale Entgegnung verdächtig erscheinen, entsprach sie wahrscheinlich mehr dem Naturell des Wolfgang Eder. Bei der Entlastung der Vorstandsmitglieder wurde es dann ungewöhnlich formalistisch. Wilhelm Rasinger verlangte eine Einzelabstimmung über die Entlastung von Franz Struzl. Der Leiter der Hauptversammlung, Rudolf Streicher, leitete dieses Geschäftsordnungsverlangen an die Aktionäre weiter. Völlig ungewöhnlich delegierte er eine Verfahrensfrage an die Hauptversammlung, die sich, wenig überraschend, mit den Stimmen der Großaktionäre für eine en-bloc-Abstimmung entschied. Mit anderen Worten: Die Kernaktionäre hatten sich für eine Solidarisierung mit Franz Struzl entschieden. Er sollte keine schlechteren Quoten erhalten als die anderen Mitglieder des Vorstandes. Angesichts dieser völlig überflüssigen öffentlichen Verbrüderung erschien die Reaktion Wolfgang Eders auf die Andeutung der fehlenden VAE-Aktien in einem ganz anderen Licht.

In der Folge wurde eine Einzelabstimmung über die Entlastung Rudolf Streichers verlangt, weil bei der Handhabe der Affäre Struzl der Eindruck gewonnen worden sei, dass der Aufsichtsrat die Angelegenheit ursprünglich unter den Teppich kehren wollte und nur unter dem Druck der Medien gehandelt hatte. Als Rudolf Streicher erkannte, dass kein Antrag auf Einzelentlastung gestellt wurde, sondern eine solche als Individualrecht verlangt wurde, fragte er den Universitätsprofessor Christian Nowotny nach der weiteren Vorgangsweise. Dieser antwortete, dass ein Anspruch behauptet wurde, der keine Abstimmung verlangte. Da dieser Anspruch „nach Ansicht der Berater des Aufsichtsratsvorsitzenden“ nicht bestünde, wäre er berechtigt, mit der Tagesordnung fortzufahren.

Nowotnys Beratung lässt schmunzeln: Er selbst ist nämlich nicht der „Ansicht der Berater des Aufsichtsratsvorsitzenden“, sondern hat bereits 1984 in einer wissenschaftlichen Arbeit im Sinne des Einzelverlangens Stellung genommen. Streicher, der mit der Nichtzulassung der Einzelentlastung das *ancien régime* verkörperte, musste sich sagen lassen, dass er mit einer solchen Vorgangsweise allein dastand. In allen anderen Großgesellschaften wird der Individualanspruch auf Einzelentlastung anerkannt.

Wie nicht anders zu erwarten entlasteten die neuen Kernaktionäre auch Rudolf Streicher. Erfreulich ist, dass er ab 2005 keine Hauptversammlung mehr leitet.

Aber selbst bei der Neuwahl der Aufsichtsräte ließ Streicher keine Einzelabstimmung zu. Das sei mit dem Aufsichtsrat so abgesprochen. Diese Argumentation geht völlig ins Leere, da die Hauptversammlung vom Vorsitzenden und nicht vom Aufsichtsrat geführt wird – was für die Haftungsfrage relevant sein kann – und überdies ein scheidender Aufsichtsrat den Aktionären herzlich wenig bedeutet. Als dann Wolfgang Eder, neuerlich emotional, erklärte, dass die Vorgangsweise mit der Übernahmekommission so abgesprochen worden sei, musste man sich fragen, ob ihm der staatliche Einfluss möglicherweise abgeht: Eben wird er die ÖIAG los, wendet er sich an die Übernahmekommission.

Wesentlich wäre die Einzelabstimmung vor allem hinsichtlich der Wahl des Minderheitsvertreters gewesen. Der Minderheitsvertreter Stefan Kralik wurde nämlich, an vergangene Zeiten erinnernd, von der Mehrheit ausgesucht und gleich in einem

Schwung mit den Mehrheitsvertretern gewählt. Der Vorschlag, dass zumindest der Minderheitsvertreter bei einer Einzelabstimmung– Kralik gegen Rasinger – gewählt wird und sich die Großaktionäre der Stimmen enthalten mögen, wurde nicht erhört. Die Minderheit durfte ihren Vertreter nicht wählen. Stattdessen erhielt der neue Aufsichtsratsvorsitzende gleich zwei Stellvertreter, damit der Proporz stimmte. Dass man diese Maßnahme mit zusätzlichen Aufgaben des Aufsichtsrats begründete, hätte man sich sparen können.

Die Hauptversammlung der voestalpine geriet zur Farce und stand im Widerspruch zur neuen Freiheit dieses Unternehmens. Mit dem neu gewählten Aufsichtsrat hat die voestalpine die Chance, sich von der Vergangenheit zu lösen. Mit anderen Worten: Im Bereich ihrer Aktionärskultur gibt es viel Potential für Verbesserungen.

Die Anfechtungsklage als liberales Rechtsschutzinstrument

Es ist eine verwirrende Taktik, eine Rechtsfrage aufzugreifen, über den Daumen (oder meinethalben zwei Daumen) zu lösen, die Daumenmethode mit dem Vorbehalt der Richtigkeit des Ergebnisses zu begründen und das ganze dann damit zu rechtfertigen, dass der Fall ohnehin keine abschließende Stellungnahme verlangte. Verwirrend ist diese Art der Verkündung, weil das Publikum, das allgemeine Aussagen für künftige Fälle erwartet, nicht weiß, wie ernst es „der OGH" meint. Das soll aber offenbar so sein, weil es zur Aura höchster Würde gehört, sich dunkel auszudrücken und die letzte Entscheidung einem unergründlichen Ratschluss zu überlassen. „Du wirst ein großes Reich zerstören." – ?!?

Georg Wilhelm, Universitätsprofessor

Was kann ein Aktionär tun, wenn eine Hauptversammlung beschließt, die gesamte Dividende an den Hauptaktionär auszuschütten? Oder wenn sie im Zuge einer Kapitalerhöhung nur einem Aktionär ein Bezugsrecht einräumt, um auf diesem Weg die Mehrheitsverhältnisse zu ändern? In diesem Fall steht dem Aktionär die Anfechtungsklage zur Verfügung.

Die Anfechtungsklage ist eine Popularklage, die es dem einzelnen Aktionär ermöglicht, mit Wirkung für alle anderen Aktionäre die gesetzmäßige Ordnung herstellen zu lassen – ein geradezu klassisches Rechtsinstrument aus der Blütezeit des Liberalismus. Sie entwickelte sich in der 70er Jahren des 19. Jahrhunderts durch richterliche Rechtsfortbildung. Damals wurde das Klagerecht des Einzelaktionärs gegen gesetz- oder statutenwidrige Beschlüsse anerkannt. Rechtswidrige Beschlüsse der Eigentümergemeinschaft kann der Aktionär seit damals mittels einer Anfechtungsklage vernichten lassen.

Im Rahmen des anschließenden Reformprozesses erstattete das Reichsoberhandelsgericht ein hochinteressantes, viele grundsätzliche Fragen des Aktienrechts behandelndes Gutachten. Das Anfechtungsrecht wurde deutlich individualistisch-aktionärsbezogen begründet: Beschlüsse einer nicht gehörig einberufenen Generalversammlung oder Beschlüsse, die die Grenzen der Zuständigkeit überschritten etc., bräuchten diejenigen Aktionäre, die sich nicht unterwarfen, nicht als Gesellschaftswillen gegen sich gelten zu lassen. „Freilich oblag es nicht dem anfechtenden Aktionär zu behaupten, durch den Generalversammlungsbeschluss in seinen eigenen Rechten verletzt worden zu sein" schreiben Werner Schubert und Peter Hommelhoff in ihrem Werk „Hundert Jahre modernes Aktienrecht".

Die Nazis hassten die Aktionäre und erschwerten mit dem Argument, „gewerbsmäßige" Anfechtungsklagen verhindern zu wollen, in zahlreichen Detailfragen die Klagebefugnis. Manche argumentieren noch heute in diesem Sinne. Der Streitwert sollte auf Antrag der Gesellschaft hinaufgesetzt werden können, der Anfechtungskläger sollte allenfalls bereits mit Prozessbeginn eine angemessene Sicherheitsleistung erlegen und unter Umständen sogar schadenersatzpflichtig werden. Diese Regelungen sind in Österreich – nicht in Deutschland – bis heute unverändert aufrecht.

Wirken Anfechtungsgründe absolut?

Beschlüsse können sowohl wegen Inhaltsmängeln als auch wegen Verfahrensmängeln angefochten werden. Allgemein lässt sich sagen, dass alle Gesetzesverstöße, die auf das Beschlussergebnis möglicherweise von Einfluss sein können, Anfechtungsgründe darstellen.

Eine wichtige Frage des Anfechtungsrechts, wenn nicht sogar die wichtigste lautet: Führt jede Gesetzes- oder Satzungsverletzung zur Aufhebung des angefochtenen Beschlusses? Anders gefragt: Wirken Anfechtungsgründe absolut?

Zwei Beispiele mögen dieses Problem illustrieren:

1. Eine Gesellschaft lässt einen Aktionär, der dafür bekannt ist, kritische Fragen zu stellen, nicht zur Hauptversammlung zu.
2. Die Stimmenzähler zählen irrtümlich die Stimme eines

Aktionärs nicht mit, sodass das zahlenmäßige Ergebnis unrichtig verkündet wird (sagen wir 100.000 Stimmen zu 3 Stimmen statt richtig 100.000 Stimmen zu 5 Stimmen).

In unseren beiden Beispielen hätte sich jeweils auch ohne Rechtsfehler nichts am Ergebnis geändert.

Ein ursächlicher Zusammenhang zwischen Gesetzes- und Satzungsverletzung und dem angefochtenen Beschluss wird vom Aktiengesetz nicht gefordert. Deshalb muss der Kläger auch keinen solchen Nachweis führen. Lange Zeit ging man allerdings davon aus, dass das Gesetz einen solchen Zusammenhang voraussetze und die Anfechtungsbefugnis entfalle, wenn der Verstoß offensichtlich oder nachweislich nicht beschlussursächlich geworden ist. Man nennt das die Kausalitätstheorie.

Dennoch wurde der Anfechtungsbefugnis immer eine große Bedeutung zugemessen. Jeder Beschluss könne angefochten werden, selbst Wahlbeschlüsse, Geschäftsordnungsbeschlüsse und auch ablehnende Beschlüsse. Es sei unerheblich, ob die verletzte Vorschrift eine materielle oder eine formelle sei, ob sie dem Aktienrecht oder einem anderen Rechtsgebiet angehöre oder in Soll-Form gekleidet sei. In Frage kämen insbesondere die Nichtbeachtung der Vorschriften für das Zustandekommen eines Beschlusses über die Einberufung, die Nichteinhaltung der Einberufungsfristen, über die Ankündigung der Tagesordnung und die Sondermitteilung, die fehlerhafte Aufstellung des Teilnehmerverzeichnisses, eine Verletzung des Rechts des Aktionärs auf Anwesenheit, auf Aussprache und Abgabe seiner Stimme, eine Verletzung des Auskunftsrechtes und die Nichtbeachtung von besonderen Mehrheitserfordernissen für bestimmte Arten von Beschlüssen – wie beispielsweise bei Satzungsänderungen. Bei den materiellrechtlichen Vorschriften wurden vor allem die Grundsätze der Gleichbehandlung und der guten Sitten genant. Kurz: man konnte den Eindruck gewinnen, der Aktionär sei umfassend geschützt – wäre da nicht die Bedingung, dass der angefochtene Beschluss auf diesem Fehler beruhen müsse.

Wenn nun ein Mehrheitseigentümer oder eine Mehrheitsgruppe bei derartigen Fehlern bestätigen würde, dass sie den Beschluss dennoch so gefasst hätte, würde der Aktionär mit der

Anfechtungsklage unterliegen. Daher forderte die Lehre Beweisüberlegungen, weil man, so ein einschlägiger Kommentar, „sich dabei anscheinend freilich nicht recht wohl fühlte". So müsse der Beschluss nur *möglicherweise* auf dem Verstoß beruhen. Es müsse dargetan werden, dass der Mangel sicher ohne Einfluss auf den tatsächlich gefassten Beschluss gewesen sei; Unwahrscheinlichkeit genüge nicht. Es sei ein *objektiver Maßstab* anzulegen. Diese Meinungen wurden dahingehend zusammengefasst, dass nicht der Anfechtungskläger die Ursächlichkeit des Verstoßes für das Beschlussergebnis nachzuweisen habe, sondern vielmehr potentielle Kausalität genüge. Prozessual gesehen sollten die Behauptungs- und die Beweislast für den „Nachweis der vollständigen Einflusslosigkeit" bei der beklagten Gesellschaft liegen.

Die Simplizität der Kausalität

Die Kausalität scheint ein klares und einfaches Kriterium für die Berechtigung einer Anfechtungsklage zu sein, da sich die rechtliche Beurteilung nach der Beweisaufnahme de facto auf die algebraische Aufgabe des hypothetischen Stimmenzählens beschränkt. Die Beklagte hätte im Prozess nämlich lediglich eine Mehrheit von Aktionären als Zeugen zu führen, die bestätigen, dass sie auch bei Ordnungsgemäßheit aller Vorgänge genau so und nicht anders abgestimmt hätten.

Diese Auffassung widerspräche jedoch dem Schutzzweck und der Ordnungsfunktion der Anfechtungsklage und wurde in dieser Simplizität auch selten angewendet.

Der deutsche Bundesgerichtshof hat sich daher von der veralteten Auffassung abgewendet und lässt den Beweis der fehlenden Kausalität nicht mehr zu, *„denn anderenfalls könnten Mehrheitsaktionäre die Mitwirkungsrechte der Minderheitsaktionäre nach Belieben einschränken und die Gesellschaft könnte den Jahresabschluss ohne einen Anhang unter Hinweis auf die Kenntnis des Mehrheitsaktionärs vorlegen und die Anfechtung mit dem Einwand abwenden, dass die Auskunftsverweigerung für die Beschlussfassung nicht ursächlich gewesen sei"*.

Vielfach wird übersehen, dass der Anfechtungsprozess dem Schutz der Minderheit dient. Die Mehrheit wird in den seltensten Fällen zuerst für einen Beschluss stimmen und ihn anschließend wegen Rechtswidrigkeit anfechten. Solche Fälle sind auch nicht bekannt und würden im Regelfall wider Treu und Glauben verstoßen.

Die Schutzfunktion der Anfechtungsklage ist absolut, wie sich bei näherer Betrachtung des Gesetzes herausstellt. Bei ungerechtfertigter Nichtzulassung eines Aktionärs sollen Beschlüsse ebenso anfechtbar sein wie bei nichtgehöriger Einberufung der Hauptversammlung oder nichtgehöriger Ankündigung des Beschlussgegenstandes. Diese Anfechtungsbefugnis des nicht erschienenen Aktionärs ist nur dann sinnvoll, wenn auch und gerade die Minorität bei der Verletzung anfechtungsberechtigt ist. Denn die aktienrechtliche Mitgliedschaft geht über das bloße Abstimmen hinaus und ist mit der rechtzeitigen Vorbereitung auf die Hauptversammlung, dem Rede-, Auskunfts- und Antragsrecht eng verbunden.

Die ordentliche Hauptversammlung mit der Vorlage des Jahresabschlusses und des Lageberichtes stellt das geeignete Forum zur Aussprache über Gesellschaftsangelegenheiten dar. Da sie nur einmal im Jahr stattfindet, ist sie *die* Aktionärsplattform und bietet oft die einzige Gelegenheit, Vorstellungen zur Geschäftstätigkeit und der zu verfolgenden Unternehmenspolitik in der eigenen Gesellschaft auszudrücken. Wäre diese Mitsprachemöglichkeit vom Gutdünken einer Mehrheit abhängig, würden sämtliche Mitgliedschaftsrechte zur Farce werden, wie es ein juristischer Kommentar einmal ausdrückte.

Ein solcher Schutz des Aktionärs erscheint angemessen und entspricht der demokratischen Einstellung zu den Rechten des Einzelnen. Auch in der Demokratie gibt es Grund- und Freiheitsrechte, die nicht zur Disposition der Mehrheit stehen.

Der Aufstieg der Relevanz

Heißt dies, dass jeder Verstoß gegen irgendeine Vorschrift anfechtungsbegründend sein kann? Soll etwa ein Beschluss vernichtbar sein, weil im Anwesenheitsverzeichnis der Wohnort eines Aktionärs nicht oder falsch angegeben war? Weil gesetzwidrigerweise eine Tonbandaufnahme hergestellt worden ist? Weil ein nicht stimmberechtigter Aktionär mitgestimmt hat, obwohl er das Endergebnis nicht beeinflusst hat?

Deutliche Fortschritte hat eine differenzierende Lehre gebracht, die man Relevanztheorie nennt.

Zunächst ist zwischen Inhaltsmängeln und Verfahrensfehlern zu differenzieren. Inhaltsmängel sollen immer anfechtungsbegründend wirken. Wenn etwa eine Kapitalerhöhung unter Ausschluss des Bezugsrechts beschlossen wird, dieser Ausschluss des Bezugsrechtes aber nicht vom Gesetz gedeckt ist, liegt ein anfechtbarer inhaltlicher Mangel vor.

Nur soweit der Beschluss daher in seinem Zustandekommen fehlerhaft ist, stellt sich die Frage nach der Kausalität. Hier ist die Erkenntnis wichtig, dass Verfahrensregeln nicht auf bloße Hilfsgarantien für eine der Mehrheitsmeinung unter den Mitgliedern entsprechenden Willensbildung reduziert werden können. Bei einer solchen Reduktion bestünde nämlich keine Notwendigkeit für die Beseitigung eines Beschlusses, wenn der einmal gebildete Wille jenem der Mehrheit entspricht. Die Mehrheit könnte tun, was sie will. Sie könnte sich dann gegenüber jedem Verfahrensfehler immunisieren, die aktionärsrechtliche Demokratie entartete zur Diktatur der Mehrheit. Unangekündigt könnte sich die Mehrheit zu mitternächtlicher Stunden am Großglockner treffen und beliebige Beschlüsse fassen.

Letztlich ist eine Unterscheidung zwischen relevanten und irrelevanten Verfahrensverstößen zu treffen. Abzustellen ist auf den Zweck der Verfahrensbestimmungen. Immer dann, wenn die Interessen der Teilnahme- und Abstimmungsberechtigten beeinträchtigt sind, liegt ein relevanter – also von der Mehrheit unabhängiger – Mangel vor. Das Kriterium der Relevanz soll der sachgerechten Partizipation an der Formung des Mehrheitswillens ebenso wie der Erlangung von Information dienen. Zusammenfassend sei daher gesagt, dass ein Verfahrensverstoß immer dann eine Anfechtung begründet, wenn durch die Verletzung ein Informations- oder Partizipationsinteresse des Aktionärs verletzt worden ist.

Als Beispiele für relevante oder absolut wirkende Rechtswidrigkeiten seien genannt:

- Einberufungsmängel wie die Einberufung an einem unzulässigen Ort, in ein ungeeignetes Versammlungslokal, zu einer nicht geschäftsüblichen Zeit (Sonntag, Weihnachten, Mitternacht), Unterschreitung der Einberufungsfrist, die verspätete oder inhaltlich unzureichende Bekanntmachung der Tagesordnung und die Unterlassung oder nicht rechtzeitige Erfüllung der Sondermitteilungspflichten
- die ungerechtfertigte Beschränkung des Teilnahmerechts, wozu das Anwesenheitsrecht, das Recht auf Gehör, das Antragsrecht sowie das Rederecht gehören
- unter bestimmten Bedingungen die Verletzung des Auskunftsrechts

Als verhängnisvoll und zweideutig hat sich leider der im Schrifttum erarbeitete Gegensatz Kausalität gegen Relevanz erwiesen. Viele Juristen verstehen die Relevanz im Sinne der Kausalität. Besser wäre es daher, terminologisch zwischen absolut fehlerhaften und relativ fehlerhaften Beschlussmängeln zu unterscheiden.

Dass sich der Oberste Gerichtshof bisher trotz mehrerer Gelegenheiten nicht mit diesen Gedanken auseinandergesetzte hat und sich stattdessen in bedenklichem Formalismus erging, hat der Stellung des Aktionärs, dem Kapitalmarkt und auch der Rechtskultur nicht gedient.

Widerspruch zu Protokoll als Anfechtungsvoraussetzung

Anfechtungsberechtigt sind nur jene in der Hauptversammlung erschienenen Aktionäre, die gegen den Beschluss Widerspruch zur Niederschrift erklärt haben. Der Zweck dieser Vorschrift liegt darin, der Gesellschaft Klarheit zu verschaffen, ob angesichts ersichtlicher Verstöße mit einer gerichtlichen Auseinandersetzung gerechnet werden muss. Das Widerspruchserfordernis stellt ein sehr einschränkendes Element des Anfechtungsrechts dar. Es ist dann gerechtfertigt, wenn der Aktionär rechtlich versiert ist und Verstöße juristisch zu qualifizieren weiß. Gewöhnliche Versammlungsteilnehmer werden jedoch angesichts der Komplexität der wirtschaftlichen, rechtlichen und verfahrensmäßigen Regelungen oft überfordert sein. Hinzu kommt oft auch ein erheblicher psychologischer Druck, der im Zweifel einen Widerspruch hintanhalten kann. Andererseits wird, wenn der Bann einmal gebrochen ist, der Widerspruch manchmal auch als Zeichen des Massenprotests genutzt: Kein Vorstand ist erfreut, wenn hunderte Aktionäre vom beurkundenden Notar als Widersprechende ins Protokoll aufzunehmen sind.

Für Vorstand und Aufsichtsrat gilt das Widerspruchserfordernis nicht.

Die Monatsfrist

Nach dem Aktiengesetz ist die Anfechtungsklage binnen eines Monats nach der Hauptversammlung zu erheben. Das bedeutet, dass die Klage binnen dieser Frist bei Gericht einlangen muss. Die Postaufgabe genügt nicht.

Nach der Judikatur ist der Anfechtende darüber hinaus auch gezwungen, alle Anfechtungsgründe in dieser Frist vorzutragen. Selbst mit Zustimmung der beklagten Aktiengesellschaft kann ein Anfechtungsgrund nicht mehr nachgeschoben werden. Lediglich eine Substantiierung des rechtzeitig vorgetragenen Anfechtungsgrundes wird als zulässig angesehen.

Diese Auffassung ist umstritten, stellt sie doch eine rigorose Beschneidung des Anfechtungsrechts dar. Denn oft ist es innerhalb der kurzen Monatsfrist gar nicht möglich, sehr komplizierte Sachverhalte zu durchschauen und auch nur in Umrissen aufzuklären. Wenn Unregelmäßigkeiten vermutet werden, wird es daher vielfach die einzige Möglichkeit sein, über einen Beweisbeschluss des Gerichts an entscheidende Tatsachen heranzukommen. Hinzu kommt, dass das Gesetz selbst nur eine fristgerechte Klagseinbringung, nicht aber eine fristgerechte volle Klagsbegründung verlangt. Zweck der Monatsfrist ist schließlich die allgemeine Klärung der Frage, ob der Beschluss in seinem Bestand überhaupt gerichtlich bekämpft wird, und nicht, den Kläger in Beweisnotstand zu bringen.

Im Übrigen ist diese rechtzeitige Klagsbegründung systemwidrig. Auch bei anderen Streitgegenständen unterbricht die „bloße" Klagseinbringung die Verjährung. Da nach neuerer Auffassung die für die Verjährungsfristen vorgesehene Hemmung oder Unterbrechung analoge Anwendung auf Ausschlussfristen findet, muss dasselbe auch für die Anfechtungsklage gelten.

Die Judikatur hat also auch hier dem Aktionär weitere Prügel zwischen die Füße geworfen.

Die Kostenkeule

Das Aktienrecht bestimmt, dass auf Antrag einer Partei der Streitwert unter Berücksichtigung des Interesses der Gesellschaft an der Aufrechterhaltung des angefochtenen Beschlusses festzusetzen ist. Das Gericht ist nicht an den vom Anfechtungskläger angegebenen Wert gebunden. Der Antrag kann bis zum Schluss der Verhandlung gestellt werden. Die Untergrenze bildet das Interesse des Klägers. Bei Anfechtung einer Kapitalerhöhung unter Bezugsrechtsausschluss soll somit der Wert des Bezugsrechts des klagenden Aktionärs die untere Grenze und der Nettozufluss aus der gesamten Kapitalerhöhung die obere Grenze des Ermessensspielraumes bilden.

Der Streitwert ist wesentlich für die Berechnung der Gerichtsgebühren sowie der Anwaltskosten. Bei einer Kapitalerhöhung von beispielsweise 10 Millionen Euro würden bei diesem Streitwert allein die Gerichtsgebühren für das Verfahren erster Instanz 121.509 Euro betragen. Jede (erste) Stunde anwaltlicher Vertretung bei Gericht kostet bei diesem Streitwert 15.921,39 Euro – auf jeder Seite.

In Wirklichkeit ist jede Anfechtungsklage ein unkalkulierbares finanzielles Risiko. Für eine Privatperson, etwa einen Familienvater, ist es unverantwortlich, den Weg der Rechtsdurchsetzung zu gehen. Es kann ihm durchaus passieren, dass er bereits mit der Vorschreibung der gerichtlichen Pauschalgebühren den Privatkonkurs anmelden muss. Der deutsche Gesetzgeber hat dies 1965 erkannt und geändert. Der österreichische Gesetzgeber wartet bis heute ab.

Die ÖIAG hatte bereits die Anfechtungsklage in Sachen VA Tech ausformuliert und war bereit zur Klagseinbringung. Aus Kostengründen und wegen des anhängig zu machenden Verfahrens bei der Übernahmekommission nahm sie von der angekündigten Klage allerdings Abstand. Das war eine aktienrechtliche Kapitulationserklärung. Es war das öffentliche Eingeständnis, dass das Aktienrecht eine Farce ist, wenn eines der geldmächtigsten Unternehmen des Landes die Rechtdurchsetzung aus Kostengründen scheitern lässt. Ein Rechtstaat, in dem das Recht nicht durchsetzbar ist, verdient diesen Namen nicht. In Wirklichkeit leben wir mit dem heutigen Aktienrecht in der Rechtlosigkeit.

Die Schadenersatzdrohung

Mit einem modernen Prozessverständnis haben auch die vorbeugenden Schadenersatzbestimmungen nichts zu tun. Sie entstammen den Intentionen des historischen Gesetzgebers, gewerbsmäßige Anfechtungsklagen zu unterbinden. Nach wie vor finden sich daher die Bestimmungen im Aktiengesetz, wonach

- der Anfechtungskläger bei unbegründeter Anfechtung schadenersatzpflichtig wird, wenn ihm Vorsatz oder grobe Fahrlässigkeit vorzuwerfen ist, und
- sofern die Gesellschaft nur diesen möglichen Schadenersatz glaubhaft macht, bereits im laufenden Anfechtungsverfahren vom Kläger eine angemessene Sicherheitsleistung zu erlegen ist.

Sinn dieser Bestimmungen ist es, den Aktionär von Anfechtungsklagen abzuhalten. Da die Anfechtungsklage auf die Kontrolle der Rechtsrichtigkeit eines Beschlusses abzielt, soll also mit der Schadenersatzdrohung diese Rechtmäßigkeitskontrolle eingeschränkt werden. Mit anderen Worten: Diese Drohung dient der Aufrechterhaltung des Status quo.

Es spricht nicht für den österreichischen Gesetzgeber, dass er diese Bestimmungen nicht schon längst aus dem Gesetz gestrichen hat.

Schutzlosstellung bei eintragungspflichtigen Beschlüssen

Besonders bedenklich ist die Schutzlosstellung des Aktionärs im Falle eintragungspflichtiger Beschlüsse. Dem Kläger steht kein Recht zu, eine Aussetzung des Eintragungsverfahrens zu erreichen. Er kann sich nur insofern behelfen, als er dem Firmenbuchrichter eine Kopie der Klage schickt und ihn ersucht, mit der Eintragung zuzuwarten. Wenn die Gesellschaft smart ist, wird sie aber auch dieser relativ harmlosen Taktik zuvorkommen. Sie wird innerhalb der Monatsfrist nach der Hauptversammlung das Protokoll nicht freigeben und den nachfragenden Aktionär derart vertrösten, dass dieser bis zuletzt hofft, das Protokoll der Klage beilegen zu können. Er wird die Monatsfrist ausnützen. Schon während dieser Monatsfrist bringt die Gesellschaft den Antrag auf Eintragung im Firmenbuch ein und ersucht um rasche Erledigung. Nichtsahnend wird der Richter im Normalfall die Eintragung vornehmen. Die geschäftszahllose Klagskopie wird zu spät einlangen.

Man stelle sich ein Beispiel vor: Die Gesellschaft plant eine Kapitalerhöhung samt Satzungsänderung und lässt einen kritischen Aktionär zur Hauptversammlung nicht zu. Der in seinem Teilnahmerecht verletzte Aktionär, der möglicherweise die Kapitalerhöhung samt Verwässerung seines Anteilsrechtes verhindern hätte können, braucht zur Anfechtungsklage das Hauptversammlungsprotokoll und wird dieses daher abwarten. Die Gesellschaft lässt in der Zwischenzeit die Kapitalerhöhung samt Änderung der Satzung eintragen. Selbst wenn der Aktionär in der Folge den Prozess gewinnen wollte, wird er ihn wirtschaftlich durch den Gang der Ereignisse verloren haben.

„Haltet den Dieb“ – „Räuberische Aktionäre“

Immer dann, wenn der beklagten Aktiengesellschaft überhaupt nichts mehr einfällt, wird die Theorie der räuberischen Aktionäre strapaziert. Dieser Begriff hat sich im bundesdeutschen Schrifttum entwickelt und man versteht darunter solche Aktionäre, denen es bei der Anfechtungsklage nicht auf die

Rechtsrichtigkeitskontrolle ankommt, sondern auf die Erlangung von Zahlungen durch die beklagte Gesellschaft. Der Lästigkeitswert der Klage solle abgekauft werden. Als räuberisches Aktionärsverhalten ist es anzusehen, wenn der Aktionär unter Ausnutzung einer formalen Rechtsposition gesellschaftsfremde Sondervorteile verfolgt. Die Wahrnehmung der eigenen Rechte in grob illoyaler Weise ist verboten. Es kommt dabei nicht darauf an, ob der Aktionär seine Forderung auf eine Leistung durch die Gesellschaft schon vor oder erst nach Klagseinbringung erhebt. Der deutsche Bundesgerichtshof judiziert diesbezüglich, dass die dem Kläger zustehenden Rechte untergehen, wenn er die Anfechtungsbefugnis missbräuchlich ausübt.

Einen institutionellen Rechtsmissbrauch des Anfechtungsrechts schließt der Bundesgerichtshof allerdings wegen des im allgemeinen Interesse gelegenen Kontrollzwecks der Klage aus. Die Einbringung der Klage kann für sich allein daher nie schikanös sein. Nur der individuelle Rechtsmissbrauch, der auf eigennützige Sondervorteile abzielt, wird verworfen.

Das Institut des Rechtsmissbrauchs ist umstritten, weil es über das Motiv zur Klagsführung zu einem negativen Ergebnis führt. Ob die Klage berechtigt ist oder nicht, wird nicht weiter geprüft. Problematisch wird dies etwa dann, wenn die beklagte Gesellschaft mit dem Kläger „Vergleichsverhandlungen" aufnimmt und im Anfechtungsverfahren dann genau diese Verhandlungen als Beweis für die räuberischen Motive des Klägers anzieht.

Wenn dem Anfechtenden durch den Beschluss selbst ein Nachteil droht und er durch die Klage einen Ausgleich sucht, wird eine Geldabfindung allerdings zulässig sein.

In der Praxis hat es sich eingebürgert, dass eine beklagte Gesellschaft immer dann besonders laut „Räuber" schreit, wenn ihr Rechtsstandpunkt besonders zweifelhaft ist. Wenn ein Anfechtungskläger somit gute Erfolgsaussichten hat, wird er wie das Amen im Gebet damit rechnen müssen, des Rechtsmissbrauchs bezichtigt zu werden.

Schließlich ist zu erwähnen, dass der Gesetzgeber dem Institut des Anfechtungsrechts seine Schärfe auch dadurch genommen hat, dass er bei wichtigen Strukturmaßnahmen wie eine Spaltung einfach die Anfechtungsklage ausgeschlossen hat. Diejenigen, die sich ständig vor Erpressungen durch Klagen fürchten, die auf die Herstellung der Rechtmäßigkeit bedacht sind, brauchen die Theorie des Rechtsmissbrauchs nicht mehr zu strapazieren.

Den Rechtsmissbrauch hat bereits der Gesetzgeber begangen, in dem er den Rechtsschutz minimalisiert hat.

Übrigens: Die Anzahl der Klagen, die in Österreich – auf allen Rechtsgebieten! – wegen Rechtsmissbrauchs abgewiesen werden, ist minimal. Nur wenn Aktionäre ihre spärlichen Rechte geltend machen wollen, wird reflexartig die Missbrauchstheorie strapaziert.

Die Zustellung der Anfechtungsklage

Beklagte Partei in einem Anfechtungsprozess ist die Gesellschaft, die wegen der Wichtigkeit der Materie in diesem Fall von Vorstand und Aufsichtsrat vertreten wird. Normalerweise wird eine Klage in zwei Ausfertigungen, also „zweifach", eingebracht. Ein Exemplar verbleibt beim Gericht, das zweite erhält die beklagte Partei. Bei Anfechtungsklagen ist das etwas anders: Da die Gesellschaft sowohl vom Vorstand als auch vom Aufsichtsrat vertreten wird, bringe ich eine Anfechtungsklage immer in dreifacher Ausfertigung ein. So kann sich das Gericht ein Exemplar behalten, das zweite stellt es dem Vorstand zu, das dritte dem Aufsichtsrat. Diese Vorgangsweise entspricht nicht meiner Rechtsmeinung, aber ich habe es immer so gehalten, um unnötige Diskussionen im Vorfeld zu vermeiden.

Neuerdings wird allerdings vom Landesgericht Linz die Ansicht vertreten, dass eine Anfechtungsklage an alle einzelnen Aufsichtsratsmitglieder zuzustellen ist und daher die entsprechenden Zustelladressen bekannt zu geben seien. Auch müssten entsprechend viele Klagsexemplare bei Gericht eingebracht werden. Diese Praxis geht auf einen zeitgenössischen Kommentar zurück, der offensichtlich vom Schlegelberger-Kommentar aus der Nazi-Zeit abgeschrieben ist.

Diese Rechtsmeinung übersieht den gesetzlichen Zweck. Der Zweck der Bestimmung, dass die Gesellschaft im Fall einer Anfechtungsklage sowohl vom Vorstand als auch vom Aufsichtsrat vertreten wird, liegt in der Bedeutung der Klage und nicht darin, dem Anfechtungskläger das Leben schwer zu machen. Der historische Gesetzgeber, also der nationalsozialistische, hatte ja zahlreiche Hürden eingebaut, um den von ihm verhassten Aktionär von einer Anfechtungsklage, die funktionell eine actio pro socio ist, abzuhalten. In der Klage müssen, so der zeitgenössische Kölner Kommentar zum Aktiengesetz, weder die zur Vertretung befugten Organe noch die einzelnen Mitglieder des Vorstandes und Aufsichtsrats namentlich angeführt sein. Die gegenteilige Ansicht von Diregger geht offensichtlich auf die Rechtsmeinung von Schlegelberger-Quassowski aus dem Jahr 1937 zurück, welche die Angabe von „Name, Stand und Wohnort" der Vorstands- und Aufsichtsratsmitglieder in der Klagsschrift verlangt. Sie führt zu völlig unhaltbaren Erschwerungen für die Anfechtungskläger sowie zu kuriosen Konsequenzen. So sind im Firmenbuch gar nicht immer die zustellfähigen Adressen der Aufsichtsratsmitglieder – ausgenommen jener der beklagten Gesellschaft – angegeben. Ein Anfechtungskläger muss innerhalb der Monatsfrist geradezu Detektiv spielen, um alle übrigen Zustelladressen zu eruieren. Da es gerade bei international tätigen Gesellschaften üblich ist, sich durch Aufsichtsmitglieder aus dem Ausland zu verstärken, wäre bei einzelnen österreichischen Gesellschaften eine Anfechtungsklage schon im Zustellungsstadium eine Angelegenheit von Monaten, wenn die Zustellung auf der halben Welt erfolgen muss.

Bei der Anfechtungsklage gegen die VA Tech im Frühjahr 2004 etwa hätte, da das Aufsichtsratsmitglied Franz Struzl gerade pressebekannt nach Brasilien übersiedelt war, dessen dortige Adresse ausgeforscht werden müssen, um die Wirksamkeit der Klagszustellung zu erreichen.

Die Konsequenz einer nicht ordnungsgemäßen Zustellung an alle Aufsichtsratsmitglieder müsste sein, dass die Klage erst als zugestellt gilt, wenn sie alle Mitglieder des Aufsichtsrats bekommen haben. Somit könnte die nicht wirksame Zustellung an ein einziges Mitglied bereits die Auslösung der Frist zur Klagebeantwortung verhindern. Ein einzelnes Aufsichtsratsmitglied könnte also die Anfechtungsklage durch Nicht-Zustellbarkeit um Monate verzögern. Die hier kritisierte Rechtsauffassung könnte von einigen als Einladung zu Spielchen verstanden werden. Bei einem Verfahren, in dem es um das Zustandekommen einer Kapitalerhöhung in Millionenhöhe geht, sollten keine solchen weit hergeholten Hürden eingebaut werden.

Die Auffassung, dass der Anfechtungskläger verpflichtet sein könnte, Zustelladressen außerhalb der beklagten Partei anzugeben, ist somit völlig unhaltbar. Gemäß dem bereits genannten Kölner Kommentar zum Aktiengesetz genügt richtigerweise die Zustellung an einen (einzigen) gesetzlichen Vertreter. Jedenfalls aber ist die Zustellung an ein Mitglied des Vorstandes sowie an ein Mitglied des Aufsichtsrats ausreichend. Die Zustellung einer Klage an juristische Personen zu eigenen Handen jedes einzelnen Mitgliedes des Vorstandes erschien auch noch nie einem Gericht einen Gedanken wert. Die Zustellung an ein Mitglied des Aufsichtsrats – etwa an einen Arbeitnehmervertreter – genügt also jedenfalls. Die Angabe der Adresse des beklagten Unternehmens als Zustelladresse der Arbeitsnehmer-Aufsichtsratsmitglieder ist bereits ausreichend.

Der OGH und sein Unverständnis für Anfechtungsklagen

Schon der seinerzeitige österreichische Justizminister Franz Klein, auch bekannt als Schöpfer der Zivilprozessordnung, meinte in einem Vortrag vor dem niederösterreichischen Gewerbeverein 1904, dass „*Kritik und Kontrolle, von welcher Seite sie auch ausgeht, der Gesundheit des Gesellschaftskörpers unter allen Umständen förderlich ist*“. Nach Ansicht der seinerzeitigen Erfinder der Anfechtungsklage tritt der einzelne Aktionär als eine Art Notgeschäftsführer zugunsten der Gesellschaft auf. Er verfolgt die Rechte der Gesellschaft und handelt primär in deren Interesse, nimmt also keine eigenen Rechte wahr und ist auch nicht unmittelbar auf den eigenen Vorteil bedacht. Völlig übersehen wird diese Rechtsrichtigkeitsfunktion der Anfechtungsklage, wenn der Oberste Gerichtshof – etwa bei der Anfechtung von Entlastungsbeschlüssen – ein verklausuliertes rechtliches Interesse verlangt (4 Ob 85/04k, OGH vom 6. 7. 2004). Wenn man überlegt, dass auf der anderen Seite finanzielle Interessen des Aktionärs als räuberisches Motiv und somit als Rechtsmissbrauch interpretiert werden, lässt die Judikatur nur noch einen sehr schmalen Grat für eine berechtigte Anfechtungsklage offen. Das rechtliche Interesse muss gegeben sein, das finanzielle darf nur sehr beschränkt sein. Da bleibt nicht viel übrig.

Ein Beispiel: Die Anfechtungsklage gegen die Creditanstalt 1989

Was auf der Hauptversammlung der Creditanstalt am 12. April 1989 passierte, ist relativ einfach zu beschreiben. Die Rechtsprobleme waren komplizierter. Die Richter des Obersten Gerichtshofes drückten schließlich alle Augen zu, ließen die offenen Fragen unbeantwortet und versagten damit dem Kapitalmarkt juristische Unterstützung.

Was war geschehen? Hannes Androsch war 1988 strafrechtlich verurteilt worden und daher als CA-Generaldirektor nicht mehr haltbar. Der Aufsichtsrat löste, unterstützt von einem Kastner-Gutachten, das Dienstverhältnis mit Androsch einvernehmlich auf. Was die Öffentlichkeit erregte, war eine Abfertigung in Millionenhöhe.

Wolfgang Leitner und ich hatten uns daher entschlossen, die Sache nicht auf sich beruhen zu lassen. Als Staatsbürger, Juristen und Aktionäre fühlten wir uns legitimiert, der Hauptversammlung die Geltendmachung von Schadenersatzansprüchen gegen den Aufsichtsrat nahe zu legen.

Doch auch die Juristen der Creditanstalt hatten sich gut auf die verschiedenen Möglichkeiten vorbereitet. Mit einem Geschäftsordnungstrick wollten sie für jene Ruhe sorgen, die für viele die erste Aktionärspflicht zu sein scheint. Da die neueren Kommentare zum Aktiengesetz vorsahen, dass ein Schadenersatzantrag unter dem Tagesordnungspunkt „Entlastung“ nicht geltend gemacht werden konnte, dieser Antrag aber möglicherweise zum Tagesordnungspunkt „Vorlage des Jahresabschlusses und des Geschäftsberichtes für das Jahr 1988 mit dem Bericht des Aufsichtsrats“ gestellt werden konnte, wollte man die gesamte Androsch-Diskussion auf den Tagesordnungspunkt „Entlastung“ verschieben. Dort würden Fragen gestellt werden können. Sollte jemand so weit gehen, einen Antrag auf Geltendmachung von Schadersatzansprüchen zu stellen, würde er darauf verwiesen werden, dass ein solcher Antrag von der Tagesordnung nicht gedeckt und deshalb nicht abzustimmen wäre. Damit wäre die Sache erledigt.

Ich hatte die Frage der Tagesordnung vorher nicht geprüft und legte gleich zum ersten Tagesordnungspunkt los. Als mich der Vorsitzende der Hauptversammlung mit meinen Fragen zur Androsch-Abfertigung auf den Tagesordnungspunkt „Entlastung“ verweisen wollte, kam mir dies verdächtig vor. Wenn etwas sonnenklar war, dann die Tatsache, dass ich mich im Rahmen der Tagesordnung bewegte. Natürlich beeinflusste eine Millionen-Abfertigung das Jahresergebnis und durfte allein deshalb hinterfragt werden. Ich beharrte auf meinem Fragerecht zu diesem Tagesordnungspunkt. Daraufhin entzog mir der Vorsitzende das Wort. Unter dem Tagesordnungspunkt „Entlastung“ wurde mir das Wort zwar wieder erteilt, mein Schadenersatzantrag aber mangels Ankündigung in der Tagesordnung nicht zur Abstimmung gebracht.

In der Folge focht ich sowohl den Gewinnverteilungsbeschluss als auch die Entlastungsbeschlüsse an. Den Gewinnverteilungsbeschluss musste ich anfechten, weil er dem Wortentzug folgte. Die zum Tagesordnungspunkt „Entlastung“ gefassten Beschlüsse musste ich anfechten, weil unter diesem Tagesordnungspunkt mein Antrag nicht abgestimmt worden war. Zwar war es richtig, dass die Nichtzulässigkeit der Antragstellung im Einklang mit den neueren deutschen Kommentaren stand. Doch gab es zwei Argumente für die Anfechtung: Erstens gab es auch ältere, unserem Aktienrecht näher stehende Kommentare, die sich für die Zulässigkeit des Schadenersatzantrages unter dem Tagesordnungspunkt „Entlastung“ aussprachen. Und zweitens wollte ich das Gericht auf das wahre Motiv des Wortentzugs stoßen.

Doch alle Instanzen taten so, als gäbe es zwischen dem Wortentzug und der Zulässigkeit des Antrages keinen Zusammenhang.

Am unverständlichsten argumentierte schließlich der Oberste Gerichtshof (OGH), der die genannten Rechtsfragen als nicht bedeutend genug bezeichnete, dass sie oberstgerichtlich behandelt werden könnten. Offensichtlich wollte er sich auf diese Weise der Kritik der Fachwelt entziehen, was ihm übrigens nicht gelang. Der Jahresabschluss war festgestellt und deshalb wären Fragen zur Androsch-Abfertigung ohne Einfluss gewesen. Damit übernahm der OGH die Plumpheit des Ursachenzusammenhanges und erklärte gleichzeitig, dass ein Eingehen auf die Kausalitäts- oder Relevanztheorie sich erübrige. Er gab schlicht und einfach zu erkennen, sich mit der Bedeutung der Rechte des Aktionärs nicht auseinandersetzen zu wollen. Hilfsweise verkündete der Gerichtshof noch, dass die Abfertigungsfragen nicht zum Tagesordnungspunkt „Vorlage des Jahresabschlusses" gehörten, weil über diesen nur berichtet wurde.

Man stelle sich unsere Hauptversammlungen vor, wenn dieser Nebensatz des Obersten Gerichtshofes Realität würde und es beim ersten Tagesordnungspunkt einer ordentlichen Hauptversammlung nur ein Vorstandsreferat, allerdings keine Diskussion der Eigentümer gäbe. Das wäre der Tod der Hauptversammlungen schlechthin. Wer eine solche Rechtsansicht bei einer juristischen Prüfung vertritt, wird kaum mit einer positiven Note rechnen können. Bezeichnend ist, dass die Höchstrichter ihre Ansichten in einen die Revision zurückweisenden Beschluss kleideten und damit die Fragen im Zusammenhang mit dem Aktionärsschutz als rechtlich unerheblich qualifizierten. Sie wollten ihre Ansichten quasi „nicht offiziell" kundtun und dürften schon bei deren Formulierung gehofft haben, dass sie der Öffentlichkeit nie auffallen mögen. Im Ergebnis haben sie jedenfalls im Sinne des historischen Gesetzgebers gehandelt und die Botschaft verkündet: (Minderheits)Aktionäre, ihr sollt keine Rechte geltend machen!

Das ist natürlich eine Aufforderung zum Faustrecht. Wenn der rechtswidrige Wortentzug gerichtlich nicht bekämpft werden darf, legt dies den Aktionären nahe, sich einem Wortentzug in Zukunft nicht zu beugen. Der Aktionärskultur ist eine solche Judikatur nicht dienlich.

Eine Genugtuung möchte ich nicht vorenthalten: Ich habe eine Reihe von Seminaren über die Durchführung von Hauptversammlungen geleitet und niemals gab es auch nur einen einzigen Seminarteilnehmer, der das Fallbeispiel des Wortentzugs so demokratiefeindlich gelöst hat wie der OGH. Niemand hat je so geirrt wie der Senat mit den Höchstrichtern Friedl, Gamerith, Kodek, Niederreiter und Redl.

Bewertung

In der interessierten Öffentlichkeit wird die Bedeutung der Anfechtungsklage heute allgemein zu hoch eingeschätzt. Sofern sich eine Aktiengesellschaft an die formalen Voraussetzungen für die Beschlussfassungen hält, werden die Entscheidungen der Hauptversammlung nur einem sehr geringen Anfechtungsrisiko unterliegen. Das hängt einerseits mit den beschriebenen Hürden für den Aktionär zusammen, andererseits auch damit, dass die Bedeutung der Hauptversammlung seit 1937/1938 stark zurückgegangen ist. Da die Hauptversammlung in der Regel über keine Geschäftsführungsmaßnahmen mehr entscheidet, gibt es diesbezüglich kein Anfechtungspotential. Ein Hauptaktionär, der die Gesellschaft zu seinen Gunsten ausnutzen möchte, tut dies nicht mehr durch zweifelhafte Gesellschafterbeschlüsse, sondern durch einen ihm genehmen Vorstand. Die vielfältigen Möglichkeiten der Verschleierung im täglichen Geschäftsgebaren erscheinen auch wesentlich willkommener als notariell beglaubigte Beschlüsse einer Hauptversammlung.

Sollte ein Vorstand eine Geschäftsführungsmaßnahme einer Hauptversammlung zur Genehmigung vorlegen, stellt dies die große Ausnahme dar. Dahinter können etwa haftungsvermeidende Motive stecken. Bei denjenigen Geschäftsführungsmaßnahmen, die so grundlegend sind, dass sie nach wie vor der Hauptversammlung zur Beschlussfassung vorgelegt werden müssen, hat der Gesetzgeber die Anfechtungsbefugnis stark eingeschränkt – etwa bei der Spaltung. Es entspricht der ausdrücklichen Absicht des Gesetzgebers, dass es zu keinen Verzögerungen in der Abwicklung wichtiger unternehmenspolitischer Maßnahmen durch allfällige Rechtmäßigkeitskontrollen kommt. Auch das ist rechtspolitisch interessant.

Angesichts der derzeitigen Restriktionen durch Gesetz und Judikatur befinden sich die Aktionäre also in einer relativ schwachen Position. Da sich angefochtene Beschlüsse vielfach gegen die Mehrheitsmacht in der Hauptversammlung und nicht (direkt) gegen die Gesellschaft richten, bringt eine Anfechtungsklage den Aktionär nicht selten in die Lage, dass er mit der Anfechtung eine Klage gegen das Unternehmen einbringen muss, in dessen Interesse er genau genommen den Anfechtungsanspruch erhebt.

Dass sich hier interessante Konstellationen ergeben könnten, möge folgende in der Praxis bereits angedachte Variante verdeutlichen: Eine vom Vorstand initiierte Kapitalerhöhung wird von einer Minderheit der Aktionäre abgelehnt, sodass die für eine solche Satzungsänderung erforderliche Dreiviertelmehrheit nicht zustande kommt. Eine andere Aktionärsgruppe ficht den ablehnenden Beschluss mit dem Argument an, dass die Ablehnung gegen das Treuegebot verstößt. Bevor sich noch die ablehnende Aktionärsgruppe dem Verfahren als Nebenintervenient anschließen kann, ergeht ein Versäumungsurteil und die Kapitalerhöhung wird in das Firmenbuch eingetragen.

So manch anderes Beispiel ließe sich finden, um die Problematik aufzuzeigen, dass der Adressat der Anfechtungsklage die Gesellschaft und nicht die an der Beschlussfassung beteiligten Gesellschafter sind.

Auf der materiellen Ebene erscheint es fraglich, warum bei jedem Gesetzes- oder Satzungsverstoß gerade der nachfolgende Beschluss angefochten werden muss, mit dem der klagende Aktionär möglicherweise sogar einverstanden ist. Dass in der Praxis die anfechtungsgefährdetsten Beschlüsse jene über die Entlastung sind, denen praktisch keine juristische Bedeutung zukommt, ist ebenfalls nicht systemgerecht.

Angesichts der abnehmenden Bedeutung der Verbandsbeschlüsse sollte in Zukunft nicht nur über die Beseitigung der bestehenden Hindernisse nachgedacht werden. Überlegenswert erscheint auch die Einzelklagsbefugnis des Aktionärs jenseits der Berechtigung zur Anfechtung von Hauptversammlungsbeschlüssen – etwa zur Geltendmachung von Auskunftsansprüchen, Sonderprüfungen und Ersatzleistungen. Eine unmittelbare Haftung von Organmitgliedern für unrichtig erteilte oder unterlassene Finanzinformationen, wie dies im Entwurf des Gesellschaftsrechtsänderungsgesetzes 2005 angedacht ist, erscheint dann selbstverständlich, wenn diese Personen ein grobes Verschulden trifft. Der kollektive Aufschrei der österreichischen Wirtschaftsbosse in der Zeitschrift NEWS vom 17. Februar 2005 ist unverständlich, weil er in Richtung Narrenfreiheit geht. Für Lug und Trug sollte jeder Manager persönlich zur Verantwortung gezogen werden können. Alles andere wäre eine Einladung zu betrügerischen Emissionen.

Die Creditanstalt und der Beginn einer Aktionärskultur

Mein Interesse an österreichischen Aktiengesellschaften erwachte im Januar 1988. Damals wurde publik, dass der Generaldirektor der Creditanstalt, Hannes Androsch, nach einer strafgerichtlichen Verurteilung im Einvernehmen mit dem Aufsichtsrat aus der Bank ausscheidet. Dieses Einvernehmen wurde durch eine Abfindungszahlung in Millionenhöhe ermöglicht.

Ich war damals Rechtsanwaltsanwärter bei Wolfgang Leitner, der immer ein ausgezeichnetes Gefühl für Ungerechtigkeiten in dieser Welt hat. Er ist das Bild eines kämpferischen Anwaltes und hat den Schutz des anlegenden Publikums seit damals zu seinem Anliegen gemacht. Ob er einen Interessenverband vertritt oder in einem Aufsichtsrat Kontrolltätigkeiten wahrnimmt: Man weiß, dass sich Wolfgang Leitner zu Wort zu melden und den Nagel elegant auf den Kopf zu treffen versteht. Suaviter in modo, fortiter in re.

Wir fragten uns damals, ob man solch eine Meldung über die Abfertigungszahlung einfach hinnehmen müsse. Nein, meinten wir und kauften jeder ein paar Aktien der Creditanstalt, um auf der Hauptversammlung mitzureden. Den Mantel des Schweigens auszubreiten war nicht unsere Sache. Was ist eine Axt gegen eine Aktie, hat schon Bert Brecht formuliert.

Drei Monate später war es soweit. Im so genannten Oktogon der Creditanstalt fand die Hauptversammlung 1988 statt. Es war übrigens die letzte in diesem Rahmen, denn just mit unserem Auftreten erwies sich das Oktogon als zu klein für die Kleinaktionäre. Die nächste Hauptversammlung fand bereits in der Börse statt.

Mir fiel damals sofort die Sitzordnung auf: In der Mitte des Podiums saß Fritz Bock, der langgediente Aufsichtsratsvorsitzende, neben ihm Guido Schmidt-Chiari und die übrigen Mitglieder des Vorstands. Links außen saßen der Staatskommissär, also der Vertreter der Bankenaufsicht, sowie dessen Kollege aus

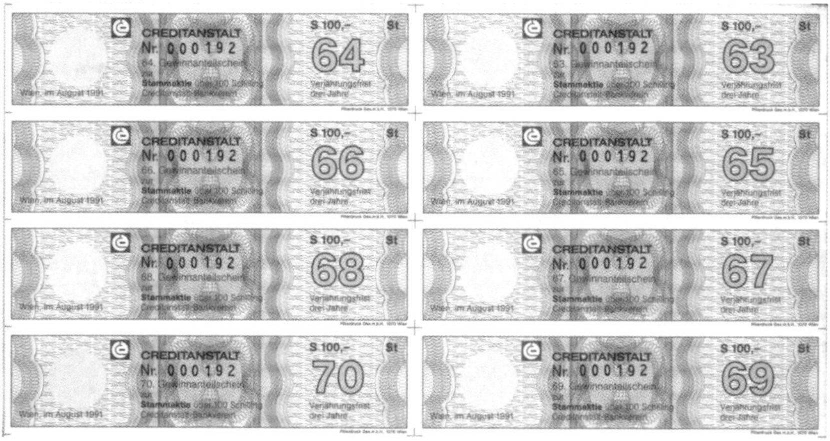

Stammaktie S 100,-

Stammaktie der Creditanstalt

dem Finanzministerium, Sektionschef Haslinger. Haslinger vertrat den Mehrheitsaktionär, die Republik Österreich.

Ich fragte mich, mit welcher Berechtigung ein Aktionär auf dem Podium Platz nahm. Wollte man uns Privataktionären bereits durch die Sitzordnung unsere Bedeutungslosigkeit signalisieren? Noch bevor mich mein Sitznachbar zurückhalten konnte, erhob ich mich und sagte: „Meine Damen und Herren, ich bin hier zum ersten Mal und bin etwas verwundert. Ich kenne aus dem Aktienrecht einen Unterschied zwischen Stammaktionären und Vorzugsaktionären, aber ich kenne keinen Unterschied zwischen Hauptaktionär und Minderheitsaktionär. Ich schlage daher vor, dass der Herr Sektionschef, so wie alle anderen Aktionäre auch, im Publikum Platz nimmt."

Spontaner Applaus erhob sich. Irgendwie war spürbar, wie sich eine lang aufgebaute Spannung löste.

Der Versammlungsleiter Fritz Bock war etwas verblüfft und rechtfertigte die Sitzordnung schließlich damit, dass der Herr Sektionschef so viele Unterlagen mithabe, dass er eben an einem Tisch sitzen müsse. Darauf erhob sich ein Aktionär aus dem alternativen Bereich und fragte Bock mit Einfalt: „Sehr geehrter Herr Aufsichtsratsvorsitzender, wie viele Unterlagen muss ich mithaben, damit ich am Podium sitzen darf?"

Fragen zu Androschs Abfertigung wurden erwartungsgemäß nicht beantwortet, da diese nicht im Geschäftsjahr 1987 gewährt wurde. Wir wurden – zu Recht – auf die nächste Hauptversammlung vertröstet.

Die Hauptversammlung 1989

In der Hauptversammlung 1989, die bereits im Festsaal der Wiener Börse stattfand, saß Sektionschef Haslinger noch immer am Podium, was natürlich meinen Unmut hervorrief. Ich forderte ihn daher erneut auf, im Publikum teilzunehmen. Neuerlich rief mein Begehren die Zustimmung der Aktionäre hervor. Ich hatte aber auch das Gefühl, dass selbst die Organe der Gesellschaft den Einfluss des Finanzministeriums gerne schwinden gesehen hätten.

Dann kam die Diskussion um die „Abfertigung Androsch“. Neidlos musste ich anerkennen, dass die Rechtsberater der Creditanstalt besser vorbereitet waren. Ich durchschaute allerdings die juristische Finte der Verschiebung der Diskussion auf einen späteren Tagesordnungspunkt intuitiv. Wie im vorigen Kapitel beschrieben wurde mir das Wort entzogen und mein Schadenersatzantrag nicht zur Abstimmung gebracht. Die Anfechtungsklage blieb erfolglos.

Manche haben mich damals gewarnt, dass mein Eintreten für die Rechte der Aktionäre wahrscheinlich ein Jahrzehnt zu früh käme und sich die juristische Durchsetzbarkeit erst im Anschluss an ein entsprechend entwickeltes öffentliches Bewusstsein verwirklichen ließe. Das mochte sein. Ich habe mir damals jedenfalls gesagt: „Wie könnte ich einem Klienten einen Prozess empfehlen, wenn ich selbst bei einer solchen Rechtslage kneife?“ Tatsächlich dürfte es auch so sein, dass die Chancen einer Anfechtungsklage im Falle eines rechtswidrigen Wortentzuges heute wesentlich besser zu beurteilen sind als vor 15 Jahren. Über die Qualität einer Rechtsprechung, die bei gleicher Gesetzeslage vom öffentlichen Bewusstsein abhängt, könnte man philosophieren.

Interessant war auch die Entwicklung der Haltung einiger Honoratioren – also Aufsichtsratsmitglieder, die in den ersten Reihen saßen. Ein Aufsichtsratsmitglied, das bei meinen kritischen Fragen demonstrativ den Kopf schüttelte und zu verstehen gab, dass ein Staatsbürger in einer Staatsbank lieber den Mund halten sollte, ist mir bis heute in genauer Erinnerung. Ein paar Monate später traf ich ihn zufällig auf der Straße und ich erkannte ihn nicht wieder: statt mich der Majestätsbeleidigung zu zeihen beschwor er mich, den Weg der Aktionärsdemokratie jedenfalls weiter zu gehen. Das sei unendlich wichtig für das Land.

Die Parteizugehörigkeit der Aufsichtsratsmitglieder

> Die Art, wie sich die Republik Österreich als Mehrheitsaktionär der Creditanstalt gegenüber verhält, ist aktienrechtlich nicht angreifbar. Aber von jedem anderen Standpunkt aus, von dem der Klugheit, der Anständigkeit und des wirtschaftlichen Weitblicks, ist dieses Verhalten ein öffentliches Ärgernis; es ist unfair, unklug und wirtschaftlich schädlich. Es verleiht dem Bild, das die so genannte „monetäre Visitenkarte Österreichs" dem Ausland bietet, deutliche Züge eines Systems, um dessen Beseitigung Michail Gorbatschow eifrig bemüht ist.
>
> *Heinrich Treichl, 1989*

Ab dem Jahr 1990 saß der Vertreter des Staates nicht mehr am Podium, sondern im Publikum. Natürlich hatte dies Symbolcharakter und ich nahm mir anlässlich dieser signifikanten Änderung die Freiheit heraus, den Herrn Sektionschef an der Seite der Aktionäre zu begrüßen. Verbunden habe ich mit dieser Begrüßung die Diskussion um die Beteiligung des Staates an einer Bank überhaupt. Weil manche immer noch glaubten, dass Hauptversammlungen wie Präsidiumssitzungen der seinerzeitigen KPdSU abzulaufen hatten, forderte ich den Vertreter der Republik auch immer wieder auf, zu dem einen oder anderen Thema, das die Bank betraf, Stellung zu nehmen. Das führte immer wieder zu peinlichem Schweigen: der Aufsichtsratspräsident gab dem Sektionsschef höflich Gelegenheit zur Stellungnahme, wobei er darauf hinwies, dass dies nur freiwillig erfolgen könnte. So weit ich mich erinnere, hat die Republik nie an einer Diskussion in der Hauptversammlung aktiv teilgenommen und immer die im Vorhinein akkordierte Inszenierung ablaufen lassen.

Als zunehmendes Ärgernis der inszenierten Hauptversammlungen erwies sich die kollektive Verschämtheit bei der Wahl der Aufsichtsratsmitglieder. Gewählt wurde, wen die Republik vorschlug. Kaum einer der Anwesenden wusste genaueres über die Kandidaten. Die wesentlichen Informationen konnte man vielmehr am nächsten Tag in der Wirtschaftspresse nachlesen.

Dort erfuhren wir Aktionäre zumindest, welcher Partei die neuen Aufsichtsratsmitglieder zuzuordnen waren.

Jeder wusste von einer eigenartigen Farbenlehre, die die Besetzung des CA-Aufsichtsrats definierte. Niemand aber fragte danach, weil niemand eine sinnvolle Antwort erwartete. Offensichtlich war folgendes: Solange die CA einen roten Generaldirektor hatte (Androsch), musste der Aufsichtsratspräsident schwarz sein (Bock). War der Generaldirektor ein Schwarzer (Schmidt-Chiari), musste der Aufsichtsratspräsident ein Roter sein (Göttlicher, Fremuth). Die Mehrheit im CA-Aufsichtsrat stellten offensichtlich immer die Roten.

Dass die Kandidaten für den Aufsichtsrat anlässlich ihrer Wahl auch befragt werden dürfen, ist wenigen bekannt. Viele zukünftige Aufsichtsratsmitglieder erwarten auch, dass ihnen keine Fragen gestellt werden. Fragen allein halten sie schon für eine Art Majestätsbeleidigung. Dabei gibt es einige Fragen, welche die Aktionäre sehr wohl interessieren dürfen, wie beispielsweise: Über welche Qualifikation verfügt das zukünftige Aufsichtsratsmitglied? Welche sonstigen Aufsichtsratsfunktionen übt der Kandidat aus? Bei welchen – allenfalls konkurrierenden – Gesellschaften? Detail am Rande: Mehr als ein Jahrzehnt später erkannte das Justizministerium die Berechtigung an und formulierte im Entwurf des Gesellschaftsrechtsänderungsgesetzes 2005: „Vor der Wahl (Anmerkung: der Aufsichtsratsmitglieder) haben die vorgeschlagenen Personen der Hauptversammlung ihre fachliche Qualifikation, ihre berufliche oder sonstigen Funktionen sowie alle Umstände darzulegen, die die Besorgnis einer Unbefangenheit begründen könnten."

Vor diesem Hintergrund erlaubte ich mir, die einzelnen Kandidaten nach ihrer Parteizugehörigkeit zu fragen. Ich hielt es für unerträglich, über die zukünftige Fraktionsstärke immer erst am nächsten Tag aus der Zeitung zu erfahren. Wenig verwunderlich war, dass der Aufsichtsratsvorsitzende diese Frage zunächst nicht zulassen wollte. Das sei Privatsache und habe mit der Wahl in den Aufsichtsrat nichts zu tun. Als ich ihm allerdings diverse Literaturstellen öffentlich unter die Nase hielt, blieb ihm gar nichts anderes übrig, als die Kandidaten sich selbst zu überlassen.

Die peinliche Berührtheit der zukünftigen Aufsichtsratsmitglieder war unverkennbar. Keiner der Befragten hatte keine Parteimitgliedschaft, und jeder machte von seinem Recht auf Empörung überzeugend Gebrauch. Am offenherzigsten zeigte sich ein SPÖ-Mitglied, das sich zu seiner Parteimitgliedschaft mit den Worten bekannte, dass er dem Zentralsekretär bereits gesagt habe, dass er keine Weisungen entgegennehmen werde.

Warum er dies, ohne gefragt zu sein, hinzufügte? Das Aktiengesetz kennt ja gar keine Weisungen gegenüber Aufsichtsratsmitgliedern.

Durch das konsequente Infragestellen der Staatsbeteiligung haben wir, so wurde uns wiederholt bestätigt, dazu beigetragen, die Unabhängigkeit der Bank zu stärken. Wir haben es 1994 sogar geschafft, erstmals einen Vertreter der Privataktionäre – Paul Loebenstein – im Aufsichtsrat zu platzieren. Im Jahr davor war ein solcher Vertreter nur mit den Stimmen der Republik abgelehnt worden. Die anschließende Medienberichterstattung war für den Hauptaktionär derart vernichtend, dass ein Mauern gegen den Rest der Aktionäre politisch nicht mehr vertretbar war. Parteipolitik wurde immer unpopulärer. Kein Organmitglied wollte für zweifelhafte Entscheidungen öffentlich in einer Hauptversammlung an den Pranger gestellt werden. Auf diese Weise entwickelten sich im Laufe der Jahre parallele Interessen zwischen der CA und deren Minderheitsaktionären – wobei, genau genommen, bereits meine Anfechtungsklage aus dem Jahr 1989 im Interesse der Creditanstalt gelegen war. Das Gesprächsklima zu den Organen der Creditanstalt nahm geradezu freundliche Formen an und eines Tages wurde ich sogar als „liebgewonnener Feind“ bezeichnet.

Die Verteidigung von Drennig und Rumpold

1992 habe ich zum ersten Mal an einer Hauptversammlung der Bank Austria teilgenommen. Gerade erst hatte die Bereinigung der österreichischen Bankenszene durch die Fusion der Länderbank mit der Zentralsparkasse der Gemeinde Wien zur Bank Austria begonnen. Trotz gewisser Differenzen in der

Bewertung, die letztlich ausgeräumt wurden, machte diese Fusion nach außen hin den Eindruck der professionellen Durchführung. Nur eines stimmte nicht: die österreichische Farbenlehre. War der Vorstand der Länderbank immer zur Hälfte mit Roten und Schwarzen besetzt, war die „Z" immer blutrot. Im Vorstand der neuen Bank Austria saßen noch die beiden Länderbank-Schwarzen, Manfred Drennig und Konrad Rumpold.

Drennig und Rumpold waren die beiden letzten Vorstandsmitglieder, die aus jener Zeit übrig geblieben waren, in der das Geschäft mit der Sovereign Leasing gefallen war. Es war eines jener Geschäfte, das man niemals abschließen soll: Unter extremem Zeitdruck wird gutachtlich abgesichert ein riskanter Deal gemacht. Dass die schnelle Antwort im Geschäftsleben immer Nein lautet, hat man nicht bedacht. Das Ganze wurde ein Desaster mit einigen hundert Millionen Schilling Verlust. Der seinerzeitige Hauptverantwortliche für das Auslandsgeschäft, Herbert Cordt (ein Roter), war bereits in eine Tochtergesellschaft gewechselt und hatte somit einen unangreifbaren Anstellungsvertrag. Der seinerzeitige Generaldirektor, Gerhard Wagner, war bereits verstorben. So blieben wegen der Gesamtverantwortlichkeit des vierköpfigen Vorstands jene beiden Herren übrig, die mit dem Geschäft am wenigsten zu tun gehabt hatten.

Da solche Fälle aus Publizitätsängsten nie judiziert werden, wurde ein Rechtsgutachten eingeholt. Autoren waren der Universitätsprofessor Gerhard Frotz und der Honorarprofessor und OGH-Richter Gunther Griehsler. Wenig überraschend kamen sie auf Grundlage des theoretisch weitgehenden Aktienrechts zu dem Schluss, dass auch Drennig und Rumpold – und auch die Mitglieder des Aufsichtsrats – solidarisch haften würden.

All das kam an die Öffentlichkeit, abzüglich der möglichen Haftung des Aufsichtsrats. Sparer, die um die Zukunft der Bank zitterten, sollen daraufhin binnen drei Tagen um die 100 Millionen Schilling an Spareinlagen abgezogen haben. Helmut Zilk, der damals Aufsichtsratsvorsitzender war, spielte die Rolle des Saubermachers und vollzog das Ende der Vorstandsmandate von Drennig und Rumpold. Gerüchte besagten, dass die Scharfmacher im Betriebsrat und der zweiten Ebene des Wiener Rathauses zu finden gewesen wären.

Drennig kannte ich von der Miliztätigkeit beim Bundesheer. Er war im Stab eines Jagdkampf-Bataillons, in dem ich Kompaniekommandant war. Alle erwarteten, dass in der folgenden Hauptversammlung Helmut Zilk dickes Lob gezollt würde. Die Vorstandsverantwortung wäre endlich kein leeres Wort mehr. Ich sollte Drennig und Rumpold verteidigen. Zur Einstimmung las ich vorher noch Ciceros Verteidigung des Sextus Roscius nach.

Mir stand damals das Gutachten Frotz/Griehsler zur Verfügung, das als geheim eingestuft war. Zur Vermeidung der Ausrede, dass diese Unterlage nicht zur Verfügung steht, ersuchte ich den Vorstand am Tag davor um Mitnahme des Gutachtens zur Hauptversammlung. Gerhard Randa sprach mich knapp vor der Versammlung darauf an und wollte offensichtlich herausfinden, was ich vorhatte. Dass ich selbst eine Kopie hatte, sagte ich natürlich nicht.

René Alfons Haiden, der damals Vorstandsvorsitzender der Bank Austria war, hielt eine mehr als zweistündige Rede zur Einleitung. Eine solche Taktik sollte offensichtlich dazu führen, das Publikum zu ermüden – wenn nicht überhaupt zu vertreiben. Die wenigsten Aktionäre nehmen sich den ganzen Tag Zeit, sodass damit zu rechnen war, dass nach ein paar Stunden nur noch ein Bruchteil der Aktionäre anwesend sein würde. Helmut Zilk ist während der Rede seines Vorstandsvorsitzenden drei Mal eingeschlafen. „*Der Eindruck, dass mit der wahrhaft umfassenden Darstellung der Bilanz und der Geschäftspolitik die Fragelust der p.t. Kapitalgeber gebremst werden sollte, beschlich so manchen der Anwesenden*“, kommentierte Christine Domforth in der PRESSE.

Ich meldete mich als erster Redner zu Wort und machte von meinem Auskunftsrecht Gebrauch. Helmut Zilk waren die Fragen sichtlich unangenehm, deckte ich doch auf, dass das Frotz/Grieshler-Gutachten auch eine Haftung der Aufsichtsräte erkannt hatte, die bisher in der Öffentlichkeit verschwiegen worden war. Helmut Zilk drohte sogar, die Hauptversammlung über ein Ende meines Fragerechtes abstimmen zu lassen. Da das Fragerecht ein Individualrecht ist, steht es der Mehrheit nicht zur Disposition. Eine solche Abstimmung wäre also ungesetzlich gewesen. Er meinte auch, dass meine Fragen

„schikanös" seien. Als sich der Vorstand weigerte, das – aus gutem Grund – geheimnisumwitterte Gutachten zu verlesen, gab ich zu erkennen, dass ich über eine Kopie verfügte. Das lockte Helmut Zilk endgültig aus der Reserve. „Woher haben Sie das Gutachten? Woher haben Sie das Gutachten?" fuhr er mich an. Meine lang vorbereitete Antwort: „Die Fragen hier stelle ich!" verfehlte ihre Wirkung nicht. Ich hatte die Lacher auf meiner Seite, Zilk zog sich zurück und ich konnte zehn Minuten ohne Unterbrechung reden.

Ich verwies darauf, dass die öffentliche Hinrichtung von Manfred Drennig und Konrad Rumpold politisch motiviert war, die Aufsichtsräte und auch der Aufsichtsratsvorsitzende ebenso für den Verlust hafteten und aus der Fusion Zentralsparkasse-Länderbank tatsächlich ein hostile takeover geworden war. Beim Sovereign Leasing Deal handelte es sich um ein zustimmungspflichtiges Geschäft, das der gesamte Aufsichtsrat mitgebilligt hatte. Kein zusätzliches privates Rechtsgutachten, das eingeholt werden sollte, könne die Haftung der Aufsichtsräte untergehen lassen. Das Publikum quittierte meine Rede mit Applaus.

Helmut Zilk reagierte zwar kurz darauf beleidigt: „Ich hätte mir das alles nicht anhören müssen, aber ich bin halt ein Demokrat." Doch er war auch ein exzellenter Politiker. Nach dem Ende der Hauptversammlung rief er mich zu sich, bat mich um meine Visitenkarte und sagte mir voraus, dass ich einmal ein guter Anwalt werde. Gegen so viel Charme war ich machtlos.

Im übrigen wurde jene Wirtschaftsprüfungsgesellschaft, die das fragliche Geschäft seinerzeit als „attraktives Investment" bezeichnet hatte, Jahre später zur Zahlung eines namhaften Millionenbetrages an die Bank Austria verdonnert.

Der lange Weg zur CA-Privatisierung

Seit 1988 hatte der Finanzminister erklärt, dass er sich eine Privatisierung der Creditanstalt vorstellen könne. Doch lange Zeit geschah nichts. Irgendwie schien dabei akkordiert, dass die angeblich schwarze Creditanstalt in schwarze Hände gehen sollte. Warum die Creditanstalt als schwarze Bank bezeichnet wurde, war mir nie klar. Der Aufsichtsratsvorsitzende war ein Roter, der Vorstand war meist ausgewogen besetzt und den Hauptaktionär vertrat das rote Finanzministerium. Die Schwarzen waren sich ihrer Sache jedenfalls sehr sicher und glaubten offensichtlich, die Creditanstalt billig haben zu können.

1993 erfolgte der erste ernstzunehmende Anlauf – und zwar aus dem Raiffeisen-Bereich. In Wirklichkeit konnte aber Raiffeisen den Deal nicht finanzieren, wie Christian Konrad dem CA-Chef Schmidt-Chiari bereits zu Beginn des Jahres 1993 erklärte. Ein schlaues Modell sollte daher aushelfen. Die RZB sollte im Rahmen einer Kapitalerhöhung als Sacheinlage in die CA eingebracht werden, sodass dadurch Raiffeisen rund ein Drittel der CA gehörte. Um auf über 50 Prozent zu kommen, wären weitere rund 20 Prozent der Aktien der Republik abzukaufen gewesen. Bei diesem Modell hätte die Raiffeisen-Gruppe rund 4,3 Milliarden Schilling (312 Millionen Euro) in die Hand genommen, um die Mehrheit zu erlangen. Mit anderen Worten: Raiffeisen versuchte, die CA billig zu bekommen. Dagegen wehrte sich das Objekt der Begierde auch mit dem Hinweis, dass diese Konstruktion zu einer Benachteiligung der Privataktionäre führen würde. Der Plan wurde sehr bald begraben.

Ab 1995 arbeitete ein Konsortium unter der Führung von ERSTE Bank und EA-Generali an einer Übernahme. Dieses so genannte bürgerliche Konsortium, in das ich anfangs große Hoffungen legte, war sich seiner Sache sehr sicher und glaubte, sich mehr als ein Jahr Zeit lassen zu können. Letztlich sollen die internen Verhandlungen an der Anzahl der zu besetzenden Aufsichtsräte gescheitert sein.

Offenbart hat sich hier ein eklatanter Mangel an bürgerlicher Strategiefähigkeit. War bereits 1994 die Mehrheit an der Girozentrale nach langem Taktieren an die Bank Austria verloren gegangen, wurde auch 1996 so lange taktiert, bis die Bank Austria bei der Creditanstalt die Nase vorne hatte. Man hatte nichts gelernt. Wolfgang Schüssel soll damals nach einem Treffen mit Christian Fuchs (ERSTE) und Guido Schmidt-Chiari (CA) im Parteivorstand erklärt haben: „Was soll ich denn tun, wenn sich die Banker streiten?“ Es sei nicht alles schlau, was Fuchs heißt, flüsterte man damals.

Die Übernahme durch die Bank Austria

Schließlich schrieb die Republik Ende 1996 die Creditanstalt zum Verkauf aus und die Bank Austria legte mit über 17 Milliarden Schilling (1,23 Milliarden Euro) das beste Angebot. Das bürgerliche Österreich war geschockt, die Regierung geriet in eine Krise, die ÖVP war gedemütigt, Viktor Klima avancierte vom Finanzminister zum Bundeskanzler.

Die bürgerliche Seite war besitzstandsdenkend davon ausgegangen, dass sie ein Anrecht auf die CA habe, und musste nun akzeptieren, dass am besten Preis kein Weg vorbeiführte. In einer mehr als eiligen Aktion fixierte die SPÖ-ÖVP-Koalition schließlich eine 17-Punkte Einigung zum CA-Verkauf, die die „künftige Vorgangsweise bei Privatisierung und Kapitalmarktreform sowie CA-Verkauf" festschrieb und auch von Bank Austria Generaldirektor Gerhard Randa unterzeichnet wurde. Die Punktation hatte folgenden Wortlaut:

1. Stimmrechtsanteile von AVZ (Anteilsverwaltung Zentralsparkasse) und Wiener Holding an der BA werden innerhalb von 5 Jahren auf unter 25 Prozent reduziert (Umtausch von Aktien oder Kapitalerhöhung oder Verkauf). Die Stimmrechte des darüber liegenden Teils werden zwischenzeitlich von Treuhändern wahrgenommen. Bei vorhandenen Marktmöglichkeiten besteht die Absicht, innerhalb von weiteren zwei Jahren diesen Prozentsatz auf unter 20 Prozent zu reduzieren. Ab dem 6. Jahr werden die über 20 Prozent liegenden Anteile der Stimmrechte gleichfalls von Treuhändern wahrgenommen.
2. Abgabe der 19 Prozent Bundesanteile an der Bank Austria in möglichst breiter Streuung an Private im Jahr 1997.
3. CA bleibt als selbständiges Unternehmen für die Dauer von mindestens 5 Jahren erhalten (ausgenommen Teilfunktionen).
4. Arbeitnehmer: Erhaltung der Arbeitsplätze in der CA. Personalreduktion nur durch natürlichen Abgang.
5. Bereinigung bei Investkredit und Kontrollbank durch Abgabe der CA-Anteile abzüglich GiroCredit-Anteile an

andere Anteilsinhaber und Anbot aller Anteile der GiroCredit durch die AVZ mit ehestmöglicher Abgabe. Keine Beteiligung der BA bei der PSK-Privatisierung.

6. Kein asset-stripping (gilt nicht für Regionalbanken, Investmentbanken, ÖRAG).
7. Haftungsverzicht oder Haftungsentgelt ermittelt durch internationalen Gutachter für den Vorteil aus der Gemeindehaftung gemäß neuem Sparkassengesetz.
8. Umtauschangebot für CA-Aktionäre / zusätzlich die Möglichkeit einer Barabfindung für Stammaktien bis maximal AS 200.000,- Kurswert von natürlichen Personen (850 abzüglich 15 Prozent). Absicherung gegen Missbrauch.
9. Anbot für CA-Mitarbeiter zum Erwerb von Aktien der CA bis max. 500 Millionen Schilling Verkaufspreis.
10. Privatisierungsgesetz: Ausschreibungsbedingungen und Zuschlag bei Veräußerung von Bundesvermögen bedarf Zustimmung der Bundesregierung. In diesem Gesetz sollen alle bisherigen Ermächtigungen umfasst werden. Bericht an den Hauptausschuss.
11. Die Ausnahmeregelung für die Konsolidierung wird mit 21. 12. 1998 befristet.
12. Erstellung eines Übernahmerechtes.
13. Novellierung eines Sparkassengesetzes hinsichtlich Haftungsverzicht oder Haftungsentgelt.
14. Die Umwandlung der Wiener Börse in eine AG unter Beteiligung der Emittenten, Investoren und Banken.
15. Punkte 10-14 sind über Regierungsvorlage bis Sommer 1997 zu beschließen.
16. Je eine Milliarde Schilling für Forschung/Entwicklung und Exportpromotion in den Jahren 1998 und 1999 analog 1997.
17. Kommt ein Beschluss der AVZ zu Punkt 1 innerhalb von vier Wochen nicht zustande, dann kommen die Vertragsparteien überein, eine Rückabwicklung des Kaufes durchzuführen.

Viele dieser Punkte waren in ihrer Kürze natürlich unausgegoren, änderten aber viele liebgewonnene Traditionen grundlegend. Besonders problematisch, ja unerfüllbar erschien mir

Punkt 3. Wie sollte die CA als selbständiges Unternehmen erhalten bleiben, wenn es gerade um 17 Milliarden Schilling gekauft worden war? Betriebswirtschaftlich wäre ein jahrelanger Verzicht auf Synergien verantwortungslos gewesen. De facto war es mit der Selbständigkeit schon ein paar Wochen später – nämlich mit der Wahl der neuen Aufsichtsratsmitglieder – vorbei. Juristisch wahrte man noch einige Zeit den Schein. Mehr nicht. Die Politik begnügte sich damit, dass die Marke fünf Jahre überlebte.

Die Übernahmehauptversammlungen

Dass die Creditanstalt ausgerechnet von der Bank Austria übernommen wurde, war für uns Privataktionäre eine große Enttäuschung. Die Bank Austria war der Inbegriff der Verfilzung mit Parteipolitik und öffentlicher Hand. All unsere Bemühungen um mehr Aktionärsdemokratie schienen sich in Luft aufzulösen. Eigenartige bankinterne Koalitionsüberlegungen äußerten sich in der Zusammensetzung des neuen CA-Aufsichtsrats – selbst die bekannte Betriebsratsvorsitzende der Bank Austria erhielt ein Kapitalvertreterticket in der Creditanstalt. Am meisten irritierte uns allerdings, dass sich der Großaktionär wiederum den Kleinaktionärsvertreter selbst aussuchte. Die alten Aufsichtsratsmitglieder hatten – bis auf einen – dem gesellschaftlichen Druck nicht standgehalten und waren vorzeitig zurückgetreten.

Wie sehr unser Eintreten für die Rechte der Privataktionäre von der breiten Masse der Aktionäre getragen worden waren, zeigte sich in der ersten Hauptversammlung nach der Übernahme. Praktisch alle Aktionäre – Institutionelle, Versicherungen, Banken und Private – bildeten eine Bewegung, denen die Unabhängigkeit der Creditanstalt am Herzen lag. Am Tag vor der Übernahmehauptversammlung versammelten sich einige Aktionäre und Aktionärsvertreter in der Rechtsanwaltskanzlei Dorda-Brugger-Jordis und waren sprachlos, als sie den Namen des neuen Kleinaktionärsvertreters erfuhren: der erfahrene und angesehene Rechtsanwalt Franz Eckert aus Baden bei Wien. Er ist Senior-Partner jener Kanzlei, die das Zusammengehen der Bank Austria mit der Creditanstalt juristisch durchgeführt hat.

Ich wurde als Gegenkandidat für dieses Mandat im Aufsichtsrat der Creditanstalt aufgestellt – wissend, dass es keinen Ersatz für die Macht gibt. Natürlich wurde Franz Eckert gewählt – Bank Austria und die Wiener Städtische Versicherung, noch ein Herz und eine Seele, verfügten über eine deutliche Mehrheit. Alle anderen Aktionäre, darunter etwa auch die BAWAG und die Interunfall, votierten allerdings geschlossen für mich und setzten ein deutliches Zeichen. Die eisige Kälte, mit der die Bank Austria in der Creditanstalt empfangen wurde, war für alle spürbar. Den Ausspruch über den damals designierten CA-Vorstandsvorsitzenden „Hampels Männer haben einen Vertrauensvorschuss von Null" machte der STANDARD sogar zur Schlagzeile.

Demokratiepolitisch bedenklich war der Versuch des Versammlungsleiters Walter Fremuth, die Diskussion einzuengen. Gerade in jener Hauptversammlung, in der die Bank Austria durch die Neuwahl der Aufsichtsräte die Macht übernahm, sollte jede Diskussion über die Übernahme verhindert werden. Wieder einmal gab sich ein Vorsitzender dazu hin, im Namen der Einhaltung der Tagesordnung das freie Wort zu unterdrücken. Aktionäre, die nur ganz selten im Jahr zu einer gemeinsamen Versammlung zusammenkommen, sollten nur über die Wahl in den Aufsichtsrat reden dürfen. Natürlich stand die Übernahme der Creditanstalt durch die Bank Austria im engen Zusammenhang mit der Neuwahl des Aufsichtsrats. Diese Neuwahl ist genau genommen der sichtbare Ausdruck der Machtübernahme. Nicht über den neuen Großaktionär sprechen zu dürfen, ist eine Perfidie im Namen der sitzungspolizeilichen Ordnung. Es ist schlicht und einfach der Missbrauch einer Machtposition, wie es bei Übernahmen leider öfter vorkommt. Manche Organe scheinen immer noch zu glauben, dass Ruhe die erste Aktionärspflicht ist. Bei der VA Tech-Übernahme durch Siemens im Jahr 2005 sollte es nicht anders sein. Die Aktionäre zeigen allerdings zunehmend Zivilcourage und begehren gegen diese Angriffe auf die freie Meinungsäußerung regelmäßig auf.

In der Folge bedurfte es viel diplomatischen Geschicks, um die Situation zu entspannen. Zu dieser Entspannung hat auch Franz Eckert beigetragen, der mir, mitgenommen von der Stimmung unter den Privataktionären, spontan das Du-Wort anbot und viele Stunden in die Beruhigung der Lage investierte. Selbst der neue CA-Generaldirektor Erich Hampel, der einen sehr besonnenen Eindruck macht, lud mich zu einem persönlichen Gespräch.

Auch das ist eben Österreich – bei allen Gegensätzlichkeiten bleibt immer das Gesprächsklima erhalten. So offen man allerdings im kleinen Kreis ist, so zugeknöpft ist man nach außen. So hatte ich damals Kontakt mit einem örtlichen Journalisten von Bloomberg, der mich immer wieder anrief und mich um meine Meinung zu diesem oder jenem Aspekt der Übernahme befragte. Ich meinte zunächst, dass er wohl meine Stellung in dieser Angelegenheit überschätze. Doch als er mir mitteilte, dass ich der einzige war, der ihm unverblümt das sagte, was er sich dachte, wurde ich doch nachdenklich: Die Großbanker schienen ein eingeschworener Kreis gewesen zu sein, aus dem kaum etwas nach außen drang. Das Auffliegen des Lombard-Clubs scheint diese Analyse nur zu unterstützen.

Die Tragik des Staatseinflusses

> Das einzige, was mir noch bleibt, im Sinne Österreichs und der politischen Kultur auf dieses System der Ungleichgewichtigkeiten hinzuweisen.
>
> *Gerhard Praschak*
> *in seinem Abschiedsbrief vom 26.4.1997*

Ende April 1997, knapp vor der ersten CA-Hauptversammlung, die Gerhard Randa präsidierte, offenbarte sich das verderbliche System des Staatseinflusses im tragischen Freitod des Gerhard Praschak. Er war Mitglied des Zweiervorstands der Österreichischen Kontrollbank gewesen und fühlte sich als Opfer jener Personalrochaden, die sich nach der Übernahme der Creditanstalt durch die Bank Austria ergaben. Abseits der persönlichen Tragik weitete sich dieser Freitod zu einem handfesten Polit- und Finanzskandal aus. Praschak hatte nämlich noch rund 120 Seiten an bankinternen Dokumenten, Vorstandsprotokollen und handschriftlichen Gesprächsnotizen an die drei Oppositionsparteien, an führende Medien und an die Staatsanwaltschaft Wien versandt. Außerdem hatte er ein detailliertes Tagebuch geführt.

Praschak geißelte vor allem das System der Machtkonzentration im Bankenbereich, als dessen Opfer er sich fühlte. „Vielleicht ist das der Sozialismus. Jedenfalls aber nicht der, den ich meine", schrieb SPÖ-Mitglied Praschak zum Abschied.

Selbst in der angesehenen Frankfurter Allgemeinen Zeitung wurde ausführlich über den Bankiers-Selbstmord berichtet und in einem Leitartikel darauf hingewiesen, dass es kaum einen Spitzenposten in den Verbänden und der staatlich kontrollierten Industrie in Österreich gäbe, der nicht nach der politischen Farbenlehre von Rot und Schwarz mit irgendwelchen verdienten Parteisoldaten besetzt wäre. Neben dem Verbandswesen seien den Parteien die Banken als ihr letztes Revier geblieben. Und der Artikel schloss mit den Worten: „Doch jenseits des von allen so wortreich bekundeten Entsetzens über ein Einzelschicksal bleibt die Frage, wie lange sich Österreichs Parteien diese spät-byzantinischen Allüren noch leisten können. Der Wettbewerb ist globaler geworden, und Österreichs zersplitterte Bankenlandschaft strotzt nicht gerade vor Ertragskraft. Der Reigen in Wien könnte für viele das Ende bringen."

Warum bedürfen die Menschen so oft einer Katastrophe, bevor sie sich bessern?

Die Eingliederung der CA in die Bank Austria

Obwohl das politische Abkommen vom Januar 1997 eine fünfjährige Periode der Eigenständigkeit vorsah, erfolgte die juristische Eingliederung der Creditanstalt bereits zum 31. Dezember 1998. Die Aktionäre der Creditanstalt wurden zum Zwangsumtausch ihrer Papiere in Bank Austria Titel verpflichtet. Formal funktionierte dies so:

Nach diversen Umstrukturierungen des Auslandsgeschäftes spaltete die Creditanstalt ihr Inlandsgeschäft auf ihre Tochter CA Liegenschaftsbeteiligungs AG ab. Die Creditanstalt selbst wurde mit der Bank Austria verschmolzen, wobei die Aktionäre im Verhältnis 3 zu 4 Aktien der Bank Austria erhielten. Die CA Liegenschaftsbeteiligungs AG, die nun das gesamte Inlandsgeschäft überhatte, wurde in Creditanstalt umbenannt. In der österreichischen Öffentlichkeit hatte man somit den Eindruck, dass die Creditanstalt als solche erhalten geblieben sei. Tatsächlich hatte sie nicht nur ihren gesamten Streubesitz verloren, sondern auch weit mehr als die Hälfte ihres Geschäftes. Das Auslandsgeschäft hatte nämlich eine Bilanzsumme von 420 Milliarden Schilling, das Inlandsgeschäft von 336 Milliarden Schilling.

Das Umtauschverhältnis 3 zu 4 war umstritten. In der öffentlichen Darstellung wurde es von der Bank Austria Seite naturgemäß als großzügig präsentiert. Meiner Ansicht nach lag es am unteren Ende der Argumentierbarkeit, 2 zu 3 hätte dem Fairnessgedanken besser entsprochen.

Ungewöhnlich war die Geheimnistuerei um die Untermauerung der Bewertung. Von Deloitte & Touche, KPMG, Eidos, Securitas über Goldman Sachs bis Salomon Brothers wurden diverse Stellungnahmen und Fairness Opinions abgegeben. Doch wer in die Unterlagen Einsicht nehmen wollte, wurde sehr strikt behandelt. Nach vorhergehender Anmeldung wurde in einem separaten Raum der Bank Einsicht in die Unterlagen gegeben, die teilweise sogar auslackiert waren. Man musste sich verpflichten, keine Notizen zu machen, und damit die Bank sicher gehen konnte, dass diese Verpflichtung auch eingehalten werde, wurde gleich ein Aufpasser beigestellt.

Eine gerichtliche Überprüfung des Umtauschverhältnisses wäre nicht realistisch gewesen. Die großen institutionellen Aktionäre hatten sich bereits für einen friedlichen Ausstieg entschieden. Die übrigen Aktionäre waren schlicht und einfach ökonomisch zu schwach, um eine erfolgreiche Überprüfung anzustrengen. Damit war die Sache erledigt.

Im Ergebnis muss man anerkennen, dass die Bank Austria die Übernahme professionell durchgeführt hat. Ihr vorzuhalten, dass sie sich von der betriebswirtschaftlichen Abwicklung einer Übernahme, die sie mehr als 17 Milliarden Schilling gekostet hat, aus politisch-romantischen Gründen abhalten lassen solle, ist unrealistisch. Wenn man einmal akzeptiert, dass die Bank Austria als Bestbieterin bei der Creditanstalt zum Zug gekommen ist, muss man ihr auch die gleiche ökonomische Freiheit lassen, die alle anderen Mitbewerber auch haben. Dass die Führung der Bank Austria dabei auch jene gesetzlichen Instrumente verwendet, die ihr der nach wie vor – auch und eben im Spaltungsrecht – aktionärskritische Gesetzgeber in die Hand gegeben hat, ist nicht vorwerfbar. Schließlich bin ich auch der Ansicht, dass Big Government schädlicher ist als Big Business. Mit der Größe des entstandenen Konzerns habe ich nie ein Problem gehabt. Im Gegenteil: Hätte jenes bürgerliche Konsortium, das seinerzeit an Detailfragen gescheitert ist, die Creditanstalt erworben, ist schwer vorstellbar, dass es auch die Finanzkraft für jene Investitionen aufgebracht hätte, die notwendig sind, um in Mitteleuropa mittelfristig ein ernst zunehmender Player zu sein.

Die Hauptversammlung 1999: Die Entschädigungsfrage

Das nächste große Thema, das die Bank und ihre Aktionäre beschäftigen sollte, war die Frage der Entschädigungszahlungen für die Opfer des Nationalsozialismus. Im Geschäftsbericht 1998 hieß es dazu auf Seite 34 unter der Überschrift „Aufarbeitung einer historischen Verantwortung“: *Im Sommer und Herbst des Berichtsjahres wurde die Bank Austria-Gruppe, wie eine große Zahl anderer europäischer Banken, mit Ansprüchen von Opfern aus der Zeit des Zweiten Weltkriegs konfrontiert. Wir haben diese an uns gerichteten Ansprüche von Anbeginn an sehr ernst genommen und uns im Bewusstsein einer moralischen Verpflichtung gegenüber den Leidtragenden sowie aus wirtschaftlicher Verantwortung gegenüber unseren Kunden und unseren Aktionären mit diesem Thema mit größter Sorgfalt auseinandergesetzt. Nach langen und intensiven Verhandlungen wurde nun im Frühjahr 1999 im Einklang mit diesen Prämissen – vorbehaltlich der Zustimmung durch die Hauptver-*

sammlung und von Seiten des Prozessgerichts – vom Vorstand mit den Vertretern der Opfer ein Settlement Agreement abgeschlossen. Die Vereinbarung wurde bereits vom Aufsichtsrat genehmigt.

Der Vergleich bestimmte, dass die BA/CA einen humanitären Fonds in Höhe von US$ 30 Millionen finanzieren werden; US$ 15 Millionen werden binnen 20 Geschäftstagen nach dem Wirksamkeitsdatum gezahlt und US$ 15 Millionen binnen eines Jahres nach der ersten Zahlung. Binnen 20 Geschäftstagen ab der Genehmigung der Vergleichsvereinbarung durch BA/CA werden BA/CA einen Fonds für Verwaltung und einstweilig stattgebende Ansprüche in Höhe von US$ 10 Millionen zur Zahlung der Kosten der Anzeigen und der Verwaltung des Vergleichs, der einstweilig stattgebenden Ansprüche und der Honorare und Auslagen der Anwälte und des Special Masters (Sonderrichter) finanzieren. Weitere finanzielle Verpflichtungen sollte es nicht geben.

In seiner Rede auf der Hauptversammlung der Bank Austria am 19. Mai 1999 ließ Generaldirektor Randa im Zusammenhang mit dem angestrebten Vergleich mit den amerikanischen Sammelklägern durch einige interessante Bemerkungen aufhorchen. So erfuhren die Aktionäre etwa, dass die Bank Austria in den USA auf insgesamt 200 Milliarden Schilling geklagt wurde, was bei einem stattgebenden Urteil wohl den wirtschaftlichen Ruin der Bank bedeutet hätte. Die von einem amerikanischen Gericht noch zu genehmigende Vergleichszahlung von insgesamt rund 500 Millionen Schilling diene im Ergebnis dem ungestörten Geschäftsgang, sei als Investition in die Marke zu betrachten und verbessere das Image der Bank Austria. Schweizer Banken hätten Milliarden-Beträge zahlen müssen. Juristische Mängel der Klage, so Generaldirektor Randa, seien durch mediale Begleitung ausgeglichen worden. Und schließlich habe die um Unterstützung gebetene österreichische Bundesregierung mitgeteilt, dass die Auseinandersetzung mit den Opfervertretern ausschließlich von den betroffenen Unternehmen zu lösen sei. Schon am Tag nach der Hauptversammlung bezeichnete Elan Steinberg vom World Jewish Congress, der schon bei der Waldheim-Watch-List-Entscheidung 1987 eine Rolle gespielt hat, die Vergleichssumme als lächerlich gering.

Während andere hinter vorgehaltener Hand von Erpressung sprachen, konnte man bei Gerhard Randa vermuten, was er wirklich dachte. Es schien, als dachten sich viele dasselbe, doch hatten sie Angst, sich die Finger zu verbrennen. Dabei müsste es gerade eine Lehre aus der Zeit des Nationalsozialismus sein, offen, unerschrocken und rechtzeitig seine Meinung zu Fehlentwicklungen zu äußern.

Ich hielt folgende Rede:

> Nach dem Ersten Weltkrieg haben die Siegermächte mit einem Friedensvertrag von Versailles, der übrigens nie von den USA ratifiziert worden ist, Deutschland über Generationen hinaus mit Reparationen belastet. Es ist heute allgemein anerkannt, dass in diesem Vertrag eine Hauptursache des Zweiten Weltkriegs lag. Hitler ist ja nicht angetreten, weil er den Deutschen gesagt hat, dass er die Juden vernichten möchte, sondern vielmehr ist er angetreten mit seiner Opposition gegen das so genannte Diktat von Versailles. Und weil die Sieger des Jahres 1945 aus den Fehlern von 1919 gelernt haben, haben sie nach dem Zweiten Weltkrieg Deutschland keine solche Kriegsschuldbürde mehr auferlegt, obwohl es damals wohl berechtigter gewesen wäre als 1919.
>
> Meine Damen und Herren, ich frage Sie: Wenn heute Zahlungen von ehemals staatsnahen Institutionen gefordert werden, begehen wir dann nicht genau jene Fehler, die die Alliierten 1945 absichtlich vermieden haben? Schaffen wir nicht neue Ressentiments, wenn wir die Bank Austria des Jahres 1999 für Verbrechen des Nationalsozialismus vor mehr als einem halben Jahrhundert heranziehen und punktuelle Gerechtigkeit zu üben versuchen? Glauben wir wirklich, dass die in Anspruch genommenen Institutionen in der Diktatur eine Wahlmöglichkeit und somit eine qualifizierte Schuldfähigkeit hatten und dass diese 1945 die finanziellen Sieger der nationalsozialistischen Zeit waren? Widersprechen solche Zahlungen in Wirklichkeit nicht dem Geist von Frieden, Versöhnung und Toleranz? Und was soll denn die Konsequenz einer solchen Politik sein? Soll in 40 Jahren die Bank

von Moskau für die Opfer der Archipel Gulags verantwortlich gemacht werden? Oder soll in 55 Jahren die Bank von Belgrad für die Vertriebenen des Kosovo zahlen?

Ich stelle weitere Fragen: Ist eine pekuniäre Abgeltung von Unrecht überhaupt möglich? Warum gibt es ausgerechnet hier keine Verjährungsregeln? Warum soll in einem solchen Rechtsstreit amerikanisches Recht anwendbar sein? Muss nicht die breite Masse der Bevölkerung den Eindruck haben, dass die Zahlungen Strafcharakter haben? Zahlen wir auf Grundlage eines nachvollziehbaren Rechtsanspruches oder des weltweiten medialen Drucks? Gibt es hier eine Art Schutzgeld-Erpressung, begleitet von einem durch nichts gerechtfertigten juristischen US-Hegemonismus? Gibt es hier nicht eine Wild-West-Mentalität, eine Watch-list-Mentalität, eine Konfiskationsmentalität (Stichwort: Egon Schiele-Bilder)? Warum soll der Fond in den USA gemanagt werden? Welche anonymen Opfer aus welchen Ländern kommen als nächste und wollen Entschädigungen? Ist es nicht bedenklich, wenn der Anwalt bekannter ist als seine Klienten? Wenn man Herrn Fagan kennt, nicht aber die Opfer im Hintergrund? Läuft Herr Fagan mit all seinem Tun nicht Gefahr, zu einem Begründer eines neuen Antisemitismus werden? Ist es wirklich ein Zufall, wenn ausgerechnet am 20. April 1999, wie wir wissen absichtlich an Hitlers Geburtstag, in Littleton, Colorado, zwei junge Neonazis ein ganz schreckliches Massaker angerichtet haben, unzählige Bomben legten, 13 Mitschüler erschossen und viele weitere verletzten? Ist es wirklich verwunderlich, wenn amerikanischen Kindern bei einem solchen Umgang mit der Vergangenheit der braune Dreck zu Kopfe steigt?

Weiters frage ich: Wer sagt uns, dass das zu zahlende Geld wirklich in die Hände jener fließt, die es brauchen? Wäre es nicht sinnvoller, 50 Millionen Schilling an die Opfer der Kosovo-Vertreibung zu zahlen, als 500 Millionen Schilling in die dunkle Ferne zu schicken? Hat nicht der französische Philosoph André Glucksmann gesagt: Wenn wir dem

Schrecken von Auschwitz treu sein wollen, müssen wir die Gräuel der Gegenwart bekämpfen? Besteht nicht die Gefahr, dass uns ein jederzeit abrufbares schlechtes Gewissen in eine Art Hypnosezustand versetzt, der unsere Energie gegenüber sonstigem Unrecht lähmt?

Meine Damen und Herren, ich darf einen Mann zitieren, der viele Jahre allein gegen Hitler gekämpft hat, bis er Ministerpräsident geworden ist und mit seinem Widerstand und seinem Durchhaltewillen berühmt geworden ist. Winston Churchill hat in seiner bekannten Züricher Rede im Jahr 1946, als er ein geeintes Europa forderte, folgendes gesagt: „... dann muss auch die Vergeltung ein Ende haben. Dann muss es, wie Gladstone vor vielen Jahren sagte, ‘einen gesegneten Akt des Vergessens’ geben. Wir alle müssen uns von den Gräueln der Vergangenheit abkehren und unsern Blick auf die Zukunft richten. Wir können es uns nicht leisten, durch die kommenden Jahre den Hass und den Wunsch nach Rache mitzuschleppen, die aus dem Unrecht der Vergangenheit entstanden. Wenn Europa vor unendlichem Elend oder sogar vor dem endgültigen Verderben gerettet werden soll, dann bedarf es eines Aktes des Vertrauens in die europäische Völkerfamilie und eines Aktes des Vergessens gegenüber den Verbrechen und Wahnsinnstaten der Vergangenheit.“

Und ich sage: Im Namen von Frieden, Versöhnung und Toleranz sollte jeder auf irgendwelche lang vergangenen Ansprüche, die ihm auf irgendeiner konstruierten Grundlage zustehen könnten, verzichten. Die Geschäftemacherei mit dem Leid der NS-Opfer muss ein Ende haben. Man kann die Geschichte nicht immer nur aus der Sicht des Staatsanwaltes betrachten.

Der Sinn der Geschichte liegt nicht in der ewigen Schuldzuweisung, mag sie auch unter dem Deckmantel der Gerechtigkeit geschehen. Die ewige Schuldzuweisung ist jener Stoff, aus dem die Kriege sind. Wie oft wurde im Namen der höchsten Moral das größte Unrecht begangen. Der Lateiner sagte: Summum ius summa iniuria. Richtig verstandene Geschichte hat eine Erinnerungsfunktion, eine Lernfunktion, eine Toleranzfunktion, aber keine permanente Schuldzuweisungs-, Erpressungs- und Rachefunktion.

Wenn wir heute den Eindruck haben, erpressbar zu sein, frage ich Sie aber auch: Sind wir nicht selbst daran schuld, wenn wir uns einreden lassen, quasi mit einer nationalsozialistischen Erbsünde geboren zu sein? Haben wir die Schuldzuweisungsindustrie nicht selbst gefördert, etwa mit der Aufspielung des Falles Waldheim? Sind nicht jene, die am lautesten vor der Vergangenheit gewarnt haben, als Erste auf die gefälschten Hitler-Tagebücher hereingefallen? Hat nicht Franz Josef Strauß immer davor gewarnt, dass wir politisch und moralisch erpressbar werden, wenn wir uns einreden lassen, schuldig geboren zu sein? Ist es nicht ein Fehler, wenn wir uns in eine Position drängen lassen, ständig historisch Trauer tragen zu müssen? Sollten wir nicht auch einen unbefangeneren Zugang zum 20. Juli 1944 haben?

Meine Damen und Herren, es gibt keine Kollektivschuld, weder der Juden noch der Österreicher, und übrigens auch nicht der Serben. Ich sage Ihnen: Nicht ganz Österreich ist 1938 am Heldenplatz gestanden. Zu glauben, dass die Mehrheit der Österreicher 1938 am Heldenplatz gestanden sei, hieße, noch im Jahr 1999 auf die nationalsozialistische Propaganda hereinzufallen.

Hier darf es keine Revision der Geschichte, hier darf es keine Geschichtsfälschung geben. Lesen wir die Moskauer Deklaration vom 30.10.1943 nach, in der Roosevelt, Churchill und Stalin Österreich als das erste Opfer der typischen Angriffspolitik Hitlers bezeichnet haben. Vergessen wir nicht: Hitler ist ja gerade deshalb einmarschiert, weil Österreich ein Zeichen der Unabhängigkeit setzen wollte, nämlich eine Volksabstimmung für ein freies Österreich abhalten wollte. Wir sollten herausstreichen, dass Österreich fünf Jahre lang – von 1933 bis 1938 – gegen das nationalsozialistische Deutschland

Widerstand geleistet hat, während andere mit Hitler olympische Spiele und die Unterzeichnung irgendwelcher Verträge gefeiert haben. Österreich war 1938 schlecht gerüstet, ist völlig alleine dagestanden – und das ist der große Unterschied zu heute. Wenn wir heute schlecht gerüstet sind und keine aktive Bündnispolitik betreiben, sind wir selbst schuld daran. Internationale Solidarität muss somit die eine Lehre aus 1938 sein. Eine weitere Lehre muss es sein, stets gegen Ungerechtigkeiten Widerstand zu leisten. Dazu gehört auch der Widerstand gegen solche Pressionsversuche.

Meine Damen und Herren, bei allem Verständnis, das ich für die Kompromissbereitschaft des Vorstandes habe, weil die Bank Austria eben international gesehen ein kleiner Spieler ist, der auf die internationale Presse lebenswichtig angewiesen ist: gerade aus der genannten Verantwortung heraus werde ich gegen die Annahme des Vergleiches stimmen. Gerade aus Verantwortung gegenüber allen Opfern des Nationalsozialismus rufe ich Sie auf, mit mir für Frieden und Versöhnung und gegen die Pression und gegen die Zahlung nach Amerika zu stimmen.

Die vielen positiven Reaktionen auf diesen Text waren sehr ermunternd, sodass ich diese Rede anschließend auch in Kurzform veröffentlichte. Es ist mir ein Anliegen, auch eine indirekte Folge dieser Rede zu erwähnen. Im November 2000 wurde der österreichische Bundeskanzler Wolfgang Schüssel Ziel diverser Angriffe, weil er Österreich als erstes Nazi-Opfer bezeichnet hatte. Von den Reaktionen auf meine Rede bei der Bank Austria ermutigt, nahm ich die Gelegenheit wahr, die Republik neuerlich in Schutz zu nehmen. Ich schrieb einen Gastkommentar in der Tageszeitung die PRESSE, dessen Kernaussage lautete: Die Aufarbeitung der österreichischen Geschichte kann nicht darin bestehen, im Jahr 2000 endlich den Goebbel'schen Lügen über die nationalsozialistische Einstellung Österreichs Glauben zu schenken. Dieser Satz wurde in der Folge sogar in einer Parlamentsrede zitiert. Der vollständige

Text ist im Anhang dieses Buches abgedruckt. Das Echo, wiederum großteils positiv, war enorm. Am meisten gefreut hat mich neben der begeisterten Reaktion eines Widerstandskämpfers ein Anruf des fast 95-jährigen Kardinal König, der wenige Stunden nach Erscheinen des Artikels spontan zum Hörer griff, aus dem Telefonbuch meine Nummer suchte und mir gratulierte. Für mich war das so, als hätte der liebe Gott gerade angerufen.

Die vorläufig letzte Hauptversammlung im Jahr 2000

Im Jahr 2000 fand wegen des Zusammengehens mit der Bayerischen HypoVereinsbank die vorläufig letzte Hauptversammlung statt. Warum dieses Zusammengehen keinen Fall nach dem Übernahmegesetz darstellt, beschreibe ich im nächsten Kapitel. Hier sei jene Rede abgedruckt, die ich damals gehalten habe:

Der heutige Tag ist ein besonderer Tag in der Geschichte der Bank Austria. Darüber hinaus ist es aber auch ein besonderer Tag in der Wirtschaftsgeschichte unseres Landes. Einige sehen diesen Tag mit Freude, manche mit Unbehagen, wieder andere wissen noch nicht, was von dieser Entwicklung zu halten ist. Lassen Sie mich in meiner Eigenschaft als Aktionär und als Österreicher mit vier Punkten Stellung nehmen.

Erster Punkt: die Größe des entstehenden Bankeninstituts

Die Österreicher und die österreichischen Intellektuellen hatten immer einen Hang zu Miniaturen. Ein bekanntes Zitat aus Franz Grillparzers „Der Traum ein Leben" lautet „Und die Größe ist gefährlich". Was in der Monarchie eine liebenswürdige Untertreibung der eigenen geopolitischen Position war, gehört in einer veränderten Welt in einer gewissen Weise nach wie vor zum Lebensgefühl des Österreichers. Er möchte gleichzeitig isoliert und doch in der Mitte des Kontinents leben. Es wäre allerdings falsch, das

Zusammengehen von Bank Austria und der Bayerischen HypoVereinsbank aus diesem Grund reflexartig abzulehnen. Meine Damen und Herren: Im modernen Wirtschaftsleben haben sowohl große als auch kleine Unternehmen Platz. Bedenken wir, dass große Investitionen auch große Banken und viel Geld erfordern. Kapitalismus braucht Kapital. Kleine Banken können nun einmal weniger Kredit geben, große mehr. Es wäre falsch, hier einer verfehlten „small is beautiful" Romantik anzuhängen. Unsere gesamte Geschichte, aber auch die letzten Monate der antiösterreichischen kollektiven Demütigung sollten uns lehren, dass wir unser Heil nicht in der Kleinheit suchen sollten. Es ist besser, Subjekt als Objekt der Geschichte zu sein. Und gegen Grillparzer sage ich: Denn die Schwäche ist gefährlich. Auch eine große Bank – und so groß ist das entstehende Institut ja wieder auch nicht – hat somit ihren legitimen Platz im mitteleuropäischen Wirtschaftsraum.

Zweiter Punkt: der fehlende Nationalgedanke

Manche haben ein Unbehagen, weil nach einem großen Lebensmittelkonzern, verschiedenen Verlags- und Industriebeteiligungen nun wiederum Entscheidungsschwerpunkte von Wien nach Deutschland verschoben werden.

Was wir hier bemerken, ist ein Symptom, nämlich dass es in Österreich zu wenig Kapital gibt. Es ist aber zu wenig, ja falsch, zu sagen: Wir wollen keinen Kapitalismus, wird wollen eine neutrale Insel der Seligen sein, aber am internationalen Wohlstand wollen wir schon teilnehmen. Unsere Stärke muss darin liegen, dass wir eine offene Volkswirtschaft sind. Und diese Offenheit der Wirtschaft entspricht in Wahrheit auch der österreichischen Seele. Trotz allen Geschwätzes der Sozialistischen Internationale, von der ja in Wahrheit die Sanktionen gekommen sind, ist Österreich schon aus der Tradition der Monarchie geradezu in beispielhafter Weise weltoffen und kosmopolitisch. Kissingers

Bewunderung für Metternich wurzelt ja gerade in der Ablehnung der Pest des Nationalismus. Und bedenken wir auch, dass der internationale Handel immer auch eine friedensstiftende Funktion hat. Wenn die Menschen ihre Energien in den Handel und die Vermehrung des Wohlstandes stecken, wenn sie sich also in Bilanzzahlen messen statt mit Waffen, dient dies der Völkerverständigung und dem Frieden. Die kapitalmäßige Verflechtung in Europa ist eine geradezu gewollte Folge einer der vier Freiheiten, auf denen Europa aufbaut, nämlich der Freiheit des Kapitals. Das Zusammengehen der beiden Banken ist also ein Stück Integration, ein Stück gelebtes Europa und ein Stück Friede.

Dritter Punkt: Anwendbarkeit des Übernahmerechts

Manche hätten sich eine Kontrolle durch die staatliche Übernahmekommission gewünscht. Dazu sage ich: Rufen wir doch nicht immer nach dem Staat, nach dem Obrigkeitsstaat, wenn wir irgendetwas wollen. Ein Staat, der alle schützt, ist auch stark genug, alle zu unterdrücken. Lassen wir auch hier die Kräfte des Marktes wirken. Mehr Staat bedeutet immer auch die Suche nach Umgehungen, nach Ersatzlösungen. Berufe wie der meine arbeiten ja gerade daran, den staatlichen Hürden auszuweichen. Ist es nicht nur eine scheinbare Objektivität, die wir von einer staatlichen Intervention, von der Bewertung durch eine staatliche Behörde erwarten können? Ist die Bewertung durch uns, die Aktionäre, seien es Groß- oder Kleinaktionäre, also die Bewertung durch den Markt, nicht wesentlich wirklichkeitsnaher als die Suche nach dem gerechten Preis durch ein Amt? Meine Damen und Herren, den gerechten Preis, den der Staat diktiert, den gibt es nicht. Es gibt den gerechten Preis, den pretium iustum, weder im Aktienrecht, noch im Mietrecht noch irgendwo sonst. Das Eigeninteresse, oder wie es Adam Smith genannt hat, die unsichtbare Hand, ist nach wie vor das beste Instrument, das in einer freien Wirtschaft zu einem effizienten Ergebnis führt.

Aber eine Nebenbemerkung möchte ich doch noch zu dieser Problematik machen: Das gesamte Übernahmerecht gibt es ja vor allem deshalb, weil wir keinen effektiven Aktionärsschutz haben. Das Übernahmerecht ist sozusagen eine Ersatzlösung mit den Mitteln der staatlichen Einflussnahme. Was wir endlich brauchen, ist ein modernes Aktien- und auch Konzernrecht, das jenes Gesetz ablöst, das im Wesentlichen mit dem Aktienrecht übereinstimmt, das die Nationalsozialisten in Verachtung jeglicher kapitalistischer Strukturen im Allgemeinen und des anonymen Aktionärs (wie es hieß) im Besonderen 1937 eingeführt haben und das Österreich 1938 übernommen hat. Hier könnte man ein Stück Vergangenheitsbewältigung vornehmen.

Vierter Punkt: das neue Verhältnis zwischen Politik und Wirtschaft

Meine Damen und Herren, der heutige Tag bedeutet auch eine weitere Entflechtung von Staat und Wirtschaft. Ich habe nie ein Hehl daraus gemacht, dass ich es für falsch halte, wenn der Staat, also die Macht, gleichzeitig auch Akteur in der Wirtschaft ist. Es ist schlicht wettbewerbsverzerrend, wenn der Schiedsrichter und Regelmacher gleichzeitig auch Mitspieler ist – und sei es über eine gemeindeeigene Anteilsverwaltung.

Weltanschaulich kann man auch sagen, dass der heutige Tag der sichtbare Ausdruck für das Versagen der sozialistischen Wirtschaftsideologie ist. Die interventionistische Lenkung der Wirtschaft durch den Staat gehört auf den Misthaufen der Weltgeschichte. Diese politische Banalität sollte aber kein Vorwand für das Verschütten von Häme sein, sondern lassen Sie uns auch Verständnis haben. Ich habe Verständnis für jene alten Sozialdemokraten, für die heute eine Welt zusammenbricht, wenn sie sozusagen ihre Bank aus dem Einfluss ihrer Gemeinde Wien verschwinden sehen. Ihnen sage ich: das ist die moderne Welt: Denken Sie modern. Versuchen Sie nicht, wie es Ideologien so oft zu tun versuchen, den

Menschen an die Ideologie anzupassen. Passen Sie Ihre Ideologie an den Menschen an, dann werden Sie mit der Wirklichkeit viel besser zurechtkommen. Und dann kann auch diese Bank im modernen Wettbewerb bestehen.

Weiters ist hocherfreulich, dass die Initiative für die nunmehrige Entstaatlichung von den Banken selbst kommt. Wenn es bei der Fusion Z-Länderbank noch ein morgendliches Gipfeltreffen der Herren Vranitzky, Haiden und Randa gegeben hat, und wenn bei der Übernahme der CA durch die Bank Austria noch ein Herr Klima eine führende Rolle gespielt hat, die ihn für kurze Zeit auch zum Bundeskanzler machte, so ist die Initiative für dieses Zusammengehen von den Banken selbst gekommen. Und wenn man weiß, zu welcher Couleur die führenden Personen in der Bank Austria gehören, dann zeigt sich – und auch das ist erfreulich –, dass auch Sozialdemokraten Sachinteressen – wie hier das langfristige Überleben der Bank – über kurzfristige machtpolitische Eigeninteressen stellen können. Das ist etwas, was man von den Sozialisten nicht gewohnt ist.

Sie standen vielmehr immer für Isolation und einen gewissen Machiavellismus, wenn es um die Erhaltung der eigenen Macht gegangen ist. Stichworte: Waldheim, der verheerende Fehler des Nichtbeitritts zur atlantischen Allianz Ende der 90er Jahre sowie das Faschismus-Geschrei gegen Österreich bei der Ablöse von der Macht Anfang dieses Jahres.

Der heutige Tag zeigt, dass es auch bessere Sozialdemokraten gibt, die an sachlichen Lösungen arbeiten können. Ich meine sogar, dass diese Partei so Leute wie Herrn Randa brauchen kann – ich verstehe es aber, Herr Generaldirektor, wenn Sie lieber nach München gehen als in die Politik …

Ich komme zum Schluss und fasse zusammen:
1. Die moderne Wirtschaft hat auch Platz für große Institute.
2. Die Internationalisierung der Wirtschaft ist auch ein Beitrag zum Frieden. Denken wir nicht national.

3. Es geht in Ordnung, wenn auch im aktienrechtlichen Übernahmebereich die Kräfte des Marktes zum Tragen kommen. Denken wir nicht sozialistisch.

Und 4.: Es ist erfreulich, dass Wirtschaft und Politik weiter entflochten werden und wir auf dem Weg der wirtschaftspolitischen Freiheit weiterkommen.

Aus all diesen Gründen werde ich für das Zusammengehen der beiden Banken stimmen.

2003: Die Rückkehr zur Wiener Börse

Wer knapp nach dem Aufgehen der Bank Austria in der HVB Gruppe seine Aktien verkaufte, konnte gute Gewinne machen. Doch schon bald ging es mit der Aktie nur noch talwärts – von 68 Euro bis zu 8 Euro pro Aktie. Das freute jene Aktionäre nicht, die die getauschten HVB-Aktien behalten hatten – inklusive der Anteilsverwaltung Zentralsparkasse (AVZ). Bald wusste jedermann, dass es der HVB schlecht ging. Diese Schwäche ist zu einem guten Teil das Ergebnis des nun schon überlange dauernden rot-grünen Experiments in Deutschland, das die gesamte deutsche Wirtschaft in die Krise gestürzt hat. Die deutsche Konjunkturlokomotive hat ausgedient. Darunter litt auch der Bankensektor. Eine Bank wie die HVB, die auch im deutschen Mittelstand stark verhaftet ist, spürt dies besonders. Eine weitere Ursache für die anhaltende Ertragskrise sind die Verfehlungen im Immobilienbereich, die im Jahr 2000 offensichtlich keinen ausreichenden Eingang in die Bewertung gefunden haben und erst in den Folgejahren nach und nach an die Oberfläche gelangt sind.

In dieser Situation brauchte die HVB frisches Geld und man schickte die Bank Austria wieder an die Börse – und zwar mit 25 Prozent ihres Grundkapitals. Die Aktien einer Tochter unter das Volk zu werfen, ist immer problematisch: Erstens weiß jedermann, dass die Entscheidungen die Mutter trifft, und zweitens sind 25 Prozent eben eine Minderheit, die in keiner Weise Verwaltungsrechte wahrnehmen kann. Nur das Geld ist gefragt, und nur Geld soll verdient werden. Für mich überraschend konnten die Aktien dennoch gut platziert werden: Offensichtlich brauchen die Fonds solche Papiere. Der Markt ist aufnahmefähiger, als dies oft scheint.

2004 gab es daher die erste Hauptversammlung der wieder an der Börse notierenden Bank Austria. Sie war vom Missmut der Aktionäre gekennzeichnet, die sich in einigen Bereichen alles andere als kapitalistisch gebärdeten. Neben dem Trauergesang wegen der Geschichte der Bank, der Eingliederung in die HVB und dem Verfall der Aktie war selbst der geplante Personalabbau ein Thema, das dem Vorstand zum Vorwurf gemacht wurde. Statt Kostenreduktionen zu begrüßen, verdammten sie manche Aktionäre. Würden die Wortmeldungen auf dieser Hauptversammlung repräsentativ sein, wäre es einigermaßen skurril. Doch welcher Aktionär beteiligt sich an einer Konzern-Gesellschaft, die nur zu 25 Prozent Streubesitz zulässt? Genau genommen wird hier sogar die Philosophie des Übernahmegesetzes negiert, weil die Rechtlosigkeit zu Gunsten von Kursphantasien eben in Kauf genommen wird.

Das Ende der Politik

Im Januar 2004 musste sich die Bank Austria von HVB-Sprecher Rampl öffentlich sagen lassen, wo der Bartl den Most holt. „Konzernentscheidungen werden immer noch in München getroffen", tönte es durch den Blätterwald, als der von der Bank Austria offensichtlich selbständig verhandelte Vertrag über den Verkauf der SchoellerBank an ein luxemburgisches Institut abrupt gestoppt wurde. Nicht nur das: Wenige Tage später ließ Gerhard Randa verlauten, dass die Ertragssituation unbefriedigend sei und dass die Personalkosten zu hoch seien – und schon gab es einen neuen Vorstand in der Bank Austria. So weit könnte man noch von einem Schema sprechen.

Dann aber erfuhr die Öffentlichkeit doch, wie sehr es hinter den Kulissen rumorte. Der Wiener Bürgermeister Michael Häupl drohte öffentlich, dass es nicht in Stein gemeißelt wäre, dass die Bank Austria für alle Zeiten die Hausbank der Stadt Wien bleiben müsste. Manche sahen die Bundeshauptstadt auch schon als Kunden bei der Konkurrenz. Und der umstrittene GPA-Gewerkschaftslinke Sallmutter sekundierte, dass eine Bank mit Rekordgewinnen nicht bei der Belegschaft sparen dürfe. Zu Jahresende war es schließlich mit dem Münchner Ausflug des Gerhard Randa zu Ende. Den Deutschen war er offensichtlich mit der Bank Austria zu erfolgreich. Bevor er auch zu mächtig wurde, kam der gänzliche Machtverlust.

Die Zeiten haben sich, wie jedermann sehen konnte, geändert. In Zeiten der Zentralsparkasse meinte man, dass diese eine Vorfeldorganisation der Gemeinde Wien sei. Nach dem Entstehen des Riesen Bank Austria hieß es, dass sich die Wiener SPÖ nun zu einer Vorfeldorganisation der Bank Austria gewandelt habe. Angesichts des geringen Einflusses, mit dem diese Partei das dritte Jahrtausend begonnen hat, erscheinen die Beziehungen zur SPÖ nicht mehr relevant. Das kann nur zum Vorteil von beiden sein: Bank und Stadt Wien.

Ich halte es für erfreulich, dass die Bank Austria sich aus der politischen Umklammerung gelöst hat und der Einfluss des Wiener Finanzstadtrates pulverisiert wurde. In der modernen Welt, die Verbindungen von Politik und Wirtschaft sehr kritisch wahrnimmt, hat sich diese Strategie als überlebenswichtig herausgestellt. All jene, die den alten Zeiten nachtrauern, mögen sich fragen, ob die Zentralsparkasse auf dem alten Gleis fortfahrend konkurrenzfähig geblieben wäre. Ich glaube nicht.

Gerhard Randa

Ein paar Worte möchte ich über Gerhard Randa verlieren, der in seiner sozialdemokratischen Bankerkarriere viele Höhen und Tiefen durchgemacht hat. Man kann über ihn denken, wie man will: Überragt hat er viele.

Gerhard Randa ist das, was man einen Strategen nennt. Er entwirft große Pläne und zieht sie auch durch. Rücksicht nimmt er dabei nur insoweit, als es der Sache dient. Allianzen dienen nicht sich selbst, sondern dem Zweck. Auch die Ehe mit der Wiener Städtischen Versicherung war nicht für die Ewigkeit geschlossen.

Gerhard Randa hat sich in seinem Leben sicher einige Feinde gemacht. Er hat die Zusammenführung von Zentralsparkasse und Länderbank ebenso konsequent durchgezogen wie die Übernahme der Creditanstalt. Genau so professionell hat er die Eingliederung in die HypoVereinsbank vorgenommen, mit der ihm schließlich der entscheidende Distanzgewinn gegenüber der Politik gelungen ist. Dass die HVB in der Folge in Schwierigkeiten geraten ist und damit auch die ehemaligen CA/BA Aktionäre Verluste erlitten haben, schreibe ich nicht einer vorgeblichen Kurzsichtigkeit der Bank Austria-Führung zu. Ich meine vielmehr, dass Gerhard Randa – den ich oft hart kritisiert habe, der aber nie unfair reagierte – der Weg der konsequenten Konkurrenzfähigkeit der Bank in einem schwierigen Umfeld hoch anzurechnen ist. Als mich Gerhard Randa nach der Hauptversammlung 2004 darauf ansprach, dass mein kritischer Kommentar gefehlt habe, meinte ich, dass ich seinen Weg für richtig befunden habe und ihn nur hätte verteidigen können. Darauf musste er herzhaft lachen.

Dass mit dem Ende des Vorstandsmandates in der HVB das letzte Kapitel in der beruflichen Geschichte des Gerhard Randa geschrieben ist, kann bezweifelt werden. In einem Interview nach der Ankündigung seines Ausscheidens meinte er, dass er sich auch einen Job bei einem US-amerikanischen Institut vorstellen könne. Wenn man weiß, wie viel Geld dort liegt, und auch bedenkt, dass selbst die HVB hin und wieder als Übernahmekandidat gehandelt wird, darf man auf die Zukunft gespannt sein.

Die Professionalität der BACA-Hauptversammlungen

Wenn man sich als Aktionär von den Emotionen löst, die mit der jüngsten Geschichte der Bank Austria verbunden sind, kann man eines neidlos anerkennen: die Professionalität der Hauptversammlungen. Die Hauptversammlungen zeichnen sich einerseits durch ein besonderes Maß an Organisiertheit, andererseits durch eine beispielhafte Offenheit in der Diskussion aus. Das beginnt bei der Sitzordnung und endet bei der Aufstellung der Mikrofone. Durchdacht ist die Positionierung des

Versammlungsleiters sowie der Vorstandsmitglieder. Auf sie konzentriert sich unabgelenkt das Interesse des Publikums. Alle Berater, und selbst der beurkundende Notar, befinden sich im Hintergrund.

Natürlich stimmt auch das Ambiente. Wer den Saal verlässt und sich bei einem Kaffee neue Kräfte holt, hat dennoch die Möglichkeit, die Hauptversammlung zu verfolgen, und wird nach wie vor als anwesend geführt. Um es banal auszudrücken: Nicht jeder Gang auf die Toilette stellt eine Abwesenheit dar.

Am deutlichsten aber zeigt sich die Professionalität in der Behandlung der Aktionäre. Sie werden nicht als unangenehme Störenfriede behandelt, sondern formell respektiert. Es steht keine Redezeitbeschränkung im Raum und auch das Buffet wird nicht als Waffe eingesetzt. Anträge der Aktionäre werden nach sachlichen Gesichtspunkten abgestimmt oder eben nicht zur Abstimmung gebracht. Unnötige Abstimmungen werden vermieden und nicht aus einer pseudodemokratischen Motivation dem Publikum vorgelegt.

Nur auf der Hauptversammlung der Bank Austria habe ich es bisher erlebt, dass sich der Versammlungsleiter nach substantieller Kritik geradezu gesehnt hat.

Der Paternalismus des Übernahmegesetzes

> Wir haben deine große Tat verbessert und sie auf Wunder, Geheimnis und Autorität gegründet. Und die Menschen freuten sich, dass sie aufs Neue geführt wurden wie eine Herde …
>
> *Der Großinquisitor*

Die Übernahme der Creditanstalt durch die Bank Austria führte juristisch zum Übernahmegesetz, das einen weitgehenden Eingriff in privatwirtschaftliche Entscheidungen darstellt. Es soll dank eines ausgeklügelten Systems dem Schutz der Minderheitsaktionäre und deren Gleichbehandlung dienen. Den Aktionären wird eine Ausstiegsgelegenheit aus der übernommenen Gesellschaft eröffnet, um sie vor der Einbindung in einen Konzern und der daraus folgenden Gesellschafterstellung in einer abhängigen Gesellschaft zu bewahren. Auch das kurzfristige Informationsbedürfnis soll abgedeckt werden, da innerhalb relativ kurzer Zeit die Entscheidung über den Verkauf der eigenen Aktien oder den weiteren Verbleib in der Gesellschaft getroffen werden muss.

Das plausibelste Argument: Die Ausbeutung

Als Hauptargument für das Übernahmegesetz wird immer das Gebot der Gleichbehandlung der Aktionäre genannt. Wenn eine Gesellschaft übernommen wird, also einen neuen Hauptaktionär bekommt, soll allen Aktionären ein Angebot gelegt werden – nicht nur dem bisherigen Hauptaktionär. Dies wird auch mit gesamtwirtschaftlicher Effizienz begründet: Gerne bedienen sich nämlich die Befürworter der Regulierung des Übernahmemarktes volkswirtschaftlicher Argumente. Auf ihr Fachgebiet beschränkte Juristen lassen sich in einer solchen Fachdiskussion auch oft verwirren. Die aus der Chicago School – wo man Übernahmeregelungen übrigens sehr kritisch gegenübersteht – entwickelte Mode der „ökonomischen Analyse des Rechts" erscheint mir im Ergebnis nur wenig beitragen zu können.

Diese Begründung der Gleichbehandlung klingt wohl, greift aber zu kurz. Sie bedarf einer Ergänzung. Der Hauptaktionär ist nach dem österreichischen Aktienrecht so mächtig, dass er praktisch allein das Schicksal der Gesellschaft bestimmen kann. Er wählt alleine die Mitglieder des Aufsichtsrats – die Bestimmung, dass ein (einziges) Aufsichtsratsmitglied von einer Drittelminderheit gewählt werden könnte, ist erstens totes Recht und würde zweitens nichts an der Übermacht des Hauptaktionärs ändern. Indirekt ist somit der Vorstand zur Gänze vom Hauptaktionär abhängig.

Mit dieser Macht in den Verwaltungsorganen und der gleichzeitigen Unterentwicklung des Minderheitenschutzes ist dem Hauptaktionär der Weg zur Ausbeutung der Gesellschaft geöffnet. Das mag hart klingen, ist aber tatsächlich so: Der Kontrollaktionär kann seine Herrschaftsmacht zu Transaktionen benutzen, die seinen Nutzen maximieren, dem Unternehmensinteresse aber entgegenlaufen. Ausbeutung ist möglich.

Man unterscheidet zwei Arten der Ausbeutung. Bei der „harten" Ausbeutung veräußert der Kontrollaktionär nach und nach Vermögenswerte des Unternehmens. Faktisch entspricht diese Ausplünderung einer (Teil)Liquidation unter Veruntreuung des Liquidationserlöses. Ein solches Vorgehen ist im Allgemeinen nur dann möglich, wenn der Geschäftszweig des Unternehmens ein rasches Absaugen der Substanzwerte gestattet, etwa bei Banken oder Investmentgesellschaften. Die Transferierung der Creditanstalt-Beteiligungen im Konzern war auch eine Befürchtung der CA-Minderheitsaktionäre mit realem Hintergrund.

Weitaus häufiger und viel gefährlicher ist die „weiche" Ausbeutung. Hier wird das Unternehmen nicht zerschlagen, sondern zur Erzielung eines überproportionalen Vorteils des Hauptaktionärs fortgeführt. So wird etwa der Unternehmensgewinn durch die Lieferung zu Konzernverrechnungspreisen, die Zahlung von Konzernumlagen, den Abschluss von Management- und Beratungsverträgen ohne ausreichende Gegenleistung oder konzerninterne Kreditgewährung zu nicht marktgerechten Konditionen manipuliert. Weitere Möglichkeiten der

Manipulation bieten die Verwertung von Patenten, Marken, Forschungsergebnissen oder technischem Know-how sowie die konzerninterne Umlenkung von gewinnträchtigen Aufträgen und Projekten. Wenn in der Folge die Dividende schmilzt und die Aktienkurse fallen, kann der Hauptaktionär die Aktien der Minderheit günstig erwerben. Schließlich kann er, wenn er die 90 Prozent-Grenze erreicht, die verbleibende Minderheit zu seinem Vorteil abschichten.

Mit anderen Worten: Der Gesetzgeber hat den mangelnden Individual- und Minderheitenschutz erkannt und substituiert diesen durch eine Ausstiegsklausel im Fall der Neuübernahme oder Überschreiten der Schwellengrenze. Damit haben wir den berechtigten Hintergrund des Übernahmegesetzes definiert und erkennen: Das Übernahmegesetz sticht in eine ganz wesentliche Problematik des Aktienwesens hinein. Bei der Ausstiegsmöglichkeit durch das Pflichtangebot handelt es sich allerdings um eine second best Lösung. So wie im Mietrecht die Erhöhung des Mietzinses von der Änderung der juristischen und wirtschaftlichen Einflussmöglichkeiten auf den Mieter abhängig gemacht wird, weil es keine vernünftigen Kündigungsbestimmungen für den Vermieter gibt, ist auch das Übernahmerecht ein Ersatz für das eigentliche Problem.

Das Pflichtangebot

Kernstück des Übernahmegesetzes ist also das Pflichtangebot. Wer eine kontrollierende Beteiligung an einer Aktiengesellschaft erlangt, muss ein Angebot für alle Aktien legen und dies der Übernahmekommission anzeigen. Das Pflichtangebot kann nur mit Geld, nicht aber mit Aktien einer anderen Gesellschaft bezahlt werden. Eine kontrollierende Beteiligung ist eine solche, die es dem Bieter allein oder gemeinsam mit anderen Rechtsträgern ermöglicht, einen beherrschenden Einfluss auf die Zielgesellschaft auszuüben. Nähere Bestimmungen enthält zunächst das Gesetz, das in der Folge die Übernahmekommission ermächtigt, Voraussetzungen für das Entstehen eines beherrschenden Einflusses im Verordnungswege festzusetzen.

Jeder weiß natürlich, dass ein solches Gesetz zur Umgehung einlädt. Während potentielle Bieter somit daran interessiert sind, kein Angebot zu legen – viele von der Übernahmekommission auf der Homepage www.takeover.at veröffentlichte Entscheidungen sind negativer Natur –, versucht die Übernahmekommission, Umgehungen hintanzuhalten. Es folgten zusätzliche Regulierungen, die bei immer mehr Einzel- und Sonderfällen immer mehr den Leviathan Staat hervorkehrten. Wer die Gängelung des Marktes einmal akzeptiert hat, wird immer tiefer in den Dschungel von Detailregeln gezogen.

Die Vorschreibung eines Pflichtangebotes ist ein tiefer Eingriff in den Markt, mit dem eine völlig neue Rechtsfigur geschaffen wird. Wer Aktien erwirbt, muss sich bereit erklären, weitere Aktien zu kaufen. Möglicherweise muss er sogar im zweiten Schritt mehr Aktien dazu kaufen, als er im ersten Schritt erworben hat. Wer etwa 40 Prozent eines Unternehmens kauft, muss auch zum Kauf der restlichen 60 Prozent – und damit zum Ende der Börsennotierung – bereit sein. Das wird nicht selten die ökonomischen Mittel eines Bieters übersteigen. Die logische Folge ist das Unterbleiben von Übernahmen.

Neue Rechtsfiguren animieren immer dazu, auf andere Sachverhalte übertragen zu werden. Juristen lieben Analogien. Es stellt sich die Frage: Warum sind Pflichtangebote auf börsennotierte Gesellschaften beschränkt? Das Gebot der Gleichbehandlung könnte mit der gleichen Argumentation auf nicht börsennotierte Gesellschaften angewendet werden. Oder auch auf Gesellschaften mit beschränkter Haftung. Gleichbehandlung zum Zwecke der Vermeidung von Ausbeutung kann hier wie dort als Argument verwendet werden.

Aber auch das Wohnungseigentums- und Liegenschaftsrecht könnte ein Anwendungsgebiet hergeben. Wer eine kontrollierende Beteiligung an einer Liegenschaft oder in einer Wohnungseigentümergemeinschaft erwirbt, könnte zu einem Pflichtangebot verhalten werden. Wer einmal die Pflicht zu einer Angebotslegung wegen des Erlangens einer Kontrollfunktion als richtig erkennt, kann mit derselben Logik in diverse andere Rechtsgebiete eintreten. Ich fordere dazu nicht auf, möchte aber die Absurdität des Grundgedankens aufzeigen.

Wer kein Angebot legt, obwohl er eine kontrollierende Beteiligung erworben hat, wird sanktioniert. Neben Verwaltungsstrafen sieht das Gesetz auch zivilrechtliche Sanktionen vor. Darunter ist in erster Linie das Ruhen der Stimmrechte, also die Entmachtung des Kontrollaktionärs zu verstehen. Wer kein Angebot legt, darf nicht weiter mitreden. In besonders schweren Fällen kann die Übernahmekommission auch das Ruhen der übrigen Rechte des Kontrollaktionärs verfügen. Dividendenansprüche etwa würden zugunsten der Gesellschaft verfallen.

Selbst von der gesetzlich verordneten Sanktion des Ruhens der Stimmrechte kann die Übernahmekommission eine Ausnahme erteilen. Wenn sie meint, dass mit Bedingungen und Auflagen das Auslangen gefunden werden kann, kann sie bei geringfügigen Verletzungen eine Ausnahme gewähren. Im Fall Böhler-Uddeholm etwa, der in der Folge noch dargestellt wird, machte die Übernahmekommission eine Ausnahme, weil sie den so genannten passiven Kontrollwechsel als geringfügige Verletzung des Gesetzes bewertet und daher keine Gefährdung von Aktionärsinteressen erkannt hatte.

Gerade die Bestimmung über das Ruhen der Stimmrechte lädt zur Umgehung ein. Was würde denn passieren, wenn der entmachtete Kontrollaktionär seine Aktien aufsplittet und diverse Aktionäre mit jeweils bis knapp unter 5 Prozent Anteilen (erste Meldeschwelle) zur Hauptversammlung erscheinen? Die Möglichkeiten der Übernahmekommission zum Aufspüren von Aktien, deren Stimmrechte ruhen, sind sehr begrenzt. Bis die Übernahmekommission herausfinden würde, welche Aktionäre verbotenerweise mitgestimmt haben, würde sehr viel Wasser die Donau hinunterfließen. Wahrscheinlich bliebe dies immer ein Geheimnis.

Aber auch ein gescheitertes Angebot löst eine Sanktion aus: die Sperrfrist.

Die Sperrfrist

Das Übernahmegesetz kennt nicht nur das Gebot zur Angebotslegung, sondern auch das Verbot einer Angebotslegung.

Wenn nämlich ein Angebot gescheitert ist, dürfen der Bieter sowie alle mit ihm gemeinsam vorgehenden Rechtsträger innerhalb eines Jahres ab Veröffentlichung des Ergebnisses des Angebotes kein weiteres Angebot abgeben.

Interessant wäre nun, wenn ein Bieter, der der Sperrfrist unterliegt, ein Kontrollpaket erwirbt. Muss er dann ein Angebot legen, weil er die Kontrolle erlangt hat, oder darf er nicht, weil er sich innerhalb der Sperrfrist befindet? Auch diesen Fall hat das Gesetz geregelt: Jeder Aktienerwerb, der eine Angebotspflicht auslösen würde, ist verboten. Was passiert, wenn trotzdem Aktien gekauft werden? Dann macht sich der Bieter strafbar und hat mit einer Geldstrafe zu rechnen. Der Aktienkauf bleibt aber gültig.

Die Sperrfrist von einem Jahr gilt aber auch, wenn der Bieter kein Angebot stellt, obwohl er

1. Überlegungen oder die Absicht, ein Angebot zu stellen oder Tatsachen herbeizuführen, die zur Stellung eines Angebotes verpflichten, bekannt gemacht hat;
2. die Entscheidung seines Vorstands und Aufsichtsrats, ein Angebot zu stellen, bekannt gemacht hat;
3. öffentlich erklärt hat, dass ein Angebot nicht ausgeschlossen werde.

Weiters gilt die Sperrfrist auch, wenn der Bieter öffentlich erklärt hat, dass ein Angebot nicht abgegeben werde oder die Herbeiführung von Tatsachen, die zu Stellung eines Angebotes verpflichten, nicht erwogen werde.

Das muss man sich auf der Zunge zergehen lassen: Wenn ein Vorstandsmitglied in einem Interview gefragt wird, ob er Interesse am Erwerb einer Gesellschaft habe, und

a) ja sagt, muss er binnen 40 Tagen ein Angebot stellen, sonst ist er für ein Jahr gesperrt,
b) nein sagt, ist er sofort für ein Jahr gesperrt.

Mit anderen Worten: Man darf auf die Frage nach Übernahmeabsichten in Zukunft überhaupt nichts mehr sagen. Das Übernahmegesetz hat Maulkorbcharakter.

Es wäre nicht das Übernahmegesetz, wenn es nicht auch hier eine Ausnahmemöglichkeit gäbe. Die Sperrfrist kann verkürzt werden, wenn dadurch die Interessen der Zielgesellschaft sowie der Aktionäre nicht verletzt werden.

Das kürzeste Verfahren zur Verkürzung der Sperrfrist dauerte vier Tage und betraf die in einem eigenen Kapitel näher beschriebene VA-Tech-Übernahme durch Siemens. Eingeleitet wurde dieses 21.400 Euro an Gebühren verschlingende Verfahren am 8. November 2004, die Entscheidung erging in den Morgenstunden des 12. November 2004. Die Pressemitteilung betreffend die VA Technologie AG, die am Nachmittag auf die Homepage der Übernahmekommission gestellt wurde, bestand aus nur einem Satz: Der 3. Senat der Übernahmekommission hat die Sperrfrist für die Siemens AG Österreich mit Beschluss vom 12. November 2004 mit sofortiger Wirkung aufgehoben.

Schon bald darauf veröffentlichte die Übernahmekommission eine zweite Pressemitteilung: Die Interessen der VA Tech seien gewährleistet, weil Siemens selbst im Fall eines Scheiterns des Angebotes bei der Kapitalerhöhung mitziehen würde. Die Interessen der Aktionäre erschienen laut Übernahmekommission ebenfalls gewährleistet, weil der Angebotspreis über dem in den vergangenen drei Jahren erreichten höchsten Börsenkurs liegen und das Angebot keine ungewöhnlichen Bedingungen beinhalten sollte.

Die Entscheidung hätte nicht anders lauten können. Alles andere hätte einen Kurssturz bedeutet. Dennoch kann die Botschaft für das Publikum nur lauten: Hier hat es sich ein Großer gerichtet. Das ist das Verderbliche an solchen diffizilen Regelungswerken: Wenn für die Mächtigen das Gesetz binnen weniger Tage außer Kraft gesetzt wird, wird auch die Rechtstreue der Kleinen nachlassen.

Die gemeinsam vorgehenden Rechtsträger

Die Pflicht zur Legung eines Angebotes könnte leicht umgangen werden, wenn statt eines großen Aktienpaketes von mehreren Personen mehrere kleine Aktienpakete erworben werden. Das von Weitsicht gekennzeichnete Übernahmegesetz möchte solche Umgehungen vermeiden und sieht daher vor, dass gemeinsam vorgehende Personen ebenfalls die Angebotspflicht trifft.

Das gemeinsame Vorgehen kann durch die Zugehörigkeit zu einem Konzern erfolgen, auf Grund eines Vertrages oder sonst auf Grund abgesprochenen Verhaltens. Auch hier gibt es eine Verordnungsermächtigung zu Gunsten der Übernahmekommission.

Wie findet die Übernahmekommission nun heraus, ob mehrere Aktionäre, die gleich abgestimmt haben, sich auch vorher abgesprochen haben?

Da die Stimmrechte solcher Aktionäre ruhen (sollen), bin ich der Ansicht, dass auch der einzelne Aktionär einen Anspruch darauf hat, herauszufinden, ob ein abgesprochenes Verhalten anderer Aktionäre vorliegt. Abgesehen von grundsätzlichen Überlegungen, sich nicht auf den Staat verlassen zu müssen, meine ich daher, dass der Aktionär zu entsprechenden Erkundigungen berechtigt ist. Er muss sein Wissensbedürfnis nicht an die Übernahmekommission delegieren, zumal mit dem Ruhen der Stimmrechte auch Rechtsfolgen wie der Erfolg einer Anfechtungsklage verbunden sein können. Ich habe mir daher erlaubt, in der Hauptversammlung der VA Tech diesbezügliche Fragen zu stellen. Am 21. September 2004 habe ich die größeren Aktionäre und Aktionärsvertreter aufgefordert, zu erklären, in keiner Beziehung zur Kovats-Gruppe zu stehen. Der Vorsitzende der Hauptversammlung Peter Michaelis hat dies, für mich unverständlich, als „Angriff" bezeichnet – wohl deshalb, weil für ihn die Kovats-Gruppe „Feind" ist. Für mich ist diese Gruppe ein Mitaktionär, dessen Stimmrechte allenfalls ruhen. Daher darf ich auch fragen. Davon zu unterscheiden ist, dass nicht jede Frage auch beantwortet werden muss. Die Aktionäre sind ja nicht zur Auskunft verpflichtet. Aber: Nur deshalb, weil eine Frage nicht beantwortet werden muss, heißt dies nicht, dass sie auch nicht gestellt werden darf. Welche Frage darf schon nicht gestellt werden? Das hat der Vorsitzende übersehen.

In Wirklichkeit wäre es sogar seine eigene Pflicht zu erkunden, ob Stimmen ruhen. Er muss dies ja im Abstimmungsverfahren berücksichtigen. In diese Richtung wurde nichts unternommen – die Übernahmekommission prüft ja.

Das neu auftauchende Problem: Spätestens alle fünf Jahre ist ein neuer Aufsichtsrat zu wählen. Bei nicht eindeutigen Mehrheitsverhältnissen müssen daher alle fünf Jahre Mehrheiten gefunden werden, die einen neuen Aufsichtsrat wählen. Andernfalls gäbe es keinen Aufsichtsrat. Wenn ein gemeinsames Vorgehen allerdings verpönt ist, ist die Koalitionsfreiheit eingeschränkt. Da jeden einzelnen Aktionär, der des gemeinsamen Vorgehens überführt wird, eine Angebotspflicht trifft, muss ein Kleinaktionär gerade aus diesem Grund gegen eine vermutliche Mehrheit stimmen – auch wenn er inhaltlich dem Antrag zustimmen möchte. Um einer solchen Gefahr zu entgehen, nehmen viele institutionelle Investoren an den Hauptversammlungen gar nicht teil. Bevor sie sich die Finger verbrennen, überlassen sie die Verwaltungsrechte den anderen und beschränken sich auf ihr Finanzinvestment. Die Mode, Anträge zur Neuwahl von Aufsichtsratsmitgliedern vom scheidenden Aufsichtsrat stellen zu lassen – also theoretisch nicht von Aktionären –, scheint ein von der Übernahmekommission tolerierter Ausweg. Das Übernahmegesetz schränkt also auch den Handlungsspielraum der Aktionäre ein.

Die Übernahms-Grundsätze: Gleichheit minus 15 Prozent

Das Gesetz definiert die allgemeinen Grundsätze für öffentliche Übernahmeangebote wie folgt:

1. Alle Inhaber von Beteiligungspapieren der Zielgesellschaft, die sich in gleichen Verhältnissen befinden, müssen gleich behandelt werden, soweit in diesem Bundesgesetz nichts anderes bestimmt ist.
2. Die Empfänger des Angebots müssen über genügend Zeit und hinreichende Informationen verfügen, um in voller Kenntnis der Sachlage entscheiden zu können.
3. Vorstand und Aufsichtsrat der Zielgesellschaft müssen im Interesse aller Aktionäre und sonstigen Inhaber von Beteiligungspapieren wie auch im Interesse der Arbeitnehmer, der Gläubiger und im öffentlichen Interesse handeln.
4. Beim Handel mit Beteiligungspapieren der Zielgesellschaft,

der Bietergesellschaft oder anderer durch das Angebot betroffener Gesellschaften dürfen keine Marktverzerrungen geschaffen werden.

5. Das Übernahmeverfahren ist rasch durchzuführen; insbesondere darf die Zielgesellschaft in ihrer Geschäftstätigkeit durch ein Übernahmeangebot nicht über einen angemessenen Zeitraum hinaus behindert werden.

Schauen wir uns diese Grundsätze genauer an:

Ad 1.: Die Gleichbehandlungsbestimmung war von Beginn an Etikettenschwindel im Namen des Gesetzes. Das gewichtigste Argument für das Übernahmerecht war immer die Gleichbehandlung der Aktionäre. Genau diese Gleichbehandlung gibt es gemäß Paragraf 26 des Übernahmegesetzes nicht: Von Anfang an war es dem Bieter erlaubt, bis zu 15 Prozent unter jenem Preis zu bleiben, den er einem Paketaktionär bezahlt hat. Ein Gesetz, das einen 15-prozentigen Abschlag vorsieht, hat nichts mit Gleichbehandlung zu tun. Das Gesetz war also von Anfang an eine Missgeburt. Geplant war übrigens ursprünglich ein Abschlag von 25 Prozent.

Ad 2.: Die standardmäßige Forderung aller volkswirtschaftlichen Modelle nach vollständiger Information ist Ausdruck eines langlebigen Idealismus. Dabei hat schon Friedrich August von Hayek die Illusion der vollständigen Information entlarvt, als er nachwies, dass diese in der Wirklichkeit, wäre sie tatsächlich vollständig, den Wettbewerb sogar ausschalten würde. Und auch schon Clausewitz nannte eine solche Forderung „elendes Bücherwissen“. Im Zusammenhang mit dem Aktienwesen haftet der geforderten Informationsdichte etwas Verlogenes an: Vom Auskunftsrecht des Aktiengesetzes über die Sonderprüfung bis hin zu den Sachverständigengutachten des Gremiums zur Überprüfung des aktienrechtlichen Umtauschverhältnisses wird die Information eingeschränkt – nur im Übernahmerecht, wo der Staat die Hand drauf hält, gilt vorgeblich anderes.

Ad 3.: Die umfassende Harmoniebestimmung („Habt-euch-lieb-Klausel“) aus dem Aktiengesetz 1937 hat sich, ergänzt um das Interesse der Gläubiger, ins Übernahmerecht hinübergerettet. Sie ist Ausdruck einer totalitären Haltung, die vermeint, gesetzlich das Glück aller bestimmen zu können. Die Dekretierung ganzheitlicher Harmonie ist ein Ausdruck des utopischen (National)Sozialismus. Wie sagt eine alte Volksweisheit? Allen Menschen recht getan, ist eine Kunst, die keiner kann. Der Vorstand hat in Wirklichkeit nur im Interesse der Gesellschaft zu arbeiten.

Ergänzt wird diese Klausel durch das Neutralitätsgebot für die Verwaltungsorgane der Zielgesellschaft. Diese müssen, sobald die Absicht eines Übernahmeangebotes bekannt ist, alle Maßnahmen unterlassen, durch die das Angebot vereitelt werden könnte. Sie müssen also nicht nur im Interesse aller handeln, sondern auch noch neutral sein. Diese Bestimmung ist verwaltungsstrafrechtlich sanktioniert. Doch wie scharf ist dieses Schwert? Als der VA Tech-Vorstand gegen ein mögliches erstes Übernahmeangebot von Siemens Abwehrmaßnahmen ergriffen und dies in der folgenden Hauptversammlung auch zugegeben hat, wurde von einem Strafverfahren gegen den Vorstand nichts bekannt.

Ad 4.: Diese Anti-Marktverzerrungs-Bestimmung ist im besten Fall juristisch-naiv. Die Übernahmekommission wird quasi als Arzt am Krankenbett des Kapitalismus definiert, der Marktverzerrungen verhindern soll. Tatsächlich ist die verderblichste Marktverzerrung das Übernahmegesetz selbst. Was von dieser Vorgabe zu halten ist, hat der 8. November 2004 bewiesen: Um „Marktverzerrungen" hintanzuhalten, verbietet das Übernahmegesetz innerhalb einer Sperrfrist von einem Jahr mehrere Übernahmegebote. Das Verbot gilt auch bei gescheiterten Offerten. Als Siemens bei der VA Tech in der Früh des 8. November 2004 ein Übernahmeangebot zu 55 Euro pro Aktie für den Fall, dass die Sperrfrist verkürzt werde, ankündigte, setzte die Börse den Handel kurzfristig aus. Nach Wiedereröffnung um 11 Uhr schnellte der Kurs sofort von 51 Euro auf 55 Euro, anschließend und vor der Erhöhung des Angebotes sogar auf 60 Euro hinauf. Was bedeutet in diesem Zusammenhang die Bestimmung, dass es keine Marktverzerrung geben dürfe? Kursgewinne bei Übernahmen, so genannte Übernahmephantasien, kann man nicht verbieten – was soll diese Bestimmung?

Ad 5.: Noch eine Illusion. Natürlich wird das Verfahren immer zu lange dauern. Bis etwa geklärt ist, ob Stimmrechte ruhen, vergehen Hauptversammlungen. Und natürlich behindern sowohl ein Übernahmeangebot als auch ein Übernahmeverfahren die Geschäftstätigkeit des Unternehmens. Gegenteiliges weich zu normieren, erscheint gewissermaßen blauäugig. Von der Aufhebung der Sperrfrist im November 2004 bis zur Machtübernahme bei der Hauptversammlung zur Wahl der neuen Aufsichtsräte sollten bei der VA Tech mehr als vier Monate vergehen. Die seinerzeit brisante Frage, ob die Stimmrechte der Kovats-Gruppe geruht haben, dürfte nach monatelanger Prüfung und der inzwischen erfolgten Siemens-Übernahme wohl nie beantwortet werden.

Kompetenzen und Ermessen der Übernahmekommission

> … und wir werden alles entscheiden, und sie werden freudig unserer Entscheidung glauben, weil diese sie großer Sorge und der jetzigen furchtbaren Qualen einer eigenen und freien Entscheidung enthebt.
>
> *Der Großinquisitor*

Die bei der Wiener Börse eingerichtete Übernahmekommission soll über die Einhaltung des Gesetzes wachen. Sie setzt sich aus dem Vorsitzenden und seinen zwei Stellvertretern, drei Richtern sowie je drei Mitgliedern, die auf Vorschlag der Wirtschaftskammer Österreich sowie der Österreichischen Bundesarbeitskammer bestellt werden, zusammen. Sie haben fachkundig zu sein und sind auf fünf Jahre bestellt. Sie sind in der Ausübung ihres Amtes unabsetzbar und an keine Weisungen gebunden. Die Übernahmekommission entscheidet üblicherweise in Senaten aus vier Mitgliedern. Verfahrensleitende Verfügungen kann der Vorsitzende selbst treffen.

Wegen dieser Zusammensetzung ist die Übernahmekommission ein Tribunal, also ein Gericht im Sinne der Menschenrechtskonvention. Entscheidungen ergehen allerdings nicht in Urteilsform, sondern als Bescheide. Es gibt keine Berufungsinstanz, welche die Rechtsrichtigkeit überprüfen könnte.

Die Übernahmekommission ist eine beispiellos mächtige Behörde. Sie entscheidet über alle im Übernahmegesetz geregelten Angelegenheiten. Sie ist zur Kontrolle und Überwachung der Durchführung eines öffentlichen Angebotes ebenso berufen wie zur Entscheidung darüber, ob ein Angebot zu legen ist und ob Meldepflichten verletzt worden sind. Sie entscheidet über Auflagen und Bedingungen, Gebote und Verbote. Nach dem Gesetzeswortlaut ist sie auch zur Erstattung von Stellungnahmen, zur Beratung und zur gütlichen Beilegung von Meinungsverschiedenheiten zuständig. Weiters erlässt sie Verordnungen – etwa hinsichtlich der Konkretisierung von Kontrolltatbeständen. Im Rahmen ihrer „amtswegigen Marktüberwachung“, wie sie es nennt, geht sie wie im Fall der VA Tech Gerüchten über geplante Übernahmen nach und prüft, wie bei Böhler-Uddeholm, den Erwerb von Kontrollpaketen. Zu guter Letzt wirkt sie auch als Strafbehörde.

Verfahren werden im Allgemeinen auf Antrag einer Partei eingeleitet. Verfahren können aber auch, wie im Fall Böhler-Uddeholm, auf Grund der amtswegigen Marktüberwachung von Amts wegen eingeleitet werden. Die vorangehenden Ermittlungsmethoden dürften dabei sehr informeller Natur sein – vom außerverfahrensmäßigen Schriftverkehr über außerverfahrensmäßige Gespräche bis hin zu außerverfahrensmäßigen Einladungen kommt alles vor.

Im Fall VA Tech forderte sie Siemens und die Kovats-Gruppe zur außerverfahrensmäßigen Widerspruchsaufklärung auf. Die Pressemitteilung vom 2. September 2004 lautete auszugsweise wie folgt:

> Auf Aufforderung durch die Übernahmekommission haben heute sowohl die Victory Industriebeteiligung AG als auch die Siemens AG Österreich in Presseerklärungen zu den aktuellen Gerüchten betreffend die Übernahme der VA

Technologie wie folgt Stellung genommen:

„*Die Victory Industriebeteiligung AG bestätigt, Gespräche mit Siemens über eine mögliche Übernahme der VA Technologie zu führen.*“ (Victory Industriebeteiligung AG)

„*Am Markt wird spekuliert, dass Siemens sich an einer Übernahme der Österreichischen VA Technologie AG beteiligen wolle. Siemens nimmt zu Marktgerüchten grundsätzlich nicht Stellung. Es ist aber kein Geheimnis, dass es Überlegungen gibt, ob Teilaktivitäten der VA Tech für Siemens von Interesse sein könnten, und dass es dazu Kontakte mit der Kovats-Gruppe gibt. Die zuständigen Gremien der Siemens AG Österreich haben in dieser Sache bisher aber keine Beschlüsse gefasst.*“ (Siemens AG Österreich)

Die beiden Erklärungen stehen zueinander im Widerspruch.

Deshalb hat der zuständige Senat der Übernahmekommission die Siemens AG Österreich heute ersucht, diesen Widerspruch aufzuklären.

Folgemitteilungen durch die Übernahmekommission wurden nicht veröffentlicht.

Die Übernahmekommission hat auch einen weiten Ermessensspielraum. Wenn eine kontrollierende Beteiligung erworben wird und daher ein Pflichtangebot zu legen wäre, kann sie von der gesetzlichen Sanktion des Ruhens der Stimmrechte absehen – oder überhaupt das Ruhen aller Aktionärsrechte anordnen. Wenn sie meint, dass eine Übernahme Aktionärsinteressen nicht gefährdet, kann sie sich mit Auflagen und Bedingungen begnügen. Ob damit die Vorschreibung bestimmter Aufsichtsratsmitglieder gemeint ist?

Wenig verwunderlich erscheint es bei dieser Machtfülle, dass das Übernahmegesetz die Kunst des vorauseilenden Gehorsams stark belebt hat: Gerne pilgern die Vorstände, Aufsichtsräte und deren Berater zu Peter Doralt, um sich Auskünfte zu holen. Generaldirektor Wolfgang Eder von der voestalpine meinte etwa in der Hauptversammlung vom 1. Juli 2004 gereizt, dass der Antrag hinsichtlich der Neuwahl der neuen Aufsichtsräte mit der Übernahmekommission abgesprochen sei. Deshalb stellte der alte, scheidende Aufsichtsrat diesen Antrag. Wenn die Übernahmekommission spricht, sei zu folgen. Ist das nicht der Ausdruck einer neuen Gehorsamsmentalität?

Der Fluch der Übernahmeregelungen: Mehr Staat

> Doch wisse, jetzt, ausgerechnet jetzt sind diese Menschen mehr denn je überzeugt, dass sie vollkommen frei sind; dabei haben sie selbst uns ihre Freiheit gebracht und sie untertänigst uns zu Füßen gelegt. Das ist unser Werk; ob du aber das gewollt hast, so eine Freiheit?
>
> *Der Großinquisitor*

Die derzeitigen Übernahmeregelungen haben einen Nebeneffekt, der völlig außer Acht gelassen wird: Die ökonomische Unternehmenskontrolle durch den Markt wird außer Kraft gesetzt. Ein ineffizientes Management einer Gesellschaft wird immer mit der Angst leben müssen, dass die Gesellschaft mehrheitlich übernommen wird und daher die Organe neu besetzt werden. Wenn nun die Möglichkeit der mehrheitlichen Übernahme durch die Verpflichtung zu einem Gesamtangebot wesentlich verringert wird, verliert auch die Korrekturfunktion möglicher Übernahmen an Relevanz. Das Management erhält durch die Übernahmeregelungen einen Freiraum, den es nicht verdient. Wirtschaftliche Konsequenz des Übernahmegesetzes ist daher der Schutz des – möglicherweise ineffizienten – Managements, nicht der anderen Aktionäre.

Wie das Amen im Gebet werden wir uns daher mit zunehmend unabhängigen Unternehmensführungen konfrontiert sehen, die dieser Seite des Marktregulativs, staatlich protegiert, entzogen sind. Es wird nur eine Frage der Zeit sein, wann uns der Staat, der hier versagt, auch vor schwachen Vorständen und Aufsichtsräten wird schützen wollen.

Übernahmerecht und Übernahmekommission sind Instrumente eines überkommenen Staatsdenkens. Diese Zauberlehrlinge zu beseitigen wird Aufgabe einer Politik sein, die sich am verantwortungsbewussten Menschen und einer freien Wirtschaft orientiert.

Easterbrook/Fischel ziehen in der Stanford Law Review daher die erstaunlich einfache Konsequenz: The optimal level of regulation of tender offers ... is zero.

Verfassungsrechtliche Bedenken

> Es gibt für Übernahmen zwar ein Gesetz, aber zu wenig Recht. *FORMAT vom 15. Oktober 2004*

Das Übernahmegesetz scheint mir in mehreren Punkten verfassungsrechtlich bedenklich zu sein. Ich erhebe mit der folgenden Aufzählung keinen Anspruch auf Vollständigkeit. Ein Durchjudizieren aller Problembereiche ist für den Einzelnen meist zeit- und kostenaufwendig. Man könnte daher den Verdacht hegen, dass der Gesetzgeber verfassungswidrige Bestimmungen bewusst in Kauf genommen hat.

1. Gleichheitsgrundsatz:

Der Abschlag von 15 Prozent im Namen der Gleichbehandlung schreit nach einer Überprüfung.

Die Pflicht zur Anbotslegung erscheint mir bereits unter dem Gesichtspunkt des Gleichheitsgebotes bedenklich. Warum muss ich ein Angebot auf alle legen, wenn ich 40 Prozent eines börsennotierten Unternehmens erwerbe, nicht allerdings, wenn ich weitere 40 Prozent erwerbe? Warum trifft die Angebotspflicht nur auf börsennotierte Unternehmen zu? Warum nicht auch auf Gesellschaften mit beschränkter Haftung? Oder auf Liegenschaften mit ideellen Anteilen? Oder auf Wohnungseigentumsanteile?

2. Recht auf Unverletzlichkeit des Eigentums

Problematisch erscheinen mir die zivilrechtlichen Sanktionen. Das Ruhen der Stimmrechte bedeutet einen schwerwiegenden zivilrechtlichen Eingriff in das Eigentum. Enteignungen dürfen nur im öffentlichen Interesse erfolgen. Da das Aktionärsinteresse nicht mit dem öffentlichen Interesse gleichzusetzen ist – das ergibt sich schon aus den allgemeinen Grundsätzen des Übernahmerechtes –, frage ich mich nach der Berechtigung des Eingriffs. Da in schwerwiegenden Fällen sämtliche Rechte des Aktionärs – vom Rederecht bis zur Dividende – außer Kraft gesetzt werden können und auch das Bestimmtheitsgebot verletzt zu sein scheint, halte ich die Bestimmungen über die zivilrechtlichen Sanktionen für unhaltbar.

3. Die Freiheit der Erwerbstätigkeit

Dieses Recht darf nur im öffentlichen Interesse eingeschränkt werden und die beschränkende Maßnahme muss ein zur Verfolgung dieses öffentlichen Interesses taugliches und adäquates Mittel sein. Unter diesem Gesichtspunkt wäre die Angebotspflicht bei Erwerb eines Paketes mit Überschreiten der kritischen Schwelle zu prüfen. Neuerlich ist nicht das öffentliche Interesse, sondern das Interesse der Aktionäre die Rechtfertigung für die Angebotspflicht. Da die Übernahmekommission eine Ausnahme von der Angebotspflicht machen kann, wenn keine Aktionärsinteressen gefährdet sind, scheint die Freiheit der Erwerbstätigkeit sehr selektiv einschränkbar. Dies ist auch unter dem Bestimmtheitsgebot bedenklich.

4. Recht auf den gesetzlichen Richter, öffentliche mündliche Verhandlung

Ob das Übernahmegesetz in Einklang mit dem Recht auf den gesetzlichen Richter zu bringen ist, wäre zu überprüfen. Zwar wird die Tribunal-Qualität gegeben sein, doch erscheint die Machtkonzentration ebenso bedenklich wie die Eininstanzlichkeit sowie der Ermessensspielraum hinsichtlich der Anberaumung von Verhandlungen, die im Sinne der Menschenrechtskonvention mündlich abzuhalten wären.

Vielleicht habe ich nicht mit allen meinen Bedenken Recht. Auch Emile Zola hatte nicht mit allen Anklagepunkten seines „*J'accuse*“ Recht. Wesentlich war, dass die Richtung stimmte.

Das Übernahmegesetz gegen die Wiener Börse

Durch das Übernahmegesetz hat sich der Kreis der Kandidaten, die sich führend an einem Unternehmen beteiligen können, verengt. Wenn ein Aktionär eine kontrollierende Beteiligung erwirbt und deshalb zu einem Pflichtangebot für alle übrigen Anteile verhalten wird, werden sich nur solche Aktionäre engagieren, die einhundert Prozent erwerben können. Es müssen also die Finanzmittel nicht für etwa dreißig Prozent der Anteile ausreichen, sondern für das gesamte Unternehmen. Damit fallen viele, vor allem österreichische, Investoren weg. Wer bleibt übrig? Für die großen österreichischen Unternehmen kommen als Investoren somit vor allem ausländische Konzerne in Betracht. Mit anderen Worten: Das Übernahmegesetz verkleinert den Übernahmemarkt.

Aktuelle Beispiele hiefür bieten Böhler-Uddeholm und die VA Tech. Böhler-Uddeholm hat sofort nach Einleitung des Prüfungsverfahrens „gedroht", an die Züricher Börse zu übersiedeln. Bei der VA Tech herrschte überhaupt Katzenjammer. Warum soll Siemens mit der VA Tech an der Börse bleiben, wenn Siemens einhundert Prozent erwerben soll? *You can't have your cake and eat it, too.* Mit der Zeit wird es vielen Publikumsgesellschaften so gehen, aus denen sich die ÖIAG derzeit verabschiedet. Neue Investoren werden zu Übernahmeangeboten verpflichtet sein und die Investitionen des Publikums hinausdrängen. Darunter wird auch die Börse leiden.

Das Übernahmegesetz hat also noch einen weiteren wesentlichen Effekt: das Hinausdrängen der Zielgesellschaften und damit einen Bedeutungsverlust für die Wiener Börse.

Bank Austria – HVB: Kein Fall für die Übernahmekommission

Am 22. Juli 2000 haben die Bayerische HypoVereinsbank und die Bank Austria die Absicht bekannt gegeben, ihre Aktionäre zusammenzuführen. Es wurde eine etwas umständliche, dreistufige Konstruktion gewählt, die vor allem den Zweck hatte, die Anwendbarkeit des Übernahmegesetzes zu vermeiden. Die Aktionäre der Bank Austria sollten kein Geld bekommen, sondern Aktien an der HVB. Gewählt wurde folgende Strategie:

1. Zunächst wurde der Geschäftsbetrieb der Bank Austria auf ihre 100-prozentige Tochter Sparkasse Stockerau übertragen, sodass die Bank Austria auf eine börsennotierte Holdinggesellschaft reduziert wurde. Der Geschäftsbetrieb konzentrierte sich in der nicht börsennotierten Sparkasse Stockerau.
2. Daraufhin brachte die Bank Austria im Rahmen eines bereits genehmigten Kapitals ihre Beteiligung an der Sparkasse Stockerau in die HVB ein und wurde somit an der HVB beteiligt. Die Hauptversammlung stimmte gemäß Paragraf 237 Aktiengesetz zu. In diesem Zeitpunkt war also die Bank Austria die Mutter, die HVB die Tochter und die Sparkasse Stockerau die Enkelin.
3. Schlussendlich wurde die Bank Austria auf die Sparkasse Stockerau verschmolzen. Die von der Bank Austria gehaltenen Anteile an der HVB wurden direkt zur Abfindung der Aktionäre der Bank Austria verwendet. Die bisherigen Aktionäre der Bank Austria waren nun Aktionäre der HVB. Die börsennotierte Bank Austria ging dadurch unter, die Sparkasse Stockerau wurde in Bank Austria umbenannt.

In der Folge gab es diverse Gutachten, die die Frage klären sollten, ob dieser Sachverhalt dem Übernahmegesetz unterliegt. Die Übernahmekommission prüfte diese Frage von Amts wegen und gab schließlich eine negative Stellungnahme ab. Ihre Unzuständigkeit begründete sie wie folgt:

Nicht jede Übernahme im wirtschaftlichen Sinn ist eine Übernahme im rechtlichen Sinn. Nichte jede Übernahme im wirtschaftlichen Sinn löst daher eine Angebotspflicht aus. Da es im konkreten Fall gar kein öffentliches Angebot gab, sondern die Aktionäre über eine Veräußerung des gesamten Vermögens, nämlich der Sparkasse Stockerau, an die HVB zu entscheiden hatten, lag kein Übernahmetatbestand vor. Ergibt sich die Frage, ob der Gesetzgeber einfach vergessen hat, eine solche Konstruktion zu normieren, sprich: Liegt eine Lücke vor?

Diese Frage verneinte die Übernahmekommission. Zwar regle auch der englische *City Code* einen solchen Fall – eine analoge Anwendung verbiete sich allerdings, da der *City Code* im Gegensatz zum Übernahmegesetz auch einen Aktientausch zulasse – während das Übernahmegesetz nur Barangebote kenne. Weiters sei die Übernahme nur eine Rechtstechnik – unter mehreren – zur Kontrollerlangung. Daneben gibt es etwa auch die Verschmelzung oder Spaltung, auf die das Übernahmegesetz, wie sich bereits aus den Materialien ergibt, nicht anzuwenden sei. Auch ist zu beachten, dass die Gleichbehandlung der Aktionäre gewährleistet zu sein scheint: Auch anderen Klein- oder Großaktionären werde keine Austrittsmöglichkeit gegen Bargeld gewährt. Letztlich beurteilte die Übernahmekommission die Diskrepanz zwischen Verschmelzungs- und Übernahmerecht als problematisch und schloss diplomatisch-zirkulär: „Hier wäre der Gesetzgeber berufen, die unterschiedlichen Regeln anzugleichen, wenn ein solcher Anpassungsbedarf gesehen wird."

Meiner Ansicht nach hat sich die Übernahmekommission mit dem Schielen auf das Verschmelzungsrecht selbst abgelenkt. Die Vermögensübertragung gemäß Paragraf 237 Aktiengesetz ist etwas qualitativ anderes als die Verschmelzung und liefert die Aktionäre der weitestgehenden Rechtlosigkeit aus, wie im nächsten Kapitel gezeigt wird. Richtig scheint, dass auch das Übernahmegesetz einen Aktientausch und nicht nur ein Barabfindungsangebot zulassen sollte. Dann könnte auch ein solcher Fall dem – von mir nicht geliebten – Übernahmegesetz unterstellt werden.

Die Prüfung von Böhler-Uddeholm

Ach, da kommt der Meister!
Herr, die Not ist groß
Die ich rief, die Geister
Werd' ich nun nicht los.
Johann Wolfgang Goethe

Am 8. Oktober 2004 beschloss der erste Senat der Übernahmekommission unter dem Vorsitz von Universitätsprofessor Josef Aicher die Einleitung eines Feststellungsverfahrens hinsichtlich der Böhler-Uddeholm AG. Gegenstand des Verfahrens sollte die Prüfung sein, ob im Zuge des Verkaufs des ÖIAG-Anteils

1. die BU Industrieholding GmbH ein Pflichtangebot für die Aktien der Böhler-Uddeholm AG zu Unrecht nicht gestellt hat
2. die BU Industrieholding GmbH gegebenenfalls die Anzeigepflicht über die erlangte kontrollierende Beteiligung verletzt hat, und
3. zivilrechtliche Sanktionen – also in erster Linie das Ruhen der Stimmrechte – eingetreten sind.

Die Einleitung des Verfahrens erfolgte von Amts wegen.

Hintergrund war, dass die BU Industrieholding mit einer Beteiligung von 25,10 Prozent nach dem Ausscheiden der ÖIAG im November 2003 größter Aktionär geworden war. Auf der Hauptversammlung 2004 hatte die BU Industrieholding deshalb die Hauptversammlungsmehrheit erreicht.

Pikanterweise gehörte der Vorsitzende der Übernahmekommission, Peter Doralt, zu diesem Zeitpunkt dem Aufsichtsrat von Böhler-Uddeholm an. Sein Mandat läuft planmäßig im Jahr 2006 aus.

Die Einleitung des Verfahrens wurde am 12. Oktober 2004 veröffentlicht. Die Pressemitteilung enthielt den versöhnlichen Hinweis, dass auch untersucht werde, ob anstelle einer Angebotspflicht gegebenenfalls eine Ausnahmegewährung unter bestimmten Auflagen möglich sei. Grundsätzlich sei zwar bei einem Kontrollwechsel ein Angebot zu legen, doch könne eine

Ausnahme gewährt werden, wenn keine Aktionärsinteressen gefährdet seien.

Als Claus Raidl, Vorstandsvorsitzender der Böhler-Uddeholm AG, davon erfuhr, ließ er gegenüber dem Wirtschaftsblatt seiner Empörung freien Lauf: „Es handelt sich da um eine Überinterpretation weltfremder Professoren!" Rudolf Fries, Vertreter des Hauptaktionärs, sekundierte: „Wir werden das bis zum Verfassungsgerichtshof durchfechten!"

Der Gesetzgeber wurde angerufen und der Bundeskanzler sprach unmittelbar nach Einleitung des Verfahrens von einer Fehlinterpretation des Gesetzes durch die Übernahmekommission.

Am 24. Februar 2005 erließ die Übernahmekommission einen 47-seitigen Bescheid, der sowohl die Erlangung der kontrollierenden Beteiligung durch die BU Industrieholding als auch die pflichtwidrige Mitteilung über diesen Sachverhalt an die Übernahmekommission feststellte. Sie sah allerdings, wie bereits bei der Einleitung des Prüfungsverfahrens angedeutet, von der Anordnung eines Pflichtangebotes der BU Industrieholding an die Aktionäre der Böhler-Uddeholm ab. Dies bedeutete auch ein Stück Realpolitik, weil die BU Industrieholding ein solches Angebot gar nicht hätte finanzieren können. Die Übernahmekommission stellte weiters fest, dass das Stimmrecht der BU Industrieholding aus ihren Aktien spätestens seit 3. Juni 2004 ruhte und hob diese von Gesetzes wegen eintretende Sanktion gleich wieder auf, sofern und solange folgende Bedingungen eingehalten werden:

- Weder die BU Industrieholding noch mit ihr gemeinsam vorgehende natürliche oder juristische Personen erwerben bis zum 31. Dezember 2006 eine oder mehrere zusätzliche Aktien an der Böhler-Uddeholm. Die Übernahme von jungen Aktien im Zuge einer Kapitalerhöhung ist aber zulässig, sofern im Zeitpunkt der Zeichnung nicht zu erwarten ist, dass der Erwerb weiterer Aktien zu einem prozentuellen Ausbau der Beteiligung führen wird.
- Im Zuge der Neubestellung von Aufsichtsratsmitgliedern werden nur so viele der BU Industrieholding GmbH beziehungsweise mit ihr gemeinsam vorgehenden Rechtsträgern nahe stehende Personen in den Aufsichtsrat gewählt, dass

insgesamt mindestens die Hälfte der Kapitalvertreter einschließlich des Aufsichtsratsvorsitzenden als unabhängig von der BU Industrieholding GmbH anzusehen sind.

Weiters wurden die Parteistellung des Wilhelm Rasinger sowie des IVA-Interessenverbandes für Anleger bestätigt und die Kosten des Verfahrens mit 21.964,80 Euro festgesetzt.

In der Begründung hieß es, wenig überraschend, dass auch der passive, unbeabsichtigte Kontrollwechsel den Tatbestand des Übernahmerechts erfülle und eine abgesicherte Beherrschungsmöglichkeit spätestens seit der Hauptversammlung am 3. Mai 2004 erkennbar war. Addiert man zu diesem Datum die für die Anzeige vorgesehenen 20 Börsetage, gelangt man zum bescheidmäßig festgestellten 3. Juni 2004, ab dem die Stimmrechte spätestens ruhen.

Trotz des Verstoßes gegen die Anzeigepflicht der kontrollierenden Beteiligung verzichtete die Übernahmekommission wortlos auf die Anwendung der entsprechenden Strafbestimmung.

Die Nichtanordnung eines Pflichtangebotes wurde „insbesondere“ mit der Art der Kontrollerlangung – also passiv und unbeabsichtigt – begründet. Zur Verhinderung einer umfassenden Beherrschung der Böhler-Uddeholm ohne Gewährung einer angemessenen Austrittsmöglichkeit wurden allerdings für die Aufhebung des ruhenden Stimmrechts die oben genannten Bedingungen erteilt, wobei der Senat (großzügig?) darauf verzichtet, der BU Industrieholding bei Wahlen in den Aufsichtsrat ebenso wie generell bei Abstimmungen in der Hauptversammlung eine Stimmrechtsbeschränkung aufzuerlegen.

Eine zeitliche Beschränkung kennt die Bedingung hinsichtlich der Aufsichtsratsmitglieder nicht. Personen, die der BU Industrieholding nahe stehen, sollen somit niemals den Vorsitz des Aufsichtsrates innehaben dürfen. Während sich die Bedingung, dass mindestens die Hälfte der Aufsichtsratsmitglieder von der BU Industrieholding unabhängig sein muss, an die Hauptversammlung der Böhler-Uddeholm richtet, sind die Adressaten der Vorsitzregelung sämtliche Mitglieder des Aufsichtsrates. Die Übernahmekommission bindet also auch das Stimmverhalten der „unabhängigen“ Aufsichtsratsmitglieder.

Für die Festlegung des „schwierig zu fassenden“ Begriffes der

Unabhängigkeit der Aufsichtsratsmitglieder verwies der Senat auf die noch im Entwurf vorliegende Empfehlung der Europäischen Kommission zu den Aufgaben der nicht geschäftsführenden Direktoren/Aufsichtsratsmitglieder sowie zu den Ausschüssen des Verwaltungs-/Aufsichtsrates (http//europa.eu.int). Nach Punkt 13.1. dieses Entwurfs gilt ein Mitglied der Unternehmensführung dann als unabhängig, *„wenn es in keiner geschäftlichen, familiären oder sonstigen Beziehung zu der Gesellschaft, ihrem Mehrheitsaktionär oder deren Geschäftsführung steht, die einen Interessenkonflikt begründet, der sein Urteilsvermögen beeinflussen könnte*". Nach Punkt 13.2. sollen auf einzelstaatlicher Ebene weitere Kriterien festgelegt werden.

Da zum Zeitpunkt der Bescheiderlassung die Bedingung der Unabhängigkeit der Aufsichtsratsmitglieder erfüllt war – die Mehrheit war noch von der ÖIAG nominiert worden –, galt die Sanktion des Ruhens des Stimmrechts mit sofortiger Wirkung als aufgehoben. Allerdings wurden in der Begründung des Bescheides zwecks Überprüfung der Unabhängigkeit zwei weitere Anordnungen getroffen:

- Dem Vorstand der Böhler-Uddeholm wurde die Verpflichtung auferlegt, jeweils vor der Hauptversammlung der Übernahmekommission mitzuteilen – soweit ihm dies bekannt ist –, welche Personen zu den Wahlen in den Aufsichtsrat nominiert werden sollen.
- Die BU Industrieholding wurde dazu verpflichtet, jeweils vor der Hauptversammlung gegenüber der Übernahmekommission darzustellen, ob die nominierten Kandidaten von ihr beziehungsweise den dahinter stehenden Gesellschaftern unabhängig sind.

Eine Frist für diese Mitteilungen und Darstellungen wurde nicht erwähnt, sodass entsprechende Meldungen, die fünf Minuten vor einer Hauptversammlung übersandt werden, als Erfüllung der Verpflichtung angesehen werden könnten.

Die Übernahmekommission versäumte nicht darauf hinzuweisen, dass bei einem Verstoß gegen eine der Bedingungen das Ruhen der Stimmrechte automatisch einsetzen und sich gegebenenfalls auch die Frage nach einem Verfall von Dividendenrechten stellen würde.

Der Bescheid beantwortet viele Fragen, wirft aber auch neue auf. Der Phantasie sind kaum Grenzen gesetzt. Über den Anlassfall hinaus könnte sich die Frage des passiven, unbeabsichtigten Kontrollerwerbs auch bei Gesellschaften wie der OMV oder der Telekom Austria stellen. Wenn sich die ÖIAG aus diesen Unternehmen zurückzieht, könnte es sein, dass die International Petroleum Investment Company aus Abu Dhabi oder die Capital Group sich über Nacht in der gleichen Situation wie die BU Industrieholding befinden. Freude wird dies wohl kaum auslösen.

Es ist eher zu erwarten, dass diese Judikatur eine zumindest vordergründige Zersplitterung der Aktionärsstruktur begünstigt. Ein rational denkender Großinvestor wird entweder das österreichische Recht und damit den Börseplatz Wien meiden oder danach trachten, in österreichischen Hauptversammlungen nur durch Legitimationsaktionäre vertreten zu sein, die jeweils eine Beteiligung von unter 5 Prozent repräsentieren. Bei einer ständigen Rotation kleiner Aktienpakete dürfte die Übernahmekommission kaum eine Chance zur Rechtsdurchsetzung haben. Sie wird der Wirklichkeit immer hinterherlaufen.

Eines muss mit aller Deutlichkeit gesagt werden: Die Entscheidung der Übernahmekommission erscheint auf der Basis der geltenden Gesetzeslage korrekt zu sein. Ob der passive Kontrollerwerb ausgeklammert werden soll, kann rechtspolitisch, also im Hinblick auf eine zukünftige Rechtslage, diskutiert werden. Wenn man dies tut, werden mit Sicherheit neue Umgehungswege geöffnet. Fazit: Das Geflecht der Regelungen wird immer unvollkommen sein. Der Dschungel, dessen Recht zunehmend herrscht, wird immer dichter.

Hinsichtlich der Weltfremdheit der Professoren irrte also Claus Raidl. Zu verdammen sind nicht die Professoren, nicht eine Fehlinterpretation und nicht die Vernachlässigung eines Spielraumes. Zu verdammen ist das Gesetz als solches. Das zu sagen, fehlte den Beteiligten allerdings der Mut.

Manager sind nicht immer die Mutigsten, wenn es um die öffentliche Auseinandersetzung geht. So wie sie sich in der Frage der Mitbestimmung lieber arrangieren, als auf die Wettbewerbsnachteile dieser Systemwidrigkeit hinzuweisen, verniedlichen sie auch den Unsinn des Übernahmerechts. In Wirklichkeit dürften sie nicht sagen, dass es hier und dort Verbesserungspotential gibt, sondern aufschreien, dass das Gesetz als solches abzuschaffen ist. Claus Raidl wäre dafür prädestiniert.

Die Kosten der Übernahmekommission

Seit ein paar Jahren ist es auch in Österreich üblich, die Kostenfolgen zukünftiger Gesetze abzuschätzen. In den Materialien zum Übernahmegesetz war vorgesehen, dass die Übernahmekommission bei der Wiener Börse AG eingerichtet werden sollte, die wiederum den Sach- und Personalaufwand zu tragen hätte. Dieser Aufwand sollte durch Beiträge der Bieter und der Zielgesellschaften gedeckt werden. Die Wiener Börse AG wurde daher ermächtigt, eine Gebührenordnung unter Bedachtnahme auf eine voraussichtliche Kostendeckung zu erlassen. Dem Bund sollten daher keine nennenswerten Kosten entstehen:

Tatsächlich hat die Wiener Börse AG nach Anhörung der Übernahmekommission am 10. Juni 2003 eine Gebührenordnung erlassen.

Die Gebühr für das Verfahren zur Kontrolle und Überwachung der Durchführung eines öffentlichen Angebotes durch die Übernahmekommission setzt sich aus einer Grundgebühr und einer Zuschlagsgebühr zusammen. Die Grundgebühr beträgt zwischen 50.000 Euro und 230.000 Euro. Die Zuschlagsgebühr kann bis zu 402.500 Euro betragen. Bei jeder bescheidmäßigen Erledigung gegenüber der Zielgesellschaft ist eine weitere Gebühr von 10.700 Euro zu bezahlen.

Die Gebühr für Verfahren zur Prüfung einer Mitteilung nach Paragraf 25 des Übernahmegesetzes (Anzeigepflicht bei kontrollierender Beteiligung) beträgt 10.700 Euro.

Der bisher häufigste Fall ist in Ziffer 3 der Gebührenordnung geregelt: Es handelt sich um jene Verfahren, die zu einem Feststellungsbescheid gemäß Paragraf 24 des Übernahmegesetzes oder Paragraf 8 der ersten Übernahmeverordnung führen. Diese betragen 21.400 Euro.

Verfahren gemäß den Paragrafen 33 und 34 Übernahmegesetzes kosten zwischen 10.700 Euro und 21.400 Euro. Dies gilt auch für Feststellungsverfahren zur Entscheidung einer Vorfrage, also beispielsweise im Fall der Unterbrechung eines Anfechtungsprozesses.

Für sonstige einfache Erledigungen sind 864 Euro, für sonstige Senatserledigungen sind 3.634 Euro zu bezahlen. Die Prüfung eines Antrags auf Kürzung der Sperrfrist gemäß Paragraf 21 des Übernahmegesetzes kostet 21.400 Euro.

Barauslagen sind immer extra zu begleichen.

Es ist leicht einzusehen, dass die genannten Gebühren hemmend wirken. Die Transaktionskosten werden erheblich erhöht, wobei von den Beratungskosten noch abgesehen ist. Genau das sollte das Recht aber nicht tun. Es sollte in einer Marktwirtschaft die Transaktionskosten vielmehr senken. Die Effizienz des Kapitalmarktes wird durch die Gebühren somit verschlechtert. Aber nicht nur das: Sie laufen dem Zweck des Gesetzes, nämlich dem Schutz der Minderheitsaktionäre, diametral entgegen. Welcher Aktionär kann sich solche Gebühren leisten?

Kein Wunder, dass diese Gebühren auch bald beim Verfassungsgerichtshof angefochten wurden. Erfolglos. Das Kostendeckungsprinzip sei zu beachten, Pauschalierungen und Mindestgebühren zulässig. Es sei offenbar auf die verursachungsgerechte Aufwandszuordnung einerseits und auf die Nutzenäquivalenz andererseits abgestellt worden. Verfassungsrechtliche Bedenken gegen die Gebührenordnung bestehen somit aus Sicht des Verfassungsgerichtshofs nicht.

Kriminalisierung: Wer nicht gehorcht, wird bestraft

> Haben wir denn die Menschheit nicht geliebt, als wir so demütig ihre Ohnmacht anerkannten, ihr liebevoll die Last erleichterten und ihrer schwächlichen Natur sogar die Sünde zugestanden, doch nur mit unserer Erlaubnis?
> *Der Großinquisitor*

Die Zurückdrängung des Individualanspruchs hat die logische Konsequenz, dass die Übernahmekommission mit umfangreichen Befugnissen ausgestattet ist. In Übernahmefragen fällt sie bekanntlich nicht nur Entscheidungen. Sie erlässt auch Verordnungen, gibt Stellungnahmen ab, berät und schlichtet Meinungsverschiedenheiten.

Die Übernahmekommission ist aber auch eine sehr umfassende Strafbehörde. Für den Fall, dass die Übernahmekommission in Wahrnehmung dieser Kompetenz etwas langsam wäre, hat der Gesetzgeber auch vorgesorgt: Die Verjährungsfrist des Verwaltungsstrafgesetzes ist für die Übernahmekommission prophylaktisch verdreifacht worden.

Konkret straft die Übernahmekommission den Bieter, die Mitglieder der vertretungsbefugten Organe des Bieters sowie jeden, der mit dem Bieter gemeinsam vorgeht, ebenso die Mitglieder der vertretungsbefugten Organe eines Rechtsträgers, die gemeinsam mit dem Bieter vorgehen, wenn sie

a) im Zusammenhang mit einem Übernahmeverfahren unrichtige oder irreführende Informationen und Erklärungen abgeben
b) Geheimhaltungspflichten zur Vermeidung von Marktverzerrungen missachten
c) Bekanntmachungspflichten zur Vermeidung von Marktverzerrungen verletzt werden
d) die Angebotsunterlage vor dem zwölften oder nach dem fünfzehnten Tag nach Einlangen bei der Übernahmekommission veröffentlichen, es sei denn, die Übernahmekommission habe eine Ausnahmegenehmigung erteilt
e) die Angebotsunterlagen dem Vorstand sowie dem Vorsitzenden des Aufsichtsrats der Zielgesellschaft und dessen Stellvertreter nicht vor der Veröffentlichung zur Kenntnis bringen
f) nach erfolgter Bekanntmachung rechtsgeschäftliche Erklärungen abgeben, die auf den Erwerb zu besseren Bedingungen als im Angebot gerichtet sind, es sei denn, der Bieter verbessert das öffentliche Angebot oder die Übernahmekommission erlaubt eine Ausnahme
g) nach erfolgter Bekanntmachung Anteile an der Zielgesellschaft verkaufen
h) der Übernahmekommission nicht unverzüglich jede Transaktion hinsichtlich der Zielgesellschaft bekannt geben
i) das Ergebnis des Übernahmenangebotes nach Ablauf der

Angebotsfrist nicht unverzüglich veröffentlichen

j) trotz Sperrfrist ein weiteres Angebot legen oder Aktien erwerben, die eine Angebotspflicht auslösen
k) kein Angebot stellen, obwohl sie
   1. Überlegungen oder die Absicht, ein Angebot zu stellen oder Tatsachen herbeizuführen, die zur Stellung eines Angebotes verpflichten, bekannt gemacht haben;
   2. die Entscheidung seines Vorstands und Aufsichtsrats, ein Angebot zu stellen, bekannt gemacht haben;
   3. öffentlich erklärt haben, dass ein Angebot nicht ausge schlossen werde.
l) trotz Erlangung einer kontrollierenden Beteiligung kein entsprechendes Pflichtangebot abgeben
m) der Anzeigepflicht bei einer kontrollierenden Beteiligung nicht nachgekommen sind
n) der Übernahmekommission nicht alle verfügbaren Informationen mitteilen.

Die Mitglieder der vertretungsbefugten Organe der Zielgesellschaft machen sich strafbar, wenn sie

a) gegen das Neutralitätsgebot verstoßen und sich unrichtiger oder irreführender Informationen oder Erklärungen schuldig machen
b) gegen die Geheimhaltungs- oder Bekanntmachungspflichten verstoßen
c) den Betriebsrat nicht unverzüglich über Geheimhaltungs- oder Bekanntmachungspflichten sowie Verhandlungen informieren
d) nicht unverzüglich nach der Veröffentlichung eines Angebotes eine Äußerung verfassen und diese binnen 10 Tagen der Übernahmekommission sowie dem Betriebsrat übermitteln
e) der Übernahmekommission nicht alle verfügbaren Informationen mitteilen..

Die Strafen sind im Vergleich zu den Gebühren der Übernahmekommission nicht gerade drakonisch und liegen zwischen 3.600 Euro und 36.000 Euro. Wer sich eine Grundgebühr von 50.000 Euro leisten kann, wird von der Höhe einer möglichen

Strafe kalt gelassen. Die Höchststrafe für das Nichtlegen eines Angebotes liegt unter der Grundgebühr eines Angebotes! Überflüssig zu bemerken, dass zur Grundgebühr noch die Zusatzgebühr kommt – und natürlich der Preis für die Aktien.

Die Kommission und das verbesserte Siemens-Angebot

> Denn ohne Zweifel ist das Haus eines Rechtsgelehrten ein Orakel für die gesamte Bürgerschaft.
>
> *Cicero*

Die Vorgänge um die VA Tech werden in einem eigenen Kapitel beschrieben. Nur eine Stellungnahme der Übernahmekommission, die im VA Tech-Verfahren mehrfach gefordert war, soll hier exemplarisch herausgegriffen werden. Sie zeigt nicht nur, dass die Übernahmekommission unabhängig vom Gesetzesbuchstaben pragmatisch-wirtschaftsorientiert handelt. Sie offenbart auch die Absurdität des Regelungswerks insgesamt. Ein Gesetz, das ergebnisorientiert und nicht logisch-deduzierend angewandt werden muss, um brauchbar zu sein, ist überflüssig.

Am 18. November 2004 hatte Siemens ein auf den Erwerb der VA Tech-Aktien gerichtetes freiwilliges Übernahmeangebot zur Prüfung angezeigt. Die Veröffentlichung erfolgte am 10. Dezember 2004. Der Angebotspreis lag damals bei 55 Euro pro Aktie. Eine Bedingung des Angebotes lautete, dass Siemens nach Ende der Angebotsfrist mindestens 50 Prozent der Stimmrechte halten müsse. Eine andere Bedingung lautete, dass die in der Satzung der VA Tech festgeschriebene Höchststimmrechtsbestimmung vor Ablauf der Angebotsfrist Anfang Februar 2005 fallen müsse. Nach Ablehnung des Siemens-Begehrens auf Änderung der Satzung in der Hauptversammlung am 17. Januar 2005 verzichtete Siemens auf diese Bedingung, erhöhte das Angebot auf 65 Euro pro Aktie und änderte die Bedingung hinsichtlich der Mindestannahmemenge dahingehend ab, dass nicht 50 Prozent, sondern 90 Prozent der ausgegebenen VA Tech-Aktien nach Ablauf der Angebotsfrist Siemens zur Verfügung stehen mussten.

Die Übernahmekommission prüfte dieses geänderte Angebot und gab am 24. Januar 2005 eine positive Stellungnahme ab, die hier auszugsweise veröffentlicht sei:

> „… Mehrfach erklärten Vertreter von Siemens der Presse gegenüber, dass eine Änderung des Angebotspreises ausgeschlossen wird. Das Angebot sei „das letzte Offert" (Dr. von Pierer, Vorsitzender der Siemens AG, 11. November 2004); ein Sprecher von Siemens betonte am 15. November 2004, „da ist der Deckel drauf, das Angebot ist fair und dabei bleibt es auch" (Wiener Zeitung, 15. November 2004). DI Hochleitner (Generaldirektor der Siemens AG Österreich) meinte in einem Interview im Nachrichtenmagazin Profil (15. November 2004) auf die Frage nach einer allfälligen Verbesserung: „Warum sollten wir?" Aber schon in der Angebotsunterlage wies Siemens darauf hin, dass im Falle von Verbesserungen gemäß § 19 Abs 3 ÜbG diese auch für Aktionäre der VA Tech, die das Angebot bereits angenommen habe, gelten.
>
> ………………………
>
> Rechtliche Beurteilung:
>
> a) Zur Verbesserung der Gegenleistung
>
> Zunächst ist zu prüfen, ob die Verbesserung der Angebotsunterlage zulässig ist, obwohl Vertreter des Siemens-Konzerns das Angebot als „letztes Angebot" bezeichnet haben bzw. Änderungen des Angebots grundsätzlich abgelehnt haben.
> In Präzisierung des Transparenzgebots, wonach Informationen und Erklärungen im Zusammenhang mit Übernahmeangeboten sorgfältig, genau und vollständig auszuarbeiten bzw. unrichtige und irreführende Informationen und Erklärungen unzulässig sind, enthält § 15 Abs 4 der 1.ÜbV (Übernahmeverordnung) eine Regel zu so genannten „no-increase-statements".
> Im vorliegenden Fall kann das Vorliegen des Tatbestands

gemäß § 15 Abs 4 der 1. ÜbV verneint werden. Aus der Sicht eines verständigen Aktionärs als Erklärungsempfänger war im vorliegenden Fall, insbesondere im Hinblick auf die bevorstehende Hauptversammlung, die taktische Natur der Äußerungen erkennbar. Die Kursentwicklung seit diesen Ankündigungen belegt, dass der Markt als solcher die Aussagen nicht als „letztes Wort" genommen hat. Auch der Angebotsunterlage ist keine Festlegung des Bieters zu entnehmen; vielmehr wird durch die Feststellung, dass etwaige Verbesserungen für alle Angebotsadressaten wirken, die Möglichkeit einer Änderung implizit offen gelassen.

b) Zur Annahmeschwelle von 90 Prozent

Das Angebot sah bisher die ohnehin gesetzlich vorgeschriebene Annahmeschwelle von 50 Prozent plus einer Aktie des ständig stimmberechtigten Grundkapitals vor (§ 22 Abs 11 ÜbG). Nach der Änderung soll die Annahmeschwelle mit 90 Prozent auf derselben Berechnungsbasis festgelegt werden. Auf den ersten Blick scheint dies eine unzulässige Verschlechterung der Angebotsbedingungen zu sein. Denn § 15 Abs 1 ÜbG hält fest, dass eine Verbesserung der Gegenleistung oder eine sonstige Änderung zugunsten der Angebotsadressaten möglich ist; daraus lässt sich im Umkehrschluss ableiten, dass für die Angebotsadressaten nachteilige Änderungen unzulässig sind.
Ohne jeden Zweifel ist bei isolierter Betrachtung eine höhere Annahmeschwelle für die einzelnen Angebotsadressaten nachteilig. Das kann auch nicht einfach dadurch vom Tisch gewischt werden, dass die Gegenleistung verbessert wird. Denn es ist nach der Praxis der Übernahmekommission grundsätzlich nicht zulässig, Verschlechterungen in einer Hinsicht durch Verbesserungen in einem anderen Bereich auszugleichen.
Im gegebenen Fall liegt aber eine besondere Situation vor: Es ist zu beachten, dass dem Bieter im Ergebnis vor der gegenständlichen Änderung die Möglichkeit offen steht, die Bindung an das Angebot am 4. Februar auslaufen zu

lassen, weil das Höchststimmrecht nicht aufgehoben wurde und die dementsprechende aufschiebende Bedingung daher nicht mehr rechtzeitig erfüllt werden kann. Verzichtet der Bieter nicht auf die Bedingung, so scheitert das Angebot. Ob er auf die Bedingung verzichtet, steht grundsätzlich in seinem Ermessen.
Da der Verzicht auf die Bedingung bereits in der Änderung erfolgt ist, ist den Aktionären die diesbezügliche Unsicherheit genommen. Gesamthaft betrachtet werden sie auch besser gestellt: War das Schicksal des Angebots vor der Änderung vollständig in den Händen von Siemens gelegen, begibt sich Siemens nun dieser Möglichkeit und macht das Angebot bloß von einer hohen Annahmequote abhängig.
Aufgrund dieser speziellen Umstände stellt die Änderung materiell betrachtet eine Verbesserung der Position der Angebotsadressaten dar, deren Verkaufsentscheidung nun nicht mehr vom Verzicht des Bieters auf die Bedingung der Abschaffung des Höchststimmrechts abhängig ist. Die Änderung ist nach Ansicht des entscheidenden Senats daher zulässig.
Der 3. Senat verweist darauf, dass seine Stellungnahmen gemäß § 29 Abs 1 ÜbG keine rechtliche Bindungswirkung haben. Darüber hinaus verweist der Senat auf den Umstand, dass er bei der vorliegenden Stellungsnahme von der Richtigkeit und Vollständigkeit der ihm zugrunde gelegten Information ausgegangen ist."

Dieser Stellungnahme der Übernahmekommission war offensichtlich ein Machtkampf mit Siemens vorausgegangen. Siemens hatte nämlich bei der Ankündigung vom 20. Januar 2005, das Angebot auf 65 Euro zu erhöhen, auch behauptet, dass die Entscheidung über den Verzicht auf die Höchststimmrechtsbedingung davon abhängig gemacht werde, ob unwiderrufliche Annahmeerklärungen für Aktien im Umfang von mindestens 90 Prozent des Grundkapitals der VA Tech einlangen. Nun war es genau umgekehrt: Die Übernahmekommission hatte sichtlich darauf bestanden, dass das modifizierte Angebot nur rechtens sei, wenn Siemens im Vorhinein und bedingungslos auf die Höchststimmrechtsbedingung verzichtet – was geschah. Anschließend durfte die Schwelle erhöht werden. Nur durch diese Umkehrung konnte die Übernahmekommission ihrerseits argumentieren, dass das Angebot keine Verschlechterung sei – wie das die anderen, isoliert betrachtenden Juristen meinen –, sondern in seiner Gesamtheit eine Verbesserung darstelle. Bei einem bedingten Verzicht auf eine Bedingung hätten sie dem geänderten Angebot ihre Zustimmung versagen müssen.

Was die Einschätzung betrifft, dass die Endgültigkeitserklärungen der Siemens-Vorstände aus Sicht eines verständigen Aktionärs als Äußerungen taktischer Natur erkennbar waren, werden jene Aktionäre, die im Hinblick auf den Wahrheitsgehalt der ersten Siemens-Aussagen frühzeitig verkauft haben, nicht teilen. Immerhin sollen vor der Hauptversammlung am 17. Januar 2005 knappe 50 Prozent der Aktien den Eigentümer gewechselt haben.

Schließlich ist davon auszugehen, dass viele Aktionäre in der – rechtlich bindungslosen – Stellungnahme der Übernahmekommission verständnisvoll ebenfalls ein gutes Maß an taktischer Natur dieser Äußerung erkennen werden. Denn alles andere als ein grünes Licht für Siemens wäre für unseren Wirtschaftsstandort noch schädlicher gewesen als ein als Stellungnahme bezeichneter bindungsloser Entscheidungsvorschlag, bei dem Juristen beide Augen zudrücken. Diesen komplizierten, aufwendigen und letztlich gewundenen Spießrutenlauf im Namen des Schutzes der Aktionäre zu veranstalten, ist meiner Ansicht nach ein Vergehen am Recht. Es entsteht der Eindruck, dass Beliebigkeit in das Gewand der Legalität gekleidet wird. All das ist Wasser auf die Mühlen jener, die das gesamte Übernahmerecht zermahlen mögen.

Die gehemmte Marktwirtschaft

> Es ist nicht viel, was moderne Psychoanalytiker und Existentialphilosophen seinen psychologischen Einsichten hinzufügen konnten.
>
> *Friedrich August von Hayek*
> in einer Fußnote seines Buches „Die Verfassung der Freiheit" über Dostojewskis „Großinquisitor"

Der Österreicher Ludwig von Mises hat im Jahr 1940 in der Schweiz sein epochales Werk „Nationalökonomie" veröffentlicht. Der VI. Teil dieses Buches handelt von der gehemmten Marktwirtschaft. Er versteht darunter jenes System des Interventionismus, das sich vom Sozialismus gerade dadurch unterscheidet, dass es immer noch Marktwirtschaft ist. „Die Obrigkeit sucht den Markt durch Eingriffe ihres Gewaltapparates zu beeinflussen, sie will ihn aber nicht ganz ausschalten. Sie will, dass Produktion und Verbrauch sich anders gestalten, als der unbehinderte Marktverkehr es bewirkt, und sie will dieses Ziel dadurch erreichen, dass sie in das Getriebe des Marktes Anordnungen hineinsetzt, Befehle und Verbote, zu deren Durchsetzung sie den Gewalt- und Zwangsapparat bereithält. Doch es sind isolierte Eingriffe."

Das Übernahmegesetz erwartet von der Kommission Verbote und Gebote. Im Namen der Gerechtigkeit, hier als Gleichbehandlung bezeichnet, wird wieder einmal der freie Wettbewerb behindert. Das ist die Philosophie jener, die glauben, dass der Markt in erster Linie Regulierung und Korrektur braucht. Das sind jene, die von kollektiver Betreuung in einer etatistischen Marktwirtschaft träumen, die es ebenso wenig geben kann wie einen schwarzen Schimmel.

Ich halte nichts von zusätzlicher Regulierung, die bei immer mehr Einzel- und Sonderfällen immer mehr den Leviathan Staat hervorkehrt. Wer die Gängelung des Marktes akzeptiert, wird immer tiefer in den Dschungel von Detailregeln gezogen werden. Auf diese Weise hat der Staat bereits bei der Regulierung des Mietenmarktes versagt: Wer Angebot und Nachfrage verzerrt, erntet Umgehungsversuche und Ineffizienzen – hier leerstehende Wohnungen, dort die Paralysierung durch Koalitionsverbote.

Man muss auch klar sagen, dass die Übernahmekommission zur Gedankenpolizei wird, wenn sie dazu auffordert, zu Gerüchten Stellung zu nehmen, wie dies beim ersten Übernahmeversuch VA Tech/Siemens erfolgt und von Siemens-Generaldirektor Albert Hochleitner als „ziemlich lästig“ bezeichnet worden ist. Die Übernahmekommission ist in Wirklichkeit genau jenes Aktienamt, vor dem die Anhänger einer freien und sozialen Marktwirtschaft immer gewarnt haben.

Um nicht missverstanden zu werden: Es ist recht und billig, wenn alle Aktionäre im Zuge einer Übernahme gleich behandelt werden, also den gleichen Preis erhalten. Dieses Ergebnis sollte allerdings nicht durch unvollkommene staatliche Kontrahierungszwänge, sondern durch gesellschaftlichen Druck erreicht werden. Ähnlich wie der *City Code* sollte auf freiwilliger Basis einer Diskriminierung der übrigen Aktionäre vorgebeugt werden. Wenn man so will, ist die freiwillige Gleichbehandlung im Zuge einer Übernahme eine Frage der modernen Wirtschaftsethik.

Der Verfall des Rechts

> Dostojewskis Großinquisitor hat es mit grausamer Dialektik bewiesen, dass die Mehrzahl der Menschen die eigene Freiheit eigentlich fürchtet, und tatsächlich sehnt sich aus Müdigkeit angesichts der erschöpfenden Vielfalt der Probleme, angesichts der Kompliziertheit und Verantwortlichkeit des Lebens die große Masse nach einer Mechanisierung der Welt durch eine allgültige, definitive Ordnung, die ihr jedwede Denkarbeit abnimmt. *Stefan Zweig*

Mit dem Übernahmegesetz ist auch ein Verfall des Rechts einhergegangen. Sah man es in der Periode des Liberalismus als großen Erfolg an, dass das Ende des Absolutismus die Verwaltung an die Gesetze band und dadurch Rechtssicherheit einkehrte, scheint diese rule of law, diese Herrschaft des Gesetzes nun zu Ende zu gehen. Das Ende der Willkür geht zu Ende, das Gesetz selbst öffnet der Unvorhersehbarkeit Tür und Tor. Wenn das Gesetz der Kommission die Möglichkeit in die Hand gibt, einmal so und einmal so zu entscheiden, dann sind wir in die Zeit vor der Herrschaft des Rechts zurückgekehrt. Wenn bei der VA Tech ein Übernahmeangebot zu legen ist und bei der Böhler-Uddeholm keines, weil hier die Aktionärsinteressen gefährdet sind, dort aber nicht, so wird die Übernahmekommission zum absolutistischen Schutzpatron der Aktionäre, die in die Entscheidungsfindung gar nicht eingebunden sind. So wie der Staat im Kartellrecht immer zwischen „guten" und „schlechten" Monopolen unterscheidet, entscheidet die Kommission zwischen „guten" und „schlechten" Übernahmen. Ausnahmen von allgemeinen Rechtsregeln sind immer Gift für das Zusammenleben einer Gemeinschaft. Wenn sich Siemens zunächst benachteiligt fühlte, weil die Übernahmekommission binnen weniger Tage oder Wochen reagiert, während bei der Telekom Austria zwei Jahre zugeschaut wird, bleibt der bittere Geschmack der Willkür. Noch schlimmer: Das durch den weiten, weiten Ermessensspielraum der Übernahmekommission geförderte Gefühl der ungerechten Behandlung wirkt rechtsmoralisch zersetzend. Im Ergebnis bedeuten Praxisorientiertheit und Flexibilität im Recht weniger die Vermehrung rechtsrichtiger Ergebnisse als die Empfindung der Rechtlosigkeit und somit die innere Berechtigung zur Anwendung des Faustrechtes. Eine flexibel reagierende Übernahmekommission wird bei der rechtsuchenden Bevölkerung immer einen demütigenden Nachgeschmack hinterlassen: Nicht der anspruchsberechtigte freie Mensch, sondern der auf Billigkeit angewiesene Untertan zählt. Ein solches Verständnis ist mit der modernen rechtstaatlichen Demokratie unvereinbar.

Wie man sich seiner Aktionäre entledigt

Schwachheiten schaden uns nicht mehr, sobald wir sie kennen. *Georg Christoph Lichtenberg*

Manche Unternehmen suchen offen nach Lösungen, um viel Geld von den Aktionären zu bekommen, aber keine Mitsprache zulassen zu müssen. Eine gewisse Zeit war es etwa populär, Aktionäre nur an einer Holding zu beteiligen, die wiederum 100-prozentige Eigentümerin der operativen Gesellschaft war. Auf diese Art war es möglich, die Aktionäre vom Zentrum der gesellschaftlichen Aktivitäten fernzuhalten.

Der Gang an die Börse scheint heute nicht mehr ganz so attraktiv zu sein. Zwar boomt die Wiener Börse, aber es ist inzwischen auch populär geworden, Wege zu finden, Aktionäre nach Erfüllung ihrer Geldbereitstellungsfunktion wieder los zu werden. Im Gegensatz zum Going public nennt man eine solche Strategie Going private.

Im Wesentlichen stehen zwei Wege für die gesellschaftsrechtliche Enteignung zur Verfügung: die verschmelzende Umwandlung und die nicht verhältniswahrende Spaltung („Squeeze-out"). Wer sich seiner Aktionäre entledigen möchte, muss zunächst den Streubesitz-Anteil auf unter 10 Prozent drücken, da beide Strukturmaßnahmen einer 90-prozentigen Zustimmung in der Hauptversammlung bedürfen. Das Erreichen einer solchen Übermacht erfolgt entweder durch mühsames Zusammenkaufen einzelner Pakete oder ganz offen durch ein so genanntes freiwilliges öffentliches Angebot.

Das freiwillige öffentliche Angebot

Ein solches Angebot ist in Paragraf 4 des Übernahmegesetzes geregelt. Der bisherige Großaktionär oder ein Dritter bietet öffentlich den Kauf von sämtlichen Streubesitz-Aktien zu einem bestimmten Preis und während einer bestimmten Frist an. Als Begründung wird meist der geringe „free-float“ und die daraus resultierende Marktenge angegeben. Der Preis sollte deutlich über dem aktuellen Börsekurs liegen, da sonst keine Annahme des Angebots zu erwarten ist.

Das freiwillige öffentliche Angebot ist auf der Homepage der Übernahmekommission www.takeover.at bekannt zu machen. Diese Homepage gibt einen guten Überblick über die Entwicklung der Bedingungen für öffentliche Angebote. Die Übernahmekommission selbst hat Richtlinien für öffentliche Angebote erarbeitet, die der Standardisierung dienen sollen.

Besonders wichtig sind die Zusage der Gleichbehandlung sowie die Nachzahlungsgarantien. Allen Aktionären ist derselbe Angebotspreis zu zahlen. Für den Fall, dass binnen einer bestimmten Frist nach Ablauf der Angebotsfrist die Bieterin anderen Aktionären einen höheren Preis zahlt als im Angebot genannt, wird jenen Aktionären, die das Angebot angenommen haben, die Differenz zugezahlt. Das ist der Grund, warum die Bieterin innerhalb der Garantiefrist, für die sich nunmehr neun Monate eingespielt haben, preismäßig völlig unflexibel ist.

Sobald der Hauptaktionär über 90 Prozent des Grundkapitals verfügt, kann er zwischen den beiden oben genannten Wegen – der Enteignung durch eine verschmelzende Umwandlung oder durch das Spaltungsrecht – wählen. Beide „Entflechtungsstrategien“ haben aus der Sicht der Gesellschaft den Vorteil, dass sie per Gesetz weitgehend anfechtungsfest sind. Es soll dadurch ausgeschlossen sein, dass eine Anfechtungsklage die Durchführung der Umwandlung oder der Spaltung verhindert. Die Enteignung bedarf also keiner Begründung. Sollten sich die Aktionäre wertmäßig benachteiligt fühlen, sind sie auf eigene Überprüfungsverfahren beschränkt. Für Kleinaktionäre unter 70.000 Euro entfällt der Rechtschutz bei der Spaltung völlig. Schauen wir uns beide Methoden genauer an.

Die verschmelzende Umwandlung

Die früher übliche, inzwischen völlig aus der Mode gekommene Variante für das zwangsweise Ausscheiden der Minderheitsaktionäre war die verschmelzende Umwandlung. Bei dieser Strategie werden Kapitalgesellschaften durch Übertragung des Unternehmens auf den Hauptgesellschafter umgewandelt. Man spricht von einer so genannten Gesamtrechtsnachfolge, bei der alle Rechten und Pflichten automatisch auf den Rechtsnachfolger, also den Hauptaktionär, übergehen. Es bedarf hiezu einer 90-prozentigen Mehrheit der Hauptversammlung. Mit der Eintragung der Umwandlung im Firmenbuch treten folgende Rechtswirkungen ein:

1. Das Vermögen der Kapitalgesellschaft geht einschließlich der Schulden auf den Hauptgesellschafter über.
2. Die Kapitalgesellschaft erlischt, einer besonderen Löschung bedarf es nicht.
3. Der Hauptgesellschafter hat den anderen Gesellschaftern eine angemessene Barabfindung zu zahlen.
4. Selbst an den Mangel der notariellen Beurkundung hat das Gesetz gedacht: Dieser wäre mit der Eintragung des Umwandlungsbeschlusses in das Firmenbuch geheilt.

Der Rechtsschutz verwirklicht sich nicht durch eine Anfechtungsklage, sondern durch ein gerichtliches Überprüfungsverfahren, dessen Gegenstand nicht die Berechtigung der Verschmelzung, sondern nur die Überprüfung der Angemessenheit der Barabfindung ist. Der Anspruch auf Ausgleich durch bare Zuzahlungen richtet sich gegen die übernehmende Gesellschaft. Das Überprüfungsverfahren kann jeder Aktionär beantragen, einer Mindestaktienanzahl bedarf es nicht. Das Gericht kann nur einen höheren Barabfindungsanspruch, keinen geringeren festlegen.

Das Gericht kann ein Gutachten des Gremiums zur Überprüfung des Umtauschverhältnisses einholen („Gremiumsverfahren"). Sofern eine Partei den Antrag auf Einholung eines solchen Gutachtens stellt, muss das Gericht das Gremium einschalten. Dieses neu geschaffene Gremium soll in einem möglichst frühen Verfahrensstadium eine gütliche Einigung bewirken. Da es sich primär um die Beantwortung von Bewertungsfragen handelt, soll die Sachkunde und Praxisnähe der Gremiumsmitglieder eine rasche, weitgehend formfreie und kostensparende Erörterung der bestrittenen Tatsachen ermöglichen – so lautete der Wunsch des Gesetzgebers.

Eine Besonderheit im Überprüfungsverfahren bildet der so genannte gemeinsame Vertreter. Er soll jene Aktionäre vertreten, die keinen Antrag gestellt haben und auf ihre Ansprüche nicht verzichtet haben. Dieser gemeinsame Vertreter ist von Amts wegen, also vom Gericht, zu bestellen. Ihm kommt die Stellung eines gesetzlichen Vertreters zu und er hat nach pflichtgemäßem Ermessen vorzugehen.

Die Kosten des Überprüfungsverfahrens trägt zunächst die Gesellschaft. Sie sind jedoch insoweit den antragstellenden Aktionären ganz oder zum Teil nach Billigkeit aufzuerlegen, als diese überhaupt oder ab einem bestimmten Zeitpunkt voraussehen konnten, dass sie einen nicht zweckentsprechenden Verfahrensaufwand verursachen. Der Aktionär soll also so lange ohne Prozesskostenrisiko prozessieren dürfen, als dies sinnvoll erscheint. Diese wohlklingende Bestimmung erweist sich in der Praxis als prekär: Wenn das Gremium einen Vergleich vorschlägt, muss der Aktionär in der Regel, will er nicht in die Kostenfalle laufen, zustimmen.

Wenn das Gremium beträchtliche Abweichungen vom angemessenen Wert feststellt, sind die Anwaltskosten der Antragsteller der Gesellschaft ganz oder zum Teil nach Billigkeit aufzuerlegen.

Squeeze-out durch Abspaltung

> Wenn man von den Leuten Pflichten fordert und ihnen keine Rechte zugestehen will, muss man sie gut bezahlen. *Johann Wolfgang Goethe*

Viele Jahre kannte das österreichische Recht nur das Institut der Verschmelzung, nicht aber jenes der Spaltung. Die Praxis verlangte geradezu, dass auch die Spaltung eine gesellschaftsrechtliche Grundlage erhalte, und erhielt sie in der 90er Jahren mit dem Spaltungsgesetz. Unter Spaltung versteht man dabei einen Vorgang, bei dem Teile des Vermögens der spaltenden Gesellschaft auf eine andere Gesellschaft übertragen werden und die Gesellschafter der spaltenden Gesellschaft dafür Anteile an der übernehmenden Gesellschaft erhalten. Die Motive für eine Spaltung lagen ursprünglich in der Realteilung von Unternehmen zur gesellschaftsinternen Konfliktbereinigung oder Erbteilung, in der Vorbereitung von Unternehmens(teil-)verkäufen und in der Umstrukturierung innerhalb von Konzerngefügen. Gedacht war primär an Betriebsaufspaltungen.

Bis zur tiefgreifenden Umgestaltung des Umgründungsrechts durch das EU-Gesellschaftsrechtsänderungsgesetz 1996 konnten Aktionäre nur durch die verschmelzende Umwandlung „entflochten“ werden. Das Spaltungsrecht gab es zwar schon seit 1993, doch war damals noch die Einstimmigkeit aller Aktionäre für die Spaltung erforderlich. Seit 1996 bedarf es nur noch der 3/4-Mehrheit, für den Fall einer Squeeze-out-Spaltung einer 9/10-Mehrheit.

Formell läuft eine Spaltung wie folgt ab: Der Vorstand der übertragenden Gesellschaft stellt zunächst einmal einen Spaltungsplan auf. Dieser Spaltungsplan enthält unter anderem die Erklärung, welche Vermögensteile auf die neue Gesellschaft übertragen werden und wie die Aktionäre wertmäßig ausgeglichen werden. Das Umtauschverhältnis der Aktien ist ebenso zu klären wie die Frage der baren Zuzahlungen, also des Ausgleichs in Geld. Bei einer nicht verhältniswahrenden Spaltung, also einer solchen, bei der die Gesellschafter weggespalten und zwischengeparkt werden, sind auch die Bedingungen der anzubietenden Barabfindung anzugeben. Die Erklärungen hinsichtlich solcher Barabfindungen sind gerichtlich oder notariell zu beglaubigen.

Hinsichtlich Spaltung und Spaltungsplan hat der Vorstand anschließend einen Bericht zu erstatten. Der Spaltungsplan wiederum ist von einem Spaltungsprüfer schriftlich zu prüfen. Auch der Aufsichtsrat hat einen Bericht zu erstatten. Binnen eines Monats vor der Hauptversammlung, die über die Spaltung beschließen soll, sind der Spaltungsplan, die Bilanzen der letzten drei Jahre, der Spaltungsbericht, der Prüfungsbericht sowie der Bericht des Aufsichtsrats aufzulegen. Diese Unterlagen sind auch zum Firmenbuch einzureichen.

Die Spaltung selbst wird in der Hauptversammlung beschlossen. Das Recht auf Barabfindung steht einem Aktionär nur dann zu, wenn er bei einer nicht verhältniswahrenden Spaltung Widerspruch erhebt und darüber hinaus das Angebot binnen zwei Monaten nach der öffentlichen Bekanntmachung der Spaltung annimmt. Er soll nicht gezwungen werden, in einer Gesellschaft zu verbleiben, die durch die Spaltung ganz andere Mehrheitsverhältnisse hervorgebracht hat. Eine Anfechtung der Spaltung kann per Gesetz nicht damit begründet werden, dass das Umtauschverhältnis der Anteile, deren Aufteilung oder die angebotene Barabfindung nicht angemessen festgelegt sind, oder dass die im Spaltungsbericht, im Prüfungsbericht des Spaltungsprüfers oder im Bericht des Aufsichtsrats enthaltenen Erläuterungen nicht den gesetzlichen Bestimmungen entsprechen.

Der Aktionär soll die Spaltung nicht verhindern oder verzögern können, auch wenn diese gesetzwidrig ist. Er soll nur auf die Überprüfbarkeit seiner Entschädigung im Gremiumsverfahren beschränkt sein.

Auf dieser Basis fanden findige Juristen auch gleich einen zweiten Weg zur Entflechtung der Aktionäre: Die Squeeze-out-Spaltung. Die abzuschichtenden Aktionäre werden in eine neu gegründete, zeitlich beschränkte Gesellschaft abgeschichtet. Diese Auffanggesellschaft erhält nur einen einzigen Vermögensbestandteil und wird kurz nach der Gründung liquidiert. Im Ergebnis bleibt nur noch die alte Aktiengesellschaft, allerdings nur noch mit einem Aktionär, meist dem Hauptaktionär, übrig. Diese Strategie bietet aus Sicht der Gesellschaft den wesentlichen Vorteil, dass die Überprüfungsmöglichkeit der Kleinaktionäre weit geringer ist, da nur solche Aktionäre einen Überprüfungsantrag zu stellen befugt sind, die allein oder gemeinsam über Aktien im anteiligen Betrag von 70.000 Euro verfügen. Diese Bestimmung wird übrigens seit Herbst 2004 vom Verfassungsgerichtshof auf seine Verfassungsmäßigkeit überprüft. Ein weiterer Nachteil für die Aktionäre, die das Barabfindungsangebot nicht annehmen, besteht darin, dass sie erst sehr spät zu ihrem Geld kommen. Da es keine Sonderregelungen für Liquidationen aus einer Squeeze-out-Spaltung gibt – der Gesetzgeber hat eine solche Vorgangsweise nie bedacht und daher auch nicht für eine vereinfachte Liquidation vorgesorgt –, müssen wie bei allen anderen Liquidationen auch drei Gläubigeraufrufe in der Wiener Zeitung veröffentlicht werden – auch wenn es gar keine Gläubiger gibt. Anschließend müssen die Aktionäre gemäß der gesetzlichen Regelung noch ein Jahr (!) auf die Ausschüttung des Liquidationserlöses warten. Insgesamt dauert es also rund eineinhalb Jahre, bis die ausgeschiedenen Aktionäre zu ihrem Geld kommen. Überflüssig zu sagen, dass all dies unerträglich, ja sogar demütigend ist.

Das selektiv-geheime Gremiumsverfahren

Ein Überprüfungsantrag ist bemerkenswerterweise nicht gegen jene Gesellschaft zu richten, die die Barabfindung anbietet – offensichtlich geht der Gesetzgeber von einer untergeordneten Rolle des zukünftigen Alleinaktionärs aus –, sondern gegen die gespaltene Gesellschaft selbst und die neu gegründete Gesellschaft, die die Minderheitsaktionäre auffängt. Da letztere sowieso kaum mit Vermögen ausgestattet wird, ist der ökonomische Wert der zweiten Antragsgegnerschaft vernachlässigbar.

Das Gremium zur Überprüfung des Umtauschverhältnisses hat, unverzüglich nach Beauftragung durch das Gericht, ein Gutachten zu erstatten. Es besteht aus einem Vorsitzenden und vier Beisitzern. Der Vorsitzende ist ein pensionierter Richter, zwei Beisitzer sind Wirtschaftsprüfer und je ein weiterer Besitzer wird über Vorschlag der Bundesarbeitskammer sowie der Wirtschaftskammer Österreich bestellt. Die Funktionsperiode beträgt fünf Jahre. Der Sitz des Gremiums befindet sich bei der Finanzmarktaufsicht in der Praterstraße 23 in Wien.

Dem Gremium kommt eine Streitschlichtungsfunktion zu. Zunächst hat es nämlich auf eine gütliche Beilegung des Streits durch einen Vergleich hinzuwirken. Ein zustande gekommener Vergleich ist „in Vollschrift aufzunehmen und von den Mitgliedern des Gremiums sowie den Parteien oder deren Vertretern zu unterfertigen". Der Vergleich bedarf der Genehmigung durch das Gericht. Das Gericht hat die gesetzlich festgeschriebene, wenig anspruchsvolle Aufgabe zu prüfen, ob der Vergleich in Vollschrift aufgenommen wurde und ob alle Unterschriften geleistet sind.

Das Gremium ist somit eine Behörde sui generis, die einerseits eine gütliche Einigung zu erwirken, andererseits ein Gutachten hinsichtlich des Umtauschverhältnisses zu erstatten hat. Wer nun meint, dass das Gremium also zur Tat schreitet, irrt gewaltig. Im Fall des Scheiterns der Vergleichsbemühungen beauftragt das Gremium einen Sachverständigen, der Befunde aufzunehmen und ein Gutachten zu erstatten hat. Der Wunsch der seinerzeitigen Erläuterungen zur Regierungsvorlage, dass das Gremium wegen seiner großen Sachnähe rasch und ohne allzu großen Kostenaufwand selbst ein Gutachten erstattet, sodass ein weiterer Sachverständiger entbehrlich ist, hat sich nicht erfüllt. Gutachterkosten von einigen Zigtausend Euro sind Normalität. Bei komplexen Konzernstrukturen kann es sich um einen sechsstelligen Euro-Betrag handeln.

Das Gremiumsverfahren ist, so der Oberste Gerichtshof, kein Teil des Gerichtsverfahrens, sondern ein selbständiges, der Überprüfung der Unternehmensbewertung dienendes Verfahren eigener Art. Zwar sind die Bestimmungen des Verfahrens außer Streitsachen „analog" anzuwenden, wenn es um die Streitbeilegung geht. Hinsichtlich des Sachverständigenbeweises sei die Zivilprozessordnung heranzuziehen. Rechtliches Gehör sei zwar zu gewähren, doch erschöpfe sich dieses im Recht zur Stellungnahme sowie im Recht zur Teilnahme an den Verhandlungen.

Ein Recht, in alle im Verfahren vor dem Gremium zu verwertenden Urkunden und Unterlagen Einsicht zu nehmen, ist damit allerdings nicht gemeint. Da das Gremium als Sachverständiger tätig sei, dürfen nicht alle Unterlagen eingesehen werden. Was geheim ist, bestimmt der Vorstand der belangten Aktiengesellschaft.

Schlussfolgerung des Gremiums: Den ehemaligen Gesellschaftern wird das Recht eingeräumt, das Verfahren einzuleiten und sich daran in beschränktem Umfang zu beteiligen, ihnen wird aber nicht die Möglichkeit eröffnet, die Angemessenheit des Anbotes selbst zu überprüfen. Gäbe es ein solches Recht, dann, so das Gremium, müssten die ehemaligen Gesellschafter tatsächlich in sämtliche maßgeblichen Unterlagen Einsicht nehmen können.

Das Gremium kommt daher zum Ergebnis, dass sich der Rechtsuchende auf den Sachverständigen zu verlassen hat. Dieser verfügt über die erforderliche Sachkunde, die in der Regel den Sachverstand des Rechtsanwenders übersteigt. „Die Begründungs- und Legitimationsfunktion des Sachverständigen, seine Verpflichtung zur Objektivität und Unabhängigkeit und die Mitwirkungs- und Kontrollrechte der Parteien insbesondere zur Wahrung des rechtlichen Gehörs bieten Gewähr für ein sachgerechtes Gutachten und ein faires Verfahren." Auch ohne volle Akteneinsicht sei das Rechtsschutzbedürfnis der ehemaligen Gesellschafter gewahrt. „Das Gremium gelangt daher zu der Rechtsansicht, dass den am Verfahren beteiligten Parteien sowie dem gemeinsamen Vertreter kein Recht zusteht, in die beim Gremium erliegenden Urkunden und sonstigen Unterlagen Einsicht zu nehmen."

Diese Rechtsansicht des Gremiums, das aus seiner eigenen Unabhängigkeit und Sachkunde die Gewähr ableitet, dass Gutachten mangels Einsicht gar nicht nachvollziehbar sein müssen, hat zu der logischen Konsequenz geführt, dass das belangte Unternehmen viele Urkunden nur unter Hinweis auf Geheimhaltungspflichten übergibt – und manche Urkunden überhaupt zurückbehält. Folgende Unterlagen, die die Plausibilität der für die Bewertung maßgeblichen Planannahmen erhellen sollen, werden trotz Aufforderung nicht einmal mehr dem Sachverständigen vorgelegt: Jahresabschlüsse ab dem Stichtag, Budgets mit Soll-Ist-Vergleichen; aktuelle Planungsrechnungen für die Folgejahre samt detaillierter Angabe über Prämissen bzw. Erläuterung der Planannahmen; laufende Entwicklung der Produktumsätze nach Produktgruppen und Regionen inklusive Planungsdaten für die nächsten sieben Jahre ab dem Stichtag; Angaben über strategische Pläne, die der Umsatzentwicklung im Bewertungsmodell zugrunde gelegt werden; Margenentwicklung und -planung nach Produktgruppen und Regionen für die nächsten sieben Jahre ab dem Stichtag; Angaben zur Entwicklung von Marktanteilen im Zeitablauf; konkrete, insbesondere quantifizierte Angaben über Synergieeffekte; Angaben zur effektiven Steuerbelastung (aufgrund geänderter Vertriebsstrukturen, Vertriebsmöglichkeit in Niedrigsteuerländern, etc.), sowie Angaben über Zeitpunkt, Menge, Preis und Person des Verkäufers bei Aktienzukäufen bis zum Stichtag.

Diese Haltung der gespaltenen Gesellschaften hat zu Überlegungen geführt, eine vom Sachverständigen ermittelte Bandbreite der Bewertung mit einem bestimmten Faktor zu erhöhen, den man den Kooperationsunwilligkeitszuschlag – Abkürzung: KUZ – nennen könnte. Setzt man den KUZ-Faktor mit 1,25 bis 2 an, erhielte man ein plausibles Ergebnis.

Besonders provokant hat die Constantia das Überprüfungsverfahren begonnen. Nach sage und schreibe 30 Seiten allgemeiner nichtssagender Ausführungen bemerkt die Rechtsvertretung hinsichtlich der für die Unternehmensbewertung maßgeblichen Zukunftsdaten in zwei knappen Sätzen: „Die Prognose- und Planungsrechnungen werden dem gerichtlich bestellten, zur Verschwiegenheit verpflichteten Gutachter offengelegt. Da sie jedoch sensible Daten, an denen ein berechtigtes Geheimhaltungsinteresse des Unternehmens besteht, enthalten, spricht sich die Constantia gegen eine Offenlegung an die Antragsteller aus." Im Übrigen wurde angekündigt, nur jene Unterlagen vorzulegen, die nach Ansicht der Constantia für die Beurteilung der Angemessenheit des Umtauschverhältnisses erforderlich sind. Wo bleibt die Gleichbehandlung der Aktionäre?

Die weitere Konsequenz ist, dass der Gutachter mehrere Versionen seines Gutachtens erstellt: Eine Version des Gutachtens ist für das Gremium und das belangte Unternehmen bestimmt, eine anderes für die ehemaligen Gesellschafter. Diese zweite Version enthält zahlreiche weiße Seiten, die jeweils den Hinweis auf Geheimnisse enthalten. Zwei Versionen eines Gutachtens bedeutet aber auch zwei Klassen von Aktionären: der Hauptaktionär darf voll informiert werden, die anderen nicht.

Wie das Gremium richtig erkannt hat, ist den Antragstellern – den ehemaligen Eigentümern – damit die Möglichkeit genommen, an Hand des Gutachtens die Angemessenheit des Umtauschverhältnisses zu überprüfen. Der Aktionär hat dem Sachverständigen zu glauben. Verstehen muss er ihn nicht.

Man fühlt sich an den Fall Dreyfus erinnert: Damals war die so genannte *banderole* der entscheidende Beweis für die Schuld des Angeklagten. Dieses Dokument war eine Fälschung und wurde der Verteidigung vorenthalten. Jeder, der das Militärgericht wegen der Geheimnistuerei kritisierte, wurde verfemt. Dreyfus wurde unehrenhaft aus der Armee entlassen und auf die Teufelsinsel verbannt. Nach vielen Jahren des Martyriums wurde endlich seine Rehabilitierung betrieben und seine Unschuld – schrittweise – erkannt. Das „J'accuse" eines Emile Zola klingt heute noch im Ohr. Durch die Vorenthaltung des wichtigsten Belastungsmaterials hat das Militärgericht viel Schuld auf sich geladen, ebenso wie jene, die die Unantastbarkeit des Tribunals mit Zähnen und Klauen verteidigt haben.

Mangelnde Transparenz ist eine ergiebige Quelle des Misstrauens, was wiederum zum Hass führen kann. Auch wenn Richter und Sachverständige Experten sind, müssen deren Entscheidungen und Gutachten von der rechtsuchenden Bevölkerung logisch nachvollziehbar sein. Die Menschen müssen in die Lage versetzt werden, die über sie gefällten Urteile zu verstehen. Weder der betriebswirtschaftliche noch der juristische Sachverstand sind Werte an sich.

Jedes Gutachten, das sich auf geheime Daten beruft, ist unüberprüfbar. So wie die Menschen dem reinen Sachverstand immer mit Skepsis begegneten und daher die Laiengerichtsbarkeit erkämpften, wird jeder Aktionär mangels Transparenz den Verdacht haben, dass etwas nicht mit rechten Dingen zugegangen ist. Die tadelloseste Integrität der Gremiumsmitglieder kann dies nicht verhindern. Wenn es Menschen wie Hom-Rusch oder Rieger gelungen ist, Wirtschaftsprüfer hinters Licht zu führen, kann davon ausgegangen werden, dass Täuschungen auch belangten Unternehmen gelingen könnten. Alle Daten müssen daher ohne Wenn und Aber auf den Tisch gelegt werden. Die österreichischen Gerichte, das Gremium und die Sachverständigen müssen verstehen lernen, dass die großen Skandalfälle bei den Bilanzmanipulationen nur einen Schluss erlauben: schonungslose Offenlegung. Jede Geheimnistuerei ist ein Schritt in eine völlig falsche Richtung. Man muss nicht erst an den Brand des Justizpalastes erinnern, um all das zu verstehen.

In einer Entscheidung vom 17. Dezember 2004 stellte das Gremium den „Hinweis“ auf die aufgezeigten Gefahren in Abrede. Dieser sei „entschieden zurückzuweisen“. Damit hat das Gremium eine Auseinandersetzung mit den Argumenten vermieden und sich gleichzeitig eine erhöhte Verantwortung aufgebürdet.

Viele Jahre haben die Menschen um faire Verfahren und gegen jede Kabinettsjustiz gekämpft. Das Gremium hat in der österreichischen Justizgeschichte einen Schritt rückwärts gesetzt. Die Lösung kann nicht in der Vorenthaltung bewertungsrelevanter Informationen liegen, sondern nur in der Verpflichtung zur Wahrung von Geschäfts- und Betriebsgeheimnissen durch alle Aktionäre.

Steyr

Durchexerziert wurde die Squeeze-out-Spaltung erstmals im Fall Steyr. Die Steyr-Daimler-Puch AG wurde in der Hauptversammlung vom 7. September 1998 in sich selbst und die neu gegründete Nevia Beteiligungs AG gespalten. Die Minderheitsaktionäre wurden in die Nevia abgespalten, die zwei Haken hatte: Erstens war sie vermögensmäßig nur mit ein paar Wertpapieren ausgestattet, womit der ursprüngliche Gedanke des Spaltungsrechts, nämlich die Betriebsaufspaltung, unterlaufen wurde. Zweitens hatte sie ein Ablaufdatum: Schon in der Satzung der Nevia war festgelegt, dass diese Gesellschaft nach ein paar Monaten enden sollte. Die abgespaltene Gesellschaft sollte also nicht, wie vom Gesetzgeber vorausgesetzt, auf unbestimmte Zeit weiter bestehen, sondern alsbald in das Stadium der Liquidation treten. Damit war auch das Aus für die Aktionäre absehbar – auch wenn sie ihr Geld erst weit mehr als ein Jahr später sehen konnten. Für solche Fälle, in denen eine Aktiengesellschaft keine Gläubiger und ein sehr kurzes Ablaufdatum hat, gibt es nämlich keine Sondervorschriften der Liquidation. Auch hier sind der dreimalige Gläubigeraufruf in der Wiener Zeitung und die Jahresfrist zur Liquidationsverteilung einzuhalten. Sein Geld in einer totgeborenen AG zu parken, wirkt selbstredend für keinen Anleger motivierend.

Eine wesentliche Frage, die der Oberste Gerichtshof daher zu entscheiden hatte, war, ob hier ein Rechtsmissbrauch vorlag. Die Minderheitsaktionäre argumentierten verständlicherweise etwa so: Wenn der Gesetzgeber gewollt hätte, dass die Enteignung der Minderheitsaktionäre gegen Barabfindung zulässig sein sollte, hätte er dies auch so geregelt. Der Umweg über die Spaltung, also die Neugründung einer eigenen Gesellschaft, die, sobald die Gesellschafter weggespalten sind, wieder liquidiert wird, kann dem Gesetzgeber als Sinn und Zweck nicht unterstellt werden. Der OGH argumentierte sehr formal. Der Gesetzgeber habe der Mehrheit zur Erreichung ihrer Entflechtungsziele mehrere gleichwertige gesetzliche Möglichkeiten zur Verfügung gestellt. Die Frage des unterschiedlichen Minderheitenschutzes beim Umwandlungs- und Spaltungsrecht habe der Gesetzgeber zwar anders, aber gleichwertig gestaltet. Dabei hat der OGH übersehen, dass die ausschließliche Übertragung von Wertpapieren auf eine liquidationsbestimmte Gesellschaft in Wirklichkeit eine Barabfindung darstellt, die wirtschaftlich dem Ergebnis einer verschmelzenden Umwandlung entspricht. Den vom Gesetzgeber beabsichtigten verstärkten Minderheitenschutz haben die Höchstrichter somit konterkariert und den Weg für eine relativ bequeme, wenn auch nicht ganz einfache Enteignung geebnet. Als hätte dies nicht genügt, hat der OGH im gleichen Atemzug auch noch die Antragslegitimation zur Überprüfung der Barabfindung auf jene Aktionäre beschränkt, die in der Hauptversammlung Widerspruch erhoben hatten. Das wiederum bedeutet für alle Aktionäre, die sich durch eine Squeeze-out-Spaltung auch abfindungsmäßig benachteiligt fühlen, dass sie jedenfalls zur Hauptversammlung erscheinen müssen, um anschließend ihre Rechte weiter verfolgen zu können. Das kann für viele Aktionäre allein schon wegen der Distanz zum Versammlungsort und dem mit der Teilnahme verbundenen Aufwand eine beträchtliche Hürde darstellen. Auf dem Weg zur Rechtsdurchsetzung liegen viele Stolpersteine.

Erwähnenswert ist schließlich, dass die NEVIA Beteiligungs AG, die mit Beschluss vom 7. September 1998 abgespalten und bereits im Jahr 1999 aufgelöst wurde, noch jahrelang im Stadium der Liquidation vor sich hinvegetierte. Wie im Firmenbuch nachzulesen ist, erfolgte die Löschung dieser Formalgesellschaft erst am 17. Juni 2004.

Der gedemütigte Aktionär

Zusammengefasst haben wir daher folgende Situation:

- Die Enteignung des Aktionärs ist durch die Squeeze-out-Spaltung möglich. Der Hauptaktionär benötigt hiezu 90 Prozent des Grundkapitals.
- Die rechtliche Überprüfung der Spaltung, also eine Anfechtung des Spaltungsbeschlusses der Hauptversammlung, ist prinzipiell ausgeschlossen, da der Gesetzgeber Behinderungen jedenfalls vermeiden wollte. Nur eine Überprüfung des Umtausch-/Barabfindungsangebotes ist zulässig.
- Das Überprüfungsverfahren spielt sich auf drei Ebenen ab: Der Antrag ist beim Firmenbuchgericht einzubringen. Dieses verweist an das Gremium, das eigenen Regeln unterliegt. Das Gremium wiederum holt, wenn die Vergleichsbemühungen erfolglos sind, ein Gutachten bei einem Sachverständigen ein. Eine Akteneinsicht in die sensiblen Gutachtensgrundlagen ist ausgeschlossen.

Im Klartext: Der Aktionär hat weder das Recht, die Spaltung durch Anfechtung überprüfen zu lassen, noch das Recht, das Umtausch-/Barabfindungsangebot zu überprüfen. Der Gesetzgeber verweist ihn an Sachverständige. Diese blackbox-Justiz ist demütigend. Sie degradiert den enteigneten Aktionär zu einem Bittsteller, der gerade einmal den Anspruch hat, ein hohes Amt um sein Weistum zu ersuchen. Sollte dieses auf Basis nicht überprüfbarer Daten zu dem Ergebnis kommen, dass die ursprüngliche Unternehmensbewertung plausibel ist, hat der Aktionär auch noch die nicht unerheblichen Kosten des Verfahrens zu zahlen. Der Staat könnte den Aktionär kaum deutlicher spüren lassen, dass er ihn als Untertan behandelt.

Das unvermeidliche Gefühl der Ohnmacht provoziert Revolte.

Constantia-Iso: Weit unter dem Buchwert

Der Constantia-Geschäftsbericht 1997 beschrieb die Grundsätze der Industriegruppe des Herbert Turnauer programmatisch wie folgt: „*Kontinuierlich hohe Dividendenzahlungen sowie die solide Unternehmensentwicklung machen die Constantia Iso Holding AG Aktien zu einem guten Anlagewert für den langfristig denkenden Aktionär. Die Stabilität und Kontinuität des Konzerns sind die wichtigsten Zielsetzungen des Hauptaktionärs.*"

Nach dem Tod des Herbert Turnauer im Jahr 2000 begann die Zeit der angeblich nicht ganz friktionsfreien Aufteilung der Industriegruppe innerhalb der Familie. Die Constantia Packaging ging den Weg des Kapitalmarktes weiter, die Constantia-Iso wurde auf den Rückzug von der Börse vorbereitet.

Der Mehrheitsaktionär der Constantia-Iso, die Turnauer Industriestiftung mittelbar über die Meridiana Werzalit B.V., sowie diesem nahestehende Gruppierungen („*stiftungsnahes Umfeld*") kauften sukzessiv Aktien zu. Die Liquidität der Aktie litt, öffentliche Unternehmensanalysen unterblieben, Corporate Governance wurde klein geschrieben, Investor Relations auf ein Minimum reduziert, die Gewinnausschüttung wurde vom Mehrheitsaktionär abgelehnt. In Vorbereitung des Rückzugs von der Wiener Börse wurde also der Aktie der Constantia-Iso die Attraktivität genommen. Ein kurzer Blick auf die Entwicklung der beiden Konzerne illustriert, wie die Kapitalmarkt-Strategie des Mehrheitsaktionärs die Kursentwicklung beeinflusst:

in EUR	Constantia-Iso AG	Constantia Packaging AG
Eigenkapital 2000	195,7 Mio	181,5 Mio
EK pro Aktie 2000	11,85	10,80

Kurs Ultimo 2000	7,59	8,45
Dividende pro Aktie 2000	0,39	0,39
Eigenkapital 2003	196,9 Mio	188,7 Mio
EK pro Aktie 2003	12,14*	11,23
Kapitalmarkt-Strategie	Rückzug	Offensive
Kurs Ultimo 2003	8,36	13,50
Dividende pro Aktie 2003	0,00	0,52
Abfindung/Kurs 22.6.2004	8,42	19,05
in % vom Buchwert EK	69,36%	169,63%

* Anzahl der Aktien zum Zeitpunkt der Spaltung: 16,216 Mio

Nachdem bereits im Dezember 2003 ein freiwilliges öffentliches Angebot zum Rückkauf eigener Aktien erfolgt war, war es im Juni 2004 schließlich so weit: Die Hauptversammlung sollte über die Squeeze-out-Spaltung entscheiden.

Die der Spaltung zugrundeliegende Unternehmensbewertung wurde vom Gutachter Anton Egger präsentiert und von der Hauptversammlung erörtert. Der Aktionär Rupert-Heinrich Staller kritisierte das extrem niedrige Barabfindungsangebot ebenso pointiert wie sachlich fundiert. Dabei stellte sich heraus, dass bereits einmal ein von einer Partei beauftragtes Gutachten des Professor Egger von einem gerichtlich bestellten Sachverständigen um 125 Prozent nach oben korrigiert worden ist. Bezeichnend war, dass der Gutachter Professor Egger nach der Hauptversammlung der Constantia-Iso eine Rufschädigungsklage gegen Staller eingebracht hat, die offensichtlich schon im Vorfeld der gerichtlichen Überprüfung der Barabfindung Druck auf einzelne Aktionäre ausüben sollte. Er bezeichnete sich als renommierten Fachmann und verdiente Persönlichkeit und bezweifelte, ob ein Aktionär – nämlich Staller – in der Lage sei, sachliche Kritik an einem Unternehmenswertgutachten zu üben. Kritik, wie sie von Staller geübt wurde, behindere sein zukünftiges Einkommen und gefährde seine Existenz. Er musste sich daher in der Folge den Vorwurf gefallen lassen, sachliche Kritik mit der Herabsetzung seiner beruflichen Qualifikation zu verwechseln.

Nicht nur Anton Egger hat sich in bemerkenswerter Weise exponiert. Auch die Bank Austria hat eine interessante Rolle eingenommen. Sie hat nämlich ihre Funktion als Annahme- und Zahlstelle, die sie noch im freiwilligen öffentlichen Angebot vom 11. Dezember 2003 bekleidete, um jene des anbietenden Dritten erweitert. Welch ein Interesse wohl eine Bank Austria am Erwerb der Aktien der Constantia im Delisting-Verfahren haben mag?

Angeboten wurden eine Barabfindung in der Höhe von 8,42 Euro pro Aktie sowie die Zuzahlung von 7,42 Euro pro Aktie für jene Aktionäre, die in der abgespaltenen Demeter Vermögensverwaltungs AG bleiben sollten. Aus mehreren Gründen erschien dieses Angebot keineswegs angemessen, weshalb deren gerichtliche Überprüfung mit folgender Argumentation begehrt wurde:

- Die Unternehmensbewertung des Gutachters Professor Egger hat als Basis für die Abfindung einen Wert von 7,63 Euro pro Aktie ergeben. Dieser vorgebliche Marktwert des Eigenkapitals entspricht 62,85 Prozent des Buchwertes des Eigenkapitals 2003 von 12,14 Euro pro Aktie und gar nur 61,33 Prozent des Buchwertes des Eigenkapitals zum ersten Quartal 2004 von 12,44 Euro pro Aktie. Der Abfindungspreis von 8,42 Euro bedeutet somit nichts anderes, als dass der Mehrheitsaktionär für knapp 68 Cent einen Euro Constantia-Iso erwerben konnte. Die Constantia-Iso selbst hat im Jahr 2003 etwa ihre Beteiligung an der Tochtergesellschaft Isosport Verbundbauteile GmbH durch Zukauf von 50 Prozent auf 68,7 Prozent erhöht und dabei einen Marktwert von circa 133 Prozent des Buchwertes des Eigenkapitals bezahlt. Dies wurde auf der Hauptversammlung vom 22. Juni 2004 zugegeben.
- Die Unternehmensbewertung wurde nach dem Discounted Cash Flow-Verfahren (DCF) unter Anwendung des Adjusted Present Value (APV) durchgeführt. Diese Methode ermöglicht durch die Zerlegung von wertbestimmenden Komponenten eines Unternehmens und anschließende getrennte Bewertung größte Flexibilität – und

damit größtmöglichen Spielraum. Basis ist der künftig zu erwartende Free Cash Flow aus den Planrechnungen des Unternehmens. Soweit die Daten der Unternehmensbewertung den Aktionären überhaupt zur Kenntnis gebracht werden, weisen diese alle Merkmale auf, die geeignet sind, den Unternehmenswert nach unten zu rechnen.

- Nicht nachvollziehbare hohe Investitionen sowie niedrige Abschreibungen und stetige Erhöhungen des Working Capital mindern ebenso den Free Cash Flow wie unerklärlich niedrige Betriebsergebnisse, deren Ableitung undurchschaubar geblieben ist. Im Geschäftsbericht 2003 kündigt die Constantia-Iso eine massive Reduzierung der Effektivverschuldung „durch eine fokussierte Investitionstätigkeit sowie gezielte Rationalisierungsmaßnahmen" an, was offenkundig in der Unternehmensbewertung – weil werterhöhend – nicht berücksichtigt wird.
- Ein Mangel der APV-Methode liegt grundsätzlich in der Feststellung der Eigenkapitalkosten eines fiktiv eigenfinanzierten Unternehmens, da es ein solches in der Realität nicht gibt. Ein wesentlicher Parameter und Kritikpunkt der Unternehmensbewertung ist somit der verwendete Kapitalisierungszinssatz (Renditeforderung der Eigenkapitalgeber). Dieser ist mit 8,4 Prozent unangemessen hoch angesetzt worden und spiegelt in keiner Weise die Realität der Alternativveranlagung des zwangsweise ausscheidenden Aktionärs wider. Die bundesdeutsche Judikatur zur Abfindungsbemessung hat sich in jüngster Zeit mit marktmäßig ermittelten Risikozuschlägen beschäftigt, *in concreto* mit der Anwendung des Capital-Asset-Pricing-Model (CAPM). Das Landgericht München I hat mit Beschluss vom 25.2.2002 einen *„individuellen Risikozuschlag für die streitgegenständliche Unternehmensbewertung von 2,2 Prozent"* ermittelt. Dabei wurde von einer Marktrisikoprämie von 3,7 Prozent und einem Beta-Faktor von 0,6 Prozent für börsennotierte Unternehmen ausgegangen. Bereits die Anwendung eines adäquaten Kapitalisierungszinssatzes hätte einen wesentlich höheren Unternehmenswert zur Folge gehabt.

- Die wirtschaftliche Lage der Constantia-Iso erscheint viel positiver als von den Organen auf der Hauptversammlung im Juni 2004 dargestellt. Der Betriebserfolg vor Einmalabschreibungen im Jahr 2003 unterscheidet sich nur unwesentlich von jenem des Jahres 2002. Der Cash Flow aus dem Ergebnis ist im Jahr 2003 deutlich gestiegen. Kurz vor dem Ende des Geschäftsjahres 2003 und nach (!) Bekanntgabe der Delisting-Absicht wurde eine außerplanmäßige Abschreibung von 14 Millionen Euro vorgenommen, die offenkundig ein zu positives Jahresergebnis verhindern sollte. Im ersten Quartal 2004 findet sich die Realität des Konjunkturaufschwunges und der aufsteigenden Unternehmensentwicklung in einer Steigerung des Umsatzes um 6,87 Prozent einer Steigerung des Auftragsstandes um 14,35 Prozent (!) und einer EBITDA-Marge von 10,62 Prozent wieder. Cash und Cashäquivalente betragen EUR 4,40 pro Aktie.
- Bereits nach dem ersten Quartal 2004 stand fest, dass die für das Geschäftsjahr 2004 extrapolierten Konzerneckdaten deutlich besser ausfallen werden, als in der Unternehmensbewertung dargestellt. Die Abschreibungen auf Sacheinlagen sind höher, die Investitionen niedriger und das Zinsergebnis weit besser. Der Free Cash Flow musste bereits im Jahr 2004 zumindest doppelt so hoch sein wie prognostiziert und in den Folgejahren weiter steigen, was einen wesentlich höheren Unternehmenswert begründet.

Aus all diesen Gründen wurde die gerichtliche Überprüfung des Barabfindungsangebotes der Bank Austria beantragt. Hardliner im Vorstand der Constantia-Iso, die mittlerweile in Constantia Industries AG umfirmiert wurde, dürften es – unter Berufung auf den Hauptzeugen Anton Egger – auf ein langes Verfahren anlegen. Wie sonst ist es zu verstehen, dass die Constantia in einer Stellungnahme von zusätzlichen Kosten im Falle der missbräuchlichen Ausübung der Minderheitsrechte spricht? Die Constantia behauptet, dass die Minderheitsaktionäre ihre Rechte auch dazu einsetzen können, *„Kosten und Störungen zu verursachen, sofern die Gesellschaft und deren Mehr-*

heitsgesellschafter ihren Wünschen nicht nachkommt, und/oder die Entwicklung des Unternehmens behindern". Es zeugt von erheblicher Unverfrorenheit, bei einem Barabfindungsanbot weit unter dem Buchwert, die Aktionäre als Querulanten und potentielle Erpresser zu verteufeln. Motto: Angriff ist die beste Verteidigung. Natürlich konnte die Constantia kein einziges Beispiel für die behauptete missbräuchliche Ausübung der Minderheitsrechte nennen.

Auffällig war das gänzliche Fehlen institutioneller Anleger auf der Constantia-Hauptversammlung. Gehört dies im Allgemeinen zur Normalität, so war die Absenz in diesem Fall doch sehr bedenklich: Wenn der Anspruch auf Barabfindung davon abhängt, dass in der Hauptversammlung Widerspruch erhoben wird, so haben die Fondsmanager die Pflicht, zu erscheinen und die Ansprüche zu wahren. Wahrscheinlich rechneten sie aber damit, dass kaum ein Anteilscheininhaber sich mit den vom Fonds gehaltenen Papieren beschäftigt hatte und entsprechende Fragen daher nie gestellt würden.

bauMax

Die bauMax AG betreibt Baumärkte in ganz Österreich und fungiert als Muttergesellschaft der international tätigen bauMax-Gruppe. Ihr obliegt neben der operativen Tätigkeit die strategische Führung der Tochtergesellschaften im In- und Ausland. 1973 gegründet, erzielte bauMax 2003 einen Gruppenumsatz von 918,8 Millionen Euro. bauMax ist Marktführer in Österreich und den angrenzenden zentral- und osteuropäischen Ländern. 122 bauMax-Filialen in Österreich, Tschechien, Ungarn, Kroatien, der Slowakei und Slowenien bieten den Kunden eine ausgewogene und auf regionale Bedürfnisse abgestimmte Sortimentsauswahl für Bauen, Wohnen, Werkzeug und Garten zu günstigen Preisen.

Der Name bauMax war und ist eng mit der Familie Essl verbunden. Bis zur Spaltung im Sommer 2004 waren die Karlheinz und Agnes Essl Privatstiftung, die Martin und Gerda Essl Privatstiftung, die BAUMAX Anteilsverwaltungs AG, die SPAR-

BeteiligungsgesellschaftmbH und die Mitglieder der Familie Essl Kernaktionäre.

War in der Expansionsphase der 90er Jahre die Finanzkraft des Publikums noch gefragt, hatte man 2004 genug von den Streubesitz-Aktionären. Der free-float war zu gering, die Aktie für institutionelle Anleger nicht interessant und generell nur schwer handelbar. Durch Umgründungsmaßnahmen sollte der Streubesitz abgeschichtet werden. Mit dem freiwilligen öffentlichen Anbot vom 16. Februar 2004 wurde das Ende des Streubesitzes eingeläutet. Geboten wurden 16 Euro pro Aktie als Abfindung, wobei noch die Dividende von 58 Cent dazukam. Weil der Kurs in den Jahren 2001 bis 2003 um die 12 Euro lag, rechnete die Familie mit einer weitgehenden Annahme des Angebotes. Dennoch gab es nach Ende der Angebotsfrist am 16. April 2004 noch einige Zigtausend Aktien, die abgeschichtet werden mussten. Der Beschluss hiefür sollte auf der Hauptversammlung vom 23. Juni 2004 gefasst werden.

Die Hauptversammlung begann skurril. Das vorbereitete und auch verteilte Teilnahmeverzeichnis wies nämlich ausschließlich die Kernaktionäre als anwesend aus. Alle anderen Aktionäre wurden als nicht anwesend geführt. Bei der Spalte anwesend stand also nein – logisch wäre gewesen, diese Spalte mangels Kenntnis der teilnehmenden Aktionäre leer zu lassen. Natürlich wurde dies in der Folge korrigiert, doch bekam der Aktionär einen Vorgeschmack darauf, dass er nicht mehr erwünscht war.

Die Präsentation des Geschäftsberichtes 2003 erfolgte auf eine Art und Weise, als würde bauMax um zukünftige Aktionäre werben. Natürlich warb man nur um Kunden. Die ganze Atmosphäre hatte etwas Surreales an sich. Zunächst kam dem Versammlungsleiter Karlheinz Essl oder dem Vorstandsvorsitzenden Martin Essl kein Wort hinsichtlich des geplanten Ausscheidens der Aktionäre über die Lippen. Wenn es die Tagesordnung und die Spaltungsunterlagen nicht gegeben hätte, wäre niemand auf die Idee gekommen, dass sich die Aktionäre auf einer juristischen Beerdigung befanden. Apropos Spaltungsunterlagen: Die Satzung der neu gegründeten Spaltungsgesellschaft, die unter dem Namen UGTS Anteilsverwaltungs

AG die Streubesitz-Aktionäre parken sollte, sah eine Lebensdauer gerade bis zum letzten Tag jenes Monats vor, in dem die Eintragung erfolgte. Wenn die Eintragung also am 29. September erfolgt, beträgt die Lebensdauer einen Tag. Dennoch sah die Satzung vor, dass die UGTS Anteilsverwaltungs AG berechtigt sein sollte, Zweigniederlassungen im In- und Ausland zu gründen. Zum Vergleich: Beim Erstversuch der Squeeze-out-Spaltung mit Nevia (Steyr) durfte die Gesellschaft immerhin bis zum Jahresende existieren.

Das beredte Schweigen ließen sich die Aktionäre nicht gefallen. Bald meldeten sie sich zu Wort, und vor allem die Gruppe Proschofsky/Kalwoda/Löffler sowie Staller/Meinl Bank stachen mit fundierten Analysen hervor. Ein älterer Aktionär weckte das Mitgefühl von Karlheinz Essl mit dem Bemerken, dass der seinerzeitige Ausgabekurs der Aktie weit über 30 Euro betragen hatte und eine Barabfindung von 16 Euro eine Verhöhnung der Aktionäre darstellte. Essl hätte diesen Aktionären der ersten Stunde tatsächlich gerne ihr Investment zurückgezahlt – doch der Grundsatz der Gleichbehandlung hinderte ihn daran.

Essl erklärte übrigens, dass er den Grund für die schlechte Performance der Aktie bis dato nicht verstehe, was verwunderlich war. Solange die Entscheidungen eines Unternehmens nicht völlig transparent erscheinen, reagiert der Markt sehr zurückhaltend. Nicht tatsächliche Mauscheleien, sondern die Möglichkeit von Mauscheleien schreckt die Investoren ab. Dies ist auch der Grund, warum sich die Börse gegenüber Familienbetrieben ebenso skeptisch verhält wie gegenüber Staatsbetrieben. So erfolgreich eine Expansionsstrategie auch sein mag: die Aktie wird immer unterbewertet werden und nie den Fundamentaldaten des Unternehmens entsprechen.

In der Folge wurde die Geduld des Managements in stundenlangen Diskussionen erheblich strapaziert. Bei Essl auch die Gesundheit. Ihn hatte eine Verkühlung angegriffen. Als die Auseinandersetzung schon ziemlich verfahren war und ein gerichtliches Überprüfungsverfahren unvermeidbar schien, setzte sich doch die Vernunft durch. Karlheinz Essl bat die wichtigsten Aktionärsgruppen zu einem Gespräch und nach einer halben Stunde, in der die Meinl Bank und der Special Adviser Rupert-Heinrich Staller ihr Verhandlungsgeschick spielen ließen, hatten sich alle Seiten auf einen tragbaren Kompromiss geeinigt. Essl erhöhte sein Angebot auf 20 Euro pro Aktie in einer Formulierung, die mit der Übernahmekommission abgestimmt worden war.

Essl hat in dieser Situation Größe bewiesen. Er hat wesentlich mehr bezahlt, als er ursprünglich wollte, und er hat Verständnis für seine treuen Aktionäre gezeigt. Im Interesse des Unternehmens ist er in bemerkenswerter Weise über seinen Schatten gesprungen, wofür ihm aufrichtiger Respekt gebührt.

Die Aktionäre dankten dieses Ergebnis auf beeindruckende Art: Die Spaltung wurde in der Folge ohne jeden Widerspruch beschlossen. Wenige Minuten zuvor wäre dies noch undenkbar gewesen.

Vermögensübertragung in anderer Weise

Eine kaum beachtete, aber sozusagen brutale Methode eröffnet Paragraf 237 des Aktiengesetzes unter der Überschrift „*Vermögensübertragung in anderer Weise*". Darunter versteht man die Übertragung des gesamten Gesellschaftsvermögens an einen Dritten. Eine solche Maßnahme muss durch die Hauptversammlung beschlossen werden, wobei es einer Dreiviertelmehrheit des anwesenden Kapitals bedarf.

Ein bekanntes Beispiel für eine solche Vermögensübertragung lieferte die Bank Austria, die mit dieser Rechtstechnik alle Aktivitäten auf die Sparkasse Stockerau übertrug, um sich anschließend mit einem Aktientausch in die Bayerische Vereinsbank einzugliedern. Die Bank Austria hatte sich angesichts des Übernahmerechts für eine Lösung entschieden, die im Ergebnis einer Übernahme ohne Übernahmeangebot entspricht. Eine Eingliederung in einen Konzern ohne Übernahmeangebot war allerdings genau das, was mit dem Übernahmegesetz verhindert werden sollte. Daher war diese Vorgangsweise, über die an anderer Stelle bereits ausführlich die Rede war, sehr umstritten.

Die Anwendung des Paragraf 237 muss aber nicht unbedingt so ausgefuchst erfolgen wie bei der Bank Austria. Eine Vermögensübertragung in anderer Weise kann auch durch einen Kaufvertrag erfolgen, mit dem das Vermögen fast zur Gänze auf eine andere Gesellschaft übertragen wird. Wenn nach Durchführung des Kaufvertrages nur noch Geldmittel in der Gesellschaft verbleiben, ist die logische Folge die Liquidation, die sich mangels bewertungsfähiger Vermögensteile als reine Formsache erweist.

Bei *Vermögensübertragung in anderer Weise* handelt es sich um eine grundlegende Strukturmaßnahme der Gesellschaft, die der österreichische Gesetzgeber keiner näheren Regelung wie etwa bei der Verschmelzung oder Spaltung unterworfen hat. Seit 1937 besteht diese Bestimmung, von unwesentlichen redaktionellen Änderungen abgesehen, unverändert. Nur die Lehre verlangt neben der qualifizierten Mehrheit auch eine qualifizierte Ankündigung, spezielle (Prüfungs)Berichte und die Zugänglichmachung von Informationen mindestens einen Monat vor der Hauptversammlung. Tatsächlich hat meines Wissens nur einmal eine Gesellschaft – wenn man von der Bank Austria absieht – ihr eigenes Ende auf diese Art und Weise, quasi im Vorbeigehen, entschieden. Schon die Ankündigung der Vermögensübertragung hat in diesem Fall nicht jenes Minimum an Information geboten, das notwendig ist, den Aktionären die Entscheidung über die Teilnahme und die Vorbereitung auf die Hauptversammlung zu ermöglichen. Es wurde beispielsweise nicht angegeben, zu welchem Preis das Vermögen veräußert werden sollte und mit wem der Übertragungsvertrag geschlossen worden war. Weiters erfolgte die Ankündigung der Tagesordnung nicht mindestens einen Monat vor der Hauptversammlung – wie dies bei Verschmelzungen und Spaltungen vorgesehen ist. Der Übertragungsvertrag, der eine Geheimhaltungsklausel enthielt, stand den Aktionären vor der Hauptversammlung nicht zur Verfügung. Und schließlich wurden die analogen Vorschriften über den Bericht des Vorstands und die Prüfung durch Sachverständige nicht beachtet. Die Aktionäre hingen daher hinsichtlich der Preisangemessenheit völlig in der Luft.

Der Übertragungsvertrag wurde lediglich in der Hauptversammlung verlesen und, der Geheimhaltungsklausel gehorchend, nicht einmal dem Protokoll beigelegt.

In keiner Weise konnte somit rechtzeitig und vollständig überprüft werden, ob der Übertragungsvertrag rechtskonform sein konnte. Eine Verlesung des Übertragungsvertrages in der Hauptversammlung ist völlig ungenügend und bezweckt offensichtlich eine Überrumpelung der Aktionäre, die keine eigenständige fachliche Prüfung vornehmen lassen können. Mit dem Wesen des Aktienrechts erscheint eine solche Vorgangsweise unvereinbar.

Möge dieses Beispiel nicht Schule machen. Überflüssig zu sagen, dass im deutschen Aktiengesetz 1965 bereits eine Änderung vorgenommen worden ist. Der österreichische Gesetzgeber wartet auch hier bis zum heutigen Tage zu.

Aufruf zur Diskussion

Der Oberste Gerichtshof hat sich zu einer formalistischen Sicht der in diesem Kapitel behandelten Umstrukturierungsmaßnahmen bekannt. Recht ist, was das Recht zulässt. Die entsprechenden Beschlüsse sind von den Gerichten nicht auf die sachliche Rechtfertigung zu überprüfen. Auch verfassungsrechtliche Bedenken bestünden gegen das zwangsweise Ausscheiden der Aktionäre nicht.

Damit greifen unsere Höchstrichter zu kurz. Gerade in einer Marktwirtschaft, die ihr Funktionieren zu einem wesentlichen Teil dem Institut des Privateigentums verdankt, genügt es nicht, wenn die Gesetze den Bürger vor der Enteignung durch den Staat schützen. Auch vor der Enteignung durch Private ist der Private zu schützen. Der deutsche Universitätsprofessor Wolfgang Zöllner drückt dies so aus: „Der Staat erlaubt der Aktiengesellschaft etwas, was ihm selbst verfassungsrechtlich verwehrt ist: Die sachlich nicht begründete Enteignung. Verfassungskonform kann dies nicht interpretiert werden."

Ein weiterer Punkt ist die Höhe der für das zwangsweise Ausscheiden notwendigen Stimmenmehrheit. Während in Deutschland eine Mehrheit von 95 Prozent notwendig ist, sind es bei uns 90 Prozent. In Deutschland können also 5 Prozent plus eine Aktie die Enteignung verhindern, bei uns nur 10 Prozent plus eine Aktie. Hier bedarf es also der doppelten Stimmenanzahl zum Selbstschutz, sprich: des doppelten Kapitals. Auch diese Grenze wird bei zukünftigen Reformen über den Aktionärsschutz zu diskutieren sein.

Schließlich müssen die geschilderten Umgehungen des Aktionärsschutzes mittels Spaltungsrecht vom Gesetzgeber ebenso korrigiert werden wie die unerträgliche Benachteiligung der Aktionäre im überlangen Überprüfungsverfahren. Ein Firmenbuchgericht, das an ein halbgeheimes Gremium delegiert, das wiederum einen Sachverständigen bestellt, ist nicht zur sachgerechten Entscheidung in schicklicher Zeit – wie es ein ehemaliger Justizminister einmal ausdrückte – prädestiniert.

Readymix Kies-Union versus ihre Aktionäre

Im Jahr 1990 wagte die Kies-Union mit Unterstützung des damaligen Shootingstars der ERSTE Bank, Michael Lielacher, den Gang an die Börse. In der Folge fand der englische Readymix-Konzern Gefallen an dem österreichischen Unternehmen und erwarb die Mehrheit, wobei es damals noch kein Übernahmerecht gab. Die österreichische Tochter wurde den Konzerninteressen unterstellt, Osttöchter konzernintern verkauft.

Zwei einflussreichen Minderheitsaktionären gelang nach einer heftigen Hauptversammlung der Ausstieg zu attraktiven Bedingungen: Wiener Städtische und Grazer Wechselseitige sagten adieu, die übrigen Aktionäre blieben sich selbst überlassen. Sie ließen ihren Frust auf den Hauptversammlungen freie Luft und versuchten ihre Aktienstücke irgendwie zu verkaufen. Der Markt wurde immer enger, die Kurse fielen. Die einbrechende Baukonjunktur drückte zusätzlich auf den Kurs, der sich innerhalb eines Jahres halbierte. Dividende war kein Begriff mehr.

Alle warteten nur noch auf das Erreichen der 90 Prozent-Schwelle, bis die Readymix Kies-Union zum Instrument des hostile Squeeze-out greifen würde. Der Verdacht lag nahe, dass die historisch bedingte Publikumsbeteiligung von der Konzernspitze unerwünscht war und nunmehr die Minderheitsaktionäre hinausgedrängt werden sollten. Die Entwicklung der Aktie von weit über 200 Euro pro Aktie auf weniger als 30 Euro pro Aktie sowie die Informationspolitik der Gesellschaft gaben keinen Anreiz, Aktionär zu bleiben. Der bekannte Anlegerschützer Wilhelm Rasinger sprach im Börsenkurier vom 11. Juli 2002 von einer „Aushungerungsstrategie“.

Doch ein Aktionär hatte den Willen und die Mittel, sich gegen den Verfall der Aktien im großen Readymix Konzern zu wehren: die Meinl Bank. Julius Meinl V., selbst englischer Staatsbürger, ließ sich von den englischen Schotterbaronen nicht an der Nase herumführen. Readymix Kies-Union wurde einer gründlichen Analyse unterzogen und auf Schwachstellen untersucht. Die internen Ursachen für die Talfahrt der Aktien sollten schonungslos aufgedeckt werden.

Auf der Hauptversammlung 2002 trat Rupert-Heinrich Staller für die Meinl Bank auf und schoss den damaligen Vorstandsvorsitzenden Wolfgang Schuster frontal an. Dieser hatte in der Einleitung des Geschäftsberichtes 2001, der einen Bilanzverlust von mehr als 7 Millionen Euro offen zu legen hatte, die schuldzuweisenden Sätze geschrieben: „Im Unterschied zur Regierung können Sie jährlich bei unserer Jahreshauptversammlung abstimmen. Was die Regierung, und hier insbesondere das Infrastrukturministerium betrifft, so können wir das erst im nächsten Jahr tun." Solche parteipolitischen Ausreden für betriebswirtschaftliches Versagen werden von den eigenen Aktionären sehr ungern gelesen. Wenn ein Manager meint, dass in erster Linie der Staat für individuelle Bilanzen verantwortlich ist, kann er nicht mit dem Verständnis seiner Eigentümer rechnen. Er provoziert vielmehr kritische Fragen, die Rupert-Heinrich Staller auch stellte – die aber teilweise nicht beantwortet wurden. Um das Auskunftsrecht durchzusetzen, wurde daher die erste Anfechtungsklage eingebracht.

Rupert-Heinrich Staller

Mit Rupert-Heinrich Staller hat die Meinl Bank einen eigenen Typus ins Rennen geschickt. Staller ist ein Mann, der unglaublich charmant, aber ebenso hart sein kann. Wehe, seine Fragen werden auf einer Hauptversammlung nicht beantwortet. Dann greift er Vorstände persönlich an und es ist damit zu rechnen, dass er Intimdaten der angegriffenen Gesellschaft aus dem Hut zieht. Wer sich mit Staller anlegt, sollte lieber keine sonstigen Gegner haben. Diese wissen, wer ihre Informationen an die Öffentlichkeit bringen kann.

Staller ist aber kein bloßer Stimmungsmacher, der es versteht, die Aktionäre in seinen Bann zu ziehen. Staller ist ein geschickter Investor. Er verfügt über fundierte betriebswirtschaftliche

Kenntnisse und kein Universitätsprofessor ist ihm zu namhaft, dass er den Infight scheuen würde. Wo andere sich von wissenschaftlichen Analysen und statistischen Zahlen beeindrucken lassen, beginnt er, die Dunkelheit zu erklären und Licht zu verbreiten.

Seine Erfahrung ist nicht auf Österreich beschränkt. Er kennt auch den deutschen Markt, die deutschen Entscheidungen und die deutschen Kapazitäten – etwa den berühmt-berüchtigten Universitätsprofessor Ekkehard Wenger und Privatdozent Leonhard Knoll. Fast pedantisch bearbeitet er seine Investmentfälle und liest jedes öffentliche und nichtöffentliche Material, das zu ihm gelangt. Alles, was er tut, kann er auch nach Jahren noch unterlegen.

Jede Gesellschaft, bei der er auftaucht, sollte Cash Flow Statement, EBITDA, Gearing, EBIT's etc. augenblicklich parat haben.

Bei Readymix Kies-Union erkannte Staller sehr rasch, dass Tochtergesellschaften konzernintern verkauft worden waren, Konzernregelungen an den übrigen Aktionären vorbeiliefen und es schließlich noch aufklärungsbedürftige Vergütungen für einzelne Mitglieder des Aufsichtsrats gab.

Die Meinl Bank bündelte mehr als 5 Prozent des Grundkapitals und war daher in der Lage, qualifizierte Minderheitsrechte auszuüben. So wurde eine Hauptversammlung mit dem Tagesordnungspunkt

- Beschlussfassung über die Bestellung eines Prüfers (Paragraf 118 des Aktiengesetzes) hinsichtlich der Vorgänge beim seinerzeitigen Verkauf der Ost-Tochtergesellschaften beantragt. Diesem Begehren kam Readymix Kies-Union nach.

Immer noch tat Readymix Kies-Union so, als wäre alles in Ordnung. Doch ganz so war es nicht. Der Vorstandsvorsitzende Wolfgang Schuster räumte Hals über Kopf seinen Sessel, und bald war auch der Finanzvorstand abgelöst. Die neue Führung oblag Uwe Scholz, der sich für Readymix Kies-Union als Glücksgriff herausstellen sollte.

Die Sonderprüfung

Readymix Kies-Union berief die begehrte Hauptversammlung für den 5. Dezember 2002 ein. Gleich zu Beginn verlas der Vorstand eine Erklärung:

1. Der Verkauf der Anteile Lieferbeton CSFR spol.s.r.o. – wie diese damals hieß – an RMC Holdings BV, einer holländischen Holdinggesellschaft, die eine 100-prozentige Tochtergesellschaft von RMC plc ist. Zur Zeit des Transfers am 22.12.1997 betrieb Lieferbeton CSFR spol.s.r.o. 11 Betonwerke und 4 Kiesgruben in Mähren und 6 Betonwerke und 1 Kiesgrube in Böhmen.
   Die Lieferbeton CSFR spol.s.r.o. hat die böhmischen Aktivitäten kurz davor von Readymix Deutschland gekauft.
2. RMKU besaß eine nicht operative Gesellschaft, Dobavni Beton d.o.o., welche in Südslowenien eingetragen war. Diese Gesellschaft wurde Anfang 2000 an eine RMC Konzerngesellschaft verkauft.

   Die ungarischen Aktivitäten der RMC Gruppe waren nie in Besitz der Readymix Kies-Union AG und sind daher auch kein Thema für die heutige a.o. HV.

Anschließend wurde die Gewinnsituation der Lieferbeton CSFR spol.s.r.o. nach dem konzerninternen Verkauf erläutert. Die Situation im Jahr 2002 sei mit jener im Jahr 1997 nicht mehr vergleichbar. Der Vorstand habe nichts zu verbergen gehabt, vertrat aber die Meinung, dass jegliche Prüfung der Transaktionen eine Geldverschwendung gewesen wäre und, noch wichtiger, eine Vergeudung wertvoller Zeit.

Die Aktionäre wollten es trotzdem genau wissen. Michael Citrin, der den Hauptaktionär RMC Holdings BV vertrat, nahm den Aktionären auch gleich den Wind aus den Segeln und überraschte alle. Der Hauptaktionär stehe einer Sonderprüfung positiv gegenüber und unterstütze sie grundsätzlich. Es sei im Interesse der Readymix Kies-Union gelegen, dass die Sache rasch, ordnungsgemäß und fair geprüft werde. Um die Seriosität zu gewährleisten, bietet sich als Sonderprüfer eine der vier großen Wirtschaftsprüfungsgesellschaften an, nämlich Price Waterhouse, Deloitte & Touche, Ernst & Young oder KPMG. Dass Price Waterhouse der gewählte Abschlussprüfer der Gesellschaft ist, legte er offen. Die Idee war klar: Readymix Kies-Union erhoffte sich von den großen Wirtschaftsprüfungsgesellschaften vergleichsweise wenig Kritik.

In Vertretung jener Aktionäre, die die Einberufung der Hauptversammlung begehrt hatten, griffen wir schließlich den Vorschlag auf, eine der vier großen Wirtschaftsprüfungsgesellschaften als Sonderprüfer zu bestellen und wählten Ernst & Young. Wie sich später herausstellen sollte, war dies eine Gesellschaft, die tatsächlich in keinem Geschäftskontakt zu Readymix Kies-Union stand.

Prüfungsgegenstand waren die Vorgänge beim seinerzeitigen Verkauf der Ost-Tochtergesellschaften, insbesondere, ob die seinerzeitigen Preise angemessen gewesen waren, ob diese die damals erwartete bzw. zwischenzeitig eingetretene Entwicklung dieser Gesellschaften berücksichtigt hatten und ob durch die Verschiebung dieser Ost-Tochtergesellschaften im Konzern die Aktionäre der Readymix Kies-Union zu Schaden gekommen waren.

Der Antrag wurde ohne Gegenstimme angenommen.

Der aufgelegte Elfmeter

Wir warteten und warteten und warteten auf das Gutachten. Anfang Mai 2003 platzte uns der Kragen und wir beantragten die Einberufung einer weiteren Hauptversammlung, die für den 4. Juli 2003 anberaumt wurde und folgende Tagesordnung enthielt:

1. Bericht des Vorstandsvorsitzenden
2. (Zwischen)Bericht über die in der Hauptversammlung am 5. Dezember 2002 beschlossene Sonderprüfung
3. Diskussion über die Lage der Gesellschaft, insbesondere auch über die Rolle der Hauptgesellschafterin sowie deren Muttergesellschaft; Offenlegung sämtlicher Verträge zwi-

schen der Gesellschaft und der Muttergesellschaft sowie den übrigen Konzerngesellschaften und all ihrer Vertreter, insbesondere Michael Citrin, Director of Finance Projects, RMC Group p.l.c.

4. Offenlegung sämtlicher Konsulenten- und Beratungsverträge mit Mitgliedern des Aufsichtsrats, insbesondere Aufsichtsratsvorsitzender Herr KR Dipl.-Ing. Günter Drave und Herr KR Johann Schatzer
5. Berichterstattung und Diskussion über das Ausscheiden des Herrn Dipl.-Ing. Wolfgang Schuster aus dem Vorstand
6. Anwendung des Österreichischen Corporate Governance Kodex
7. Vorlage des festgestellten Jahresabschlusses und des Lageberichtes des Vorstandes mit dem Bericht des Aufsichtsrats über das Geschäftsjahr 1. Januar bis 31. Dezember 2002
8. Beschlussfassung über die Verteilung des im Jahresabschluss zum 31. Dezember 2002 ausgewiesenen Bilanzgewinnes (Vortrag des Bilanzverlustes)
9. Beschlussfassung über die Entlastung des Vorstandes und des Aufsichtsrats für das Geschäftsjahr 1. Januar bis 31. Dezember 2002
10. Beschlussfassung über die Vergütung für den Aufsichtsrat
11. Wahl des Abschlussprüfers für das Geschäftsjahr 2003

Readymix Kies-Union hatte also die ordentliche Hauptversammlung mit dem Einberufungsbegehren verbunden. Die Punkte 2 bis 6 waren auf Initiative der Gruppe um die Meinl Bank und Rupert-Heinrich Staller in die Tagesordnung aufgenommen worden. Den zweiten Punkt hatten wir so formuliert, dass wir ihn unabhängig von der Fertigstellung des Sonderprüfungsberichtes diskutieren konnten. Die Hauptversammlung wurde wiederum vom Vorsitzenden des Aufsichtsrats, Günter Drave, geleitet.

Zwei Tage vor der Hauptversammlung war der Sonderprüfungsbericht tatsächlich da. Offensichtlich übte der gesetzte Termin eine Beschleunigungswirkung aus. Zu Punkt 2 der Tagesordnung konnte daher der Sonderprüfungsbericht der ERNST & YOUNG Wirtschaftsprüfungs- und Steuerberatungsgesellschaft mbH hinsichtlich der Verkaufs der Lieferbeton CSFR spol. s.r.o., Otrokovice (Verkauf 4. Dezember 1997) sowie der Dobavni Beton d.o.o.; Ljubljana, erörtert werden.

Der Bericht kam zu keinem klaren Ergebnis und stellte wiederholt fest, dass die Dokumentation der Ermittlung des Verkaufspreises der CSFR spol. s.r.o. mangelhaft war. Wenn man den Bericht genau betrachtete, konnte man zwischen den Zeilen doch einiges herauslesen. Bezeichnend ist der feine Unterschied im Schlussstatement. Hinsichtlich der Dobavni Beton d.o.o. hieß es: „Wir halten daher auf Basis der uns erteilten Auskünfte und erhaltenen Informationen fest, dass beim Verkauf der Dobavni Beton d.o.o. die Minderheitsaktionäre nicht geschädigt wurden." Hinsichtlich der Lieferbeton CSFR spol. s.r.o. lautete die beiden Schlusssätze ganz anders: „Wir halten daher fest, dass sich im Rahmen unserer Sonderprüfung keine Hinweise ergeben haben, dass der Verkaufspreis unangemessen nieder wäre und daher die Aktionäre geschädigt wurden. Wir weisen in diesem Zusammenhang aber nochmals auf die Mangelhaftigkeit der vorliegenden Dokumentation der Ermittlung des Verkaufspreises hin." Zwischen der Feststellung, es gäbe keine Schädigung, und der Festhaltung, dass sich keine Hinweise auf eine Schädigung ergeben haben, klafft eine Welt.

In der Folge unterzog Rupert-Heinrich Staller Vorstand, Aufsichtsrat und deren Berater einem mehr als achtstündigen Kreuzverhör und zeigte in der ihm eigenen Genauigkeit auf jene Parameter der Unternehmensbewertung, die durch kleine Umjustierungen zu ganz anderen Ergebnissen führten. Man drehe nur an einer kleinen Schraube, und schon läuft die Maschine in eine ganz andere Richtung. Er argumentierte betriebswirtschaftlich und berechnete eine mögliche Schädigung der Gesellschaft bis zu rund 40 Millionen Euro durch den seinerzeitigen zu billigen Verkauf an die RMC Holdings B.V., Holland. Diese Gesellschaft war ja gleichzeitig der Hauptaktionär der Readymix Kies-Union und nahm an der Versammlung mit 1,365.318 Stück Aktien teil. Diese Gelegenheit mussten die Aktionäre beim Schopf packen: Bei einem Schadenersatzantrag, der unter dem Tagesordnungspunkt „Vorlage eines Sonderprüfungsberichtes" zulässig ist, darf ein Aktionär nicht mitstimmen, wenn der

Anspruch gegen ihn selbst gerichtet ist. Das bestimmt § 114 Absatz 5 des Aktiengesetzes. Da die RMC Holdings B.V. Hauptaktionär und auch Käuferin der CSFR spol. S.r.o. war, befand sie sich in einer Zwickmühle. Sofern ihr die juristische Problematik dieser Doppelfunktion überhaupt aufgefallen ist, konnte dies nicht mehr geändert werden. Zwei Tage vor der Hauptversammlung war es für eine Ummeldung – etwa auf eine spurenverwischende Fremdbesitzanmeldung – zu spät.

Auf dieser Hauptversammlung habe ich die Meinl Bank vertreten und auf Grund des genannten Schadenpotentials beantragt, einen Beschluss auf Geltendmachung von Ersatzansprüchen im Sinne des § 122 AktG aus dem Geschäftsfall Verkauf Lieferbeton CSFR spol. s.r.o., Otrokovice, im Dezember 1997 gegen die seinerzeitigen Mitglieder des Aufsichtsrats, Vorstandes sowie gegen den Aktionär RMC Holdings B.V. zu fassen. Geltend zu machen sei ein Ersatzanspruch von bis zu 10 Millionen Euro. Als besonderen Vertreter habe ich Rechtsanwalt Ralph Mitsche vorgeschlagen.

Pikant war, dass der Versammlungsleiter seinerzeit Mitglied des Vorstandes und der Rechtsberater seinerzeit Mitglied des Aufsichtsrats von Readymix Kies-Union war. Jene Herren, die über die Zulässigkeit des Antrages entscheiden sollten, waren somit selbst vom Antrag auf Geltendmachung der Forderung betroffen.

Ich machte natürlich ausdrücklich darauf aufmerksam, dass Paragraf 122 des Aktiengesetzes Ansprüche gegen Mitglieder des Vorstandes, des Aufsichtsrats und Aktionäre zulässt und dass Aktionäre, gegen die sich ein Anspruch richtet, einem Stimmverbot unterliegen.

Günter Drave missachtete in der Folge dieses Stimmverbot und ließ zunächst die 1.365.318 Stimmen des – betroffenen – Hauptaktionärs RMC Holdings B.V. mitzählen. Nochmals wurde er daher vor Feststellung des Beschlussergebnisses auf die Rechtswidrigkeit des Vorganges aufmerksam gemacht. Nachdem Sonja Tades, die Notarin der Gesellschaft, darauf hingewiesen hatte, dass das Beschlussergebnis noch nicht verkündet sei, unterbrach der Vorsitzende Günter Drave für angekündigte zehn Minuten die Versammlung, um über das Ergebnis der Abstimmung zu beraten.

Da alle anderen Aktionäre mit insgesamt 79.569 Stimmen für den Antrag gestimmt hatten (und es keine Enthaltungen oder sonstige Gegenstimmen gab), wäre der Antrag ohne Mitzählung der Stimmen des Hauptaktionärs einstimmig (!) angenommen worden.

Nach mehr als 20 Minuten eröffnete der Vorsitzende Günter Drave neuerlich die Sitzung und meinte, dass der Hauptaktionär möglicherweise nicht mitstimmen dürfe, er allerdings feststelle, dass der Antrag mit 1.365.318 Nein-Stimmen gegen 79.569 Ja-Stimmen abgelehnt sei. Darauf erfolgte der erste logische Widerspruch zu Protokoll. Manch ein Aktionär wurde bereits unruhig.

Da der Vorsitzende andeutete, den Stimmrechtsausschluss des Hauptaktionärs zu akzeptieren, wenn sich der Antrag nur gegen diesen richten würden, habe ich in der Folge drei Einzelanträge – einmal gegen die Mitglieder des Vorstandes, einmal gegen die Mitglieder des Aufsichtsrats und einmal gegen die RMC Holdings B.V. – gestellt; im Übrigen blieb der Wortlaut des Antrages unverändert.

Ohne nähere Begründung, aber sichtlich unwohl, ließ der Vorsitzende neuerlich die Stimmen des Hauptaktionärs jeweils mitzählen. Bei der Abstimmung gegen die RMC Holdings B.V. machte ich auf den vom Vorsitzenden selbst angedeuteten Stimmrechtsausschluss neuerlich aufmerksam, woraufhin Günter Drave feststellte, dass der Antrag angenommen sei. Auf Intervention seines Rechtsberaters widerrief er diese Feststellung und ließ protokollieren, dass auch diese Beschlüsse mit den oben erwähnten Stimmenanzahlen abgelehnt worden seien.

Wegen des offensichtlichen Rechtsbruchs begann die Stimmung unter den Aktionären zu brodeln. Die abgelehnten Beschlüsse verstießen klar gegen das aktienrechtliche Stimmverbot. Die RMC hätte als Aktionär nicht mitstimmen dürfen, wobei natürlich bereits der erste Antrag gesetzeskonform war: Der Schadenersatzanspruch für die Gesellschaft hätte auch gegen die Organmitglieder in einer Klage geltend gemacht werden dürfen – und auch sollen: Die gegenteilige Argumentation, den Hauptaktionär möglicherweise in Holland zu klagen und alle anderen Verantwortlichen in Österreich beziehungsweise in deren Heimatländern, hätte weder einen zivilprozessualen noch einen ökonomischen Sinn ergeben. Allein die Gerichtsgebühren wären bei zwei Verfahren doppelt zu bezahlen gewesen.

Nach der Hauptversammlung wurde die Anfechtungsklage rasch eingebracht. Begehrt wurde, dass das Gericht feststellen möge, dass der Beschluss auf Geltendmachung des Schadenersatzes rechtmäßig gefasst worden war.

Uwe Scholz und das neue Vertrauen

Nun begann ein Wettlauf mit der Zeit. Wir wollten den Prozess gewinnen und waren uns unserer Sache sicher. Schließlich war mit dem Stimmrechtsausschluss des Hauptaktionärs so etwas wie ein Lottozwölfer gelungen. Readymix Kies-Union hätte sich quasi mit dem eigenen Geld durch einen von uns ausgesuchten Anwalt selbst klagen müssen. Als sich Readymix Kies-Union in der Klagebeantwortung im Wesentlichen auf die Rechtsmissbräuchlichkeit des behaupteten Anspruchs berief, war klar, dass auch die Gegenseite die Sache ähnlich sah wie wir. Rechtsmissbrauchstheorien sind etwas für Lehrbücher. Die Anzahl an Prozessen, die ein durchschnittlicher Anwalt im Laufe seines Lebens mit dem Argument des Rechtsmissbrauchs durch die Gegenseite gewinnt, tendiert gegen Null. Andererseits drohte Verjährung, wenn es Readymix Kies-Union gelingen sollte, den Prozess über Jahre zu ziehen.

Readymix Kies-Union schätzte die eigene Position offensichtlich realistisch ein und arbeitete daher konsequent auf den Squeeze-out hin. Nach ein paar Monaten hatte die Muttergesellschaft die geforderten 90 Prozent.

In der Zwischenzeit verbesserte sich allerdings die Gesprächsatmosphäre zwischen den Parteien – Rupert-Heinrich Staller begann, mit den Konzernverantwortlichen aus England zu dinieren. Das sich verbessernde Klima lag aber auch am neuen Vorstandsvorsitzenden der Readymix Kies-Union, Uwe Scholz, der sich zunächst maßlos über mich geärgert hatte. Das hatte folgenden Grund:

Schon in der Anfechtungsklage hatte ich kritisiert, dass Readymix Kies-Union ihrer Verpflichtung zur unverzüglichen Einreichung der Niederschrift zum Firmenbuch nicht nachgekommen war. Diese zur Mode gewordene Unart wird, wie ich bereits an anderer Stelle ausgeführt habe, regelmäßig mit der Aufwendigkeit der Protokollabfassung sowie des Fehlens der – juristisch gar nicht notwendigen – Unterfertigung durch den Aufsichtsratsvorsitzenden begründet. Tatsächlich will die geklagte Gesellschaft regelmäßig die Einbringung der Anfechtungsklage, die durch Widerspruch anzukündigen und binnen Monatsfrist einzubringen ist, durch das Fehlen eines wesentlichen Beweismittels erschweren. Um Druck zur Vorlage des Protokolls auszuüben und dieser Praxis entgegenzuwirken, habe ich also beantragt, Readymix Kies-Union eine empfindliche Ordnungsstrafe aufzuerlegen, weil das Protokoll vor dem Ende der Anfechtungsfrist noch nicht verfügbar war. Natürlich wusste ich, dass dabei nichts herauskommen konnte. Aber ich habe gehofft, dass auch dieses Verfahren den Gesetzgeber zu einer Reform der Bestimmung bewegen würde.

Wer sich tatsächlich bewegte, war Uwe Scholz. Er war so erbost über meinen Strafantrag, dass er mich im Urlaub anrief – und mich zum Heurigen nach Neustift am Walde einlud. Abseits aller standesrechtlichen Bedenken, um die ich mich zu kümmern hatte, begann er so ein Vertrauen aufzubauen, das sich letztlich für alle Seiten bezahlt machte.

Scholz entspricht schon deshalb nicht der Normalität, weil er von der „DDR“ über Ungarn nach Österreich gekommen war – und hier als Generaldirektor eines großen Unternehmens mit Problemen konfrontiert war, deren Bewältigung kein Lehrbuch verriet. Um Auseinandersetzungen zwischen den Gesellschaftern zu kalmieren, bedarf es viel diplomatischen Geschicks.

Scholz unterschied sich wohltuend von seinem Vorgänger. Ihm lag geradezu idealtypisch das am Herzen, was das Aktienrecht verlangt: das Wohl des Unternehmens. Sensibilität für die Gesellschaft ersetzte das politische Sendungsbewusstsein seines Vorgängers. Mit Scholz kehrte Wahrhaftigkeit in die Gesellschaft ein. Er öffnete die Konzernstrukturen und sorgte auch hinsichtlich der Beratungssituation der Gesellschaft für Transparenz. Mit aufwendigen Charts, die ihn viele Stunden und Tage an Arbeit gekostet haben, erklärte er den Aktionären anschaulich die Lage der Gesellschaft. Wenn eine kritische Frage eines Aktionärs ins Schwarze traf, zeigte er nicht die kalte Schulter, sondern blickte betroffen. Wenn etwas schief lief, konnte er es eingestehen und anschließend an Verbesserungen arbeiten.

Dann folgte die Zeit, in der sich Rupert-Heinrich Staller und Uwe Scholz näher kamen. Staller lernte den Konzern in- und auswendig kennen, und Scholz legte seinem Hauptaktionär nahe, eine faire wirtschaftliche Lösung zu suchen – was schließlich gelang. Readymix Kies-Union machte den Aktionären ein faires Angebot, das zur Zufriedenheit aller angenommen wurde. Statt eines billigen Squeeze-out gab es eine gute Lösung mit einem guten Preis – für alle. Die Zeit der Sonderwege war vorbei.

Readymix Kies-Union hat es geschafft, nach der langen Auseinandersetzung mit ihren Aktionären einen Neustart an den Tag zu legen. Auf der anderen Seite hat die Meinl Bank in einer für Österreich bisher unbekannten Konsequenz die Interessen der Aktionäre vertreten und auf diese Weise auf einem neuen Markt schlagartig Kapital geschlagen. Eine Investmentbank, die ein umfassendes Beratungspaket im bankwirtschaftlichen, juristischen und medialen Bereich anbieten kann, hat in einer Zeit, in der der Streubesitz immer populärer und die Mehrheitsverhältnisse unberechenbarer werden, einen ungeheuren Startvorteil. Gerade dann, wenn aufgrund der steuerlichen Attraktivität verhältnismäßig viel Kapital nach Österreich fließt, bedeutet eine solche Positionierung einer Bank nicht nur Gewinn, sondern auch Verdienst um unsere marktwirtschaftliche Ordnung.

Der Krimi um die VA-Tech

Jeder Vorstand liebt seine eigene Unabhängigkeit. Dies gilt ganz besonders für jene Manager, die jahrelang den Staat als Eigentümer genossen haben. Kaum schnuppern sie die Luft der Freiheit, beginnen sie auch schon, ihren Freiraum zu sichern. So hat auch die Führung der VA Tech bereits im Frühjahr 2003 begonnen, sich gegen eine allfällige Übernahme zu wappnen. Die Satzung wurde in der Hauptversammlung vom 29. April 2003 – mit den Stimmen der ÖIAG – dahingehend geändert, dass einerseits ein Höchststimmrecht bei einem Aktienbesitz von mehr als 25 Prozent eingeführt und andererseits die Schwelle für die pflichtgemäße Stellung eines Übernahmeangebots auf 20 Prozent herabgesetzt wurde. Damals hielten die ÖIAG noch 24 Prozent und die voestalpine 19,05 Prozent an der VA-Tech. Da rund 40 Prozent der Aktien an der VA Tech von internationalen Investorengruppen gehalten wurden, die schon prinzipiell nicht an den Hauptversammlungen teilnahmen, und auch von den übrigen Aktionären einer Publikumsgesellschaft niemals alle erschienen, bedeutet ein Paket von 24 Prozent bei einer Präsenz von rund 50 Prozent meist schon die Mehrheit. 12,5 Prozent bilden bei einer derartigen Präsenz schon ein Viertel des vertretenen Kapitals: genau so viel, wie notwendig ist, um eine Satzungsänderung, wie beispielsweise eine Kapitalerhöhung, verhindern zu können.

Schon kurz nach dieser satzungsändernden Hauptversammlung sollte sich die Situation wesentlich geändert haben: Am 14. Mai 2003 kaufte eine am 13. Mai 2003 ins Firmenbuch eingetragene Victory Industriebeteiligung AG um Mirko Kovats das Aktien-Paket von der voestalpine. Damals soll der russische Anlagenbauer Uralmasch – erfolglos – mehr geboten haben. Gerüchte tauchten auf, dass Kovats mit Uralmasch, nunmehr Severstal, in Verbindung getreten war. Die Russen hätten aus dem Hintergrund agiert. Im ORF-Interview vom 21. September 2004 stritt Kovats ab, dass hinter ihm Russen stünden.

Verstimmt reagierte die VA Tech auf den Verkauf durch die voestalpine, weil diese ihre Zusage auf vorherige Kontaktnahme mit dem Vorstand der VA Tech nicht eingehalten hatte. Der damalige Generaldirektor Erich Becker ließ seinen Unmut bei der nächsten Aktionärsversammlung deutlich erkennen: Man habe ihn nicht gefragt.

Der Verkauf des 19,05 Prozent-Pakets durch die voestalpine wäre allein noch nicht geeignet gewesen, die Mehrheitsverhältnisse zu ändern. Hinzu kam die Reduktion des ÖIAG-Anteils von 24 Prozent auf 15 Prozent im Sommer 2003 um einen Kaufpreis von 33,3 Millionen Euro. Mit anderen Worten: Innerhalb weniger Wochen war die Aktionärsstruktur eine andere. Da die ÖIAG im Aufsichtsrat der voestalpine vertreten war, wusste sie vom Victory-Deal und musste auch die Zustimmung gegeben haben. Das nahmen manche lange Zeit krumm. Mirko Kovats stellte auch sofort die Machtfrage und verlangte eine außerordentliche Hauptversammlung zwecks Neubesetzung des Aufsichtsrats. Trotz eines medialen Vorspiels, das Kovats vor allem durch das ihm nahestehende Wirtschaftsblatt bestritt, gelang ihm die Übernahme der Mehrheit im Kontrollgremium überraschenderweise nicht. Er konnte auf der Hauptversammlung im September 2003 nur sich selbst, Günther Robol und Peter Pühringer im Aufsichtsrat durchsetzen – allerdings unter Missachtung der Bestimmungen des Corporate Governance Kodex. Auffällig waren die Anmeldungen zu dieser Hauptversammlung: Mirko Kovats meldete sich mit 840.555 sowie 1.414.096 Stück Aktien und die Victory Industriebeteiligung AG mit 826.000 Stück Aktien an. Dies ergibt zusammen 3.080.651 Stück Aktien, also mehr als die 20 Prozent-Marke von 3,000.000 Stück. Auf das Ruhen der Stimmrechte der Kovats-Gruppe gemäß Paragraf 34 des Übernahmegesetzes angesprochen, erklärte Kovats-Anwalt Christian Hausmaninger damals, dass die Anmeldung hinsichtlich der Victory Industriebeteiligung AG „ein Irrtum“ gewesen sei. Diese Aktien seien in jenem Paket enthalten gewesen, das Mirko Kovats angemeldet habe. Dass es sich um einen Irrtum handelt, ist kaum zu glauben, da die anmeldende Bank – in diesem Fall die M&A PrivatBank AG – bestätigen musste, dass die Aktien bis zur Beendigung der Hauptversammlung gesperrt werden. Eine Doppelanmeldung erscheint somit gar nicht möglich und wirft ein bezeichnendes Licht, richtiger: einen bezeichnenden Schatten auf die spätere Hauptversammlung vom 29. April 2004 mit den auftretenden Schweizer Fremdaktionären. Unmöglich ließen sich aus diesen Zahlen somit jene 19,05 Prozent errechnen, die Kovats gerade von der voestalpine erworben hatte.

Die Kosten der Hauptversammlung, so beschloss diese, musste Mirko Kovats überraschend selbst bezahlen. Dass er und Günther Robol gerade erst angekündigt hatten, für ihre Aufsichtsratstätigkeit auf eine Entlohnung zu verzichten, hatte ihnen diesbezüglich nicht geholfen.

In der anschließenden Aufsichtsratssitzung wurde Kovats zum Stellvertreter des Aufsichtsratsvorsitzenden gewählt. Wirklich glücklich machte ihn das offensichtlich nicht, denn er legte diese Funktion schon bald wieder zurück – ohne dass ihm das als eine Geringschätzung der VA Tech ausgelegt wurde. Peter Pühringer schied überhaupt bald aus dem Aufsichtsrat aus. Günther Robol wurde statt Kovats zum Stellvertreter des Aufsichtsratsvorsitzenden gewählt und begehrte ab nun – wegen des Arbeitsaufwandes – die Aufsichtsratsvergütung. Er erklärte dies öffentlich den auf der Hauptversammlung vom 29. April 2004 anwesenden Aktionären. Ich habe den Verzicht auf eine Entlohnung von vornherein als eine Art Populismus angesehen. Wer arbeitet und Verantwortung trägt, soll auch entlohnt werden. Und so ist es nur verständlich, wenn Robol für seine zeitintensive Tätigkeit als Stellvertreter des Aufsichtsratsvorsitzenden eine Vergütung haben möchte. Das einseitige Abrücken von einer der Hauptversammlung gegebenen Zusage, sozusagen der Verzicht auf den Verzicht, erscheint allerdings bedenklich. Ich habe ihn daher aufgefordert, sich unter den nunmehr bekannten Voraussetzungen nochmals wählen zu lassen. Dem kam er nicht nach und fühlte sich, glaube ich, ungerecht behandelt. All dies ging allerdings wegen ganz anderer Aufregungen weitgehend unter.

Mirko Kovats

Wer ist Mirko Kovats? Kovats ist ein Mann, der es liebt, sich mit dem Mythos des Geheimnisvollen zu umgeben. Er weiß, dass die Menschen kaum etwas mehr lieben als die Atmosphäre des Wunderbaren. Vom Wohlstand kann er nach eigenen Worten nie genug haben, in Zukunft möchte er eine volkswirtschaftliche Rolle spielen und die Situation in Österreich findet er extrem unsozial. Sein Lieblingsfeind ist die Politik, was sich auch in seinem gespannten Verhältnis zur ÖIAG gezeigt hat. Wenn er Geld verdient, so sagt er, dann trotz und nicht wegen der politischen Rahmenbedingungen in Österreich.

Kovats' Vergangenheit liegt weitgehend im Dunkeln. In den 80er Jahren soll er Vertreter im Osten gewesen sein und zahlreiche Kontakte geknüpft haben. Geschäftlich soll er wenig Erfolg gehabt haben. Wer im elektronischen Firmenbuch forscht, findet in den 90er Jahren zahlreiche Funktionen – kurzfristiger Art. Geschäftsführer hier, Gesellschafter da. Hauptbetätigungsfeld dürfte das Diskothekengeschäft gewesen sein. Auffällig ist, dass immerhin zwölf Gesellschaften, die mit dem Namen Mirko Kovats verbunden sind, gemäß Paragraf 40 des Firmenbuchgesetzes gelöscht worden sind. Wegen Vermögenslosigkeit.

Ab 1997 beginnt das neue Leben des Neo-Industriellen Mirko Kovats. Er kauft die ATB Antriebstechnik GmbH und macht eine wertvolle Erfahrung: Wenn es um viel Geld geht, gelten oft eigene Gesetze. Er beginnt zu kaufen und zu kaufen und zu kaufen. Von der VA Tech bis zu den Montanwerken Brixlegg. Keiner fragt, woher das Geld kommt.

Kovats beherrscht auch das Spiel mit den Medien, wobei er von den meisten Journalisten durchschaut worden ist. Nur das Wirtschaftsblatt verkündet konsequent, was sich Kovats zu wünschen scheint. Wann immer Kovats Pläne in der Öffentlichkeit lancieren will, informiert das Wirtschaftsblatt. Im September 2004 schoss diese Zeitung allerdings übers Ziel: Sie meldete, dass Kovats bereits 17 oder 18 Prozent der Aktien der VA Tech erworben hatte. Ein paar Tage später meldete die VA Tech, dass die Victory den Erwerb von 15,26 Prozent bekannt gegeben hatte. Das Wirtschaftsblatt fühlte sich offensichtlich unwohl und verlangte öffentliche Aufklärung von Kovats.

Öffentlichkeitsarbeit betreibt er auch mit dem Klang der Namen seiner Unternehmen. Die im Mai 2003 gegründete Victory Industriebeteiligung AG klingt so nach Sieg und Erfolg, dass Kovats-Kritiker den Firmenwortlaut gar nicht in den Mund nehmen wollen. Seine A-Tec Industries klingt so sehr nach VA Tech, dass die Ähnlichkeit unüberhörbar ist.

Mirko Kovats ist eine Art Abenteurer des Kapitalismus, dessen undurchsichtige Anmeldepolitik bei der VA Tech nicht gerade als vertrauensbildende Maßnahme bezeichnet werden kann. Er nutzt das System und kritisiert die Politik. Solange er Erfolg hat, folgt auch der Respekt. Auch sein Typus hat, richtig bewertet, Platz in unserer Gesellschaft.

Die Hauptversammlung vom 29. April 2004

Seit Januar 2004 hatte Kovats, der seinen Anteil Ende 2003 offiziell auf 12,53 Prozent reduzierte, auf eine Kapitalerhöhung bei der VA Tech gedrängt. Öffentlich hatte er die ÖIAG vor sich hingetrieben – die sich lange unentschlossen gab. Zeitweise wollte er sogar eine außerordentliche Hauptversammlung knapp vor der ordentlichen Hauptversammlung durchsetzen. Mitziehen oder Nichtmitziehen? Mehrheitsveränderung oder nicht?

An der Hauptversammlung vom 29. April 2004 wollte ich zunächst gar nicht teilnehmen. Die Tagesordnung sah nichts Kontroverses vor. Nur bei der Abschaffung der Satzungsbestimmung über das Höchststimmrecht waren Diskussionen zu erwarten. Die Kapitalerhöhung sowie die Wahl des Wirtschaftsprüfers waren nach Zustimmung aller relevanten Parteien im Aufsichtsrat akkordiert.

Dennoch fuhr ich nach Linz, wo mich bereits das Anmeldeverzeichnis für die Hauptversammlung überraschte. Während die ÖIAG erwartungsgemäß mit ihrem gesamten Aktienpaket von 2,250.000 Stück Aktien teilnahm, hatte die Kovats AG lediglich 427.116 Stück, also 2,85 Prozent des Grundkapitals angemeldet. Für Mirko Kovats selbst waren einerseits 1,095.796 im Fremdbesitz mit Wohnsitz Zürich, andererseits eine Aktie im Fremdbesitz mit Wohnsitz Hinterbrühl hinterlegt. Sowohl Aktien der Kovats AG als auch die Aktien des Mirko Kovats wurden von seinem Anwalt Christian Hausmaninger vertreten. Für Christian Hausmaninger selbst waren überdies 165.788 und 74.184 Stück Aktien im Fremdbesitz angemeldet, sodass diese Aktien ebenfalls dieser Gruppe zuzurechnen waren. Dies ergab allerdings nicht die von der Kovats AG im Januar 2004 gemeldeten 12,53 Prozent, sondern nur 11,75 Prozent des Grundkapitals. Christian Hausmaninger hat weitere 115.385 Stück Aktien vertreten, die die Union Versicherungs AG im Eigenbesitz angemeldet hatte.

Von besonderem Interesse waren weiters folgende Aktienpakete, die jeweils im Fremdbesitz für Personen aus der Schweiz angemeldet waren:

Rochus APPERT	250.035 Stück	Wohnort Zürich
Felix KRAMER	547.504 Stück	Wohnort Zürich
Thomas SCHÄTTI	663.212 Stück	Wohnort Zürich
Lea Geisser ZIHLMANN	325.000 Stück	Wohnort St. Gallen

Ich habe mich zu Punkt 1 der Tagesordnung zu Wort gemeldet und die Kovats-Gruppe aufgefordert, bekannt zu geben, wie sich die im Januar 2004 gemeldeten 12,53 Prozent errechnen lassen und wer sie vertritt. Weiters habe ich die drei erstgenannten Schweizer Aktionäre aufgefordert, wegen der Übernahmeproblematik öffentlich in Abrede zu stellen, dass sie mit der Kovats-Gruppe in Verbindung stehen (die vierte Aktionärin aus der Schweiz habe ich damals im Anmeldeverzeichnis übersehen). Weder die Kovats-Gruppe beziehungsweise deren Vertreter Christian Hausmaninger noch die Schweizer Aktionäre sind diesen Aufforderungen nachgekommen.

Den ersten Knalleffekt setzte es zu Tagesordnungspunkt 5, Wahl des Abschlussprüfers: Der Vorschlag des Aufsichtsrats und Antrag des Vertreters der ÖIAG, die KPMG als Abschlussprüfer für das Geschäftsjahr 2004 sowohl für den Jahresabschluss als auch den Konzernabschluss der VA Tech zu bestellen, wurde mehrheitlich abgelehnt. Die Kovats-Gruppe stimmte geschlossen mit Nein.

Der Antrag des Christian Hausmaninger auf Bestellung von Ernst & Young als Abschlussprüfer für das Geschäftsjahr 2004 sowohl für den Jahresabschluss als auch den Konzernabschluss wurde hingegen mehrheitlich angenommen. Die Kovats-Gruppe stimmte geschlossen mit Ja.

Kurz danach setzte es den zweiten Knalleffekt. Die Kapitalerhöhung, für die satzungsgemäß eine Dreiviertelmehrheit notwendig gewesen wäre, wurde mit den Stimmen der Kovats-Gruppe abgelehnt. An der Spontaneität der Mehrheitsverhältnisse zweifelte jeder.

Daraufhin meldete sich der Vorsitzende der Übernahmekommission, Universitätsprofessor Peter Doralt, zu Wort und erläuterte die wesentlichen Bestimmungen des Übernahmegesetzes inklusive jener über das Vorgehen bei abgestimmtem Verhalten. Dennoch wurde auch der zweite Teil der Kapitalerhöhung, über den Peter Michaelis zunächst gar nicht abstimmen lassen wollte, abgelehnt. Hätte er nicht abstimmen lassen, hätte diesbezüglich die Basis für eine Anfechtungsklage gefehlt.

Angesichts der Kovats'schen Kehrtwendung habe ich den Vorstand der VA Tech nach diesen Abstimmungsergebnissen aufgefordert, sich eine Anfechtungsklage zu überlegen. Dieser reagierte sofort und erhob Widerspruch zu Protokoll. Daraufhin bezeichnete Christian Hausmaninger diesen Widerspruch des Vorstandes als verspätet und gab sich damit eine juristische Blöße. Denn erstens kann, wie Wolfgang Leitner entgegnete, Widerspruch gegen jeden Beschluss bis zum Ende der Hauptversammlung erhoben werden, und zweitens ist das Widerspruchserfordernis auf die Aktionäre beschränkt. Der Vorstand ist vom Gesetz her nicht verpflichtet, sich die Anfechtungsklage durch die Erhebung des Widerspruchs vorzubehalten.

Der Beschluss über die Ermächtigung der VA Tech zum Erwerb eigener Aktien wurde schließlich mit knapper Mehrheit angenommen. Dieser Beschluss ist deshalb erwähnenswert, weil auch bei dieser kontroversiellen Entscheidung die Kovats-Gruppe geblockt mit Nein abgestimmt hat. Gegen den Erwerb eigener Aktien zwecks Ermöglichung eines Stock Option-Plans zu stimmen ist nicht nur völlig ungewöhnlich, sondern wurde auch in keiner Weise begründet.

Wenn man sich die Abstimmungsergebnisse im Detail ansieht, sticht ins Auge, dass hier wesentliche Aktionärspakete abgestimmt vorgegangen sein müssen. Die ÖIAG, Rudolf Krtina und ich haben daher, neben zahlreichen anderen Aktionären, Widerspruch zu Protokoll erhoben.

Der mediale Schlagabtausch

In der Folge entwickelte sich folgender medialer Schlagabtausch zwischen ÖIAG und Kovats. Am 6. Mai 2004 ließ Mirko Kovats einen undatierten Brief an den Vorstand der Österreichischen Industrieholding AG veröffentlichen. Darin hieß es:

> Seit unserem Einstieg in die VA Technologie AG am 15. Mai 2003 ist Folgendes geschehen:
> 1. Der Aktienkurs ist um rund 73 Prozent gestiegen.
> 2. Die Anwesenheit von Aktionären bei Hauptversammlungen ist um rund 35 Prozent gestiegen.
> 3. Die Liquidität im Handel mit VA Technologie Aktien hat sich verdreifacht.
> 4. In der VA Technologie AG wird Aktienrecht gelebt.
> 5. Die Hauptversammlung der VA Technologie AG ist erstmalig in der Unternehmensgeschichte ein eigenständiges Organ der Gesellschaft, das nicht (mehr) Erfüllungsgehilfe von Vorstand und Aufsichtsrat oder eines einzelnen Aktionärs ist. Der Kapitalmarkt honoriert diese Tatsache.
>
> Herr Dr. Michaelis, Sie haben mit Ihrer schriftlichen Anfrage an die Übernahmekommission deren nachstehende schriftliche Aussage vom 15. 4. 2004 zur angekündigten Tagesordnung herbeigeführt:
>
> **„Der Senat nimmt insbesondere an, dass sich die ‚Kovats-Gruppe' und die ÖIAG nicht nur auf ihr Abstimmungsverhalten bei den routinemäßigen und den**

sonst schon vorher bekannten Tagesordnungspunkten, sondern insbesondere auch über die für die Ausübung der Kontrolle wichtige Zusammensetzung des Aufsichtsrats abgestimmt haben. Diese neu hervorgekommenen Tatsachen stellen gravierende Anhaltspunkte dafür dar, dass die Voraussetzung des § 9 Z 3 der 1. ÜbV vorliegt." (=Verpflichtung zur Stellung eines Übernahmeangebotes)

Damit, Herr Dr. Michaelis, haben Sie uns gezwungen, in allen wesentlichen Angelegenheiten der Hauptversammlung anders als die ÖIAG zu stimmen, um nicht unsererseits den Anschein zu erwecken, den Bestimmungen des Übernahmegesetzes zu widersprechen.

Hätten Sie gegen die Kapitalerhöhung gestimmt, hätten wir diese selbstverständlich befürwortet.

Die ÖIAG hält nur mehr 15 Prozent der Aktien der VA Technologie AG, verhält sich jedoch, als wäre sie nach wie vor Alleinaktionär der Gesellschaft.

Aufgrund der von der ÖIAG konzipierten Satzung der Gesellschaft und der von Ihnen vertretenen Auslegung erfordert eine Kapitalerhöhung eine Mehrheit von 75 Prozent. Auch wenn wir mit Ihnen gestimmt hätten, wäre diese Mehrheit nicht erreicht worden. Der Streubesitz war für die Ablehnung der Kapitalerhöhung und der damit von Ihnen verfolgten Interessen stimmentscheidend.

Tatsächlich ist die ÖIAG an einer Kapitalerhöhung als Kapitalbeschaffungsmaßnahme nicht interessiert. (Sie haben öffentlich erklärt, keinen Cent mehr in die Gesellschaft investieren zu wollen.) Vielmehr scheinen Sie eine Kapitalerhöhung als Mittel dazu benützen zu wollen, um uns durch Beeinflussung der Zuteilung junger Aktien „einzusperren" bzw. „loszuwerden" und opportunere Aktionäre in die VA Technologie AG einzuschleusen. So haben Sie einen Tag vor der Hauptversammlung im Industrieausschuss des Parlaments zum Thema Privatisierung von „Schwierigkeiten mit der Investorengruppe um Mirko Kovats" berichtet und Ihr Vorstandskollege Wieltsch sagte, „Investmentbank und Vorstand könnten durch gewissenhafte Zuteilung der Aktien darauf Einfluss nehmen, dass die bestmöglichen Aktionäre ausgewählt würden."

Die ÖIAG ist ein Aktionär auf Zeit. Wir bleiben.

Wir verstehen uns als österreichischer Kernaktionär mit Weitblick und Verantwortungsgefühl für den Konzern, seine mehr als 17.000 Mitarbeiter und seine Aktionäre.

Wenn Sie wieder die uneingeschränkte Kontrolle über die Hauptversammlung erlangen wollen, stellen Sie doch ein Übernahmeangebot.

Wenn Sie allerdings Ihren Privatisierungsauftrag erfüllen wollen, dann verkaufen Sie Ihre Aktien.

Jedenfalls sollten Sie rasch lernen, mit den sorgfältig abgewogenen Befugnissen („checks" and „balances") zu leben, die das AktG 1965 den Gesellschaftsorganen Hauptversammlung, Vorstand und Aufsichtsrat jeweils zuteilt.

Binnen weniger Stunden antwortete die Übernahmekommission in einer Pressemitteilung. Darin hieß es:

In einem „Offenen Brief" an den Vorstand der ÖIAG erklärt Herr Dr. Kovats, durch die Übernahmekommission gezwungen gewesen zu sein, „in allen wesentlichen Angelegenheiten der Hauptversammlung anders als die ÖIAG zu stimmen, um nicht … den Anschein zu erwecken, den Bestimmungen des Übernahmegesetzes zu widersprechen".

Zum Beweis dafür beruft sich Herr Dr. Kovats auf das Schreiben der Übernahmekommission vom 15. April 2004.

Die Erklärung von Herrn Dr. Kovats ist unrichtig. Der durch das Zitat von zwei aus dem Zusammenhang gerissenen Sätzen hervorgerufene Anschein ist irreführend.

Richtig ist, dass die Übernahmekommission schon seit August 2003 wiederholt mit der Frage konfrontiert wurde, ob Herr Dr. Kovats allein oder gemeinsam mit anderen Aktionären über eine kontrollierende Beteiligung verfügt und aus diesem Grund zur Stellung eine Angebotes verpflichtet ist (vgl. Stellungnahme vom 4. September 2003, www.takeover.at/entscheid/Stellungnahmen/st11.pdf). Diese Frage stellte sich auch im Vorfeld der ordentlichen Hauptversammlung vom 29. April 2004. Bereits in dem von Herrn Dr. Kovats angeführten Zitat kommt aber zum Ausdruck, dass die Bedenken der Übernahmekommission primär gegen eine zwischen der ÖIAG und der „Kovats-Gruppe“ abgestimmte Vorgangsweise *bei Wahlen in den Aufsichtsrat* gerichtet waren.

Darüber hinaus hat der Vorsitzende der Übernahmekommission in mehreren informellen Gesprächen klargestellt, dass gegen ein gleiches Abstimmungsverhalten der „Kovats-Gruppe“ und der ÖIAG in der Hauptversammlung vom 29. April 2004 *keine übernahmerechtlichen Bedenken bestehen, wenn sich dieses auf die routinemäßigen Tagesordnungspunkte der ordentlichen Hauptversammlung (Wahl des Abschlussprüfers, Entlastung der Organe, etc.) und die Kapitalerhöhung beschränken sollte.* Auch gegen die geplante Ermächtigung zum Rückerwerb eigener Aktien hätten in diesem Fall keine Bedenken bestanden.

Der Vorsitzende der Übernahmekommission hat weiter gegenüber dem Rechtsvertreter von Herrn Dr. Kovats noch während der Hauptversammlung und vor der Behandlung der in der Folge abgelehnten Tagesordnungspunkte *ausdrücklich seine Bereitschaft erklärt, diesen Rechtsstandpunkt in der Hauptversammlung öffentlich zu Protokoll zu geben*, um dadurch die allfällige Besorgnis der „Kovats-Gruppe“ und einzelner Aktionäre zu entkräften. *Dieses Angebot hat der Rechtsvertreter von Herrn Dr. Kovats nachdrücklich abgelehnt.* Im übrigen hat weder Herr Dr. Kovats noch sein Rechtsvertreter in den Wochen vor der Hauptversammlung Kontakt mit der Übernahmekommission gesucht, um die Frage zu klären; dies wäre – wie beide Herren wussten – ohne weiteres möglich gewesen.

Wenn die Gruppe Kovats nun versucht, den Eindruck zu erwecken, dass sie durch die Rechtsauffassung der Übernahmekommission gezwungen war, gegen die geplante Kapitalerhöhung zu stimmen, ist dies für die Übernahmekommission nicht nachvollziehbar.

Hingegen ist die Tatsache, dass nicht nur die Aktionäre, die bisher der „Kovats-Gruppe" zugerechnet wurden, sondern auch zahlreiche weitere Aktionäre geschlossen gegen die Anträge der Organe der Gesellschaft gestimmt haben und daher bei allen wesentlichen Abstimmungen gemeinsam über die einfache Mehrheit in der Hauptversammlung verfügten, überraschend. Die Übernahmekommission untersucht diese Entwicklung von Amts wegen.

Die Übernahmekommission hat somit in erfrischender Deutlichkeit auf die unrichtigen, irreführenden und nicht nachvollziehbaren Aussagen von Mirko Kovats hingewiesen und ihn auch juristisch entlarvt.

Die Anfechtung der verhinderten Kapitalerhöhung

Nach der Hauptversammlung habe ich der Union Versicherungs AG einen Brief mit der Frage geschrieben, wann angesichts des abgestimmten Stimmverhaltens ein Übernahmeangebot erwartet werden dürfte. Der Brief soll viel Staub aufgewirbelt haben, eine Antwort gab es nie. Man erfuhr in der Öffentlichkeit nur, dass dieses Paket bereits an die Kovats-Gruppe verkauft worden sei. Man habe quasi nichts mehr damit zu tun.

Nun begann ich eine Anfechtungsklage in der Erwartung vorzubereiten, dass an der Kapitalerhöhung ein allgemeines

Interesse bestand. Ich wollte jedenfalls verhindern, dass die Sache einschlief und unter den Teppich gekehrt werden würde. Angefochten werden können ja nicht nur gefasste Beschlüsse, sondern auch verhinderte Beschlüsse. Geklagt wird in diesem Fall auch auf die Feststellung, dass die Hauptversammlung einen bestimmten Beschluss gefasst hat.

Mein Risiko, Seite an Seite mit dem anfechtungswilligen VA-Tech-Vorstand und der anfechtungsbereiten ÖIAG eine gerichtliche Entscheidung herbeizuführen, schätzte ich nicht allzu hoch ein. Schließlich richtet sich die Anfechtungsklage gegen die VA-Tech, und die wird vom Vorstand und vom Aufsichtsrat – Vorsitz: Peter Michaelis – vertreten. Doch irgendwie verließ alle der Mut. Als sowohl der Vorstand als auch die ÖIAG mit Ende der Monatsfrist erkannten, dass sie sich quasi selbst klagen müssten, nahm man vom Gerichtsweg Abstand. Hätte der Vorstand die VA Tech klagen sollen, die in einem solchen Verfahren allein durch den Aufsichtsrat vertreten werden würde? Sollte die ÖIAG, vertreten durch Peter Michaelis und Rainer Wieltsch, die VA Tech, vertreten durch den Vorstand und den Aufsichtsrat, also wiederum durch Peter Michaelis und Rainer Wieltsch, klagen? So blieb ich übrig, bestärkt von Wohlmeinenden, der VA Tech aus der Patsche zu helfen. Was sollte ich tun? Das Kostenrisiko sprach gegen eine solche Klage. Die Rechtslage und die VA Tech als formeller Gegner dafür. Also klagte ich. Wenn das Recht etwas wert wäre, sollte es auch durchsetzbar sein.

Normalerweise bringe ich, wie bereits in einem früheren Kapitel beschrieben, eine Anfechtungsklage immer in dreifacher Ausfertigung ein. So kann sich das Gericht ein Exemplar behalten, das zweite stellt es dem Vorstand zu, das dritte dem Aufsichtsrat. Diese Vorgangsweise entspricht nicht meiner Rechtsmeinung, aber ich habe es immer so gehalten, um unnötige Diskussionen im Vorfeld zu vermeiden. Eine Zustellung sollte zwar genügen, doch erschien mir eine Diskussion um einen solchen Formalismus bisher keinen besonderen Wert zu haben.

Ganz anders habe ich es bei der Anfechtungsklage gegen die VA Tech gemacht. Da ich wusste, dass der Linzer Richter der

Meinung ist, dass jedem einzelnen Aufsichtsrat gesondert zuzustellen ist, habe ich die Klage 19-fach eingebracht: einmal für das Gericht, einmal für den Vorstand und je einmal für die 17 Mitglieder des Aufsichtsrats. Die Meinung, dass allen Vertretern zuzustellen ist, halte ich zwar für unvertretbar – ich wollte mir aber zunächst Diskussionen ersparen. Da die Privatadressen der Mitglieder des VA-Tech-Aufsichtsrats im Firmenbuch nicht veröffentlicht sind, habe ich die Zustellung aller Klagsexemplare per Adresse der VA Tech begehrt und dies in der Klage begründet.

Nun begann es richtig grotesk zu werden: der Richter erteilte mir den Verbesserungsauftrag, die zustellfähigen Adressen der einzelnen Aufsichtsratsmitglieder binnen acht Tagen nachzuliefern. Er stellte mir die Klage allerdings nicht zurück, wie es im Gesetz vorgesehen wäre, sondern beließ sie bei Gericht. Was zu viel war, war zu viel, dachte ich mir und ließ die Frist verstreichen. Ich wollte, und sei es höchstgerichtlich, geklärt wissen, ob eine Anfechtungsklage tatsächlich an den Vorstand und alle einzelnen Mitglieder des Aufsichtsrats zuzustellen war. Sollte das nämlich tatsächlich der Fall sein, bedeutete dies den faktischen Tod der Anfechtungsklage. Aus dieser Überlegung seien auch die nachfolgenden, spezifischen Ausführungen verstanden.

Wenn ein Verbesserungsauftrag ungenützt verstreicht, muss das Gericht die Klage zurückweisen. Hätte der Richter das getan, hätte ich ein Rechtsmittel eingelegt. Doch der Richter wies die Klage nach Verstreichen der achttägigen Frist nicht zurück. Er strapazierte die Zivilprozessordnung weiter, indem er den mir erteilten „Verbesserungsauftrag" urgierte – diesmal ohne Fristsetzung. Das war schon recht kurios.

Konsequenterweise reagierte ich auch auf die Urgenz nicht. Schließlich wollte ich eine Entscheidung herbeiführen. Ein Hintergedanke war natürlich auch, dass ich Zeit gewinnen wollte. Würde die Frage der Zustellung in der zweiten Instanz entschieden werden müssen, könnte der Prozess noch gar nicht in Gang kommen. Kovats konnte sich so lange nicht als Nebenintervenient anschließen (und den Prozess verteuern) und vielleicht würde eine Kapitalerhöhung im Verhandlungswege zustande kommen.

Nun wurde es noch grotesker: Der Richter fühlte sich in seiner Haut sichtlich unwohl und ließ mich durch seine Kanzleileiterin anrufen. Diese machte mich auf den Verbesserungsauftrag sowie die Urgenz aufmerksam und fragte, was denn los wäre. Ich bat sie um Verständnis und erwiderte, dass ich die Adressen nicht bringen würde. Auf ihre Frage, was denn das Gericht dann machen sollte, meinte ich nur: nach dem Gesetz vorgehen.

Ich erwartete, dass die Klage nun endgültig zurückgewiesen würde. Eine andere Möglichkeit ließ das Gesetz ja nicht zu. Doch da der Richter spätestens jetzt erkannte, dass ich etwas bezweckte, ließ er die Klage zustellen, und zwar genau an jene Adresse, die ich bekannt gegeben hatte: an die Geschäftsadresse der VA Tech.

Daraufhin wurde es richtig schlimm: Zunächst wurden vier Klagen an Mitglieder des Aufsichtsrats zu Handen einer VA-Tech-Sekretärin zugestellt. Sie unterschrieb die Rückscheine. Am nächsten Tag langten die übrigen Klagen bei der VA Tech ein, wobei die Rückscheine aber nicht mehr unterzeichnet wurden. Der Briefträger, offensichtlich ebenfalls überfordert, ließ sodann alle Klagen samt Rückscheinen bei der VA Tech und überließ dem Unternehmen die Zustellproblematik.

Die Klagen fanden, wenig überraschend, den Weg in die Rechtsabteilung, genauer: zu deren Leiter Doktor Bernhard Starzer. Neugierig wie der Mensch so ist, öffnete er eine der Klagen und rief den Richter an, was er denn tun sollte. Dieser riet ihm, die Klagen, so wie sie waren, also mit Rückscheinen, an das Gericht zurückzusenden. Frau Marianne Ullsperger aus der Rechtsabteilung der VA Tech tat dies auch mit dem Bemerken, dass die „beiliegenden RSa-Briefe nicht angenommen" würden.

Über all das, was hier jenseits des Zustellgesetzes passierte, konnte man sich nur wundern. Was sollte der Richter nun anderes tun, als die Klage zurückzuweisen? Ich konzipierte das Rechtsmittel gegen den erwarteten Zurückweisungsbeschluss, da die Zustellung ja erfolgt war! Der Vorstand hatte sie ebenso erhalten wie jene Mitglieder des Aufsichtsrats, für die als Arbeitnehmer der VA Tech deren Sitz eine Abgabestelle war. Das Zurücksenden an das Gericht war irrelevant. Da der Leiter der Rechtsabteilung Bernhard Starzer auch noch Gesamtprokurist war und die Klage gelesen hatte, war sie der VA Tech auch aus diesem Grund tatsächlich zugekommen und ein allfälliger Zustellmangel gemäß dem Zustellgesetz geheilt.

Ein Versäumungsurteil lag somit in der Luft. Doch da begann Mirko Kovats einzulenken und der Rechtsanwalt der VA Tech, Hanns Hügel, ersuchte in eleganter Weise um Zurückziehung der Klage. Dies würde die Verhandlungen erleichtern. Da ich die Klage ja nur im Interesse der VA Tech und nicht gegen diese führen wollte, kam ich diesem Wunsch nach.

Parallel zu diesem Gerichtsverfahren begann die Übernahmekommission ein Prüfungsverfahren, das im nächsten Abschnitt beschrieben wird.

Das Ruhens-Verfahren vor der Übernahmekommission

Die ÖIAG verzichtete auf die Einbringung einer eigenen Anfechtungsklage einerseits aus Kostengründen, andererseits, weil sie einen Überprüfungsantrag nach dem Übernahmegesetz stellte. Ersteres war schlicht und einfach eine aktienrechtliche Kapitulationserklärung der ÖIAG. Wenn eines der geldmächtigsten Unternehmen des Landes die Rechtsdurchsetzung aus Kostengründen scheitern lässt, ist das das öffentliche Eingeständnis, dass das Aktienrecht eine Farce ist.

Den ein paar Tage nach meiner Anfechtungsklage gestellten Überprüfungsantrag hätte sich die ÖIAG aus Kostengründen auch gerne erspart, doch war die Übernahmekommission offensichtlich nicht bereit, ein Verfahren von Amts wegen einzuleiten – und wartete ihrerseits auf die ÖIAG. Die Übernahmekommission fasste am 14. Juni 2004 den Beschluss zur Prüfung,

1. ob Herr Dr. Mirko Kovats sowie die VICTORY Industriebeteiligung AG, FN 235134 k, und die mit ihnen gemeinsam vorgehenden Rechtsträger iSd § 23 ÜbG eine kontrollierende Beteiligung gemäß § 22 ÜbG iVm §§ 1-8 der 1. ÜbV an der VA Technologie AG erlangt haben,
2. ob die genannten Personen ein Pflichtangebot für die Aktien der VA Technologie AG zu Unrecht nicht gestellt haben,
3. ob die Stimmrechte aus ihren Aktien ruhen,

4. ob von den genannten Personen gegebenenfalls eine gemäß § 25 ÜbG gebotene Mitteilung unterlassen wurde.

Die Punkte 1 bis 3 beruhten auf einem Antrag der ÖIAG. Punkt 4 wurde von Amts wegen ergänzt. Die mit Herrn Dr. Kovats und der Victory Industriebeteiligung AG gemeinsam vorgehenden Rechtsträger mit Sitz im Ausland wurden aufgefordert, einen Zustellbevollmächtigten mit Sitz, Wohnsitz bzw. Zweigstelle in Österreich zu bestellen. Als des gemeinsamen Vorgehens verdächtige Personen wurden Christian Hausmaninger, Union Versicherung AG, Thomas Schätti, Lea Zihlmann-Geisser, Rochus Appert, Felix Kramer, Maximilian Habsburg-Lothringen, Hermann Pöltl, Roland Matje, Gerald Hörhan, Marion Enzesberger und Alexander Pappas angegeben. Weiters wurden die Aktionäre der VA Tech, die allein oder gemeinsam mit anderen Aktionären über Aktien mit einem Nennbetrag oder anteiligen Betrag von 1 Prozent des Grundkapitals oder über Aktien mit einem Nennbetrag bzw. anteiligen Betrag von mindestens 70.000 Euro verfügten, darauf aufmerksam gemacht, dass sie sich innerhalb einer Frist von einem Monat ab der Veröffentlichung dem Verfahren anschließen könnten.

Ich wandte mich daraufhin an die Übernahmekommission, da die zu behandelnden Gegenstände des Verfahrens voraussichtlich Vorfragen des Anfechtungsverfahrens darstellen würden. Eine Unterbrechung meines Anfechtungsverfahrens im Sinne des Übernahmegesetzes stand somit bevor, wobei das Gericht an den Feststellungsbescheid der Übernahmekommission gebunden sein würde. Den Parteien des Anfechtungsverfahrens, also der VA Tech und mir, kommt auch im Feststellungsverfahren der Übernahmekommission Parteienstellung zu. Wegen der zu erwartenden Unterbrechung des Anfechtungsverfahrens und zur Vermeidung von Verzögerungen schloss ich mich bereits zu diesem Zeitpunkt dem Feststellungsverfahren als Partei an und ging wegen der Eigenschaft als Anfechtungskläger davon aus, dass zum Zwecke des rechtlichen Gehörs die Wertgrenze von EUR 70.000 in diesem Fall nicht gelten würde.

Bei meinem Anfechtungsverfahren stand ich allerdings vor einem Dilemma: Wenn zunächst die Zustellproblematik ausjudiziert werden sollte und anschließend ein Nebenintervenient einen Antrag auf Streitwertanhebung stellen würde, der ebenfalls durch die Instanzen zu überprüfen wäre, wäre mit einer Unterbrechung zwecks Klärung der Vorfrage, ob die Kovats-Stimmrechte ruhten, erst in einem Jahr oder mehr zu rechnen gewesen. Nach so langer Zeit hätte die Übernahmekommission wahrscheinlich schon längst eine Entscheidung gefällt. Mit anderen Worten: Ich wäre an eine Entscheidung gebunden gewesen, ohne sie beeinflussen zu können.

Peter Doralt, der Leiter der Übernahmekommission, hätte dies ebenso gesehen und hätte mir die Parteistellung zuerkannt. Durch die in den Medien kolportierte Klagsrückziehung meinte er allerdings, dass sich auch mein Ansinnen auf Zuerkennung der Parteistellung erübrigt hätte. Als die Übernahmekommission veröffentlichte, dass sich keine weiteren Aktionäre dem Überprüfungsverfahren angeschlossen hätten, war ich doch überrascht. Ich hätte nämlich zumindest erwartet, dass ich einen abweisenden Bescheid erhielte, weil ich keine 70.000 Euro an Aktien hatte. Als ich Markus Ullmer mitteilte, dass ich mir die Möglichkeit, diese Wertgrenze beim Verfassungsgerichtshof anzufechten, offen halten wollte, erhielt ich sehr bald einen Rückruf von Peter Doralt. In einem sehr offenen Gespräch zeigte er viel Verständnis und gestand mir, dass er selbst diese Wertgrenze im Gesetzgebungsverfahren beanstandet, sich aber nicht durchgesetzt hatte. Ich möge allerdings bedenken, welch einen Effekt eine allenfalls erfolgreiche Anfechtung meinerseits beim Verfassungsgerichtshof hätte. Würde zuerst die Übernahmekommission und anschließend der Verfassungsgerichtshof in meinem Sinn entscheiden, wäre auch das allenfalls positive Ergebnis seiner Behörde vernichtet. Im Übrigen wären auch die Kosten zu bedenken: Eine Entscheidung über meine Parteistellung kostete mich voraussichtlich rund 3.600 Euro. Schluck! Und das von einer Behörde, die zu meinem Schutz eingerichtet worden war.

Bei so viel Appell an meine Vernunft gab ich natürlich nach und verzichtete auf eine weitere Verfolgung meiner Rechte. Mein Begehren auf Zuerkennung der Parteistellung verlief einvernehmlich im Sand. Zu einer Überprüfung verfassungsrechtlicher Bedenken ist es somit nicht gekommen.

Kovats wäre nicht Kovats, wäre ihm nicht auch im Übernahmeverfahren ein Hakenschlag eingefallen. Er ließ „die formelle Ausweitung des anhängigen Feststellungsverfahrens bzw. die Einleitung eines eigenen Feststellungsverfahrens in Bezug auf die ein Pflichtangebot auslösenden Verhaltensweisen der ÖIAG" beantragen. Dementsprechend wurde zum Gegenstand des weiteren Verfahrens der Übernahmekommission die Prüfung,

1. ob die ÖIAG gemeinsam mit Herrn Dr. Mirko Kovats bzw. der Victory vorgehender Rechtsträger ist,
2. ob sie gegebenenfalls von der gesetzlichen Verpflichtung zur Stellung eines Angebotes im Sinne von § 22 i.V.m. § 23 ÜbG sowie
3. vom Ruhen des Stimmrechts ihrer Aktien erfasst ist, und
4. ob durch die ÖIAG die Mitteilungspflicht gemäß § 25 ÜbG verletzt wurde.

Neuerlich wurden die Aktionäre, die die entsprechenden Wertgrenzen erreichen, zur Teilnahme binnen einen Monats eingeladen. Da diese Frist erst Ende August 2004 endete, konnte das Verfahren erst zu diesem Zeitpunkt beginnen.

Siemens

Ende August 2004 waren die Verhandlungen mit Mirko Kovats zwecks Durchführung der Kapitalerhöhung zu einem positiven Abschluss gelangt. Der Vorstand der VA Tech berief daher für den 21. September 2004 eine Hauptversammlung ein, die eine – gegenüber April 2004 deutlich geringere – Kapitalerhöhung sowie die Bestätigung der ablehnenden Beschlüsse vom 29. April 2004 beschließen sollte. Letzteres sollte dazu dienen, den Aktionär Rudolf Krtina mit seiner im letzten Augenblick eingebrachten Anfechtungsklage auszubremsen.

Alles schien sich in Harmonie aufzulösen. Doch ein paar Tage danach erfuhr die Öffentlichkeit, dass Siemens gemeinsam mit Kovats die Übernahme der VA Tech plante. Das war ein gefundenes Fressen für die Medien. Sofort war vom Versuch einer feindlichen Übernahme die Rede. Während sich die Wirtschaftsredakteure noch wehrten, diesen Terminus zu übernehmen, brauchten die Chefredakteure der Zeitungen offensichtlich ihre Sensation: die erste Übernahmeschlacht in Österreich. Sie geriet zunächst zur Abwehrschlacht.

Im Raum stand ein Übernahmeangebot mit einem Preis von 60 Euro pro Aktie, wobei die Aktie zwischen 50 und 55 Euro notierte. Nach dem Scheitern des ersten Versuchs fiel sie auf 45 Euro zurück. Während Kovats offensichtlich einen kleineren Teil der VA Tech übernehmen sollte, sollten etwa 80 Prozent Siemens zugedacht gewesen sein. Wenn man bedenkt, dass die Aktie im Jahr 2003 noch weit unter 30 Euro notierte, wäre das Geschäft für die ÖIAG, also den Steuerzahler, attraktiv gewesen. Doch es sollte anders kommen. Zunächst.

Das Geschäft wurde von allen möglichen Seiten attackiert. Die ÖIAG übertrug die Entscheidung interessanterweise an den Vorstand der VA Tech, womit das Objekt der Begierde, weltweit einzigartig, zum Player wurde. Dass die Gesellschaft – nämlich sowohl Vorstand als auch Betriebsrat – keine Lust an einer Eingliederung in einen anderen Konzern empfand, lag auf der Hand. Dass sich die Organe der VA Tech wenig um jene Bestimmung des Übernahmerechts sowie des Corporate Governance Kodex kümmerten, die ihnen ab Bekanntwerden der Übernahmeabsicht gebot, alle Maßnahmen zur Vereitelung des Angebotes zu unterlassen, war ebenfalls verständlich. Dass aber die Politik ganz vehement eingriff, war überraschend – zumal sich die schwarz-blaue Regierung ja irgendwie als antiinterventionistisch positioniert hatte. Wenige Tage, nachdem der Gouverneur von Kalifornien auf dem Wahl-Parteitag der Republikaner von einem sozialistischen Österreich gesprochen hatte und die heimische Polit-Elite mit Entrüstung reagiert hatte, trat die Regierung plötzlich als Anwalt der Einheit der VA Tech auf. Finanzminister Grasser formulierte eine Konkretisierung des Privatisierungsauftrages, was nichts anderes bedeutete, als dass der Misch-Konzern VA Tech als solcher erhalten bleiben sollte. Öffentlich ließ er verkünden, dass Siemens das Signal verstehen sollte. Der Bundeskanzler nahm in ähnlichem Sinne öffentlich Stellung, worauf im nächsten Kapitel noch eingegangen wird. Interessant wäre zu wissen, welche Landespolitiker an welchen Stellen interveniert haben.

Im Übrigen wurde Anfang September 2004 eine Betriebsstätte in Ravensburg verkauft und Ende September 2004, also ein paar Tage nach dem Beschluss der Kapitalerhöhung, die „Schottland-Schließung" sowie der Abbau von 1.350 Jobs angekündigt, primär durch Abverkäufe.

Der Druck auf Siemens kam aber auch von der Übernahmekommission, die den Übernahmegerüchten auf den Grund gehen wollte. Sie teilte in einer vereinzelt gebliebenen Pressemitteilung am 2. September 2004 mit, dass ihr entgegen anders lautenden Presseberichten kein Angebot und auch kein Angebotsentwurf auf Erwerb von Aktien der VA Tech vorlägen und ihr die Vorlage solcher Unterlagen auch nicht angekündigt wurde. Sie hielt auch fest, dass sowohl Siemens als auch Victory über Aufforderung der Übernahmekommission zu den Übernahmegerüchten Stellung genommen hätten und diese beiden Erklärungen zueinander im Widerspruch stünden. Siemens wurde daher aufgefordert, diesen Widerspruch aufzuklären, wie im Kapitel über die Übernahmekommission bereits beschrieben wurde. Ab dann war von der Übernahmekommission nichts mehr zu hören.

In der Folge blies Siemens der Wind so scharf ins Gesicht, dass an eine erfolgreiche Übernahme nicht mehr zu denken war. Man gab – nach außen hin – auf. Siemens-Generaldirektor Albert Hochleitner entschloss sich aber doch noch zu einem öffentlichen Statement. Eine feindliche Übernahme sei nie geplant gewesen, die Sache sei nun erledigt und die Übernahmekommission sei ziemlich lästig gewesen. Wo er Recht hatte, hatte er Recht.

Siemens schien damit ein gutes Geschäft entgangen zu sein. 60 Euro pro Aktie hätte einen Kaufpreis von rund 900 Millionen Euro bedeutet. Setzt man dies in Relation zu Verlustvorträgen von 1,3 Milliarden Euro und zu einem Körperschaftsteuersatz von 25 Prozent ab 2005, wirkt die Sache lukrativ. Schon nach den deutschen Bundestagswahlen 2002 wollte Siemens den Sitz der Konzernzentrale von München nach Salzburg verlagern. Mit der VA Tech wäre der Standort Österreich gestärkt und eine Gewinnverlagerung interessant gewesen.

Etwas verwirrt blieb die Öffentlichkeit, weil zunächst ungeklärt war, ob Siemens der übernahmerechtlichen Sperrfrist von einem Jahr unterläge. Diese Sperrfrist verbietet einem Bieter unter bestimmten Bedingungen, ein Übernahmenangebot zu legen. Anfang Oktober 2004 drängte das Wirtschaftsblatt die Übernahmekommission zu einer Stellungnahme. Die Kommission antwortete am 11. Oktober 2004 dieser Zeitung, die die Antwort wiederum im Internet veröffentlichte. Erst danach war die Stellungnahme auf der Homepage der Übernahmekommission zu finden. Die Übernahmekommission erklärte zunächst die Rechtslage und ging anschließend auf die Diskussionen in den Medien ein. Nach derzeitig sich darstellendem Sachverhalt gehe die Übernahmekommission davon aus, dass aufgrund der Erklärung von Siemens am 9. September 2004 die einjährige Sperrfrist an diesem Tage begonnen habe. Diese Beurteilung der Übernahmekommission, so wurde ausdrücklich festgehalten, stellte keine rechtlich bindende Entscheidung des zuständigen Senates dar. Wer hat dann die Stellungsnahme abgegeben? „Bisher wurde weder ein Feststellungsantrag eines Beteiligten gestellt, noch gibt es sonst einen Anlass für die Einleitung eines förmlichen Verfahrens vor dem zuständigen Senat. Ende der Mitteilung.“ Das erinnert in gewisser Weise an die rechtlichen nulla jener Kollegen, die bereits auf ihrem Briefpapier verkünden, nicht für telefonische Auskünfte zu haften.

Die Kapitalerhöhung

Am 21. September 2004 wurde die Kapitalerhöhung schließlich beschlossen. Zur Hauptversammlung dieses Tages hatte die Victory wiederum bloß 3,6 Prozent, und nicht die offiziell gemeldeten 13 Prozent, angemeldet. Hinzuzurechnen sind die im Fremdbesitz angemeldeten 9,3 Prozent des Christian Hausmaninger. Das ergab 12,9 Prozent. Da nur 46,6 Prozent angemeldet waren, hätten 12,9 Prozent gereicht, um die Kapitalerhöhung, die 75 Prozent des anwesenden Kapitals Zustimmung erforderte, zu verhindern. 12,9 ist mehr als ein Viertel von 46,6. Alle hatten sich also ausgerechnet, dass Kovats sein Wort halten musste, damit die Kapitalerhöhung gelänge. Alles andere wäre aber sowieso medialer und juristischer Selbstmord gewesen.

Diese Rechnung war allerdings in einem Punkt unvollständig. Die VA Tech hätte die Kapitalerhöhung jedenfalls beschließen können – hätte der Vorsitzende den notwendigen Mut, genau genommen: die entsprechende Konsequenz aufgebracht. Wenn die ÖIAG im Verfahren vor den Übernahmekommission nämlich behauptet, dass die Kovats-Gruppe spätestens in der Hauptversammlung vom 29. April 2004 die 20 Prozent-Schwelle überschritten hat, dann muss sie folgerichtig der Ansicht sein, dass die Stimmrechte der Kovats-Gruppe ruhen. Ruhen die Stimmrechte, darf sie Michaelis nicht mitzählen. Werden die Kovats-Stimmen nicht gewertet, wird die 75 Prozent Mehrheit erreicht.

Natürlich hätte sich Kovats im Falle einer Annahme der Kapitalerhöhung wegen Ruhens seiner Stimmrechte durch eine Anfechtungsklage wehren können. Wer die Mentalität der österreichischen Gerichte kennt, weiß, dass eine Anfechtungsklage prinzipiell kritisch gesehen wird. Außerdem gibt es auch eine metajuristische Überlegung: Ficht Kovats die Kapitalerhöhung an, wird er nicht nur der VA Tech, sondern auch sich selbst schaden. Er müsste öffentlich bekennen, dass sein Interesse über jenem der VA Tech steht. Anders gewendet: Er hätte signalisiert, dass ihm das Schicksal der VA Tech relativ gleichgültig war. Mirko Kovats hätte sich daher schwer getan, eine ohne seine Stimmen beschlossene Kapitalerhöhung zu bekämpfen.

Doch selbst die beschlossene und in vielen Details bereits vorbereitete Kapitalerhöhung, für die selbst die Organe der ÖIAG schon ihre mitziehungsbereite Zustimmung erteilt hatten, fand schließlich nicht mehr statt. Siemens gab der Entwicklung des Unternehmens eine neue Wendung und zog die freundlichste unfreundliche Übernahme der österreichischen Wirtschaftsgeschichte durch.

Doch Siemens

Nach der Hauptversammlung am 21. September 2004 führte ich ein interessantes Gespräch mit Anton Beneder, dem Vorsitzenden des Zentralbetriebsrates der VA Tech. Beneder ist ein sozialdemokratischer Pragmatiker und fällt unter die Kategorie

„g'rader Michl", könnte selbst jederzeit einen Konzern wie die VA Tech führen und genießt allseits einen ausgezeichneten Ruf. Ihm stieß mein Eintreten für Siemens in meiner Rede auf – er selbst hatte ja gegen Siemens/Kovats mobil gemacht („Terror im Parlament") – und er meinte schließlich, dass ihm die derzeitige Konzernstruktur gar nicht so unangenehm wäre. Diese Ehrlichkeit nahm mich für ihn ein. Er hatte ein wahres Wort gesprochen. Aus Sicht des Unternehmens mehrte sich die Macht der Führungsebene mit der Instabilität der Aktionärsstruktur. Das lag im Interesse von Vorstand und Belegschaftsvertretung. Mein Argument, dass er kaum einen besseren Aktionär als Siemens bekommen könnte, ließ er nicht gelten.

Doch es sollte anders kommen. Kovats schaffte es nicht, bis zum 29. Oktober 2004 ein Angebot auf die Beine zu stellen. Für ihn begann daher zu diesem Zeitpunkt die einjährige Sperrfrist. Da er außerdem bereits ein Verfahren der Übernahmekommission am Hals hatte, die ÖIAG am 3. November 2004 ein Mitziehen bei der Kapitalerhöhung beschlossen hatte und der Aktienkurs relativ hoch lag, war die logische Konsequenz der Ausstieg der Kovats-Gruppe. Dass Kovats allerdings sein 16 Prozent-Paket an Siemens verkaufte, indem er die gesamte Victory Industriebeteiligung AG abstieß, war doch etwas überraschend. Siemens selbst unterlag ebenfalls der Sperrfrist und war gerade erst am konzertierten Widerstand von der VA Tech bis zur Politik gescheitert.

Siemens musste also den Widerstand der Politik und der VA Tech überwinden sowie bei der Übernahmekommission die Aufhebung der Sperrfrist erreichen. All das musste schnell gehen, da möglicherweise auch General Electric ein Übernahmeangebot legen wollte. GE hatte bei Jenbacher schon Erfahrung am österreichischen Markt gesammelt. Laut einer im November 2004 von der Financial Times veröffentlichten Liste ist General Electric übrigens das renommierteste Unternehmen der Welt, also eine ernst zu nehmende Konkurrenz.

Die Politik war einerseits „vorinformiert", andererseits überrascht – jedenfalls aber nicht widerstandsfähig. Im Ergebnis ist das auch erfreulich. Siemens hat sich die Demütigung vom September 2004 nicht bieten lassen und ist am Ball geblieben. Dass

Siemens-Chef Hochleitner nach dem Scheitern des ersten Übernahmeversuches das Thema VA Tech als „erledigt“ bezeichnet hatte, nannte er nunmehr „nicht ganz die Wahrheit“. Diese Aussage brachte ihm angesichts einer Gesetzeslage, die zum Schweigen und Vertuschen nötigte, viel Verständnis und Sympathie. Nur die Puristen jenseits der Rechtswirklichkeit lebten ihr Recht auf Empörung aus.

Die VA Tech selbst war ebenfalls überrascht und rang zunächst um Worte. Erst in der offiziellen, neutralen Stellungnahme zum Übernahmeangebot im Dezember 2004 fasste sich der Vorstand und äußerte sich bemerkenswert ausgewogen. Der Belegschaft, ziemlich allein gelassen, wurde das Zauberwort „Standortgarantie“ zugeflüstert und die Sache schien auch diesbezüglich kein wirkliches Problem mehr. Je länger sich die Übernahme hinzog, desto mehr schienen Vorstand und Belegschaft allerdings an Selbstbewusstsein zu gewinnen.

Da Siemens bereits am 8. November 2004 ein Übernahmeangebot im Fall der Verkürzung der Sperrfrist angekündigt und einen Kaufpreis von 55 Euro pro Aktie in den Raum gestellt hatte, musste alles sehr, sehr schnell gehen. Innerhalb der Sperrfrist von einem Übernahmeangebot zu reden, das den Kurs gleich um 4 Euro hinaufschraubte, war juristisch verboten. Die Konkurrenz hätte – theoretisch – auf Unterlassung klagen können.

Eine lange Übernahme

> Herr Sernetz hat den ganzen Prozess jedenfalls nicht mit besonderer Freundlichkeit behandelt. Wir werden ihn nicht hindern, wenn er früher gehen will.
>
> *Albert Hochleitner*

Siemens beantragte also noch am selben Tag bei der Übernahmekommission die Aufhebung der Sperrfrist, worauf sowohl Siemens als auch die VA Tech in den Sitzungen am 9. und 11./12. November 2004 gehört wurden. Voraussetzung der Verkürzung der Sperrfrist war, dass die Interessen der VA Tech und ihrer Aktionäre nicht verletzt würden.

Die Interessen der Aktionäre sah die Übernahmekommission als nicht verletzt an, weil das Angebot über dem in den vergangenen drei Jahren erreichten höchsten Börsenkurs liegen sollte und zudem Siemens in Aussicht gestellt hatte, das Angebot an keine Bedingungen außer den gesetzlich gebotenen (insbesondere, dass die notwendigen wettbewerbsrechtlichen Freigaben der EU-Behörden und der US-amerikanischen Behörden gewährt werden) zu knüpfen. Wie sich ein paar Wochen danach herausstellen sollte, war das wieder nicht die Wahrheit: Das Angebot enthielt die Bedingung, dass die Hauptversammlung der VA Tech das in der Satzung vorgesehene Höchststimmrecht abschaffen müsse.

Die Interessen der VA Tech erschienen der Übernahmekommission nicht ohne weiteres gewährleistet. Wenn nämlich mit dem Übernahmeangebot die geplante Kapitalerhöhung abgeblasen würde und die Übernahme scheitern sollte, könnten sich bedeutende Nachteile für die VA Tech ergeben. Siemens musste sich daher bereit erklären, im Falle des Scheiterns des Übernahmeangebotes an der Kapitalerhöhung entsprechend ihrer Beteiligung teilzunehmen (was, genau genommen, für die VA Tech keine Sicherheit bedeutete). Weiters gab Siemens eine Grundsatzerklärung über die beabsichtigte Geschäftspolitik ab. Stimmeneinhellig wurde daher in den frühen Morgenstunden (!) des 12. November 2004 die Aufhebung der Sperrfrist beschlossen.

Dennoch ließ das eigentliche Angebot noch lange auf sich warten. Nachdem die geplante Kapitalerhöhung tatsächlich zurückgestellt worden war – bei den Gesprächen mit den Banken wären viele VA Tech-Aktionäre gerne Zuhörer gewesen –, dauerte es noch Wochen, bis die Öffentlichkeit vom Inhalt des Angebotes erfahren konnte. Der Grund lag darin, dass das Angebot nicht nur erstellt werden musste – es handelt sich immerhin um 26 detaillierte Seiten –, sondern auch von einem Sachverständigen, der Deloitte Wirtschaftsprüfungs GmbH, sowie der Übernahmekommission selbst zu prüfen war.

Mit einem in mehreren Tageszeitungen geschalteten Inserat vom 10. Dezember 2004 informierte Siemens die mit Spannung wartende Öffentlichkeit über das Angebot, das sowohl auf der Homepage der Übernahmekommission als auch im Amtsblatt der Wiener Zeitung veröffentlicht wurde. Die Angebotshöhe von 55 Euro pro Aktie wurde ausführlich begründet und auf die Annahme- und Zahlstelle der Bank Austria verwiesen, bei deren Tochtergesellschaft Asset Management GmbH auch die Angebotsunterlage unter einer bestimmten Telefonnummer angefordert werden könnte. Wer dies allerdings versuchte, konnte seinen Ohren kaum trauen. Das Inserat sei, so Herr Bender von der Asset Management GmbH, ohne Einverständnis dieser Gesellschaft erschienen und eine Angebotsunterlage gäbe es auch (noch) nicht. Sobald man eine solche bekäme, werde man sie gerne zusenden.

Das Angebot selbst überraschte nicht durch den Preis, der so sehr fixiert war, dass Siemens sogar das Angebot des VA Tech-Vorstandes zur eingehenden „Due Diligence" Prüfung des Unternehmens ausschlug. Es überraschte durch die insgesamt fünf bereits auf der ersten Seite ins Auge springenden Bedingungen, von deren Erfüllung das Angebot abhängig gemacht wurde. Neben den geforderten Zustimmungen der Kartellbehörden der Europäischen Union, der USA und von Kanada forderte Siemens die Verfügungsmöglichkeit von über 50 Prozent der Stimmrechte und die Abschaffung des in Paragraf 19 der Satzung festgeschriebenen Höchststimmrechtes bis 4. Februar 2005 samt Eintragung der Satzungsänderung im Firmenbuch. Auch kündigte das Angebot die Absicht an, die VA Tech von der Börse zu nehmen, und schloss keine gesellschaftsrechtliche Maßnahme aus. Mit anderen Worten: Die verbliebenen Aktionäre sollten wissen, dass sie hinausgespalten werden würden.

Der Vorstand der VA Tech erstattete daraufhin die im Gesetz vorgesehene Stellungnahme zum Übernahmeangebot, die hochprofessionell und gleichzeitig neutral ausfiel. Einerseits wäre der Kurs zu niedrig, andererseits drohe den verbleibenden Aktionären möglicherweise eine Marktenge der Aktien, also deren erschwerte Verkaufbarkeit. Die Aussage zur Bewertung wurde durch Gutachten von J.P. Morgan und Ernst & Young abgestützt. Als Aktionär konnte man sich über die Objektivität des Vorstands freuen – Klaus Sernetz und seine Leute hatten, möglicherweise auch animiert von einem Aktienoptionsprogramm, das Interesse der Aktionäre gewahrt. Der Aufsichtsrat verzichtete auf eine eigene Stellungnahme.

Das Höchststimmrecht

Der nächste Schritt war somit die Abhaltung einer Hauptversammlung, die den Zweck haben sollte, das satzungsmäßig vorgesehene Höchststimmrecht abzuschaffen.

Das Höchststimmrecht ist eine Institution, die die Macht des Hauptaktionärs beschränken und die breite Streuung in einer Publikums-AG erhalten soll. Höchststimmrechte zwingen zu Koalitionen und erschweren Übernahmen. Im Fall der VA Tech bestimmte die Satzung in Paragraf 19, dass das Stimmrecht jedes Aktionärs in der Hauptversammlung mit 25 Prozent der ausgegebenen Aktien beschränkt ist. Hierbei sind die Aktien von Unternehmen, die miteinander einen Konzern bilden, zusammenzurechnen, ebenso die Aktien, die von Dritten für Rechnung des betreffenden Aktionärs oder eines mit ihm konzernmäßig verbundenen Rechtsträgers gehalten werden. Nicht zusammenzurechnen sind Aktien, wenn ein Unternehmen die Möglichkeit eines beherrschenden Einflusses auf ein anderes hat, ohne tatsächlich eine einheitliche Leitung auszuüben. Zusammenzurechnen sind weiters Aktienbestände, hinsichtlich welcher Vereinbarungen über die einheitliche Ausübung des Stimmrechtes bestehen. Umgehungen sollen also ausgeschlossen werden.

Wenn nun das Stimmrecht mit 25 Prozent beschränkt ist und die Stimmrechte aller über einen solchen Kapitalanteil hinausgehenden Aktien ruhen, bedeutet dies, dass ein Großaktionär mindestens 75 Prozent der Aktien (plus eine) halten muss, um in der Hauptversammlung mit Sicherheit über eine einfache Mehrheit zu verfügen. Will er Satzungsänderungen, die eine 75 Prozent-Mehrheit erfordern, jedenfalls durchbringen, braucht er über 90 Prozent Kapitalanteile. Will er schließlich einen Squeeze-out durchführen, der 90 Prozent der Stimmrechte verlangt, braucht er mehr als 97 Prozent der Kapitalanteile.

Der Wunsch von Siemens, das Höchststimmrecht abzuschaffen, war aus Siemens-Sicht somit verständlich. Für die übrigen Aktionäre war es allerdings die letzte Hürde vor der sicheren Enteignung und daher ein wesentliches Instrument beim Poker um die Höhe des Preises. Es war daher kein Wunder, dass sich der Kurs der Aktie nach Bekanntgabe des Übernahmeangebotes konstant bei 58 bis 59 Euro pro Aktie hielt. Wer sollte ein Angebot von 55 Euro annehmen, wenn die Börse mehr bietet?

Umso erstaunlicher war daher die in die Öffentlichkeit dringende Einstellung der ÖIAG, das Angebot annehmen zu wollen. Auch wenn der Kaufpreis von 55 Euro pro Aktie einen Gesamterlös von 123,750.000 Euro für die ÖIAG und damit bereits deren Schuldenfreistellung bedeutet, kann ein höherer Preis verlangt werden. Vorstände sollten wie Kaufleute handeln, heißt es bereits im Gesetz. Nachdem Peter Michaelis in einem ersten Interview noch von höheren Markterwartungen als 55 Euro gesprochen hatte, verfasste die ÖIAG im Dezember 2004 allerdings eine etwas eigenartige Presseaussendung, die einen Paketzuschlag negierte. Am 10. Januar 2005 beschloss der ÖIAG-Aufsichtsrat dann tatsächlich die Annahme des Siemens-Angebotes zu einem Preis von („mindestens") 55 Euro pro Aktie. Durch die Annahme könnten die Ziele des Privatisierungsauftrages „in hohem Maß" erfüllt werden, hieß es in einer Presseerklärung. Den Preis bezeichnete die ÖIAG – im Gegensatz zum Vorstand der VA Tech – als angemessen. Als Aktionär und Staatsbürger musste man sich fragen, ob die ÖIAG hier einen freiwilligen Paketabschlag erfunden hatte. Bisher waren nur Paketzuschläge bekannt.

In der ZIB 2 des selben Tages gab der ÖIAG-Vorstandsvorsitzende Peter Michaelis ein Interview, in dem er mit einer für ihn ungewöhnlich verkrampft wirkenden Körperhaltung den Preis nochmals als fair bezeichnete. Seine Augen erinnerten mich in diesem Moment an jene des Mirko Kovats, als dieser in einem Fernsehinterview gefragt wurde, ob hinter ihm die Russen stünden.

Anders verhielten sich offensichtlich große Investmentgruppen wie Fidelity und Goldman Sachs, die angesichts der Situation massiv zugekauft haben sollen. Gerade nach der Annahmeerklärung der ÖIAG stieg der an der Börse gehandelte Preis der Aktie auf über 60 Euro.

Und noch etwas fiel bezüglich der für den 17. Januar 2005 anberaumten Hauptversammlung auf: Siemens beantragte keine Zuwahl in den Aufsichtsrat. Das war richtiggehend verdächtig. Jeder wusste, dass die ÖIAG dem nunmehr größten Einzelaktionär jedenfalls die Bestellung einiger Aufsichtsratsmitglieder zugestanden hätte. Auch sollte der Rückzug der Kovats-Leute aus dem Aufsichtsrat mit Siemens beim Kauf der Victory akkordiert worden sein. Darauf vergisst kein Mensch. Die ÖIAG hatte sich schon Kovats gegenüber bei der Besetzung des Aufsichtsrats fair verhalten, warum sollte sie dies nicht auch bei Siemens tun.

Siemens wählte also einen eigenartigen Weg: Zuerst sollten die Machtstrukturen geändert, erst dann sollte die Macht übernommen werden. Im Mai 2005 musste der gesamte Aufsichtsrat sowieso neu gewählt werden. Dass sich allerdings ein Konzern wie Siemens bei der Machtfrage mehrere Monate Zeit ließ, war ungewöhnlich. Warum wollte Siemens zunächst keine Verantwortung tragen? Hielt die ÖIAG eine Rückfahrkarte für den Fall des Scheiterns in der Tasche? Hätte es sein können, dass Mirko Kovats wiederkehrt?

Nochmals die Übernahmekommission

Die VA Tech-Übernahme durch Siemens gab der Übernahmekommission einiges zu tun. Hatte sie zunächst die Sperrfrist zu verkürzen und anschließend die Angebotsunterlage zu prüfen, entwickelte sich hinsichtlich einer Bedingung ein für die Öffentlichkeit fast unverständlicher Disput.

Das Übernahmegesetz bestimmt, dass freiwillige Angebote dadurch bedingt sind, dass der Bieter nach Ablauf der Angebotsfrist über mehr als 50 Prozent der auf die ständig stimmberechtigten Aktionäre entfallenden Stimmrechte verfügen muss. Der Sinn dieser Bestimmung ist folgender: Theoretisch könnte ein Bieter den Preis so niedrig ansetzen, dass er nur 30 bis 40 Prozent der Stimmrechte bekommt und dennoch über eine kontrollierende Beteiligung verfügt. Um zu verhindern, dass ein Bieter billig die Kontrolle erhält, wurde die Bestimmung eingeführt, dass er nach Ende der Angebotsfrist über mindestens 50 Prozent der Stimmrechte verfügen muss.

Siemens las die Bestimmung nun so, dass der Bieter mindestens 50 Prozent der Aktien der VA Tech erwerben musste. Der Vorstand der VA Tech hingegen sah das anders. Da die Satzung ein Höchststimmrecht mit 25 Prozent vorsah, könnte ein Bieter erst mit 75 Prozent der Aktien plus einer Aktie über mehr als 50 Prozent „der auf die ständig stimmberechtigten Aktionäre entfallenden Stimmrechte" verfügen. Die Stimmrechte über 25 Prozent ruhten ja.

Knapp vor Weihnachten 2004 kündigte die Übernahmekommission an, eine Stellungnahme zu den unterschiedlichen Rechtsauffassungen abgeben zu wollen. Aktionäre der VA Tech könnten der Übernahmekommission binnen einer Frist von etwa 24 Stunden ihre Rechtsauffassung zukommen lassen. Das tat kein Mensch, wohl auch deshalb, weil kaum jemand vor Auslaufen der Frist von dieser Möglichkeit erfuhr. Ich zum Beispiel las diese Aufforderung eine halbe Stunde vor Ablauf der Frist.

Die Übernahmekommission selbst ließ sich mit ihrer angekündigten Stellungnahme mehrere Wochen Zeit und veröffentlichte sie in den Abendstunden des 15. Januar 2005 – also am Samstag vor der Hauptversammlung. Wer wenig vom Fasching oder Familienleben hält und sich auch am Wochenende auf der Homepage der Übernahmekommission aufhält, konnte also informiert an der Hauptversammlung am nächsten Montag teilnehmen.

Die Stellungnahme der Übernahmekommission gab der Siemens-Auffassung Recht. 50 Prozent der Aktien genügten. Begründet wurde diese Auffassung teleologisch, also mit dem Sinn des Gesetzes. Der Senat, geführt von Professor Doralt, meinte, dass der Gesetzgeber, de facto auch Professor Doralt, einem Redaktionsversehen unterlegen wäre. Statt „ständig stimmberechtigte Aktionäre" hätte es „ständig stimmberechtigte Aktien" heißen müssen – da die Unterscheidung zu den stimmrechtslosen Vorzugsaktien beabsichtigt gewesen wäre. Der Fehler konnte sich im Gesetzgebungsverfahren leicht einschleichen und schließlich: „Mit der gesetzgeberischen Absicht passt die Korrektur gut zusammen." Mit dieser Einschätzung hat der Senat, so meine ich, Recht.

Allerdings: Doralt, den ich als trotz seiner mir entgegengesetzten Grundeinstellung als schlauen Juristen sehr schätze, hat hier eine neue Interpretationstechnik entwickelt: Abseits einer Lücke und jenseits des Gesetzestextes wird jenes Ergebnis als sachgerecht erkannt, das sich die Rechtsexperten des Gesetzgebers seinerzeit gedacht, aber nicht formuliert haben. Die Interpretation contra legem ist kein Ausweg. Das Gesetz selbst müsste korrigiert werden.

Dass eine solche Technik andere Juristen auf die Palme bringt, erscheint verständlich. Wenn der Einkommensteuergesetzgeber 5 Prozent als Höchststeuersatz festlegt, kann das Finanzamt auch nicht interpretieren, dass 50 Prozent gemeint gewesen seien und daher anzuwenden sind.

Ich dachte zunächst, dass all dies graue Theorie sei und nie zur Anwendung kommen könnte. Bald wurde ich eines Besseren belehrt.

Die Hauptversammlung vom 17. Januar 2005

> Und bitte nehmen Sie es mir ab: Das ist beileibe nicht nur so daher gesagt. Meine Vorstandskollegen und ich wissen genau: Ohne das Vertrauen der Investoren könnte das Unternehmen nicht existieren.
>
> *Heinrich von Pierer*, ehemaliger Vorstandsvorsitzender von Siemens Deutschland

Die Hauptversammlung zur Abschaffung des Höchststimmrechts begann mit einstündiger Verspätung, weil diverse Züge aus Wien wegen eines Defektes der Westbahn hängen geblieben waren. In einem dieser Züge befand sich auch Professor Christian Nowotny, dem die Rolle des persönlichen Beraters des Versammlungsleiters Peter Michaelis zugedacht war. Auch das war bei dieser Hauptversammlung ein Novum: Der Vorstand und der Versammlungsleiter hatten jeweils einen eigenen

Rechtsberater, die beide ebenfalls auf dem Podium Platz nahmen. Wegen der Verspätung von Christian Nowotny saß die Wiener Spitzenanwältin Edith Hlawati neben Peter Michaelis. Hanns Hügel beriet den Vorstand.

Diejenigen Aktionäre, die rechtzeitig in Linz eingetroffen waren, freuten sich kein bisschen über den verzögerten Beginn und waren entsprechend verstimmt.

Michaelis leitete die verspätete Hauptversammlung mit einem atmosphärischen Killer ein: Er ermahnte die Aktionäre, nur zur Tagesordnung, also zum Thema Höchststimmrecht zu sprechen. Fragen der Bewertung seien nicht Gegenstand der Hauptversammlung.

Das war grob rechtswidrig. Alles, was im mittelbaren Zusammenhang mit einem Tagesordnungspunkt steht, darf gefragt und beredet werden. Wenn Siemens ein Angebot legt, das durch die Abschaffung des Höchststimmrechts bedingt ist, dürfen selbstverständlich auch das Angebot, die diesbezügliche Stellungnahme des VA Tech-Vorstandes sowie die Bewertung der Aktien samt den Gutachten von J.P. Morgan und Ernst & Young besprochen werden. Die Gültigkeit des gesamten Angebotes hängt ja vom Ausgang der Abstimmung über das Höchststimmrecht ab. Dieser Zusammenhang ist evident, jede Diskussion daher tagesordnungskonform. Im Übrigen erhöhte Siemens drei Tage nach der Hauptversammlung das Angebot deshalb signifikant, weil die Abschaffung des Höchststimmrechts abgelehnt worden war. Michaelis wollte also, wie andere Vorsitzende vor ihm auch, die Diskussion einengen. Das war ein Missbrauch einer Autoritätsposition, gelindert durch Inkonsequenz – er drohte keinem Redner, der zur Bewertung sprach, den Wortentzug an.

Die Hauptversammlung war allerdings irritiert und Unbehagen machte sich breit. Ein Aktionär sprach von russischen Verhältnissen, ein anderer forderte Michaelis zum Rücktritt auf. Michaelis war sichtlich getroffen und wies die Vorwürfe zurück.

Richtig ist, dass Michaelis im Grunde seines Herzens ein liberaler Mensch ist und er deshalb die Ausführungen zum Angebot auch zuließ – trotz seiner ständigen Ermahnungen, dass sich die Redner an die Tagesordnung halten sollten. Auch wenn die

Einschüchterungsversuche fehlschlugen, haben sie doch irritiert. Hier hat sich der Fluch der bösen Tat gezeigt: Die ÖIAG war mit der Annahme des – ersten, niedrigen – Siemens-Angebotes öffentlich vorgeprescht und wollte nun eine Diskussion hintanhalten. Die ÖIAG war auf die Abschaffung des Höchststimmrechts ohne jede Preisverhandlung mit Siemens festgelegt.

Es war das Glück des Peter Michaelis, dass er mich in meiner Rede nur einmal ermahnte – als ich ihm den Vorschlag machte, die ÖIAG sollte mir bei einem Kurs 60 Euro pro Aktie ihr Paket geben, damit ich es über die Börse verkaufte und wir uns den Mehrerlös teilen könnten (die ÖIAG hatte ja schon den Verkauf zu einem Kurs von 55 Euro beschlossen). Bei einer zweiten Ermahnung hätte ich ihn in aller Freundschaft nicht nur auf die Rechtswidrigkeit seines Vorgehens aufmerksam gemacht. Ich hätte seine Sitzungsführung, wie vorbereitet, als Gegnerschaft des freien Wortes entlarvt, von einer versuchten Totengräberei der Aktionärsdemokratie gesprochen und ihn darauf hingewiesen, dass mir schon das Wort entzogen werden müsste, wenn er mich mundtot machen wolle. Dass er dann mit Sicherheit mit einer Anfechtungsklage rechnen hätte müssen, hätte sich von selbst verstanden – zumal es einen Beschlusspunkt gab.

Michaelis muss in der Öffentlichkeit viel einstecken, was andere zu verantworten haben. Seine Gage, von manchen Schmerzensgeld genannt, versüßt ihm diese Aufgabe. Vieles tut er nach Absprache und abgestützt auf Expertengutachten. Für die Leitung einer Hauptversammlung aber ist er allein verantwortlich. Wenn er aus einer falsch verstandenen Interessenlage Kritik formaljuristisch unterbinden möchte und daher die Meinungsfreiheit verletzt, vergeht er sich an unserer pluralistischen Gesellschaft. Wenn er Unrecht im Namen des Rechts begeht, greift er listig oder schlecht beraten in die unterste Schublade. Dafür hat er allein gerade zu stehen. Sich an den Grundfreiheiten unserer Demokratie zu vergehen, ist ein Vorwurf, dem sich kein vernünftiger und gewissenhafter Mensch berechtigterweise aussetzen will. Kein Entgelt der Welt kann die entsprechenden Magenschmerzen vergüten. Deshalb hat ihn auch der Vorwurf der russischen Verhältnisse verletzt. *Seul la verité blesse.*

Zu Beginn einer Hauptversammlung ist das Studium der Anmeldungsliste Pflicht. Hier gab sie allerdings keinen Aufschluss über die Verhältnisse: Zwar waren rund 56 Prozent des Aktienkapitals – also 10 Prozent mehr als bei der letzten Hauptversammlung – angemeldet, doch hatten die Fonds, wenn sie überhaupt vertreten waren, nicht im eigenen Namen angemeldet. Selbst die ÖIAG hatte übrigens im Fremdbesitz angemeldet, wobei dies ein Versehen gewesen sein dürfte. In Wirklichkeit wusste keiner, wie die Abstimmung ausgehen würde. Dass knappe 50 Prozent der Aktien in den Wochen davor die Besitzer gewechselt hatten, verlieh der Veranstaltung zusätzliche Spannung.

Zunächst meldete sich Brigitte Ederer, Mitglied des Siemens-Vorstands und zuständig für Industriebeteiligungen, zu Wort. Sie trat für das Prinzip „One share – one vote" ein und brachte die Argumente für die Abschaffung des Höchststimmrechtes vor. Ederer ist nicht Hochleitner, aber sie hat ihre Sache gut gemacht. Den Applaus des Publikums bekam sie nicht.

In der anschließenden Diskussion, an der ich mich auch beteiligte, zeigte sich deutlich, dass die Aktionäre Siemens gegenüber misstrauisch waren. Siemens wollte ein Delisting der VA Tech, strebte die Enteignung der Aktionäre an, hatte nicht nachgebessert, verlangte die Abschaffung des Höchststimmrechtes trotz gegenteiliger Erklärungen vor der Übernahmekommission und ließ die Gelegenheit aus, durch die Wahl von Aufsichtsräten Verantwortung zu übernehmen. Siemens glaubte sichtlich, durch ein knapp über dem Börsekurs liegendes Angebot die Aktionäre auskaufen zu können. Motto: Da habt's ein Geld und verschwindet's. Eine Erhöhung des Preises wurde kategorisch ausgeschlossen. Manche fragten sich: Wo bleibt die Dramaturgie einer Übernahme? Kennt Siemens denn die Friedensfunktion des Handels nicht? Waren die Manager von Siemens noch nie auf einem Bazar, wo man sich beim Handeln näher kommt und letztlich in kurzer Zeit die ganze Familiengeschichte seines Gegenübers erfahren kann? Hat Siemens übersehen, dass Aktionäre nicht nur am schnellen Geld interessiert sein müssen? Bei manchen hängt auch das Herz am Unternehmen. Siemens hat nur an sich gedacht, wenn von einem drohenden Gesichtsverlust die Rede war. Siemens hätte sich die Frage stellen müssen: Wie können die Aktionäre, die aus der VA Tech verschwinden sollen, ihr Gesicht wahren? Schlimm war schließlich das Schlusswort von Siemens, das nicht von Brigitte Ederer, sondern von einem Unbekannten namens Hans Wehsely kam, der nicht gerade als das erschien, was man einen Sympathieträger nennt. Mit seinem knappen missmutigen Statement, in dem er klare Verhältnisse forderte, hat er vermutlich noch einige Unentschlossene in das Lager der Nein-Stimmen getrieben.

Die Abstimmung fiel mit 73,3 Prozent Ja-Stimmen gegen 26,7 Prozent Nein-Stimmen denkbar knapp aus. Wegen der notwendigen Dreiviertelmehrheit war der Antrag von Siemens gescheitert. Hätten 73.256 Stimmen statt mit Nein mit Ja gestimmt, wäre der Beschluss gefasst worden. Bei dieser Rechnung sind übrigens alle angemeldeten 2,519.456 Siemens-Stimmen mitgezählt, obwohl die Übernahmekommission nach wie vor deren Ruhen – unter dem bisherigen Firmennamen Victory – prüfte. Siemens hatte ja, juristisch gesehen, nicht die VA Tech-Aktien gekauft, sondern die Victory, die VA Tech-Aktien hielt („share deal"), und daher auch die anhängigen Probleme geerbt. Peter Michaelis begründete die Zulassung dieser Stimmen gerade mit dem Argument, dass der entsprechende Prüfungsantrag der ÖIAG noch zu keinem Ergebnis der Übernahmekommission geführt hätte. Kein Wunder: Solche Verfahren werden wahrscheinlich auch in Zukunft von der wirtschaftlichen Realität überholt werden, womit das Übernahmerecht auch aus diesem pragmatischen Grund in Frage steht.

Siemens war entsetzt. Nicht nur das negative Abstimmungsergebnis, auch die feindliche Stimmung war für die bietende Gesellschaft überraschend. Dabei hat sich Siemens dieses Versagen selbst zuzuschreiben: Massives Lobbying im Vorfeld der Hauptversammlung wurde bei den Großaktionären betrieben, die Privaten wurden völlig übersehen, jede Dramaturgie vergessen. Statt knapp vor oder in der Hauptversammlung nachzubessern, blieb Siemens bei einem sturen 55 Euro-Angebot. Die Diskussion wurde sich selbst überlassen: Kein einziger Aktionär meldete sich als Fürsprecher von Siemens. Siemens musste schmerzhaft lernen, dass eine Hauptversammlung ein Teil unserer Demokratie ist und auch die Privataktionäre ein relevanter Teil unserer Gesellschaft geworden sind. In diesem Fall wurden sie zum Zünglein an der Waage und zeigten die neue Macht der Aktionäre.

Siemens kündigte daher eine zehntägige Nachdenkpause an und spielte angeblich mit dem Gedanken, die Übernahme fallen zu lassen. Wegen Goldman Sachs? Wegen General Electric? Oder gar wegen der Privataktionäre?

Doch schon die nächste Stellungnahme knapp nach der Hauptversammlung offenbarte wiederum die mangelnde Professionalität: Siemens erklärte auf ihrer Homepage, dass der Erfolg des Angebotes „nunmehr" vom Tenderverhalten der Aktionäre bis einschließlich 9. Februar 2005 abhinge. Was sollte das heißen? Eine Bedingung des Angebotes, nämlich die Abschaffung des Höchststimmrechtes, war nicht erfüllt worden, deshalb müsste die nächste Bedingung, nämlich das Erreichen von mehr als 50 Prozent des Aktienkapitals, gelingen. Das konnte nur bedeuten, dass Siemens auf die erste Bedingung verzichtete. Karl Strasser, Konzernpressesprecher und Generalsekretär, musste dies zurückweisen. Man denke nach, hieß es.

Schließlich kam doch noch die einzig richtige Ansage, wiederum versehen mit einem Schönheitsfehler: Erhöhung des Preises auf 65 Euro und Verzicht auf die Abschaffung des Höchststimmrechtes, letzteres allerdings nur, wenn Siemens mindestens 90 Prozent der Aktien bekäme. Mit anderen Worten: Siemens wollte den Verzicht auf eine Bedingung mit einer neuen Bedingung versehen. Das war der Übernahmekommission, die sowieso sehr pragmatisch agierte und weniger an dem Buchstaben des Gesetzes hing (siehe hiezu das Kapitel über die Übernahmekommission), doch zu viel. Siemens musste sofort auf die Bedingung der Abschaffung des Höchststimmrechtes verzichten, durfte allerdings die selbstgesetzte Schwelle der notwendigen Anteilserreichung erhöhen. Hatte Siemens gerade noch aufwendig vor der Übernahmekommission argumentiert, dass 50 Prozent, und nicht 75 Prozent reichten, fiel Siemens nun in ein anderes Extrem – was nicht nur einen gewissen Mangel an Selbstbewusstsein offenbarte, sondern auch eine neue

Angriffsfläche für risikobereite Hedge Fonds bildete. Diese konnten nun mit 10 Prozent das Angebot scheitern lassen, wenn sie beispielsweise einem Konkurrenzunternehmen den Weg freimachen wollten. Schon am 26. Januar 2005 meldete die VA Tech eine 5,06 Prozent Beteiligung eines bisher nicht in Erscheinung getretenen Eureka Fonds. Am 27. Januar 2005 meldete Fidelity den Ausstieg. Am 2. Februar 2005 meldete Eureka den Verkauf. Am Wochenende vor dem Angebotsschluss erschien in diversen Zeitungen nochmals ein offener Brief von Siemens an die Aktionäre mit der Aufforderung zum Verkauf. Erst am vorletzten Angebotstag verkaufte Goldman Sachs einen Anteil in der Höhe von 8,3 Prozent. Was hier hinter den Kulissen alles gelaufen sein mag?

Mit dem verbesserten Angebot, das laut Heinrich von Pierer „nicht leicht gefallen“ ist, war der Deal gelaufen. 90,94 Prozent nahmen das Angebot an. Siemens hatte nach wie vor günstig eingekauft und die Aktionäre konnten mit dem Erlös zufrieden sein. Dass bei der VA Tech nicht jeder glücklich war, ist verständlich. Vorstandsvorsitzender Klaus Sernetz kündigte nach Bekanntgabe des Ergebnisses seinen Rücktritt an.

Aber so ist eine freie Gesellschaft eben auch gebaut: Niemand hat einen Anspruch auf gleich bleibende Verhältnisse, kein Unternehmer hat einen Anspruch auf einen bestimmten Klienten oder Kunden. Man kann noch so zuverlässig und erfolgreich für einen Kunden tätig sein – wenn beispielsweise das Management wechselt oder sich die Eigentumsverhältnisse ändern, kann es bald andere Lieferanten und Berater geben. Handel ist Wandel und kein Arbeitsplatz ist für die Ewigkeit geschaffen. Da unsere Wirtschaft aber unglaublich vielfältig und innovativ ist, kann jeder, der will, auch Arbeit finden. Gefragt sind Anpassungsfähigkeit, Mobilität und Lernwilligkeit.

Im Übrigen hätte Siemens nichts davon, sich nach der VA Tech-Übernahme von allen Mitarbeitern zu verabschieden. Wie bei allen Übernahmen wird auch so genanntes Humankapital eingekauft. Dem Erwerber kommt es ja gerade darauf an, dass die guten Leute nun für ihn arbeiten. Wenn Siemens den Kaufpreis für die VA Tech in sieben Jahren verdient haben möchte, wie dies Finanzvorstand Peter Schönhofer ankündigte, wird dies zu einem guten Teil von der Integration der bisherigen VA Techler in den Siemens-Konzern abhängen. Nicht jedes Wort, das die Mitarbeiter des einen oder anderen Konzerns im Zuge der Übernahme gesprochen haben, möge auf die Goldwaage gelegt werden.

ÖIAG: Zum Glück gezwungen

Auch wenn Politiker verschiedener Parteien die VA Tech immer wieder als florierendes Unternehmen bezeichnet haben, können sie nicht an der Tatsache vorbei, dass in den letzten Jahren keine Gewinne geschrieben wurden. Dass der Kurs der Aktie im Zeitraum 2003 bis Januar 2005 von 27,64 auf über 60 Euro kletterte, war also mehr der Übernahmephantasie als dem Florieren des Unternehmens zu verdanken. Dass Siemens letztlich 65 Euro pro Aktie zahlte, wäre schließlich ohne die selbstbewusste Haltung der Hauptversammlung, die das von der ÖIAG seinerzeit mitbeschlossene Höchststimmrecht nicht ohne weiteres aufzugeben bereit war, nicht denkbar gewesen.

Warum die ÖIAG im Sommer 2003 neun Prozent ihrer Anteile an der VA Tech abgegeben hat, ist schwer nachvollziehbar. Dass die ÖIAG für ihr verbleibendes Paket von knapp 15 Prozent letztlich 146 Millionen Euro lukriert hat und nicht viele Millionen für die Kapitalerhöhung investieren musste, war auch ein Glücksfall. Dass sie mit 65 Euro pro Aktie einen höheren Preis erzielte als jene „mindestens" 55 Euro, die sie bereits akzeptiert hatte, mag eine Ironie der Geschichte sein. Glück aber muss man auch in der Wirtschaft haben, und in diesem Fall ist die ÖIAG zu ihrem Glück gezwungen worden. Von der ÖIAG aber zu verlangen, dass sie auf einen solchen Verkaufspreis, bei einem in Wirklichkeit sanierungsbedürftigen Unternehmen, verzichtet, wie es die Opposition getan hat, hätte betriebswirtschaftliche, aber auch volkswirtschaftliche Verantwortungslosigkeit bedeutet. Selbst am letzten Tag der Angebotsfrist wetterte die SPÖ jenseits aller wirtschaftlichen Vernunft, dass der Rechnungshof gegen das Geschäft klagen müsste.

Dass die ÖIAG nicht bereits im Jahr 2003 ihren gesamten Anteil verkauft hat, hat sich als Glücksfall herausgestellt. Sich den monatelangen Querelen gestellt zu haben, hat einen Gewinn von rund 30 Euro pro Aktie ergeben. Das ergibt bei 2,250.000 Stück Aktien einen Gewinn von 67,500.000 Euro. Ironischerweise verlangte gerade derjenige, der sich als alles andere als verlässlich erwies, nämlich Mirko Kovats, ein Dankesschreiben der ÖIAG. Er, der ein paar Tage nachdem er wiederum sein dauerhaftes Engagement in der VA Tech betont hatte, seine Anteile verkaufte. Die wirkliche Ironie ist wohl, dass die ÖIAG – entgegen dem Victory-Inserat vom 6. Mai 2004 – länger Aktionär der VA Tech geblieben ist als Mirko Kovats. Dieser gründete übrigens zu Jahresbeginn 2005 neuerlich eine Victory Industriebeteiligung AG – mit den fast identen handelnden Personen. Er konnte dies tun, da die alte Victory nunmehr in einen Siemens-Namen umgetauft worden war. Möge ihm mit diesem Namen weiterhin Erfolg beschieden sein.

Dass die VA Tech letztlich in Siemens eine neue Heimat gefunden hat, ist eine gute Chance. Mit Siemens kann ein erfolgreicher und weitblickender Konzern wegen der hausgemachten Schwierigkeiten in der Bundesrepublik Deutschland seinen Schwerpunkt in das 25 Prozent KöSt Land Österreich verlagern, nachdem selbst eine Verlegung der Konzernzentrale schon angedacht war. Einen zuverlässigeren Konzern als Siemens, der in Österreich im Geschäftsjahr 2003/2004 215 Millionen Euro Gewinn nach Steuern machte, wird man schwer finden. Siemens möge in Österreich ein stabiles politisches Umfeld und im operativen Bereich weniger Stolpersteine vorfinden, als es bei der Übernahme der Fall gewesen ist. Der Politik jedenfalls hat Siemens trotz aller Schwierigkeiten mehr als nur einmal ein Schnippchen geschlagen.

Politik, Wissenschaft und Aktien

Ihr werdet mir freilich nicht zürnen dürfen:
Ich vertrete ja die Interessen des Staates!
Cicero

In Österreich gibt es zwei Bereiche, die bei der Öffnung des Aktienrechts besondere Trägheit an den Tag legen. Einerseits ist dies die Landespolitik, andererseits die Wissenschaft.

Die Politik der Länder betrachtet sich vielfach immer noch als eine Art geschützter Bereich. In Oberösterreich scheiterte die Konterkarierung der Privatisierung durch den Bund nicht an weltanschaulicher Konsequenz, sondern letztlich nur am Geld. 2003 hatte sich eine ganz eigenartige Koalition jener gebildet, die glaubten, im Interesse der Menschen und ihrer Arbeitsplätze zu handeln. Andere Bundesländer agieren diskreter, bedienen sich aber auch gerne der Unternehmensform der Aktiengesellschaft, um ihre wirtschaftspolitischen Ziele zu verfolgen. Ein paar Beispiele seien gebracht.

Kurz sei anschließend auf die Wissenschaft eingegangen, die in einer langen Tradition der Staatsgläubigkeit steht und die Aktiengesellschaft nach wie vor unter das öffentliche Interesse stellt. Sie sei mit der Aufforderung zur Kehrtwende unter die Lupe genommen.

Die Tragödie der Bank Burgenland

Von einem liberalen Standpunkt aus gesehen erscheinen die vergangenen Geschehnisse rund um die Bank Burgenland genau das zu illustrieren, was der moderne Zweig der Volkswirtschaftslehre als Staatsversagen zu bezeichnen weiß. Diese Aktiengesellschaft, die sich zu weit über 90 Prozent im Eigentum des Landes Burgenland befindet, bestätigt auch die Aussagen des österreichischen Nobelpreisträgers Friedrich August von Hayek: Überall, wo Staat und Wirtschaft zu sehr vermengt sind, gibt es früher oder später ein Desaster. Gemeinwirtschaft bedeutet zwangsläufig Misswirtschaft.

Wenn nun, wie im Fall der Bank Burgenland, die hohe Schule der Politik mit der hohen Schule der Kriminalität zusammentrifft, kann es zu einer Tragödie griechischen Ausmaßes kommen. Dass wir uns dabei keineswegs bereits im letzten Akt befinden, zeigt der Sachverhalt:

Im Zuge der Prüfung der Bank durch die Wirtschaftsprüfer im Jahr 2000 erkannten diese, dass diverse Kredite der Hom-Rusch-Gruppe (HOWE) durch geschickt gefälschte Bilanzen erschlichen worden waren, und schlugen Alarm. Es stellte sich heraus, dass ein gerissener Verbrecher im fragwürdigen Zusammenspiel mit der Vorstandsspitze die Bank hineingelegt und auf raffinierte Art und Weise, nämlich durch ausgedehnten Kreditbetrug, einen (Schilling)Milliardenbetrag ergaunert hatte. Er setzte sich nach Deutschland ab und wurde dort vergleichsweise milde behandelt. Die Bank konnte sich nur dadurch dem Konkurs entziehen, dass eine Gebietskörperschaft, nämlich das Land Burgenland, für 170 Millionen Euro (2,35 Milliarden Schilling) samt Zinsen die Garantie übernahm. Diese Haftung machte einen guten Teil des Jahresbudgets des Landes aus.

Auf der Suche nach den Schuldigen wurde, da der Haupttäter nicht mehr greifbar war, zunächst der Vorstand in Anspruch genommen. Der seinerzeitige Vorstandsvorsitzende Ernst Gassner wurde wegen Untreue fast zur Höchststrafe verurteilt und musste für neun Jahre ins Gefängnis.

Nun aber passierte etwas Erstaunliches: Der Nachfolgevorstand zog der Bank das Opfergewand an und tat so, als hätte nicht der Altvorstand den Prüfungsorganen (Aufsichtsräte, Bankprüfer etc.) einerseits wichtige Urkunden vorenthalten und andererseits gefälschte Urkunden vorgelegt, sondern als hätten die Prüfer bei pflichtgemäßem Handeln schon früher die Gaunereien erkennen müssen. In der Folge drängte eine Prüfungsbehörde, nämlich die burgenländische Landesregierung, deren Landeshauptmann Stix mit dem Altvorstand Gassner stets in engem Kontakt gestanden war, alle anderen Prüfungsorgane in eine Versagerrolle und forderte öffentlich Schadenersatz für die Bank Burgenland. Dass die Rolle der Politik auf diese Art purifiziert werden sollte, verstand sich von selbst. Denn Opfer sein adelt. Als Außenstehender gewann man den Eindruck, dass eine Allianz aus Politik und Bank mit Stellvertreterkriegen das eigene Volk zu beruhigen suchte. Das Muster ist bekannt: Wenn du im eigenen Land Schwierigkeiten hast, suche Feinde außerhalb deiner Grenzen. Solche Ersatzkriege werden, wie immer in der Geschichte, auf Kosten der Allgemeinheit geführt – das Risiko ist ja verstaatlicht.

Auch wenn die burgenländische Politik nachhaltig allen anderen die Schuld am Versagen zuwies, kam sie dem Bericht des Untersuchungsausschusses des burgenländischen Landtages zur Bank Burgenland nicht aus, in dessen Punkt 5.1.4 es wörtlich heißt:

„LH Stix trägt die Verantwortung für die über sein Betreiben ausgewählten Organe der Bank Burgenland – insbesondere für den Aufsichtsrat und den Vorstandsdirektor Gassner.
LH Stix hat auf die Auswahl der Aufsichtsräte, aber auch des Vorstandes der Bank Burgenland massiv Einfluss genommen.
Er hat es zu verantworten, dass dort ein Klüngel aus kritiklosen Personen – meist parteipolitisch motiviert – installiert wurde."

Es fällt auf, dass die Bank Burgenland trotz des starken Ausdrucks „Klüngel aus kritiklosen Personen" die ehemaligen Aufsichtsratsmitglieder nicht geklagt hat, obwohl sich dies schon zwecks Ersparung von Prozesskosten angeboten hätte. Ob hier politische Rücksichten gepflegt wurden? Ob es immer noch einen Klüngel aus kritiklosen Personen gab? Ob hier jemand geschont wurde, bis die Ansprüche verjährt waren?

Scheinbar objektiviert wurde die Strategie der Bank Burgenland durch die Einholung diverser Rechtsgutachten bei Universitätsprofessoren, die auf der Grundlage einseitig vorselektionierter Sachverhalte zu hohen Preisen jene Ergebnisse lieferten, die die Auftraggeber wünschten. Kaum ein Privatgutachter wird gegen die Interessen seines Auftraggebers Stellung beziehen, will er das Mandat nicht verlieren. Auch gibt es kein Recht auf den gesetzlichen Gutachter analog zum Recht auf den gesetzlichen Richter und daher keinen Schutz vor Willkür. Der Grundsatz *„audiatur et altera pars“* gilt nicht. Privatgutachten sind daher per se nicht als Urteilssubstitute geeignet und sollten auch nicht als Beweismittel zur Richterbeeinflussung verwendet werden.

Dennoch hat sich der Vorstand der Bank Burgenland auf solche Privatgutachten berufen, als er die Hauptversammlung am 7. Dezember 2001 um einen in die Geschäftsführung eingreifenden Beschluss ersuchte. Die ehemaligen Wirtschaftsprüfer sollten auf mindestens 500 Millionen Schilling, also 36,34 Millionen Euro Schadenersatz in Anspruch genommen werden. Pikant dabei war, dass den Aktionären diese Gutachten gar nicht vorgelegt wurden und es somit gar nicht möglich war, in die Entscheidungsgrundlagen Einsicht zu nehmen. In einer Struktur, die an die Machtkonzentration gewohnt ist, wird offenbar erwartet, dass Vorschlägen blind gefolgt wird.

Der Vorstand sah in der Klage offensichtlich ein derart großes Risiko, dass er die Rückendeckung durch die Hauptversammlung einholte. Allein das Prozesskostenrisiko erschien unverhältnismäßig hoch, sodass sich die Frage nach der Sorgfaltsgemäßheit der Klage stellte. Bereits die Gerichtskosten betrugen 29,7 Millionen Schilling, also 2,16 Millionen Euro, und die Gesamtkosten eines dreiinstanzlichen Verfahrens hätten sich wohl zwischen 100 und 200 Millionen Schilling belaufen. Diese Kosten standen in keiner Relation zur Unwahrscheinlichkeit des Erfolges. Andererseits überstieg der Klagsbetrag von mindestens 500 Millionen Schilling die gesetzliche Haftungshöchstgrenze von 5 Millionen Schilling pro Prüfungsjahr bei weitem, sodass die Klage in erster Instanz jedenfalls großteils abgewiesen werden musste. Ein Gerichtsverfahren barg daher besonders hohe Risiken und der Vorstand sicherte sich ab. Statt froh zu sein, Hom-Rusch überlebt zu haben, verging sich die Bank in einem Stellvertreterkrieg. Letztlich wurde ein Vergleich zu einem Bruchteil der Klagssumme geschlossen, von der die Bank die nicht unbeträchtlichen Gerichts-, Anwalts- und Gutachterkosten in Abzug zu bringen hat.

Dabei ist es aber nicht geblieben. Weitere Verfahren im Zuge des Hom-Rusch-Skandals folgten. Zu guter Letzt stieß die burgenländische Klagewut auf völliges Unverständnis, als das Land Burgenland jenseits des Finanzausgleichs die Republik Österreich mit einem Streitwert von 10 Millionen Euro mit dem Argument in Anspruch nahm, dass die seinerzeitige Bankenaufsicht im Finanzministerium schuldhaft versagt haben soll. Der Betrug an der Landesbank hat also dazu geführt, dass auf Kosten des Steuerzahlers zwei Gebietskörperschaften in einem Amtshaftungsverfahren mit viel Geld um ihren Haftungsanteil streiten. Der Fluch der bösen Tat lastet schwer auf dem Land Burgenland.

Um sich aus den Turbulenzen der landeseigenen Bank zu lösen, wollte die Politik die Bank verkaufen („privatisieren"). Es zeigten sich mehrere Interessenten, die aber letztlich alle die Lust verloren. Die Bank war bald nach dem Hom-Rusch-Abenteuer zwielichtige Swap-Geschäfte eingegangen, die zu weiteren hohen Verlusten in Millionenhöhe führten und führen. Unter diesen „negativen Strukturbeiträgen", wie sich der Vorstand ausdrückte, hat sowohl die Verkaufbarkeit der Bank als auch die Attraktivität der Aktie gelitten. Mittlerweile hat sich die Bank Burgenland von der Börse zurückgezogen.

Auch die Bank Burgenland zeigt, dass eine Aktiengesellschaft kein Vehikel zur Durchsetzung landespolitischer Ziele sein sollte: Das Land Burgenland übt hinsichtlich der Bank eine vierfache Funktion aus, und zwar eine doppelte öffentlichrechtliche sowie eine doppelte privatwirtschaftliche. Hier ist es Gesetzgeber und Aufsichtsbehörde, dort ist es Aktionär und Bürge. *„Landeshauptmann Stix hat die Bank Burgenland als Instrument seiner Wirtschaftspolitik verwendet"* heißt es vielsagend in Punkt 5.1.5 des Berichtes des Untersuchungsausschusses des burgenländischen Landtages. Eine solche Machtkonzentration führt notwendig, nicht zufällig, zu einer Attraktion jener Desperados, die keine natürlichen Grenzen anerkennen und die im Windschatten der Politik Narrenfreiheit und die Verstaatlichung des Risikos in Anspruch nehmen. Dies war einerseits das Nichtakzeptieren einer Grenze des Kreditvolumens, andererseits das Nichtakzeptieren einer Haftungsgrenze. Bei einer solchen Konstellation ist das Versagen systemimmanent. *„Die Gemeinwirtschaft wird immer die Skrupellosen und Abenteurer anziehen, die sich in der geistig-moralischen Atmosphäre des Kollekti-*

vismus in ihrem Element fühlen", meint Hayek in seinem Buch „Der Weg zur Knechtschaft".

Die benevolent-totalitäre Einstellung im Burgenland erinnert mehr an den höfischen Absolutismus als an einen modernen Rechtstaat, der auf der Idee der Gewaltenteilung Montesquieus beruht. Je geteilter die Macht, desto unwahrscheinlicher ihr Missbrauch. Für jene Politiker, die nicht mit der Natur der Menschen kalkulieren und die in der Machtkonzentration etwas Ideales sehen, haben Hayek und Popper umsonst geschrieben. Wer auch im dritten Jahrtausend eine liberale Grundeinstellung vertritt, bleibt ständig gefordert, sich für die Beschränkung der Macht einzusetzen. Dies liegt letztlich sowohl im Interesse der Politik als auch der Wirtschaft und wird dem gesamten Wirtschaftsstandort Österreich Nutzen bringen. Das gilt auch für das Burgenland.

Der EStAG-Skandal

> Das Headquarter lassen wir allein wegen der hohen Verlustvorträge hier – aber die hohen Strom- und Lohnkosten sowie die geringe Arbeitszeit-Flexibilität zwingen uns, mit der Wertschöpfung ins Ausland zu gehen.
> *RHI-Chef Helmut Draxler*, der die österreichische Stromlösung als „Unding" bezeichnet, die die RHI dazu zwingt, teure Energie bei der EStAG zu kaufen

2003/2004 wurde die steirische Politik vom EStAG-Skandal beherrscht. EStAG steht für Energie Steiermark Holding AG. Sie gehört zu 75 Prozent minus einer Aktie dem Land Steiermark und zu 25 Prozent plus einer Aktie zwei französischen Unternehmen (Electricité de France, Gaz de France).

Die Turbulenzen hängen unmittelbar damit zusammen, dass zwei ehemalige Landesräte Verantwortung im Unternehmen übernahmen. Einer davon war der als Querdenker bekannte ÖVP-Politiker Gerhard Hirschmann, der seine Vorstandsposition als Aufdeckungsfunktion definierte. Bald darauf wurden alle drei Vorstandsmitglieder – Hubert Jeneral, Werner Heinzl und eben auch Gerhard Hirschmann – suspendiert. Hirschmann brachte gegen die Suspendierung eine Klage ein, die irgendwann einmal im Sande verlief. Interimistisch übernahm der ehemalige Staatssekretär im Finanzministerium und Wirtschaftsminister Johannes Ditz eine Vorstandsfunktion.

Der steirische Landtag setzte einen Untersuchungsausschuss ein, der, wenig überraschend, nie zu einem wirklichen Ergebnis gelangte. Am Prüfungswettbewerb beteiligte sich auch der Rechnungshof, und schließlich gab es auf Antrag des Mehrheitsaktionärs auch noch eine aktienrechtliche Sonderprüfung.

Politisch entwickelte sich eine Auseinandersetzung zwischen den ÖVP-Erzrivalen Gerhard Hirschmann und Herbert Paierl. Hirschmann war einmal Hoffnungsträger der steirischen ÖVP gewesen, Paierl stand für eine konsequent-liberale Wirtschaftspolitik, der es gelungen war, die verkrusteten Strukturen der Steiermark an die Anforderungen eines modernen Umfeldes anzupassen. Wenn man den Erfolg der steirischen Wirtschaftspolitik mit einem Namen verbinden will, dann lautet dieser Name Herbert Paierl.

Politisch endete der EStAG-Skandal mit dem Abtauchen von Hirschmann sowie Paierl und dem zumindest kurzfristigen Überleben der Landeshauptfrau Waltraud Klasnic – ohne ihren besten Mann.

Strapaziert wurde, inmitten der politischen Intrigen, das Aktienrecht. Während die Gegner des Wirtschaftslandesrates und dessen Partei ständig politische Verantwortung einmahnten, versuchten sich diese auf das Aktienrecht zu berufen. All das ist letztlich unvereinbar – und deshalb ist der EStAG-Skandal ein anschauliches Abschreckungsbeispiel. Ein Vorstandsmitglied ist zur Verschwiegenheit verpflichtet und darf nicht, wie er es politisch gewöhnt sein mag, Aufklärer der Öffentlichkeit spielen. Ein Mehrheitsgesellschafter, der eine Sonderprüfung verlangt, ist als Mehrheitseigentümer nicht geeignet. Welches Rechtsverständnis hat eine Opposition, die dem Hauptaktionär ein „Verstecken hinter dem Aktienrecht", also die Einhaltung des österreichischen Rechts, vorwirft? Die Rechtsform der Aktiengesellschaft eignet sich schlicht und einfach nicht als Betätigungsfeld der Politik.

Die Aktiengesellschaft geht vom Leitbild einer für fünf Jahre bestellten Führungsmannschaft aus, die in diesem Zeitraum das Unternehmen frei von Zurufen entwickeln und daher Unabhängigkeit genießen soll. Mit ständigen politischen Vorgaben ist dies unvereinbar. Das gilt sowohl für die strategischen Ziele als auch für die Personalbesetzungen, zu denen auch Gerhard Hirschmann gehörte. Eine Aktiengesellschaft mit einer 75 Prozent-Mehrheit einer Körperschaft öffentlichen Rechts auszustatten, ist bereits ein systemimmanenter Unsinn. Solche Modelle eignen sich bestenfalls als Übergangslösungen im Zuge einer Privatisierung, nicht jedoch als mittel- oder langfristige Führungskonzeption.

Aktionärsstruktur und Xenophobie

> Für schnelle Geldbeschaffungsaktionen werden Gewinn bringende Musterbetriebe einfach ans Ausland verschleudert.
> *Erich Haider*, oberösterreichischer SPÖ-Landesparteivorsitzender zum Verkauf der VA Tech, die seit Jahren Verluste schreibt

Wenn im Zuge all jener Bemühungen, die man gemeinhin eine Aufarbeitung der Geschichte nennt, manchmal bereits die eigene Nestbeschmutzung salonfähig geworden zu sein scheint, so ist doch ein Betätigungsfeld geblieben, auf dem ausländerfeindliche Ressentiments ungestraft ausgelebt werden können: Es ist jenes Feld, auf dem die Angst vor einer feindlichen Übernahme kultiviert wird. Plötzlich geben sich die Linke und die Rechte in trauter Einheit wieder die Hand und warnen alle, die dem freien Markt vorurteilsfrei gegenüber stehen, vor dem drohenden Einfluss des Auslandes. So als wären viele Jahrzehnte Zeitgeschichte spurlos an uns vorbei gegangen, so als gäbe es keine Europäische Union, keinen Grundsatz der Freiheit des Kapitals, als wäre Österreich eine kleine autarke Volkswirtschaft ohne Außenbeziehungen – der Einsatz ausländischen Geldes in Österreich wird als eine Art ökonomischer Hochverrat angesehen. Kaum einer dieser Politiker kommt auf die Idee, die österreichischen Rahmenbedingungen zu verbessern, um unsere Wirtschaft international konkurrenzfähiger zu machen. Der Verkauf sei der Verrat.

Groteske Blüten trieb der ökonomische Nationalismus im oberösterreichischen Landtagswahlkampf 2003. Offensichtlich hatte die ÖIAG in ihrer Planung diesen Herbsttermin übersehen und einen Privatisierungsschritt der voestalpine so anberaumt, dass daraus ein Wahlkampfthema wurde. Die SPÖ setzte auf ewiggestriges Gedankengut und forderte das Einschreiten der öffentlichen Hand. Die Landes-ÖVP wiederum, marktwirtschaftlich nicht gerade sattelfest, beteiligte sich am Lizitationswettbewerb und tat sich damit wahlpolitisch nichts Gutes. Gewohnt Konsequentes kam vom steirischen Wirtschaftslandesrat Herbert Paierl: Man werde sich an einem zu privatisierenden Unternehmen nicht mit einer Landesgesellschaft beteiligen.

All jenen Politikern, die im Zusammenhang mit der Privatisierung gerne auf dem nationalistisch-protektionistischen Klavier spielen, sei einmal ein Besuch einer Hauptversammlung eines großen Konzerns empfohlen. Sei es die VA Tech, voestalpine, Böhler-Uddeholm: Deren Hauptversammlungen haben auch eine nicht zu unterschätzende Bildungs- und Toleranzfunktion. Wer die Präsentationen der Vorstände verfolgt, kann einiges über die Verflechtung österreichischer Unternehmen in der Weltwirtschaft lernen. Wenn teilweise mehr als die Hälfte der Mitarbeiter solcher Unternehmen im Ausland beschäftigt sind, ist bereits viel über deren Internationalisierungsgrad gesagt. Es gibt einige Menschen, denen diese Internationalisierung Sorge bereitet, die ihre eigene Identität gefährdet sehen und denen ihre eigenen Globalisierungsängste die Rechtfertigung zu diversen Formen des Widerstandes geben. Zu meinen, dass nur Österreicher an diesen Unternehmen, die weltweit agieren, das Sagen haben sollten, geht an der modernen Realität und auch an unseren ökonomischen Möglichkeiten vorbei. Vielen unserer Politiker, vom Privatisierungsgesetzgeber („österreichischer Kernaktionär“) bis hin zu manchen Landespolitikern, würde eine kosmopolitische Offenheit auch in der täglichen Praxis gut anstehen. Ausländerfeindlichkeit in Sonntagsreden zu bekämpfen und von anderen Menschen Toleranz zu fordern, ist verfehlt und ignoriert unsere halbstarke Wirtschaftsposition. Weltoffenheit muss auch im Zusammenhang mit unseren großen Unternehmen gelebt werden.

Die Politik und der Verkauf der VA Tech

> Die Regierung betrachtet jedes Offert durch Siemens und/oder Herrn Kovats als feindliche Übernahme der VA Tech. Wir gehen aber davon aus, dass Siemens die Signale richtig interpretiert.
>
> *Karl-Heinz Grasser* am 7. 9. 2004

Politiker reagieren oft auch Zuruf. Wer am lautesten schreit, wird vom Politiker gehört. Im Glauben, dass der am lautesten Schreiende demokratisch legitimiert sei, übernimmt der Politiker die Forderungen des Lautesten. Als Ende August 2004 das erste Gerücht auftauchte, dass Siemens gemeinsam mit Mirko Kovats die VA Tech übernehmen wollte, machten Landespolitiker mobil und brachten den Bundeskanzler sowie den Finanzminister dazu, öffentlich eine Gegenposition zu beziehen.

Darauf zog sich Siemens zurück.

Die Politik hat durch diese Einmischung einen schweren Fehler begangen. Sie hat nämlich zu verstehen gegeben, dass sie sich als Interventionsbehörde versteht, die dann eingreift, wenn sie es für notwendig erachtet. Genau das ist Gift für den Wirtschaftskreislauf. Wenn sich die Wirtschaftsteilnehmer nicht darauf verlassen können, dass sich die Regierung heraushält, werden sich entscheidende „Player" enttäuscht vom Spiel abwenden. Die Politiker werden glauben, im Interesse höherwertiger Motive gehandelt und Arbeitsplätze gesichert zu haben. Wer immer noch meint, dass die Politiker und nicht die Unternehmen Arbeitsplätze sichern, gehört sowieso abgewählt.

Im Fall der VA Tech wurde die Regierung kurz darauf auch noch gründlich blamiert. Siemens kaufte nämlich Kovats dessen 16 Prozent-Anteil im November 2004 ab und war über

Nacht größter Aktionär. Damit waren VA Tech, Regierung und ÖIAG vor vollendete Tatsachen gestellt. Die sozialdemokratische Opposition, die sich gerade erst bei der Geburt ihres eigenen Wirtschaftsprogramms unendlich schwer getan hatte, schäumte – so als ob der Verkauf eines privaten Aktienpaketes Regierungsangelegenheit wäre. Siemens hatte allerdings gezeigt, dass die Zeiten, in denen die Politik per Fernsehen ausrichten lassen konnte, was zu tun sei, vorbei sind. Dass Siemens hartnäckig geblieben ist, ist auch aus diesem Blickwinkel erfreulich.

Die Landespolitiker ließen sich in ihren Wortmeldungen hochlizitieren und forderten Standort- und Arbeitsplatzgarantien. Damit haben sie erneut bewiesen, wie wenig sie für eine freie Wirtschaft übrig haben. Standorte werden durch attraktive Bedingungen gewonnen und gehalten, als da sind: niedrige Steuern, hohes Bildungsniveau, sozialer Frieden etc. Unternehmen durch öffentlich provozierte Selbstbindungen zu verpflichten, entspricht nicht dem Geist einer europäischen Union und ihren vier Grundfreiheiten. Politisch abgerungene Standortgarantien für die Zukunft haben etwas höchst Unmodernes an sich. Dass sich ausgerechnet der Wiener Bürgermeister Michael Häupl von den Forderungen der Landeshauptleute wohltuend abhob, indem er darauf hinwies, dass vor allem das Produkt verkaufbar sein müsse, hat positiv überrascht.

Beim zweiten Siemens-Anlauf schwiegen der Bundeskanzler und sein Finanzminister. Allerdings ließ sich der Wirtschaftsminister, den der Bundeskanzler knapp davor mit der Revision des Übernahmegesetzes beauftragt hatte, zu politischen Statements hinreißen. So bedeute der Einstieg von Siemens bei der VA Tech eine „Stabilisierung der Eigentümerstruktur". Damit hatte er zwar Recht – nur: Was hatte sich gegenüber der Situation vor zwei Monaten geändert? Das wäre damals genau so wahr gewesen! Weiters bezeichnete er die ÖIAG als einen „Garanten dafür, dass es im Interesse des Standortes Österreich und der Arbeitsplätze zu keiner Zerschlagung des Konzerns kommen werde". Seit wann ist ein 14,7 Prozent-Aktionär ein Garant für die Unternehmenslinie? Schließlich verwies er auf die Prüfung der allfälligen Verkürzung der Sperrfrist durch die

Übernahmekommission. Das allerdings bedeutete wieder den allfälligen Ausstieg der ÖIAG aus der VA Tech. Was passiert dann mit der oben genannten Garantie, die, so der Wirtschaftsminister, die Befürchtungen von Kritikern im Vorhinein ausräumen?

Die Politik hat sich gerade im Zusammenhang mit der VA Tech in das hineingeredet, was man einen Wirbel nennt. Erst in der Wochenendausgabe der PRESSE vom 6. November 2004 hatte der Börse-Chef Stefan Zapotocky zu Privatisierungen „ohne Polit-Einmischung" aufgerufen. Je komplizierter die Strukturen, desto riskanter sind die politischen Aussagen. Die Lehre kann und muss sein: Die Politik soll sich aus der Wirtschaft heraushalten.

Wolfgang Schüssel und die Wirtschaft

Wolfgang Schüssel war einmal Wirtschaftsminister. Damals lautete sein Motto: „Mehr Privat, weniger Staat." Vieles hat er richtig erkannt und auch durchzusetzen begonnen. In der Regierungserklärung des Jahres 2003 bekennt er sich zur Privatisierung und meint programmatisch: „Wir wollen die Unternehmen von Fesseln und Belastungen befreien."

Wolfgang Schüssel hat Österreichs Wirtschaftsentwicklung in die richtige Richtung gedreht.

Dennoch gehört Schüssel zu jenen Politikern, die sich nicht immer auch in letzter Konsequenz von politischen Einmischungen fernhalten können. Bei der Übernahme der Creditanstalt durch die Bank Austria konnte er sich noch lange Zeit über Gerhard Randa und seine Zusammenführungsstrategie ärgern. War der Deal allerdings einmal über die Bühne gegangen, erschienen weitere politische Gefechte den betriebswirtschaftlichen Notwendigkeiten entgegenzustehen. Die Politik muss davon Abstand nehmen, einen Kaufpreis zu nehmen und anschließend den neuen Eigentümer mit Auflagen zu beschränken.

Diese Einstellung kommt nicht von ungefähr. Schüssels Bekenntnis zu dem, was er ökosoziale Marktwirtschaft nennt, beinhaltet irgendeine nebulose soziale Verantwortung, die zur

Einmischung in die Entscheidungen von Großunternehmen zu legitimieren scheint. Wenn er wiederholt von sozialer Verantwortung redet und den Grundsatz „Wirtschaft schafft Arbeit" „unbestritten" lässt, offenbart er einen letzten Funken von Einmischungsgeneigtheit, die ihm nicht zum Vorteil gereicht.

Erst im Herbst 2004 ist Wolfgang Schüssel mit diesem Restpaternalismus auf die Nase gefallen. Es mache keinen Sinn, ein florierendes Unternehmen zu filetieren, hat er gemeint. Beobachter waren von dieser Aussage doch überrascht. Ein Unternehmen, das seit Jahren keine Dividende zahlte und stattdessen mehrere hundert Millionen Euro Verlust vorzutragen hatte, konnte kaum florierend genannt werden. Welche Probleme die Tochtergesellschaft WABAG bereitete, war kein Geheimnis. Zwei Monate später, als sich der Erfolg des zweiten Übernahmeversuches abzeichnete, war Schüssel geschickter. Er erklärte sich nicht zuständig und verkündete nur noch eine private Meinung.

Hier könnte Schüssel noch konsequenter sein und sollte sich von niemandem, auch nicht von befreundeten Landespolitikern, einreden lassen, dass hier oder dort soziale Verantwortung wahrzunehmen sei. Eine solche soziale Verantwortung ist keine Verantwortung, sondern gesellschaftsfremde und wirtschaftsstörende Einflussnahme.

SPÖ: Nur der Staat ist ein verantwortungsbewusster Aktionär

> Die Regierung und insbesondere ihr Durchsetzungsknecht ÖIAG haben die VA Tech auf die Schlachtbank geführt.
>
> *Johann Moser*, SPÖ-Wirtschaftssprecher

Im Gegensatz zur ÖVP hat die Sozialdemokratie im Zusammenhang mit den Privatisierungen tief in die ideologische Mottenkiste gegriffen. Die Meldungen, die etwa im Zusammenhang mit der VA Tech abgegeben worden sind, entbehren nicht einer gewissen Skurrilität. Dabei haben die dirigistischen Ambitionen der Opposition bisweilen auch die sozialdemokratischen Teile der Regierungsparteien ergriffen. Die Forderungen nach einer dauerhaften „Sperrminorität" durch die ÖIAG, nach einer landespolitisch vorfinanzierten Mitarbeiterbeteiligung oder einer Klage des Rechnungshofs gegen die ÖIAG zeigen vor allem eines: Für die Sozialdemokratie ist einzig und allein der Staat ein berechenbarer Aktionär. Die Privaten seien unzuverlässig, handelten egoistisch-spekulativ und wären daher die ewig suspekten Mitglieder einer unbeherrschten Wirtschaftsordnung. Alles, was nicht kontrolliert werden kann, erscheint verdächtig.

Genau genommen zeichnet sich die Sozialdemokratie, deren ökonomische Schizophrenie sich zuletzt bei der Geburt ihres Wirtschaftsprogramms (Mehr Steuern, weniger Staatsquote) offenbart hat, durch eine extrem ambivalente Haltung zu Privataktionären aus. Während sie diese bei der Telekom Austria als Schutzobjekte erkoren hat, sprach der SPÖ-Industriemann Johann Moser im Zusammenhang mit der VA Tech davon, dass das Wort von Privataktionären (gemeint: Mirko Kovats) eben nichts wert sei. Er geht offensichtlich davon aus, dass es die Politiker sind, die immer die Wahrheit sagen. Er selbst benützte übrigens das Forum der Hauptversammlung der VA Tech, um in Vertretung eines Kleinaktionärs aufzutreten. In Zeiten, in denen Wirtschaft und Politik getrennt werden, kommen solche Auftritte nicht gut an. Was immer ein Politiker zu sagen hat: Auch eine Aktionärsgruppe möchte nicht politisch vereinnahmt werden.

Die Linke in der SPÖ, die sich noch immer nicht gänzlich vom Klassenkampfgedanken gelöst hat, tut sich mit Finanzmärkten schwer. Für sie ist schon das Wort Mitarbeiterbeteiligung ein Gräuel. In gewisser Weise hat sie ja auch Recht: Jeder, der versucht, das System von innen zu bekämpfen, wird zu einem Teil dieses Systems. Wer an den seinerzeitigen Marsch durch die Institutionen denkt, wird erkennen, dass als Ergebnis dieser Strategie ein verbesserter Kapitalismus zu verzeichnen ist. Wer als Betriebsrat heute den Weg der Mitarbeiterbeteiligung geht, handelt ebenfalls systemkonform und wird damit aus ideologischer Sicht zum Kollaborateur mit dem Klassenfeind.

An dieser Stelle seien die Ideologen eingeladen, die unendliche Anpassungsfähigkeit des marktwirtschaftlichen Systems positiv zu sehen: Mit dem Ende des Klassenbewusstseins und dem Verschwimmen der Klassengrenzen beginnt eine ganz andere klassenlose Gesellschaft, als sie Karl Marx gewollt hat. Es beginnt die offene Gesellschaft, die auf der Grundlage von Freiheit und Demokratie allen Menschen die größtmöglichen Entwicklungschancen gewährt. Niemand sollte übersehen, dass Wohlstand kein Staatsgeschenk sein kann, sondern das Ergebnis der freien Initiative selbstbewusster Menschen.

Das Versagen der Wissenschaft

Wenn ich, wissentlich unbotmäßig, die Wissenschaft im Zusammenhang mit dem Aktienrecht etwas unter die Lupe nehme, meine ich damit nicht die Volkswirtschaftslehre. Dieser Teil der Wissenschaft beschäftigt sich nämlich kaum mit unserem Thema, sofern man von ein paar Allgemeinplätzen absieht. Die Volkswirtschaftslehre ist im Laufe der Jahre nämlich immer abstrakter geworden und hat sich von den Ereignissen in der wirklichen Welt entfernt. In der Regel untersuchen Ökonomen nicht die tatsächlichen Wirtschaftsprozesse, sondern sie theoretisieren darüber. Wie der englische Ökonom Ely Devons einmal auf einer Tagung sagte: „Wenn Volkswirtschaftler die Absicht hätten, das Pferd zu untersuchen, dann würden sie nicht in den Stall gehen und sich Pferde anschauen, sondern sich in ihr Arbeitszimmer setzen und sagen: ‚Was würde ich tun, wenn ich ein Pferd wäre?'"

Die Volkswirtschaftslehre macht sich oft ideologisch bedingt Gedanken über das Marktversagen, während in Wirklichkeit der Staat versagt. Aufwendige mathematische Modelle verschleiern die Seichtheit der ökonometrischen Erkenntnislosigkeit. Mit anderen Worten: die moderne Volkswirtschaftslehre leidet an einem sehr niedrigen Erkenntniswert.

Tatsächlich einflussreich erscheint allein die Rechtswissenschaft. Allerdings befindet sich unsere gesellschaftsrechtliche Wissenschaft in einer eigenartigen Tradition. Sie wird seit Jahrzehnten von brillanten und in ihrer Brillanz auch faszinierenden Juristen beherrscht, deren Grundeinstellung allerdings nicht jedermanns Sache ist.

Als jüngstem Kind dieser Tradition habe ich dem Übernahmegesetz ein eigenes Kapitel gewidmet und darauf verwiesen, dass es in einer weltanschaulichen Einstellung wurzelt, die ich nicht teile.

Als Vater dieses Gesetzes gilt Peter Doralt. Doralt ist Universitätsprofessor am Institut für Bürgerliches Recht, Handelsrecht und Wertpapierrecht an der Wirtschaftsuniversität Wien. Er ist wissenschaftlich an der Seite von Walther Kastner groß geworden, dem langjährigen so genannten Doyen des österreichischen Gesellschaftsrechts, dem wir auch die nur marginale Änderung des Aktiengesetzes 1965 verdanken. Kastner war ein Mann, der sich nie viel um Politik gekümmert haben dürfte und irgendwie immer auf der Seite der Mächtigen stand. In seiner Autobiographie hat er sich elegant für seine NSdAP-Mitgliedschaft entschuldigt, in der zweiten Republik hat er immer dann zur brillanten Wissenschaftlichkeit gefunden, wenn es darum ging, heikle Situationen zu meistern. Er war es auch, der die so genannte Androsch-Abfertigung, anlässlich dessen Ausscheidens aus der Creditanstalt, gutachterlich als „positives Ergebnis" bezeichnete. Für ihn war das Interesse „der Aktionäre" (Paragraf 70 des Aktiengesetzes) mit den Interessen des Mehrheits- oder Alleinaktionärs ident.

Kastner hatte das Aktienrecht im kleinen Finger. Rechtspolitisch waren mit ihm keine großen Sprünge zu machen. Platos Ideal vom Staat scheint er geteilt zu haben. In dieser Tradition muss auch Peter Doralt aufgewachsen sein, der letztlich das Ungerade im Aktiengesetz nicht mehr verhehlen konnte: Als namhafte deutsche Professoren anlässlich seines 65. Geburtstages bei einem Festakt im Justizministerium forderten, dass der Paragraf 70 des Aktiengesetzes („Habt euch lieb-Klausel") geändert werde, verteidigte Doralt den geltenden Rechtsbestand mit dem Hinweis, dass es sich zwar um eine „schlawinerhafte" Bestimmung handle, diese aber aus guter Tradition beibehalten werden möge.

Doralt hat auch erkannt, dass der Schutz der Minderheitsaktionäre in Österreich unterentwickelt ist. Aus seiner rechtspolitischen Einstellung heraus war es nur konsequent, eine Übernahmekommission einzurichten. Durch sie soll der benevolente Staat seine Schutzfunktion erfüllen. Bei aller Liebenswürdigkeit seines Wesens und bei aller Praxisorientiertheit seiner Vorschläge: Der Individualanspruch des Aktionärs ist nicht sein Ding.

Unkritische Juristen

Wenn man sich den im Jahr 2003 erschienenen Kommentar zum Aktiengesetz von Doralt/Nowotny/Kalss durchliest, könnte man den Eindruck gewinnen, dass die autoritäre Einstellung zum Aktiengesetz in der wissenschaftlichen Hierarchie vererbbar sein muss. Christoph Diregger etwa kommentiert die Schadenersatzbestimmungen bei unbegründeten Anfechtungsklagen ganz im Sinne des historischen, also nationalsozialistischen Gesetzgebers und lässt die zwischenzeitige deutsche Rechtsentwicklung völlig außer Acht. Er übernimmt einseitig die Stereotypen des Droh- und Erpressungspotentials der Anfechtungsklage und zitiert in den Fußnoten aus dem damaligen Standardkommentar von Schlegelberger/Quassowski. Auf Schlegelbergers Einstellung zum Aktiengesetz 1937 ist bereits im Kapitel über die Geschichte des Aktienrechts hingewiesen worden.

Ein anderes Beispiel bietet Sabine Schmidt im oben genannten Kommentar zum Aktiengesetz von Doralt/Nowotny/Kalss. Sie führt aus, dass eine ungerechtfertigte Auskunftsverweigerung weder durch Leistungsklage noch durch Anfechtungsklage geltend gemacht werden kann – womit sie leider Recht hat. Mit keinem Wort erwähnt sie bei der Kommentierung der Auskunftsverweigerung, dass es für einen demokratischen Rechtstaat unerträglich ist, wenn die Organe Richter in eigener Sache sind und hier ein echtes Rechtsschutzdefizit besteht. Beruhigend verweist sie vielmehr auf die Haftungsbestimmungen nach den Paragrafen 84 und 99 des Aktiengesetzes sowie auf strafrechtliche Sanktionen. Ihr ist zu entgegnen, dass die Haftungsbestimmungen aus mehreren Gründen nie zum Tragen kommen werden. Einer dieser Gründe ist, dass, mangels Auskunft, die Rechtswidrigkeit ihrer Verweigerung gar nicht feststellbar ist. Der Hinweis auf strafrechtliche Sanktionen ist schließlich ein schlechter Scherz: Meint die Wissenschaft etwa, dass bei jeder vermuteten rechtswidrigen Auskunftsverweigerung der Staatsanwalt eingeschaltet werden soll? Eine Gesellschaft, die die Durchsetzung ihrer zivilrechtlichen Ansprüche prinzipiell vor dem Strafgericht beginnt, sollte über den berechtigten Sinn einer Entkriminalisierung nachdenken.

Fazit: Eine Wissenschaft, die sich unpolitisch, also wertungsfrei gibt, ist wertlos. Was wir brauchen, ist ein modernes, mit Leben erfülltes Aktienrecht. Dafür wiederum benötigen wir eine höchst seltene Gattung des Menschen: Juristen mit ökonomischem Verständnis.

Gerade die intelligentesten Juristen belegen sich mit einem eigenartigen freiwilligen Denkverbot, wenn es um Wertungen geht, die dem Gesetz zugrunde liegen. *They speak as if they were bound*, hat Francis Bacon dies einmal auf den Punkt gebracht. Ihnen als Rechtsanwender könne es nur um die Auslegung des Gesetzes gehen, nicht aber die dahinter stehenden politischen Fragen. Die Politik wird von jenen Juristen, die sich für etabliert halten, für etwas Profanes gehalten, mit dem man besser nichts zu tun hat. Wie oft haben sich Juristen etwa über unlängliche Bestimmungen im Zusammenhang mit der Regulierung der Mietzinse beschwert – dass die Regulierung selbst das Problem ist, haben wenige artikuliert.

Das Unverständnis von Juristen für ökonomische Sachverhalte führt zu abstrusen Absicherungsattitüden: Das gesatzte Recht soll ebenso perfektioniert werden wie die „wasserdichten“ Verträge. Im Ergebnis führt eine solche Einstellung allerdings immer zu einem Ungleichgewicht zwischen Rechten und Pflichten.

So ist es auch beim Aktienrecht, das unter den Juristen immer noch den Status eines Nimbus innehat. Wenige verstehen etwas davon, viele streifen es nur auf der Universität. Geradezu rührend war das Geständnis einer Richterin des Landesgerichts Korneuburg beim ersten Verhandlungstermin, als sie freimütig bekannte, dass sie gemäß der Geschäftseinteilung einfach alles machen müsse. Vom Erbrecht über Scheidung bis zu Rechtsmitteln erstrecke sich ihr tägliches Geschäft. Mit einer aktienrechtliche Klage sei sie in ihrer 15-jährigen Karriere zum ersten Mal befasst – sie sei geradezu stolz, dass das Gericht überhaupt über einen modernen Kommentar zum Aktiengesetz verfüge, den sie sich bereits aus der Bibliothek besorgt habe. Dass die Justiz in derart brisanten Fragen keine speziellen Zuständigkeiten schaffe, sei auch ihr unverständlich.

Ein modernes Aktienrecht – Kapital für Österreich

> Aber mit jeder Unterdrückung wächst ein dynamischer Gegendruck, und gerade, wenn zusammengepresst und komprimiert, wird er zum Sprengstoff, zum Explosiv; jede Unterdrückung führt früher oder später zur Revolte. Denn die moralische Selbständigkeit der Menschheit bleibt auf die Dauer – ewiger Trost dies! – unzerstörbar. *Stefan Zweig*

Wer heutzutage sein Geld in österreichische Aktien investiert, lässt sich dabei überproportional von Gewinnerwartungen leiten. Die Frage, inwieweit der Aktionär Eigentümerrechte durchsetzen kann und inwieweit der einzelne Aktionär sowie die Minderheit geschützt sind, ist zweitrangig. Selbst die Übernahmekommission hat, als sie die Sperrfrist für Siemens verkürzte, die Interessen der VA Tech-Aktionäre allein am angebotenen Kurs der Aktie gemessen.

Negative Erfahrungen des Publikums mit Enron, WorldCom und Parmalat werden zugunsten des wahrscheinlichen Gewinnes zurückgestellt. Als sich die Regierung 2004 auf die Steuerreform 2005 einigte und bekannt gab, dass zum Zwecke der Hebung der internationalen Wettbewerbsfähigkeit die Körperschaftssteuer von 34 Prozent auf 25 Prozent gesenkt und die Gruppenbesteuerung eingeführt werde, erfuhr die Wiener Börse einen wahren Boom. Die Investoren verbanden die geringere Steuerlast mit der Steigerung der Gewinne und kauften folgerichtig Aktien.

Finanzielle Rahmenbedingungen sind ein wichtiger Anreiz für Investitionen. Rechtssicherheit ist ein anderer.

Kein Mensch wird ein Geschäft in einer Gegend eröffnen, die für Ladendiebstähle bekannt ist. Jeder kleine Unternehmer wird nur dort investieren, wo die äußeren Rahmenbedingungen in Ordnung sind. Dazu gehört auch die juristische Sicherheit.

Aktionärsschutz ist Investitionsschutz

In seinem detailliert recherchierten Buch „Freiheit für das Kapital" hat der Peruaner Hernando de Soto (www.ild.org.pe) beeindruckend nachgewiesen, wie sehr auf der ganzen Welt der Faktor Rechtssicherheit zur Voraussetzung einer prosperierenden Wirtschaft gehört. Eigentumsrechte müssen definiert, Verträge müssen durchsetzbar und Grundbesitz nachvollziehbar sein.

Eigentum ist nicht Diebstahl, sondern Leistungsanreiz. Nur wer darauf vertrauen kann, dass Erfindungen schutzfähig sind, wird seine Energien in die Entwicklung neuer technischer Konzepte stecken. Wären sie von Anfang an Allgemeingut, wären sie für den Einzelnen nicht verwertbar. Erst das Patent ermöglicht das breite Spektrum des Fortschritts.

Eine liberale Gesellschaft zeichnet sich vor allem durch den Schutz des Einzelnen aus. Grundrechte, *bill of rights, Habeas Corpus, die Déclaration des droits de l'homme et du citoyen:* sie alle streben eine Eindämmung der Macht des anonymen Kollektivs an. Erst die so geschaffene Atmosphäre der gesicherten Entfaltungsmöglichkeiten hat die Menschen zu den bedeutenden Entwicklungen und Entdeckungen der letzten Jahrhunderte angespornt. Das Recht hat durch seinen Schutz des Individuums einen wesentlichen Beitrag für mehr Freiheit und Humanität geleistet.

Der Schutz des Einzelnen zeigt sich aber nicht nur in der Ausgestaltung der Grund- und Freiheitsrechte, sondern auch und viel unmittelbarer in der Gestaltung des Gesellschaftsrechts. Die großen Unternehmen sind oft ein Spiegelbild der gesamtstaatlichen demokratischen Strukturen. Oft entspricht die Stellung des Gesellschafters im Unternehmen jener des Bürgers im Staat. Wer hier wenig Rechte hat, verfügt auch dort über nicht allzu viele. Diese Korrelation zieht sich ganz deutlich durch die bereits beschriebene Geschichte des Aktienrechts.

Kapital wird nur dort investiert werden, wo der Investor berechtigte Hoffnungen haben kann, sein Geld zu vermehren. Er muss darauf vertrauen können, dass jene, denen er sein Geld anvertraut, sorgfältig damit umgehen. Wer befürchten muss, dass sein Kapitaleinsatz in der Dunkelheit verschwindet, wird nicht investieren. Der Schutz des Aktionärs bedeutet daher Investitionsschutz.

Das Freisetzen unternehmerischer Kräfte ist auch eine wesentliche Folge der Privatisierungen. Diesen Zweck sollte der Gesetzgeber auch im Gesellschaftsrecht verfolgen. Der Weg der Deregulierung sucht sein Ziel nicht in der Perfektion des zwingenden Rechts, sondern in Eigentümerkontrolle und Markttransparenz. Gerade wenn wir nicht wollen, dass die Gegner der Marktwirtschaft mit scheinbar berechtigten Argumenten die Aktiengesellschaften unter Kuratel stellen und damit die gesamte volkswirtschaftliche Entwicklung stören, müssen wir einen Rahmen für die Funktionsfähigkeit dieser Institution zur Verfügung stellen. Die internationale Entwicklung wie den US-amerikanischen Sarbanes-Oxley Act vom 23. Januar 2002 „nicht einmal zu ignorieren", genügt nicht den Anforderungen der modernen, vernetzten Welt.

Nicht die staatliche Bevormundung, sondern die Eigenverantwortlichkeit der Aktionäre einerseits sowie der Verwaltungsmitglieder andererseits muss das Leitbild einer Erfolg versprechenden Reform sein.

Anspruch statt Aktienamt

> Freiheit bedeutet Verantwortlichkeit; das ist auch der Grund, weshalb sich die meisten Menschen vor ihr fürchten.
> *George Bernard Shaw*

Das Recht geht vom Volk aus, heißt es in der österreichischen Bundesverfassung. Damit ist etwas definiert, wofür die Menschen Jahre, Jahrzehnte und Jahrhunderte gekämpft haben: die Souveränität. Selbstbestimmung ist ein Grundbedürfnis der Menschen. Das ist im Staat genauso wie bei der Aktiengesellschaft. Die Menschen wollen sich nicht von staatlichen Behörden bevormunden lassen. Es ist ihnen zutiefst zuwider, wenn die noch so wohlmeinende Obrigkeit ihre Interessen wahrnimmt. Die Menschen wollen selbst bestimmen und ihre eigenen Rechte durchsetzen können. Sie haben kein Bedürfnis, sich an staatliche Zauberlehrlinge wenden zu müssen. Kurz: Sie wollen die Aktie beim Namen nehmen und ihre Ansprüche geltend machen. Auch das nennt man Freiheit.

Herzstück des Kapitalmarktrechtes ist und bleibt das Aktiengesetz. Dieses Gesetz ist, wie wir gesehen haben, immer noch von einem kollektivistischen Geist getragen. Unser Aktiengesetz ist antiquiert. Die bisherige Praxis der Reförmchen, welche die Öffentlichkeit beruhigen sollten, genügt nicht mehr. Hier wurden Bilanzregeln geändert, da musste eine Aufsichtsratssitzung mehr abgehalten werden. An der Stellung der Aktionäre, also der Geldgeber, hat sich bis heute wenig geändert. Wenn die Politik in regelmäßigen Abständen jedes gesellschafts- oder kapitalmarktrelevante Reförmchen mit einem verstärkten Schutz der Kleinaktionäre begründete, musste man dies als eine zynische Verhöhnung des Aktionärs empfinden.

Das „öffentliche Interesse“ hat im Pflichtenkatalog des Vorstandes einer Aktiengesellschaft nichts verloren. Aktiengesellschaften sind Teil eines marktwirtschaftlichen Systems und dürfen keine höhere gesellschaftliche Verantwortung aufgebürdet bekommen, die in Wirklichkeit nur mehr Staatseinfluss bedeutet.

Nach wie vor gibt es in Österreich kein eigenes Auskunftserzwingungsverfahren. Die Gesellschaft ist letztlich Richter in eigener Sache und kann selbst entscheiden, welche Auskünfte sie den Aktionären auf den Hauptversammlungen gibt.

Selbst der Entwurf des Gesellschaftsrechtsänderungsgesetz 2005, das sich als Bundesgesetz zur Stärkung des Vertrauens in die österreichische Wirtschaft versteht, will nur die Stellung des Aufsichtsrats und der Abschlussprüfer, nicht aber jene der Aktionäre stärken. Nicht der große Wurf, sondern die Kosmetik steht auf der Tagesordnung der Politik.

Unterstützt wurde diese gesetzgeberische Mentalität von einer Judikatur, die Prozesse als etwas Lästiges erachtet und diese am liebsten von vornherein abwehren möchte. In dieses Klima der Aktionärsfeindlichkeit und Aktionärsfrustration fiel der Beginn der Privatisierung. So wurden tausende Menschen Aktionäre, die ein gesellschaftliches Gewicht darstellen. Aktionärsschutz ist daher populär, wurde aber wiederum kollektivistisch ausgeprägt. Musterbeispiel ist das Übernahmegesetz, das abseits des einzelnen Aktionärs eine staatliche Kommission aus eigenem definieren lässt, was unter der Verletzung von Aktionärsinteressen zu verstehen ist. Insofern ist das staatsmächtige Übernahmerecht Ergebnis eines aktionärsverachtenden Aktienrechts. Hier wird der Teufel mit dem Beelzebub ausgetrieben. Folgerichtig wird Wolfgang Leitner im Börsenkurier vom 27. Januar 2005 mit den Worten zitiert, „dass wir keine Aktienämter haben sollten".

Die Entrechtung des Aktionärs lässt sich vor allem an drei Faktoren festmachen:

1. Die Individual- und Minderheitsrechte sind bemerkenswert schlecht ausgestaltet. Das Auskunftsrecht ist nicht durchsetzbar, Sonderprüfungen und Schadenersatzansprüche haben viel zu hohe Anspruchsvoraussetzungen. Sonderprüfungen kommen gelegentlich vor, Schadenersatzansprüche gegen Verwaltungsmitglieder können praktisch nie geltend gemacht werden. Die Voraussetzungen für die Anberaumung einer Hauptversammlung und für die Ergänzung der Tagesordnung durch die Minderheit sind in Österreich viel zu restriktiv geregelt.
2. Die Übernahmekommission sollte dem Schutz der Kleinaktionäre dienen, hat sich aber vor allem als Regulierungsbehörde erwiesen. Der Markt wird durch das Übernahmerecht gehemmt und nicht gefördert. Kleinaktionäre haben nichts zu sagen.
3. Mit dem Spaltungsrecht ist die weitgehend risikofreie Enteignung der Aktionäre möglich. Die Spaltung als solche kann nach dem Willen des Gesetzgebers nicht angefochten werden, die Überprüfung des Umtauschverhältnisses ist einem staatlichen Sachverständigengremium übertragen, auf dessen Sachverstand und Objektivität sich der Aktionär verlassen muss. In die Bewertungsunterlagen darf er, sofern sie überhaupt vorgelegt werden, nur in beschränktem Umfang Einsicht nehmen. Damit ist die eigenständige Überprüfbarkeit und Nachvollziehbarkeit der Bewertung nicht gegeben. Der Aktionär ist zum Bittsteller degradiert.

Übernahmekommission und Gremium zur Überprüfung des Umtauschverhältnisses sind Aktienämter, die formell dem Schutz des weitgehend schutzlos gestellten Aktionärs dienen sollen. Nach dem Motto: „Du hast dich auf die Behörden zu verlassen“ hat der Aktionär in wichtigen Bereichen keine eigenständigen Rechte und wird als Untertan behandelt.

Zu sehen sind auch die Argumente jener, die der Aktionärsdemokratie skeptisch gegenüberstehen. Die Kehrseite des Anspruchs ist das Erpressungspotential. Je mehr Rechte den Aktionären gegeben werden, desto höher ist die Wahrscheinlichkeit des Rechtsmissbrauchs. Das ist gar nicht zu verkennen. Das ist aber genau genommen keine besonders neue, ja nicht einmal eine besonders bemerkenswerte Erkenntnis. Letztlich korrespondiert sie mit der scheinbar banalen Grundeinsicht, dass ein freier Mensch nicht nur frei ist, Gutes zu tun, sondern auch Schlechtes. Deshalb die persönliche Freiheit in Frage zu stellen, wäre absurd. Wir schaffen auch nicht das Kinderkriegen ab, weil es Vergewaltigungen gibt.

Die Alternative zum individuellen Anspruch ist letztlich der Ausbau der Staatsmacht, also der Aktienämter mit ihren immer zum Scheitern verurteilten Perfektionsversuchen. Der Unmut ist nicht nur innerhalb der Aktionärskreise groß. Auch den Wirtschaftsbossen in Österreich dürfte die Macht der kapitalmarktbezogenen Behörden langsam gehörig aufstoßen: Siemens-Boss Albert Hochleitner bezeichnete die Übernahmekommission als „ziemlich lästig“, Raiffeisen-Chef Christian Konrad sprach von einer „Watsch'n“ für die Finanzmarktaufsicht und Claus Raidl von Böhler-Uddeholm nannte die Mitglieder der Übernahmekommission „weltfremde Professoren“. Sie alle seien aufgerufen, das Zauberlehrlinghafte der neuen Behörden aufzuzeigen und sich als Mitstreiter für mehr Freiheit in der österreichischen Wirtschaftsverfassung zu profilieren.

Her mit einem modernen Konzernrecht

Unser Recht konzipiert die Aktiengesellschaft theoretisch als klassische Publikumsgesellschaft, an der zahlreiche Aktionäre beteiligt sind. Um den Leitungsorganen die Möglichkeit zu geben, unabhängig von den Launen der Kapitalgeber zu arbeiten, werden die Mitglieder des Aufsichtsrats und des Vorstandes bis zu einer Höchstdauer von fünf Jahren bestellt. Darüber hinaus sieht das Gesetz vor, dass die Organe weisungsfrei sind. Paragraf 15 des Aktiengesetzes definiert zwar den Konzern als die Zusammenfassung von rechtlich selbständigen Unternehmen zu wirtschaftlichen Zwecken unter einheitlicher Leitung, doch fehlt in der Folge jede materiellrechtliche Normierung des Konzernrechts. Das bedeutet, dass die Unabhängigkeit des Vorstandes nicht aufgehoben werden kann, was jedoch durch so genannte Konzernrichtlinien oft der Fall ist. Wenn an der beherrschten Gesellschaft nur eine Gesellschaft, eben die Konzernmutter, beteiligt ist, stört dies kaum jemanden. Wenn allerdings die Tochter mehrere Aktionäre hat und möglicherweise sogar börsennotiert ist, stellt dies ein beträchtliches juristisches Problem dar, wie am Beispiel der Readymix Kies-Union zu sehen war. Ein noch viel bekannteres Beispiel bietet mittlerweile die Bank Austria.

Die Bank Austria hat seit Mitte 2003 wiederum einen Publikumsanteil von 25 Prozent und ist gleichzeitig in den Konzern der Bayrischen Hypo Vereinsbank eingebunden. Im Jahr 2004 wurde bekannt, dass die Bank Austria beabsichtigte, die SchoellerBank um den attraktiven Preis von 300 Millionen Euro an eine Luxemburger Bank zu verkaufen. Die Verträge sollen bereits ausverhandelt gewesen sein, als der HVB-Konzernchef Rampl den Deal stoppen ließ und per Frankfurter Allgemeine Zeitung den Wienern vorwarf, vorgeprescht zu sein. Wie darf man das verstehen? Formaljuristisch darf es, da wir kein Konzernrecht haben, keine Weisung der HVB an die Bank Austria geben. Formaljuristisch darf es auch niemanden geben, der solche Weisungen befolgt. Formaljuristisch handeln daher jene, die solche Weisungen erteilen, sowie jene, die solche Weisungen befolgen, rechtswidrig und können daher schadenersatzpflichtig werden.

Ohne Konzernrecht stehen die Organe von Konzernunternehmen immer mit einem Fuß vor dem Richtertisch. Der Gesetzgeber, der im Steuerrecht Konzerne ausgiebig berücksichtigt, ist aufgefordert, auch im Gesellschaftsrecht der Wirklichkeit zur Legalität zu verhelfen.

Bill Gates: Nur wer Gewinne macht, kann wohltätig sein

Man stelle sich vor, dass im Jahr 1955 im Westen des Landes ein Bub geboren wird, der als Teenager in einer Garage mit Computern spielt. Er entwickelt eine Software, gründet ein Unternehmen, geht an die Börse und wird der reichste Mann der Welt. In Österreich ist das nicht möglich, wohl aber in den USA. Der Mann heißt Bill Gates, das Unternehmen Microsoft. Der Börsenwert von Microsoft ist 2004 höher als das österreichische Bruttoinlandsprodukt. Gigantische 68 Milliarden Dollar kommen für Forschung und Entwicklung zum Einsatz. Mit seinen Gewinnen fällt es Microsoft leicht, wohltätig zu sein. Wenn Bill Gates nach Wien kommt, wird er hofiert. Erfolg zieht an.

Warum ist ein solcher Erfolg in den USA möglich und bei uns nicht? Die Antwort kann leicht gegeben werden: Bei uns herrscht der Glaube an den Staat vor. In den USA mischt sich der Staat kaum in die Wirtschaft ein. Dort glaubt man an die Menschen.

Übrigens kämpft auch Bill Gates gegen die staatliche Regulierung. Gegen sein Unternehmen haben mehrere Kartellbehörden mobil gemacht und damit ein zweifelhaftes Verständnis gegenüber dem Markt offenbart. Ein im freien Markt gewachsenes Unternehmen allein wegen dessen Größe zur Verantwortung zu ziehen, zeigt das Unverständnis gegenüber dem Markt. Die Kartellbehörde wird durch ein quantitatives Marktmachtverständnis in Wirklichkeit zum Interventionsinstrument der marktunterlegenen Konkurrenz. Ist diese als Ergebnis des Wettbewerbs schwächer, kann man dagegen kaum einen berechtigten Einwand erheben. Nur dann, wenn unlautere Methoden oder gar staatlicher Monopolschutz – beispielsweise ein Staatsfernsehen mit Gebührenprivileg – den Wettbewerbsvorsprung begründen, sollte Deregulierung gegen Monopolisierungstendenzen angesagt sein. Den Marktführer Microsoft im Namen des Wettbewerbs zu zerschlagen, hat keine marktoptimierende Wirkung, sondern bedeutet vielmehr einen Schaden für die Konsumenten („User“). Auch die Kartellbehörden sollten daher Gegenstand einer zukünftigen Deregulierungspolitik sein.

Der Trend sollte sich auch in Österreich von der Einführung neuer Regulierungsbehörden – sei es die Übernahmekommission, das Umtauschgremium oder die Wettbewerbsbehörde – wieder abwenden. Letztere fühlt sich übrigens berufen, die Unternehmen nach detaillierten Daten zu prüfen: Umsatzdaten der vergangenen fünf Jahre, Margen bei Eigenprodukten und Handelsmarken, Einfluss der Handelsmarken auf die Marge der jeweiligen Herstellermarke, Mindestmengen zwecks kostendeckender Produktion etc. Was geht den Staat das an?

Bei einer solchen Staatsmentalität bleibt die freie Entfaltungsmöglichkeit auf der Strecke. Die Regierung darf sich unter solchen Bedingungen nicht wundern, dass Kapital in Österreich schwer akkumulierbar ist. Wenn sie sich per Bundesgesetzblatt österreichische Kernaktionäre für die ehemals verstaatlichte Industrie wünscht, gibt sie sich Illusionen hin. Wenn der Staat jahrzehntelang den Aufbau entsprechender Strukturen verhindert hat, kann der Markt für österreichische Geldgeber nicht besonders groß sein.

Politik braucht Kapital

Um einen Krieg zu führen, braucht man bekanntlich drei Dinge: Geld, Geld und nochmals Geld. Aber auch der Frieden braucht Geld, Geld und nochmals Geld. Das scheint oft übersehen zu werden.

Politik ist heutzutage, in Zeiten der knappen Kassen, vor allem durch Verteilungskämpfe gekennzeichnet. All das, worum im streikarmen Österreich 2003 eifrig gestreikt worden ist, drehte sich in Wirklichkeit um irgendwelche wohlerworbenen Rechte, also Privilegien, welche die Privilegierten auf Kosten der Allgemeinheit behalten wollten. Die damit zusammenhängenden Reformen sind somit ökonomische Zwangsmaßnahmen.

Wer Politik überwiegend als Verteilungskampf versteht, geht am wahren Leben vorbei. Zuerst muss das erwirtschaftet werden, was man verteilen will. Im Vordergrund muss daher immer das Erwirtschaften, also die Hebung des Massenwohlstandes stehen. Nur wer Wohlstand erwirtschaftet, kann die Armut besiegen.

Dieser Wohlstand ist nicht geschenkt. Mangels irgendwelcher bedeutender Rohstoffe sind wir durch Arbeit reich geworden. Selbst bei Karl Marx kann man die Definition nachlesen, dass Kapital akkumulierte Arbeit ist. Wir sind nicht deshalb reich, weil die Regierung so viel für uns ausgibt, sondern es ist genau umgekehrt: Weil wir so viel arbeiten, sind wir so reich, und deshalb kann die Regierung so viel austeilen.

Viele Politiker übersehen den pekuniären Hauptzweck der Politik: Sie hat, um weiter bei Marx zu bleiben, die Voraussetzungen für die Erwirtschaftung von Mehrwert zu schaffen. Es geht also primär nicht darum, den Kuchen unter die Menschen zu verteilen, sondern darum, möglichst viel Kuchen zu backen. Viele scheinen aber dennoch zu glauben, dass der gebackene Kuchen vorgegeben sei. Wenn die Regierung mehr Geld brauche, müsse sie nur die Steuerschraube anziehen.

Richtig ist nur, dass die Menge des gebackenen Kuchens nicht politikunabhängig ist. Steuererhöhungen beispielsweise wirken sich im Allgemeinen nachteilig auf die Steuermoral aus. Wie überall auf der Welt halten sich die Menschen dann an ihre eigenen Gesetze, wenn jene der Politik an ihnen vorbei erlassen werden. Das kann man von den Steuergesetzen über das Mietrecht bis hin zur Straßenverkehrsordnung beobachten. Die Menschen wollen eben einen angemessenen Teil jenes Kuchens behalten, den sie im Schweiße ihres Angesichts erarbeiten.

Aus all diesen Gründen sollte die Politik auch nicht versuchen, Kleingeld mit Steuermaßnahmen gegen Aktionäre, etwa durch eine Erhöhung der Spekulationsfrist, zu machen. Wenn der Staat nicht nur Einnahmen aus Dividenden erheben möchte, sondern auch aus Kursgewinnen Steuereinnahmen lukrieren möchte, sollte er darüber nachdenken, ob er sich nicht überhaupt am Risiko beteiligen und auch Verluste mittragen möchte. Ein Staat, der sich nur die Rosinen aus dem Kuchen holen möchte, verliert an Ansehen.

Die wirkliche Chance, die Attraktivität des Finanzplatzes Österreich zu erhöhen und Geld ins Land zu bringen, liegt in einer durchgreifenden Reform des Aktienrechts.

Wir dürfen auch nicht vergessen, dass die österreichische Rechtsordnung in einem ständigen Wettbewerb mit anderen Rechtsordnungen, insbesondere natürlich mit jener unseres bedeutendsten Wirtschaftspartners Deutschland steht. Die derzeitige politische Situation in der Bundesrepublik erscheint alles andere als wirtschaftsfreundlich, der Stabilitätspakt wird fortlaufend verletzt. Vergessen wir auch nicht, dass die Europäische Union bereits 25 Mitglieder umfasst und einen sehr bedeutenden Markt darstellt. Dass ein funktionierender Kapitalmarkt geeignete ökonomische Rahmenbedingungen braucht, erscheint jedem einleuchtend. Ein zu kleiner Markt oder wirtschaftsfeindliche Steuern sind klassische Hemmschuhe für die Aufbringung von Kapital. Wir erinnern uns noch, welchen Schub die Kapitalmärkte in Europa allein durch die Einführung des Euro erhalten haben. 1999/2000 boomten die Märkte in einer ganz neuen Qualität.

Wenn es Österreich somit gelingen sollte, sich international mit einem modernen und ausgewogenen Gesellschaftsrecht zu profilieren, wird es eine wichtige Voraussetzung geschaffen haben, um Kapital ins Land zu bringen. Eine Reform des Aktienrechts kann daher der Beginn einer großen Kapitalanziehungsaktion sein.

Mehr Aktionärsdemokratie wagen

> Ich träume von einer zentraleuropäischen Wirtschaftsregion mit dem Mittelpunkt Wien, die ein neuer Anziehungspunkt für Investoren wird.
>
> *Brigitte Jank,*
> *Präsidentin der Wirtschaftskammer Wien*

Das Jahr 2005 wird für das Gelingen der Privatisierungspläne der österreichischen Bundesregierung entscheidend sein. Dass die derzeitigen Rahmenbedingungen grundlegend nicht stimmen, wurde weder von der Regierung noch von der ÖIAG bisher ausreichend erkannt. Die Institutionalisierung eines Kapitalmarktbeauftragten der Regierung reicht nicht aus. Soll die

Privatisierung ein gesamtgesellschaftlicher Erfolg werden, sind grundlegende Reformen notwendig, die auch im Sinne einer funktionierenden Demokratie vom Leitbild eines mündigen Aktionärs auszugehen haben. Wenn sich Österreich entschließt, die paternalistischen Strukturen mit aller staatlichen Bevormundung abzubauen, wird es auf längere Sicht ein gesundes marktwirtschaftliches Fundament errichten können. Wem das Leitbild des mündigen Staatsbürgers nicht nur ein Schlagwort ist, der wird in einem kritischen, selbstverantwortlichen und eigenberechtigten Aktionariat auch eine Säule des Rechtstaates erkennen.

Die Kleinheit des Landes kann in dieser Diskussion kein Argument sein. Die Schweiz, in der die Aktiengesellschaft weitaus populärer ist als bei uns, exerziert uns täglich vor, dass auch ein kleines Land mit großen Aktiengesellschaften sehr gut leben kann.

Da der Kapitalismus Kapitalisten braucht, liegt die Zukunft in einer Popularisierung der Aktie und einer Stärkung der Aktionäre. Individual- und Minderheitenrechte müssen ausgebaut werden. Anders als im Jahr 1937 darf der „anonyme Aktionär" nicht mehr das Objekt einer von den Machthabern geförderten kollektivistischen Verachtung, sondern muss Teil einer das Eigentum und die damit zusammenhängenden Rechte respektierenden aufstrebenden Wirtschaftsordnung sein.

Die Erfahrungen des deutschen Reformwerkes aus 1965, so die erläuternden Bemerkungen zum österreichischen Gesetz desselben Jahres, sollten erst einmal abgewartet werden. Das geschieht nun bereits 40 Jahre. Die Zeit ist reif für eine durchgreifende Reform.

Immer ist es der Widerstreit zwischen der Freiheit des Einzelnen und dem anonymen Machtanspruch des Kollektivs, der die politische Auseinandersetzung ständig prägt. Benützen wir die geänderten ökonomischen Strukturen und die neue Relevanz der Eigentümer, um diese Frage im Sinne des selbstverantwortlichen Aktionärs zu beantworten. Letztlich ist es eben nicht so, dass es „für den Menschen und die menschliche Gemeinschaft niemals und nirgends etwas Unerträglicheres als die Freiheit gegeben hat", wie Dostojewskis Großinquisitor meint. Vielmehr hat derjenige Recht, der dem Großinquisitor gegenüber sitzt und für die Freiheit und das Brot der Menschen verantwortlich gemacht wird. Wer das Vertrauen in die Menschen und diesen Zusammenhang zwischen Freiheit und Wohlstand verinnerlicht hat, hat schließlich auch das Erfolgsgeheimnis der modernen marktwirtschaftlichen Demokratie gelüftet.

Anhang:

Gastkommentar in der PRESSE vom 15. November 2000, der eine indirekte Folge der Bank Austria Hauptversammlung über die Entschädigungsfrage darstellt. Die Wiederveröffentlichung an dieser Stelle erfolgt auch zu dem Zweck, dass dieses Buch nicht von jenen missbraucht wird, die bei jeder sich bietenden Gelegenheit die Faschismus-Keule schwingen. Auch wenn es der Gesetzgeber bis dato verabsäumt hat, sich von einem überholten Aktienrecht zu trennen, darf diese Unterlassung nicht dazu führen, die Republik Österreich in eine Täterrolle zu drängen.

Das erste und das letzte Nazi-Opfer

Wolfgang Schüssel wurde unlängst in der „Jerusalem Post“ mit den Worten zitiert, dass „der souveräne österreichische Staat das erste Opfer des Nazi-Regimes“ war. Der grüne Bundessprecher Van der Bellen widersprach: „Österreich war Mittäter und nicht Hitlers erstes Opfer.“

Trotz oder gerade wegen der langen Zeit, die seit dem Ende des Nationalsozialismus vergangen ist, sind die Fakten ganz offensichtlich nicht mehr präsent. Österreich hat einen fünfjährigen Abwehrkampf gegen das nationalsozialistische Deutschland geführt, bei dem unter anderem ein österreichischer Bundeskanzler ermordet worden ist. Es wurde 1938 von der Welt im Stich gelassen und ist schließlich der Gewalt gewichen. Die NSdAP war bis 1938 in Österreich verboten („Illegale“). Winston Churchill nennt in seinem Buch „Der Zweite Weltkrieg“ unter der bezeichnenden Überschrift „Die Vergewaltigung Österreichs“ den inneren Verfall Frankreichs und die fehlende Willenskraft in England als Ursachen für die Besetzung Österreichs, zu deren militärischer Planung Hitler bereits im Juni

1936 den deutschen Generalstab beauftragte. Gelegentliche versöhnliche Reden des „Führers" sollten „diese kraftlosen und degenerierten Demokratien veranlassen, harmlos weiterzuplappern".

In der Moskauer Deklaration vom 30. 10. 1943 stellten Großbritannien, die Sowjetunion und die Vereinigten Staaten einvernehmlich fest, dass Österreich das erste freie Land war, das der typischen Angriffspolitik Hitlers zum Opfer gefallen ist.

In der Präambel zur österreichischen Unabhängigkeitserklärung vom 27. 4. 1945 erklärten die Vorstände der Christlichsozialen, Sozialdemokraten und Kommunisten, dass „der Anschluss des Jahres 1938 durch militärische Bedrohung von außen und den hochverräterischen Terror einer nazifaschistischen Minderheit eingeleitet, einer wehrlosen Staatsleitung abgelistet und abgepresst und durch militärische kriegsmäßige Besetzung des Landes dem hilflos gewordenen Volke Österreichs aufgezwungen worden ist".

Die Geschichte eines Landes ist ein wesentlicher Teil seiner Identität. Diese Geschichte zu entstellen, hieße, sein Selbstverständnis in Frage zu stellen und die Bevölkerung für Demagogen anfällig zu machen. Das Opfer einer Vergewaltigung öffentlich zum Täter zu stempeln, würde Bitterkeit bewirken und jeden Widerstand desavouieren. Auch Kurt Schuschnigg ist ein Teil der österreichischen Identität, der keiner damnatio memoriae zum Opfer fallen darf. Sein Werk „Ein Requiem in Rot-Weiß-Rot", das die damaligen Ereignisse beeindruckend zusammenfasst, muss ebenso in wacher Erinnerung bleiben wie das persönliche Schicksal seiner siebenjährigen Haft und seines glücklichen Überlebens des Konzentrationslagers. Es kann nicht oft genug wiederholt werden, dass die von Schuschnigg geplante Volksabstimmung für ein unabhängiges Österreich den Anlass zum Anschluss 1938 lieferte und dass das wahre Österreich nicht im März 1938, sondern am 1. August 1934 nach der Ermordung des Bundeskanzlers Dollfuß am Heldenplatz stand. All dies zu verschweigen oder gar zu leugnen und von einer Mittäterschaft des souveränen Österreichs zu sprechen, hieße im besten Fall, noch heute auf die nationalsozialistische Propaganda hereinzufallen. Die Aufarbeitung der österreichischen Geschichte kann nicht darin bestehen, im Jahr 2000 endlich den Goebbel'schen Lügen über die nationalsozialistische Einstellung Österreichs Glauben zu schenken. Den Propaganda-Opfern sei ein selbstbewusstes „Niemals Vergessen" mit der Aufforderung entgegengesetzt, sich nicht ohne Not am österreichischen Widerstand zu vergehen, oder, wie sie es ausdrücken würden, den österreichischen Antifaschismus zu verraten.

Fazit: Österreich war das erste Nazi-Opfer. Van der Bellen ist das – bislang – letzte.